王阳明矫正旧风气，开出新风气，功不在禹下。

——曾国藩

最适合中国人的成功智慧

彩色图解

传习录

（明）王阳明 著

思履 主编

中国華僑出版社
北京

图书在版编目（CIP）数据

彩色图解传习录 /（明）王阳明著；思履主编. —北京：中国华侨出版社，2015.10（2021.2重印）
ISBN 978-7-5113-5737-3

Ⅰ.①彩… Ⅱ.①王… ②思… Ⅲ.①心学—中国—明代②《传习录》—通俗读物 Ⅳ.①B248.2-49

中国版本图书馆CIP数据核字（2015）第253250号

彩色图解传习录

著　　者：（明）王阳明
主　　编：思　履
责任编辑：若　奚
封面设计：冬　凡
文字编辑：黎　娜
美术编辑：刘欣梅
经　　销：新华书店
开　　本：720mm × 1020mm　1/16　印张：24　字数：695千字
印　　刷：三河市兴博印务有限公司
版　　次：2016年4月第1版　2021年2月第2次印刷
书　　号：ISBN 978-7-5113-5737-3
定　　价：55.00元

中国华侨出版社　北京市朝阳区西坝河东里 77 号楼底商 5 号　邮编：100028
法律顾问：陈鹰律师事务所　　发 行 部：（010）88893001
网　　址：www.oveaschin.com　　E-mail：oveaschin@sina.com

前言

“为天地立心，为生民立命，为往圣继绝学，为万世开太平。”这是宋代大学者张载提出的儒家最高道德理想，以此来形容王阳明的一生亦不为过。

王阳明出生于明朝中叶，在那个社会动荡、政治腐败、学术委靡的时代，他怀着成为圣贤的抱负，以天下苍生为己任，创下了令人瞩目的世功和学说。王阳明生平命运多舛，屡试未中，及第之后入朝为官，在任兵部主事时，因反对刘瑾等宦官为政，被贬谪为龙场的驿丞，后来受朝廷重用，平乱屡建世功，荣封“新建伯”，官至南京兵部尚书。在学术思想方面，他钻研朱熹“格物致知”的儒家思想，对“存天理、去人欲”之说产生了疑惑，认为朱子学说不是真正的圣人之学，“心学”才能解释其中的困惑，从而转学陆九渊的学说，并将其发扬光大。

综观王阳明的生命历程，虽然一路坎坷，但他世功显赫，学名昭昭，成为中国历史上在立德、立功、立言三方面都有显著作为的大家。

中国著名学者郭沫若先生曾说：“王阳明是伟大的精神生活者，他是儒家精神的复活者。”哈佛大学教授杜维明甚至认为，王阳明是近五百年来儒家的源头活水。可见，王阳明在中国传统儒家文化精神的传承和立新两方面有着重要地位。王阳明的思想流传千古，响彻中外，不仅张居正、曾国藩、章太炎、康有为等人都从中受益，有着“日本经营之圣”之称的稻盛和夫也将王阳明视为精神偶像，他的经营哲学中无不渗透着王阳明“致良知”的思想。

王阳明的思想，大致可分为三个部分：心即是理的人生论、知行合一的认识论、致良知的修养学说。心是天地万物的主宰，心外无理，心外无物，是心学说的基本观点。王阳明认为人心是根本的问题，是产生善与恶的源头，任何外在的行动、事物都是受思想支配的，一切统一于心。针对当时社会言行不一的弊病，王阳明提出了知行合一说，纠正了朱熹先知后行的知行观。他认为知和行是不能够相分离的，知是行的主意，行是知的功夫；知是行之始，行是知之成。总之，有知必有行，有行必有知。王阳明摸索的致良知的道路，用他自己的话说是“从百死千难中得来”，是“千古圣贤相传的一点真骨血”。良知人人都有，致良知就是让心回到“无善无恶”明洁的本真状态，是通过主体的意识达到自我道德的修养，规范自我的行为。致良知被称为王阳明心学的核心部分。

《传习录》由王阳明弟子所记，是王阳明问答语录和论学书信的简集，包含了王阳明的主要观点，是儒家一部具有代表性的哲学著作，“传习”一词源出自《论语》中的“传不习乎”一语。该书卷上主要阐释知行合一、心外无物等观点，经由王阳明亲自审阅。卷中收集了八篇王阳明亲笔写的书信，除了回答有关知行合一、格物说等问题之外，还讲了王学的内容、意义以及宗旨，另还附有两篇阐释王阳明教育观点的短文。卷下主要是说致良知，虽未经王阳明本人审阅，但较为具体地展示了他晚年的思想，其中最引人注目的是记载了他提出的四句教：“无善无恶是心之体，有善有恶是意之动，知善知恶的是良知，为善去恶是格物。”王阳明继承了程颢和陆九渊的心学传统，并在陆九渊的基础上进一步批判了朱熹的理学。《传习录》中的思想明显地表现了这些立场和观点，同时还体现了他辩证的授课方法，以及生动活泼、善于用譬、常带机锋的语言艺术。因此该书一经问世，便受到士人的推崇。

王阳明的心学思想旨在呼唤人的本体意识，着重强调个体本身的价值和自我人性的修养。心学不仅对当时的社会产生了巨大的影响，而且对现在的社会也具有深刻的意义。

目录

绪论

上篇　大儒王阳明

》第八章　最后行程——此心光明，千古毁誉随风散

下篇　《传习录》

》卷上

》卷中

》卷下

绪论

王阳明生平

王守仁（1472~1529），余姚（今浙江省余姚市）人。幼名云，字伯安；因曾在余姚阳明洞天结庐，自号阳明子，学者称其为阳明先生，后人称王阳明；谥文成。王守仁是中国历史上罕见的全能大儒，不仅是明代思想家、教育家、文学家、书法家、哲学家，还是军事家；精通儒、释、道三教，官至南京兵部尚书、南京都察院左都御史，曾受封为新建伯，后被追封侯爵。王阳明是陆王心学之集大成者，其学说世称“阳明学”，在日本、朝鲜都有重要而深远的影响。

《传习录》：王阳明弟子徐爱和钱德洪将王守仁学说的主要观点编辑成册，首先由另一弟子薛侃以《传习录》书名出版，后经钱德洪编成《传习续录》出版，隆庆六年（1572），谢廷杰将两个册子分卷载于《王文成公全书》，为一至三卷。另亦有单行本。《传习录》分上、中、下三卷，上卷记载王守仁讲学的语录，主要是讨论“良知”与“致良知”，还涉及“格物论”“心即理”，以及有关经学本质与心性问题。中卷包括王守仁写给时人及门生的七封论学书信，以及《社会教条》等。中卷最有影响的是《答顾东桥书》，着重阐述了“知行合一”和“致良知”理论；下卷除讲学语录外，还有《朱子晚年定论》，尤其引人注目的是四句教。其中，《朱子晚年定论》收录了王守仁写的序和由他辑录的朱熹遗文中三十四条“大悟旧说之非”的自责文字。《传习录》全面涵盖了王阳明的思想，体现了他的授课方法和语言艺术，历来被视作阳明学派的“教典”，是研究王守仁教育思想的重要资料。

天资聪颖、勤学善思的少年

明宪宗成化年间，王阳明生于绍兴府余姚县（今浙江省宁波余姚市），父王华。明朝成化十七年（1481），王华中了状元，王阳明就随父移居北京。《明史》载，王阳明出生时王华为其取名为王云，但五岁了还不会说话。一位高僧要王华给儿子改名为王守仁。王华照做了，王阳明这才说话。王华对儿子家教极严，王阳明少年时学文习武，十分刻苦，骑、射、兵法日趋精通。

十一二岁在京师念书时，王阳明问塾师“何谓第一等事”，老师说“只有读书获取科举名第”，他当时说：“第一等事恐怕不是读书登第，应该是读书学做圣贤。”事实上，他从年少时代起就从不循规蹈矩，所有记载都说他自少“豪迈不羁”。明弘治十二年（1499），王阳明考取进士，授兵部主事。当时，朝廷上下都知道他是博学之士。

远谪贵州，龙场悟道

王阳明于明武宗正德元年（1506），因反对宦官刘瑾，被廷杖四十，谪贬至贵州龙场（贵阳府修文县治，现为贵州省修文县龙场镇）当驿丞，途中被刘瑾派人追杀，他机智地化险为夷。他来到中国西南山区，龙场地处偏远地带，物产并不丰富，苗、僚杂居。王阳明生活在一种宁静而条件艰苦的环境中，历年来的遭遇使其日夜反省。一天半夜里，他忽然对《大学》的中心思想有了新的领悟，认为人的内心自然包含世界运行的规则（心即理），认识到圣人的光明品质人人都具备，这个光明品质即良知，想从外面的事物寻找良知是错误的。这就是著名的“龙场悟道”。

文治武功，辉煌功业

正德十二年（1517），江西南部以及江西、福建、广东交界的山区爆发民变。山民依靠山地据洞筑寨，自建军队，民变范围迅速扩至方圆近千里。兵部举荐时任右佥都御史的王守仁巡抚江西，镇压民变。正德十三年（1518）正月，王阳明平定池仲容（池大鬓）部，二月，抵达江西莅任，镇压了信丰等地的起义。七月，王阳明上奏请求朝廷允准招安，明廷恩准。十月，王阳明攻破实力最强的江西崇义县左溪蓝天凤、谢志山军寨，并会师于左溪。十一月，王守仁遣使招安，并攻破蓝天凤部。

王阳明将去福建剿匪时，刚到丰城，宁王朱宸濠突然举兵叛乱。王阳明积极备战，发出讨贼檄文，公布宁王的罪状，先用反间计使宁王不敢攻打南京，乘机做好防守南京的准备。宁王无奈，只得率六万人，攻下九江、南康，渡长江攻安庆。王阳明调集八万大军，对外号称三十万，转而攻克南昌，再回击救援南昌的宁王大军，设伏兵分割击败宁王大军，宁王溃逃。王阳明直追至南康，仿效赤壁之战，火烧宁王的大船方阵。宁王旗舰搁浅，只好乘小船逃走，途中被擒获。王守仁用三十五天时间全面平息宁王之乱，因此而获“大明军神”之称。

功高遭忌，回乡讲学

王阳明屡建奇功，后因功高遭忌，辞官回乡讲学，在绍兴、余姚一带创建书院，广收门徒，宣讲“王学”。反对朱熹通过事事物物追求“理”的“格物致知”，因为事理无穷无尽，格之则未免烦累，故提倡从自己内心中去寻找“理”，认为“理”全在人“心”，“理”化生宇宙天地万物，人秉其秀气，故人心自秉其精要，故明“本心”则明“天理”。王阳明经历过百死千难中的人生，在五十岁时发表“致良知”的宣言：“某于此良知之说，从百死千难中得来，不得已与人一口说尽，只恐学者得之容易，把作一种光景玩弄，不实落用功，负此知耳！”在王阳明看来，良知是是非之心、好恶之心，是判断是非的唯一标准；良知人人俱有，自圣人以至愚人，无不相同；人人同具良知，人人有个判断是非善恶的自家标准。王阳明死后，他的弟子分裂成七大派，被称为王门七派。

大儒辞世，病逝归途

两广役后，王阳明肺病加疾，上疏乞归。归途中，他经过江西大余灵岩寺。他在寺中各处游历，进入寺中一位祖师圆寂的房间，只见圆寂老僧的容貌与自己一模一样，并在书案上发现一张字签："五十七年王守仁，启吾钥，拂吾尘，问君欲识前程事，开门即是闭门人。"嘉靖七年十一月二十九日（1529 年 1 月 9 日），王阳明病逝于江西省南安舟中。在临终之际，他身边学生问他有何遗言，他说："此心光明，亦复何言！"

王阳明的学说

源头之水，学宗孔孟

王阳明学说的源头来自孔子的仁学和孟子的心性论。孔子阐发仁爱之心来自于人的天然之情，礼则是行仁的规范。孔子所谓"克己复礼为仁"，就是说行人的天然之情（这里有仁爱当然也含有私欲）要以礼来节制。孟子继承孔子思想，创出良知良能说，提出了人性本善之论。孟子说："人之所不学而能者，其良能也；所不虑而知者，其良知也。孩提之童无不知爱其亲者，及其长也，无不知敬其兄也。亲亲，仁也；敬长，义也；无他，达之天下也。"孟子指出良能就是人不用学习就能做到的，良知就是人不用思考就会知道的，良知的内核就是道德伦理。孟子认为良知能够明辨是非。

孔子像

孟子像

王阳明讲心，讲性，讲良知，讲仁，讲诚，讲修齐治平，讲万物一体等等，实际上多得之于孔孟儒学的初衷。作为其思想体系基本框架的所谓良知、良能、诚意、明德、亲民等等范畴，基本上都来自《孟子》和《大学》。

王阳明提出致良知的主张，认为良知即是天理，要求人们首先认识和恢复内心所固有的天理，并由此推及自己的良知于事事物物。在孟子那里，良知本是一种先验的道德观念，是指恻隐之心、羞恶之心、辞让之心、是非之心，王阳明进一步阐扬吾心之良知即所谓天理。把先验的道德良知视为作为世界本原的天理，因而良知便成为人人心中不假外求的道德本原。

王阳明解释说："夫心之本体，即天理也。天理之昭明灵觉，所谓良知也。君子戒惧之功，无时或间（间断），则天理长存，而其昭明灵觉之本体，自无所昏蔽，自无所牵扰，自无所歉馁愧怍，动容周旋而中礼（合乎礼节），从心所欲而不逾（矩），斯乃所谓真洒落矣。是洒落生于天理之常存，天理常存

心学的基本理念

心外无物、心外无理

王阳明的心外无物是说，心与物同体，物不能离开心而存在，心也不能离开物存在。客观的事物没有被心知觉，就处于虚寂的状态。如深山中的花，未被人看见，则与心同归于寂；既被人看见，则此花颜色一时明白起来。

知行合一

王守仁认为知行是一回事，不能分为“两截”。二者互为表里，不可分离。知必然要表现为行，不行不能算真知。王阳明强调：“知是行的主意，行是知的工夫；知是行之始，行是知之成。”

致良知

王阳明认为，良知人人具有，个个自足，是一种不假外力的内在力量。“致良知”就是将良知推广扩充到事事物物。“致”本身即是兼知兼行的过程，因而也就是自觉之知与推致知行合一的过程。

万物一体之仁

王阳明强调天地万物以人为中心，人心便是天地鬼神的主宰，人的良知也是草木瓦有的良知。圣人之心应以天下万物为一体，每一个人都应将自己的良知是非推广到天下，如此便能救社会于水火之中。

生于戒慎恐惧之无间（间断）。孰谓敬畏之心反为洒落累（牵累）耶？”

孔孟重人伦亲情，并由此推爱于民物，王阳明对此深契之。他把致良知的哲学扩展到万事万物。按照他的说法，圣人之心应以天下万物为一体，每一个人都应将自己的良知是非推广到天下，如此便能救社会于水火之中。

反对程朱理学，强调从内心中寻求真理

宋明理学提出“存天理，灭人欲”。他们认为，人欲是恶的根源，天理是善的本源，只有“灭人欲”，“去私心”，方可“明天理”，“存天理”。在这方面，“理学”和“心学”意见是相一致的。但是，王守仁反对程颐朱熹通过事事物物追求“至理”的“格物致知”方法，提倡从自己内心中去寻找“理”，认为“理”全在人“心”，“理”化生宇宙天地万物，人秉其秀气，故人心自秉其精要。

程颐像。程颐“主敬”，强调“格物致知”。

程颢像。程颢“主静”，强调“正心诚意”。

在知与行的关系上，王守仁从“天地万物本吾一体”出发，反对朱熹的“先知后行”之说。王守仁认为既然知道这个道理，就要去实行这个道理。如果只是自称为知道，而不去实行，那就不能称之为真正的知道，真正的知识是离不开实践的。真正的知行合一在于确实地按

照所知在行动，知和行是同时发生的。他断言，“夫万事万物之理不外于吾心”，否认心外有理，有事，有物，认为为学“惟学得其心”。

秉承陆九渊心学，世称陆王学派

王阳明的心学是在陆九渊宋明理学中心学基础上进一步发挥而成就的。陆九渊（1139~1193）号象山，字子静，书斋名“存”，世人称存斋先生，因其曾在贵溪龙虎山建茅舍聚徒讲学，因其山形如象，自号象山翁，世称象山先生、陆象山。他是著名的理学家和教育家，与当时著名的理学家朱熹齐名，史称“朱陆”。陆九渊是宋明两代心学的开山祖。王阳明发展其学说，形成了中国哲学史上著名的“陆王学派”，对近代中国理学产生深远影响。

在人性论上，朱熹主张“存天理，灭人欲”，并深入阐释这一观点使之更加系统化。

陆九渊像

陆九渊心学直接于孟子的“万物皆备于我”之说，认为“人皆具有心，心皆具是理”，“宇宙便是吾心，吾心便是宇宙”。他认为人们的心和理都是天赋的，永恒不变的，仁、义、礼、智、信等道德伦理也是人的天性所固有的，治学目的就在于穷此理、尽此心。人难免受物欲的蒙蔽，受到蒙蔽后的心就不灵，理也就不明了，这样就必须通过师友讲学来恢复心的本然。修养功夫在于求诸内，存心养心。具体方法是所谓“易简功夫”，就是教人先要树立一个基本立场，这就是通过“切己自反”来“发明本心”，即所谓“先立乎其大者”。陆九渊认为，如果这样做了，

在王阳明看来，良知天理在人们的心中，通过它，人们能很自然地感觉或判断出人的行为的善恶是非。

阳明心学的流派

江右学派

指明代中后期江西一带的王门后学，代表人物有邹守益、聂豹、罗洪先等一批著名的王门弟子，是当时最有影响的王门学派之一，享有“王学正宗”的称誉。

南中学派

广布于南方的王阳明门人的一派。代表人物有戚贤、朱得之等人。该学派认为“心”即“良知”是世界的本体，认为循“天理”，去“习气所蔽”即“致良知”。

闽粤学派

分布于福建、广东一代王学学派的代表人物有方献夫、薛侃等人。该学派认为“心”是世界的本体，所谓“天由心明，地由心察，物由心造”，又提出认识人应从“可见可闻”入手。

北方学派

北方王门中洛阳王学为主力军。此派学者在学宗阳明的基础上多有发明，为阳明心学北移做出了巨大贡献，一时蔚为北方大宗。它是阳明心学在北方传播过程中的重要学派。

楚中学派

湖南一方的王门学派，代表人物有蒋信、冀元亨等人。该学派主张“心”是世界的本体，心产生“气”，即“太和”，“气一分殊”产生世界万物，认为“人除却血肉，只有这一片精灵唤做心”。

浙中学派

浙中王学是指与王阳明同郡（宁波和绍兴）的王学传人。代表人物是王阳明的两个著名大弟子王畿和钱德洪。认为“正心为先天之学，诚意为后天之学”，“心”即“良知”，是框定世界万物的标准。

泰州学派

泰州学派，创始人是中国明代学者王艮，属于阳明学派的分支，被称为“左派王学”。其学说的特点是简单易行，易于启发市井小民、贩夫走卒，极具平民色彩，故流传甚远。

即使“不识一字，亦还我堂堂地做个人”。

王阳明在为学的初期并不是反对理学、崇尚心学的。他曾遍读朱熹之书，循序格物。为了实践朱熹的“格物致知”，有一次他下决心穷竹子之理，格了七天七夜的竹子，什么都没有发现，人却因此病倒，这就是著名的“守仁格竹”。从此，王阳明对“格物”学说产生了极大的怀疑。他又出入于佛老之道，也无所得。及至在贵州龙场驿处于困顿的环境下，穷荒无书，日绎旧闻，方动心忍性，因念“圣人处此更有何道”，突然悟出格物致知之旨，悟出圣人之道的基本要旨在于吾性自足，不假外求，只需自求诸心，而不需求诸物，于是喟然叹曰：“道在是矣。”此即所谓“龙场悟道”。从这可以看到王阳明舍弃程朱，归心于陆九渊，以及其心学思想的基本形成。

“四句教”是王阳明晚年对自己哲学思想的全面概括，即“无善无恶心之体，有善有恶意之动，知善知恶是良知，为善去恶是格物”。

王阳明认为，朱熹主张必先知，然后能行，这样的问学致知而不注重身心修养，遂造成其后学在道德修养方面的知行脱离。他发展了陆九渊的学说，用以对抗程朱学派。他说：“无善无恶心之体，有善有恶意之动，知善知恶是良知，为善去恶是格物。”他的“知行合一”和“知行并进”说，旨在反对程朱理学“知先后行”以及各种割裂知行关系的说法。

他论儿童教育，反对“鞭挞绳缚，若待拘囚”，主张“必使其趋向鼓舞，中心喜悦”以达到“自然日长日化”。

王阳明学说对于明、清两代及近代中国的影响

王阳明所处的正德朝，朝政较为昏暗。正德皇帝不理朝政，纵情游乐，整天沉浸于声色犬马之中，大权旁落到太监刘瑾等人手中。刘瑾利用手中的大权，专横跋扈，排除异己，迫害忠良，镇压百姓，致使各地的起义变乱不断发生，奸佞横行，社会动荡。

明武宗朱厚照（1491~1521），明朝第十位皇帝。他是历史上很有争议的一位皇帝。其行径荒淫无道，不理国政，造成叛变日起，且自身壮年即为逸乐致死；他颇能容忍大臣，不罪劝谏之人。君臣之间，相安无事。

心学的产生，如慢慢黑夜中的一盏明灯，照亮了人们的内心，也照亮了社会。人们可以通过内求于心灵良知的手段来明辨是非，确立正确的做人处世方式，抵御外界的混浊纷扰，简单易行，打破了许多禁锢人们头脑的条条框框。正因为如此，王阳明的心学流行得非常快，很快就取代了朱熹的学说。著名的国学大师钱穆在分析这个道理的时候，谈到了为什么王阳明的“心学”一下子风靡全国，有取代朱熹学说的趋势。他指出它的特点是八个字：“简易直接、明白四达。”就是普通的老百姓都能够理解，所以它流传得既深又广。这应该说是引起了一个思想解放的浪潮。

王阳明“心学”一出，学子云聚，风气大开，“心学”思想立刻在社会上广泛传播开来。

王阳明死后，其学一度受到排斥，其思想也一度受到攻击，但是由于其弟子的不懈努力，其学依然风行天下，辉煌一时，而其时谨守程朱藩篱者，几复无人，可见阳明学的势力影响之大。至于阳明后学，据《明儒学案》所列，计有浙中、江右、南中、楚中、北方、闽粤、泰州等七个学案。其他受王学影响，并以其为宗者也不在少数。阳明心学信从者上至将相，下至农夫走卒，传播之广不仅有明一代无人能匹，纵观古今中外亦不多见。他的弟子中官居高位者不计其数，入阁拜相者（如徐阶、张居正、赵贞吉等）屡见不鲜。英才如徐文长、汤显祖、徐光启、李贽等更是不可胜数。

明、清两朝张居正、徐阶、海瑞、曾国藩（上图依次从左至右）等朝廷重臣，都是王阳明的追慕者。

由明入清，直至近代，遵从阳明之学的杰出人物难以胜数，林则徐是阳明心学的崇拜者，他曾经这样概括心力之美："海到无边天作岸，山登绝顶我为峰。"他要求家族人学习王阳明这种心术以成大器。清代启蒙思想家魏源从少年时代就深受王学影响。清代中兴名臣曾国藩生前事事效仿王阳明，追慕王阳明，后继如康有为、梁启超、孙中山、章太炎、胡适之等人无不从阳明心学中吸取人性解放、自尊无畏的思想，建立了不朽的事功。

梁启超认为他"在近代学术界极其伟大，在政治和军事上亦有很大勋业"。章太炎一针见血地指出"日本维新，王学为其先导"。孙中山更是赞叹道："心之为用大矣哉！"

阳明心学对于世界的影响

王阳明的学说对日本、朝鲜等国的思想界影响极大。明末的朱舜水远渡日本，把阳明学传到了日本（现在日本的水户市，还存有朱舜水的雕像）。阳明学在日本，一度被奉为"显学"，对其革新运动起过重大的推动作用，以至成了明治维新最重要的精神武器，成了日本在明治维新中传统思想抵制全盘西化的基础。明治维新时期最有影响的人物当推伊藤博文，而伊藤博文最为尊崇的即是阳明心学。

日本近代的著名军事家东乡平八郎，曾为王阳明学说所折服，特意佩一方印章，上面篆刻"一生俯首拜阳明"。

王阳明的文学与书法造诣

王阳明在年少时就流露出很高的文学天赋，成年后曾刻意辞章之学，但意识到了沉溺辞章的弊端："吾焉能以有限精神为无用之虚文也！"其行文构思巧妙，顿挫有致，质朴而不失逸气。《古文观止》中收录有王阳明的名篇《瘗旅文》《教条示龙场诸生》。

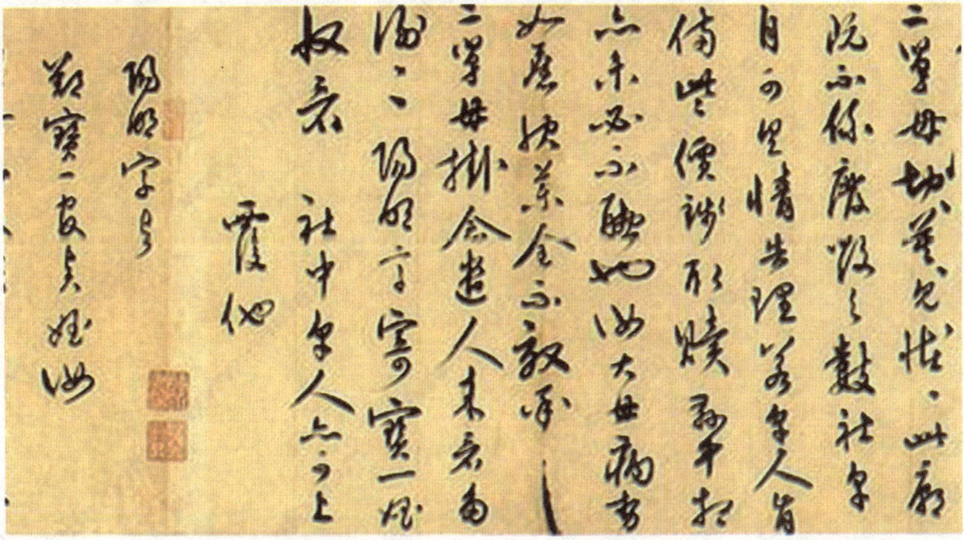

徐渭评价说："古人论右军以书掩其人，新建先生乃不然，以人掩其书。今睹兹墨迹，非不翩翩然凤翥而龙蟠也。使其人少亚于书，则书已传矣。"

《四库全书》中有评论曰："守仁勋业气节，卓然见诸施行，而为文博大昌达，诗亦秀逸有致，不独事功可称，其文章自足传世也。"

王阳明早年作诗刻意求工整，晚年融会哲理。王世贞《书王文成集后》评："伯安之为诗，少年有意求工，而为才所使，不能深造而衷于法；晚年尽举而归之道，而尚为少年意象所牵，率不能深融而出于自然。其自负若两得。"

王阳明在书法上亦可称为明代大家。作品以行草为主。关于心学的思想影响到他在书法艺术上的风格和特色，突破了明代前期官阁体的书风。他的书法用笔雄健，迅捷遒丽，线条刚劲而有张力，行笔轻重缓急，气势不断，苍润相杂，透出一股清逸之气。

上篇

大儒王阳明

王阳明（1472—1529）是中国明代的哲学家、教育家，精通儒释道三家之说，继承前人思想提出了“心学”概念。

王阳明用毕生的精力追求圣贤之路，初入仕途受挫，但意志不消沉。他曾徘徊于佛道之间，后终在儒学中顿悟。王阳明收徒讲学、创办书院、戎马倥偬、平定叛乱，是中国历史上罕见的成就立德、立言、立功三不朽的大家。少年时期聪悟好学，青年时期满怀抱负，中年时期坎坷不平，晚年时期老当益壮，王阳明的一生跌宕起伏，充满了传奇色彩。

◎第一章◎

乘云降生——明朝出了个王阳明

有子生于彩云中

“山黯惨兮江夜波，风飕飕兮木落森柯。泛中流兮焉泊？湛椒醑兮吊湘累。云冥冥兮月星蔽晦，冰崚嶒兮霰又下。累之宫兮安在？……乘回波兮泊兰渚，睠故都兮独延伫。君不还兮郢为墟，心壹郁兮欲谁语！……”

五百年前的洞庭湖上，一叶扁舟逆水而行，一位青年站在船头低声吟诵。诗不仅是触景生情用来凭吊楚国大夫屈原，还是在凭吊自己。微风撩起了落在额前的散发，露出了一双明亮的眼睛，眼眸中透露出一路奔波的劳累，间或闪烁着些许忧郁，然而这忧郁又不同于哀伤、绝望，反而带着几分刚毅。

王阳明泛舟洞庭湖上，触景生情，吟诗凭吊楚大夫屈原。

这位青年正是继二程、朱、陆后的又一位大儒——王阳明。

王阳明，本名王守仁，字伯安，号阳明，生于明宪宗成化八年（1472），卒于明世宗嘉靖七年（1529），浙江余姚人，因早年曾隐居在会稽阳明洞中，并创办过阳明书院，所以又被世人称为阳明先生。

王阳明的一生是智慧的一生，传奇的一生，他不但在明朝名动天下，对后世更是影响深远。他的大名甚至还远渡重洋，传到日本，为时人所敬仰。

王云模样乖巧，却不会说话。父亲王伦遍访名医，也未能弄清其中缘由。

王阳明出身官宦地主家庭，祖上可以上溯到晋代大书法家王羲之。两晋时期，战乱频繁，时局动荡，很多中原士

和尚说王云本是神童，但名字道破了天机，于是父亲为其改名为王守仁。

大夫举家迁往江南。当时，位居东晋王、谢、桓、庚四大姓家族之首的山东大族琅玡王氏也在其中。

王氏一族为晋王朝立下过汗马功劳，身份地位超绝一时，南迁之后，王家烟火续传，后人一直过着半耕半读的逍遥生活，虽再未出过显赫人物，但也被视为书香门第，受到人们的尊重。

到了明朝的成化年间（1465 ~ 1487），王氏家族的王伦，品行高雅，喜爱读书，尤痴迷于竹，自认月下抚琴，竹林吟诗乃人生乐事。家人受其熏陶，也是爱读诗书，胸怀宽广，对于富贵名利，都看作过眼烟雨，不甚在乎。

据传，王阳明的出生颇富神话色彩。

成化八年（1472），王伦之子王华外出教书，儿媳郑氏身怀六甲，一家人欢天喜地地准备迎接孙儿的到来。可是，直到立秋之后，儿媳过了产期数月，仍然没有生产。日子一天天过去了，眼看着儿媳怀孕已经十四个月了还没有生产的迹象，王家上下焦急不已。虽然有哪吒的母亲怀胎三年，秦始皇在母腹中待十四个月的传说，但这毕竟不能当真。

一天，王伦的妻子岑氏夜晚入睡做梦，梦境中自己到了云雾缭绕的天庭，天门向她敞开，四处缭绕着仙乐，令她感到美不胜收。这时，从云朵深处飘来一位绯衣女子，怀抱着一个模样乖巧的男婴，仙女笑盈盈地将手中的婴儿交给自己。岑氏高兴地从梦中醒来，却真正听得一阵阵婴儿嘹亮的啼哭声，赶紧下床来寻找，竟然是从儿媳妇的房中传出，她赶紧推醒睡梦中的丈夫王伦。

王伦醒来，听到这般嘹亮哭声，猜想一定是个男孩。这时，家里的仆人前来报喜。

岑氏迫不及待地进入儿媳屋内，抱起孙子，认真细看，竟发现孙子同梦中的孩子一模一样。岑氏赶紧将孙子抱给门外的王伦看，并告诉他自己的梦境之事。王伦欢喜得不得了，直呼孙儿是上天赐的，来自天上的彩云中。

次日，王伦为孙子取名为王云。

王伦的孙子来自彩云间的消息不胫而走，周围的人们也都纷纷前来道贺，大家端详着王云出生的那座小楼，越看越觉得是祥瑞之兆，于是将其称为“瑞云楼”。

王云一天天长大，一家人都视其为心肝宝贝，小心呵护，生怕有一点闪失。尽管如此，王云还是与正常的孩童不一样。孩子虽然长得白白胖胖、模样乖巧，可是直到五岁的时候，居然还是不会说话。王氏一家使出了浑身解数，仍然无法使王云开口说话。这可愁坏了王伦，他遍访名医，却无法弄清其中的缘由。

一日，王云正在与一群孩童嬉戏，从远处走来一位衣衫褴褛的和尚，模样甚为丑陋。和尚看到一群孩子在玩耍，也被吸引住了，驻足观看。他的眼光久久地停留在王云身上，并走过去与他交谈，王云自然无法答话。于是，和尚怜惜地抚摸着王云，感慨地说这个孩子应该是个神童，只可惜“道破天机”。说完这“道破天机”四个字，和尚也未解释原因，就转身离去了。孩童们不知什么意思，一窝蜂拥到王云家，将此事告知王伦。王伦听了孩童们的话，却也不解和尚之意。

此后，和尚的话一直围绕在王伦的耳边。终于有一天他悟出了其中缘由：莫非云儿不说话，是在于名字？于是，王伦就为孙子取了另外一个名字“守仁”。之后奇迹出现了，王云不但能够口齿伶俐地说话了，而且还一字不差地背出了一篇王伦时常吟诵的文章。一家人都非常惊讶，而他只是说，平日里祖父吟诵，就记下来了。大家听后，惊喜万分，都夸他是个神童，日后定当有所作为。

书香门第，承继香火

王阳明的父亲王华是王伦的次子，于成化十七年（1481），进京参加殿试位居榜首，天下皆知。

王伦获知消息后非常高兴，这是王氏家族迁往浙东后中的第一个状元。受父亲王伦的影响，王华不仅饱读诗书，才华横溢，而且为人正直，极富同情心。这种品性在他很小的时候便显现了出来。

有一天，他与伙伴们在河边玩耍，一个喝得醉醺醺的人，脚步蹒跚地走到河边，随后又东倒西歪地走了。没过多久，伙伴们都相继返家，只剩下王华，正当准备离开的时候，他却在醉汉待过的地方发现了一个包袱。他感到好奇，于是打开包袱来看，里面竟然有不少的银子。他猜想，包袱很有可能是刚刚那个醉汉遗失的，他心里想：不管是不是，把银子丢失的人肯定会回来找的。为了不让别人把包袱拿走，王华自己坐在河边，等着失主。

到了夜幕将要降临的时候，王华终于听到急匆匆的脚步声。一看，果然是那个醉汉。王华迎上前询问他是否丢了东西。醉汉激动地将他如何醉酒走到河边，如何丢失包袱一事讲给王华听。

王阳明之父王华曾在余姚龙泉山寺院读书，寺中和尚装神弄鬼，但他却神态自若，不为所动。

王华听后把包袱还给这个醉汉。那人打开包袱发现自己的银子分文不少，连声道谢，并拿出银子表示谢意。王华推辞了，并说，自己若是在乎银子，就应该早拿着包袱走人了，而不是在这里等着他回来取。那人听后更为感激，执意跟随王华到家中，特向王华的家人道谢。王伦得知此事后，为儿子的行为感到骄傲。

王华十四岁的时候，在余姚的龙泉山寺院读书，同窗的伙伴大多是富家子弟，平时常常仗着自家财大气粗，捉弄和欺负寺中的和尚。和尚们为了报复，便有意散布谣言，说寺中经常有鬼魂出入，并经常假扮鬼的模样来吓唬他们。果然，这招非常奏效，同伴们都被吓得仓皇离去，不再到寺院读书了。然而，王华却若无其事地继续在寺内读书，和尚们实感惊奇。为了赶走王华，在一个雷雨交加的夜晚，和尚们故技重施。他们来到王华的屋外装神弄鬼，却发现王华丝毫不为所动，神气自若地在读书。

第二天，无计可施的和尚们跑来问王华，昨夜寺院被鬼闹出这样大的动静，他为什么不害怕。王华说："我没有看到鬼，只是看到几个和尚在装鬼。"大家一听小小年纪的王华说出这样的话，非常惊讶，暗暗佩服王华的睿智和勇气。

王华的品学德行颇被当时浙江学政张时敏看重，恰逢浙江布政使宁良要为其子弟挑选老师，张时敏力荐王华前去宁家任教。王华到了宁家，被宁家的数千卷藏书所吸引。他白天认真教课，晚上则挑灯夜读。宁家的子弟中有几个颇为顽劣的，想要拉拢王华和他们一起玩乐。他们经常备上好酒，安排美色来引诱王华。王华倒是也颇爱饮酒，但是对于美色却全然不为所动。一日，饮酒归来的王华微微带着几分醉意回到江边房中，竟在自己的床上发现两名娇艳欲滴的女子，他想要退出房时，又发现房门竟被锁上了。慌乱中，王华卸下一扇门板，破窗而出。他就这样，拥着门板，随着江流而去。王华的这种坚持令宁氏子弟颇为敬佩。

在宁家的三年时间，王华差不多看完了宁家所有的藏书，学问大长。因此，王华日后高中状元，在很多人看来也是意料之中的事情。王阳明年少的时候就经常听到大人们将父亲王华的逸事传为美谈，也颇受影响。

少年得志

王华的光芒，对王阳明的成长产生了潜移默化的积极影响。

自宣宗宣德元年（1426）开始，内府便设立了内书堂，专门用来培训小宦官的参政能力。而在内书堂任教的翰林官日后则多会得到宦官们的关照，虽然并无直接资料证明王华曾在内书堂任职，但他的几位同僚却教过正德朝的大宦官刘瑾，还常向刘瑾推荐王华的人品和学问。

再加上王华高中状元，随着内阁地位的不断上升，新进士一入翰林，便被时人视为"储相"。基于此，王华在当时是被人刮目相看的。

但面对十里八乡亲友的道喜和祝贺，王伦却是淡然处之，依然表现得和平日无任何异样，儿子的风光似乎与他无关。这份不动声色的态度，对当时仅有十岁的王阳明来说，无疑是个触动。

虽说文人常言要淡泊名利，但生活在一个充满名利诱惑的社会环境中，又有谁能真的看空这一切呢？

王阳明小时候对兵法颇有兴趣，爱玩军事游戏，常用果核与客人摆兵阵，乐此不疲。

虽然王阳明也为父亲高兴和自豪，但是他更多的还是攻读自己的书本，以学业为重。或许是受了祖父处世观的影响，王阳明不以一般的读书、作诗为满足。他有自己的志向，即通过读书成为圣贤。

一次，私塾先生对在座同学发问："世上什么是第一等重要的事？"大家纷纷说登科及第最为首要。唯王阳明不以为然，他自认为仕途并非读书的最终途径，成为圣贤才是归途。

虽是想成为圣贤之人，但王阳明却并未像古往今来那些圣贤之人一样，循规蹈矩地恪守古训，安分守己地去攻读圣贤之书。他认为要成为圣贤，读死书是没有用的，需要从多方面来锻炼自己，增长才能，扩展知识。

这样才能成为圣贤，对于王阳明的这种心态，郭沫若如是说："一种不可遏抑的自我扩充的努力明明是在他青春的血液中燃烧着的。他努力想成为伟人，他便向一切技能上去追求。人所一能的他想百能，人所十能的他想千能，人所百能的他想万能了。"（《郭沫若全集·王阳明礼赞》）

王阳明并不因为自己跋涉在追求圣贤的道路上，就恪守规矩。他天资聪颖，脑子灵活，所学知识一看就会，所以不愿意长期待在私塾，经常偷跑出去玩游戏。他最爱玩的是军事游戏。因为他对《孙子兵法》尤为感兴趣，每逢家里请来宾客时，王阳明便用果核与客人们摆兵阵。常常是客人们的兵阵刚摆出来，王阳明就立刻想出了克敌的阵势。虽然，为此事没少挨父亲的骂，但他依然乐此不疲。

少年天性，总是无法遏制。因为逃学偷玩之类的事情，王阳明没少受到父亲和祖父的责罚，但他依然不克制自己崇尚自由的天性。在他少年时候，还有一件传闻更加出格。

他十三岁时生母去世，王华的妾便仗势常常欺侮、虐待他。他不堪忍受，便想出了一个前无古人的应对之法。

王阳明偷偷在街上买到一只叫长尾林鸮的怪鸟，放到父妾的被褥里。然后和一位神婆串通好，等那位妾被怪鸟惊吓，派人请来这位神婆作法时，神婆便依照王阳明之前教她的话说，说这只鸟是王阳明的生母化成的，是来惩戒她平日对王阳明的不好。

至此之后，那个小妾再也不敢对王阳明无礼了。而王阳明玩世不恭、豪迈不羁的名声也传了出去，但王阳明并不在乎外人对他的评论，他依然恪守当初自己立下的目标，要争当一位圣贤人。

但这样一个性格乖戾，不循规蹈矩的孩子，将会走上一条怎样的"成圣"之路呢？

锋芒乍现

王华在京任职，王阳明便一直跟随在祖父身边。虽不能时常见到父亲，但从乡亲和街坊的口中，王阳明还是能够听到有关父亲的一些消息。王华的成就让王阳明对自己的父亲深深敬重。

成化十八年（1482），王华任职翰林的第二年，王阳明得到了一个和父亲团聚的机会。王华在京城略有小成，他便差人前去家乡接父亲和儿子到京城生活。在尚未出过远门的王阳明看来，这简直是个天大的喜讯。得到消息后，他就日日盼着能够早日启程，这次上京，少年王阳明既领略了沿途风光，又见到了自己敬重的父亲。

王阳明小时候随祖父王伦游金山寺，大家请王伦作诗助兴。王伦冥思苦想无从下手，王阳明却连吟两首佳作，众人称赞不已。

王伦妥善安排完家里的事后，就带上孙儿，乘船前往京城。那时的河运已是非常发达了，北上的船只沿途所经之处，如杭州、苏州、无锡、扬州、淮安、德州、天津等地，均是繁华的都城，这让王伦祖孙二人大开眼界。

王伦虽然饱读诗书，对各地的名胜古迹了如指掌，但是，经济上并不宽裕的他，却一直没有机会外出游览。趁这次去京城的难得机会，王伦亲临了这些地方。而对于年幼的王阳明，这样一个机会就更是难得了，每到一处他都是兴奋不已。

一日，王伦一行到达镇江西郊的金山寺，这是传说中青、白二蛇和法海苦斗的地方。金山寺始建于东晋，是镇江的名胜古迹。到达时虽然天色已晚，但是寺中仍然人来人往，香火极旺。站在金山寺向远处望去，暮霭之中的群山、楼阁、树木都若隐若现，再加上天空中点点繁星与江上的灯火互相辉映，一阵风吹来，令人心旷神怡。大家游兴正浓，兴致颇高时，有游客邀请王伦作诗来助兴。正当王伦冥思苦想，不知如何下手时，只听：

金山一点大如拳，打破维扬水底天。

醉倚妙高台上月，玉箫吹彻洞龙眠。

这让大家颇感意外，循声望去，吟诗者竟是王阳明。众人齐声赞叹：好诗，好诗！见他如此才思敏捷，一位游客有意想要考考他，希望他以天上的明月和远处若隐若现的群山为题，再作诗一首。王伦听后生怕为难了王阳明，连忙以孩子年纪尚小，不会作诗为由推辞着。但是，王阳明却镇定自若，稍作思索，便吟诵道：

山近月远觉月小，便道此山大于月。

若有人眼大如天，还见山小月更阔。

好一个“人眼大如天”，小小年纪便能作出这般气势雄浑且耐人寻味的诗句来，是相当不凡。顿时，喝彩声四起，大家纷纷向王伦祝贺有如此聪明伶俐的孙子，说王阳明日后定会成大器。

少年时期的聪悟，为王阳明以后的深入求学奠定了良好的基础。而王阳明却没有因此而洋洋得意，他依然坚持博览群书，勤于思考，不断深入地研究世人的思想。

何为人生第一等事

王伦祖孙二人一路游山玩水，好不自在。当船到达通县后，就转为乘车前往京城。对于京城这个有着说不完道不尽的历史的文化名城，王阳明甚是好奇。一踏上京城的土壤，他就迫不及待地四处张望，宽阔的街道、宏伟的城楼、各式各样的服饰以及往来的牲畜都让他惊喜不已，他恨不得立刻去游览京城大街小巷。

父亲安排王阳明去私塾读书，但王阳明一有时间就和同学到街上游玩。父亲知道后非常生气，严厉地训斥了他。

久候多时的王华和父亲王伦寒暄几句后便着手安排儿子的生活。其实，从准备接儿子来京城起，王华就已经为儿子的一切作好了安排，起居饮食，包括学业。亲自调教儿子，是王华这次出行最为主要的目的。由于王华常年在外的缘故，儿子王阳明受祖父的影响极深，虽然王伦教育子女十分严格，但是对着这个孙子又多少有些溺爱，所以接到京城亲自管教对儿子的将来应该是最好的。

王阳明慢慢熟悉并且适应了京城的生活后，王华便安排他去家附近的私塾读书。这让尚沉浸在兴奋中的王阳明感到些许不满。但是，王阳明不敢违背父亲的意愿，只得每日勉强前往私塾读书。时间久了，王阳明便在枯燥的生活中找到了新的乐趣，那就是四处游玩。他一有时间就和同学到街上游玩，尽情地在川流不息的人群中看小商小贩们叫卖，看各行各业的人做自己的事情。

私塾先生说人生第一等事是读书登第，王阳明却认为“登第恐未为第一等事，或读书学圣贤耳”。

玩闹归玩闹，王阳明的思想却也随着年纪的增长而日趋成熟稳健，他并没有忘记当日立下的成圣贤人的目标。

一日，私塾先生与学生在讨论何为人生在世的第一等大事的时候，王阳明要成为一个圣贤人的心愿愈加强烈了。大家都说像他父亲那样，金榜题名，考取功名是大事。

但王阳明却无法认同他们，虽然大家言辞一致，不过，王阳明依然坚持自己的看法。小小年纪的王阳明竟口出狂言把“做圣贤”视为人生第一等事，在别人看来有些好笑，又有些张狂。

这件事情传到了王阳明家中，王华对儿子这种桀骜不驯的性格很是担忧。祖父王伦倒是非常兴奋，他没想到孙子小小年纪竟然有如此追求，他相信，假以时日，小孙子肯定会有大出息。

当时年仅十二岁的王阳明是否真的明白圣贤为何物并不重要，重要的是这个人生的理想确实已经悄悄地在他的心中生根发芽。讲到做圣贤的理想，王阳明曾在晚年时回忆说，应该是受到一个街头相士的点拨。

有一天放学，王阳明像往常一样和伙伴们在大街上闲逛，偶遇一个相士，他看见王阳明，留下一句“须拂颈，其时入圣境；须至上丹台，其时结圣胎；须至下丹田，其时圣果圆”便离去了。这句话被王阳明深深地记在心中，他常常深思这句话的含义。

何为人生第一等事？少年时期的王阳明能思考这样的问题，足以说明，他已经对人生开始进行思考，而且不是人云亦云，而是用属于自己的方式。

另类出走，试马居庸关

朝夕如流，一晃王阳明已经在京城居住两年有余，十三岁的王阳明生活的年代，正是明朝末期，皇帝昏庸，贵胄沉迷酒色之中。黎民苍生正为了一条卑微的生路而拼死反抗。

华夏大地上，硝烟四起，刀枪血影。王阳明看到这连年的征战，不无感慨地对父亲说：“今天下波颓风靡为日已久，何异于病革临绝之时。”意思是说，现在天下纷然扰乱这么长时间，就像一个人久病快死亡了，这可怎么办呢？

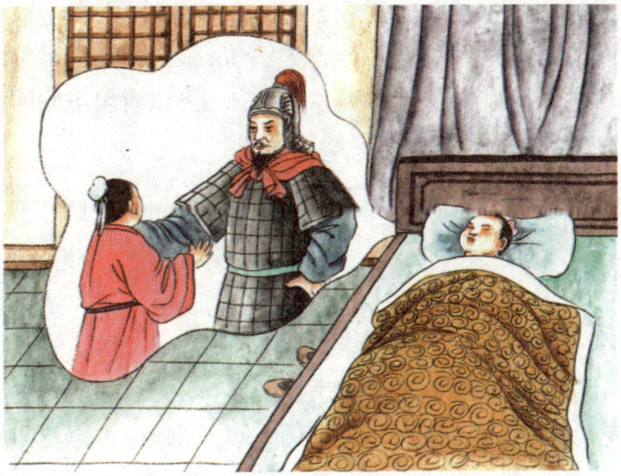

十三岁的王阳明见天下硝烟四起，到处是刀光血影，时刻想着拯救国难，树立起了经略四方之志。

与此同时，边关也不太平，明朝曾多年遭受周围其他部落的侵袭，先是蒙古瓦剌部的挑衅和掠夺，瓦剌衰落后，又被势力日渐升起的鞑靼所侵扰，民众苦不堪言。

英宗正统年间，瓦剌部落部长脱欢向明朝发动大规模进攻，竟然直取皇都，俘获了英宗皇帝，明朝耗费了数以万计的金银珠宝，才得以换回偌大江山的主人。日暮西沉，王阳明所生活的王朝此时已经建立一百年了，经历了惊心动魄的开国时代，经历了五光十色的兴盛发展，而今留在王阳明眼中的，除了积弱，便是无奈。

眼看国不成国，虽然父亲王华一再督促他好好读书，以待将来考取功名，可王阳明却无法在这样的环境下安心只读圣贤书。终于，有一天，他偷偷地从家里马厩偷出一匹快马，策马狂奔，出了关外。

远离京城，王阳明不由得心事浩茫起来，一心追求圣贤之道的他，面对广阔的天地，不禁思绪翻涌。大明朝自开朝至今，多少圣贤人前仆后继地倒在了前行的道路上！

如果说圣人方孝孺的倒下是明朝文人悲剧的伊始，那么贤人于谦之死则就是苍生沦陷的开始。方孝孺乃大义凛然，于谦则是众生活下去的契机。人，总是要有一些精神的支撑才能活下去的。

大义失去，还有活的希望，依然可以勉强地走下去，可是时至今日，内忧外患，那么脚下的路究竟还在何方？王阳明正是在这无穷无尽的思索中慢慢成熟的，他不断地思考，不断地在复杂的环境中寻找自我的根本。在居庸关考察的那一个多月的时间里，他登长城，评古迹，思战略，经略四方之志在那个时候终于酝酿成熟。

边塞之行如果说是王阳明的任性为之，在回程途中，王阳明更是任性了一次。

他和随从正骑马往回走，迎面看到两个骑马的鞑靼人向他们走来，在那个谈“胡”色变的时代，王阳明不但不躲闪，反而迎上前去。双方大战几个回合，王阳明因为年纪太小，虽然伤了这两个鞑靼人，但未能取其性命，让他们逃走了。

但是这件事情后来流传开来，王阳明过人的胆略和勇气一时传为佳话。

一个月的行程使王阳明收获到了在京城养尊处优的生活中无法体验的感受。经过一趟关外之行，他身上少了一些斯文，增添了一些侠客的勇猛和威严。在回京的那天夜里，王阳明还做了一个梦。他梦见了自己特别崇拜的东汉将领马援，两人不仅相见，王阳明在梦中还作了一首诗：

卷甲归来马伏波，早年兵法鬓毛皤。

云埋铜柱雷轰折，六字题文尚不磨。

马援的一生经历过无数次的战争，建立过卓著的战功。他的事迹激励着后世许多人报效国家，血溅沙场。从这首诗中，可以看出王阳明对马援的崇拜，也可以看出小小年纪的他就已经有了要建功疆场的志向。

第二章 求学生涯——吾当上下而求索

新婚之夜不知去向

到了弘治元年（1488），十七岁的王阳明从余姚来到父亲身边已经五六年了，刚到京城时那个乳臭未干的毛头小子如今已经长成气宇轩昂的大小伙了。

王华看着儿子长大成人，到了参加科举考试的年纪，十分欣慰。按照当时的规定，参加乡试是要回原籍的，所以王华打算让王阳明回老家。

就这样，带着如何成圣的疑问，王阳明回到了浙江老家。那时，他的生母郑氏早已去世多年，家乡虽还有一些旧时的亲朋，但毕竟时间太久，生疏远离，内心上无法做到真正的亲情接近。

王阳明回到老宅，睹物思人，再一次感受到人生一世，生死不由命的残酷。他再次觉得人生一场，不过是本来无一物的旅程。消极的情绪逐渐滋生，占满了王阳明的内心，他开始刻苦地钻研道家思想。

说起回乡，王阳明还有任务在身，他还不能随心所欲地做他想做的，想他所想的。他这次返乡，还需要完婚，完成一个懵懂少年变成一个成年男子必经的程序。

他未来的岳父叫诸介庵，是本地人，是王华的至交好友，时任江西布政司参议。所以，这门亲事在王阳明很小的时候，两家人便已经说定了。此时，王阳明成人，可以娶妻生子了，他便需要完成双方家长定下的这个约定。

父亲为王阳明安排婚事，但是王阳明却对这一人生大事不感兴趣，而是沉醉在对宇宙奥妙的思考之中。

俗话说，人生有四喜：久旱逢甘霖，他乡遇故知，洞房花烛夜，金榜题名时。但王阳明对这人生之大喜却似乎并不感兴趣。在家人为了他的婚事忙翻天的时候，他却还有心情在野外踱步，思考宇宙之奥妙。

一天，在野外散步思考时，王阳明猛一抬头，却发现自己早已不知道踱到了哪里，他眼前出现一个道观，名为“铁柱宫”。

“铁柱宫”又叫万寿宫，是为了供奉为民除害的许逊而建的。这个许逊是东汉时期人，传说其英勇无比，曾带领百姓与猛兽孽龙搏斗，保护了一方百姓。之后又传言许逊修炼长生之术，大功告成后一家人都升天成仙。当地的百姓尊称他为“许真君”，还专门为其修建了庙宇，以供奉祀。

王阳明与铁柱宫里的道士谈道逾夜，差点忘了自己的新婚。

王阳明走进道观，发现道观里坐着一个闭目养神的道士，鹤发童颜，两个人便攀谈起来，越交谈越是觉得相见恨晚。两人从人生谈到世事，从世事又谈到养生。不知不觉中竟然到了深夜，尚不觉得尽兴，一直欢谈到了天亮，东方既白。这时，王阳明才猛然想起自己错过了新婚，于是赶忙回府。

此时，府内上下早已经闹翻天了，新婚当日，新郎官无故失踪不见，满堂宾客就这样看了一场大笑话。

诸老爷很生气，他派人四下寻找无果，正想要不要退婚之时，王阳明气喘吁吁地跑了回来。大家详细追问之下，得知新郎官居然与道士畅谈一夜，这种理由，让诸老爷觉得好气又好笑，但既然回来了，亲还是要成的。

于是，有惊无险，王阳明完成了人生的一件大事。但鉴于这次教训，诸介庵为了防止这个“落跑新郎”到处乱跑，便让他到自己的官署上班，每日按时报到，处理公文。

而王阳明也算老实，没再做出让诸老爷心有余悸的事情来了。官署清闲，实在无事可做，每日的公文只需半个时辰就可以完成，实在无聊的王阳明便用练习书法来打发时间。

日积月累地练习，倒是让他的书法精进不少，明朝著名书法家徐文长在评价他的字时认为：王羲之以书掩人，王守仁以人掩书。

苦心追求心学的境界

成婚第二年，王阳明带着妻子返回京城，途中经过上饶，特意下船拜访了大儒娄谅。

娄谅是个怪人，他早年进京参加会试，走到杭州之时，却突然返回。大家问他缘由，他只是神秘地说：“此行非但不第，且有危祸。”果然，没几天，会试的贡院起火，烧死了很多人，而他因为没去参加，逃过一劫。

这件事情后来在黄宗羲的《明儒学案》中经过论证，得出结论说这是因为娄谅“静久而明”有了神术。古人自有古人的理论之法，不管怎么说，娄谅的学问却是真材实料。

早年，他四处拜访名师，为的也是能够成为圣贤之人，可是在遍寻天下儒士之后，他

王阳明与娄谅相见恨晚，他对王阳明思想的点拨起了很大的作用。

失望地发现，“都是些举子学，不是身心学”。他认为这些人都没有自己真正的想法，不过是在捧着一堆书本，然后人云亦云。

所幸的是，他最终找到了江西临川的著名理学家吴与弼。吴将朱学视为正宗，自然影响了娄谅。娄氏认为“圣人必可学而至”，只要不断地努力，就可以成功。从儒学来讲，这个道理其实是通则，不过它正好解答了王阳明存在于内心多年的疑惑，也坚定了他想要成为圣贤的志向。

所以，王阳明与娄谅相见恨晚，二人相谈甚欢。

娄谅很是欣赏王阳明，因为他和自己年轻的时候有很大的相似之处，都有成圣的志向。娄谅接触过很多的年轻人，但是很多人做学问都是凭借一时兴起，难以真正静下心来，始终如一地做下去。看到王阳明之后，他心想：倘若王阳明能做到如此，那么也是天下一大幸事。

王阳明受到娄谅的影响，从他早期的一些思想就能够看出来，两人有很多共通之处。黄宗羲就曾经在《明儒学案》中讲，心学的始端来自娄谅。娄谅提倡“身心学”，反对“举子学”，这些也都是心学的思想。

娄谅对王阳明思想的点拨起了很大的作用，因此，王阳明十分敬重娄谅。这从后来王阳明平定宁王叛乱之后，按照礼数安葬娄谅的女儿就能够看出来。

落第的苦闷

拜访娄谅，使王阳明受益匪浅，尤其是萦绕在他头脑中很久的问题，即“如何才能成为圣贤”，得到了解答和贯通。在经过娄谅的点拨之后，王阳明如醍醐灌顶，心中顿时明亮了。

弘治三年（1490），竹轩公王伦去世，祖父的死对于王阳明来说是个非常大的打击。王阳明同祖父之间的感情非常深厚，甚至在他的身上都可以看到很多王伦的影子。

在家人的劝慰下，王阳明逐渐平复了心情，并且开始认真准备三年一度的科举考试。明朝时期的科举考试内容，主要是以宋儒朱熹等人对四书五经的解释为据进行阐释，有了之前对朱子学说的研习，这种论说方式对于王阳明来说可谓得心应手。

而后不日，王华回老家守丧，顺便给家族里的子孙们讲经解义，应对科举。王阳明便也一起随大家上课，背诵教材内容。闲暇之时，几位王家子弟相互切磋，但都以王阳明的功力为最深厚，大家都惊呼：“彼已游心于举业之外，吾辈不及也！”

在日渐刻苦的学习中，渐渐地，王阳明的变化越来越大，昔日那个性格开朗、活泼的人，变得一本正经，整日里端坐学习。大家在一起研讨的时候，他除了发表自己的观点之外就没有多余的话了。大家纷纷询问原因，王阳明解释道，他十分后悔过去太过于放任自己，所以从今以后要注意规范自己的行为，做到内敛、谨慎，不轻易动容。

父亲升职而王阳明却科考落榜，访客们纷纷表示遗憾。

弘治五年（1492）秋天，科举考试结果见分晓，二十一岁的王阳明在浙江乡试中中了举人。之后，按照当时的定制，他得到了参加会试的资格。不幸的是，王阳明落榜了。

这个时候，父亲王华晋升为右春坊右谕德，招来一些阿谀奉承之人。在登门道喜的同时，大家对王阳明的落榜表示遗憾，安慰他下次科举考试肯定能够像父亲一样高中状元。王阳明倒也显得非常豁达，不太在意这次考试的结果，却引来了旁人的闲话，认为他目中无人。

设立科举的本意，是求得圣人之道和朝政之势的有机结合。但是明朝末期，学术与政治从来都是不能两相融合的。这也使得王阳明纵有一身的抱负和学问，也无法在仕途上迈出第一步。

而且，王阳明成名过早，锋芒毕露，这样的人不是当权者所喜爱的。王阳明一再流露才华，非但没有为他走上仕途加分，反而成了绊脚石。

三年后，王阳明第二次参加会试，再次落榜。一些嚼舌根的人道出了他落榜本质所在："此子如中第，目中不会有我辈矣。"

所以，虽然这次试落第是因为那场至今仍然扑朔迷离的"会试泄题案"。但落榜还是说明了王阳明从政的日子还未到来，"苦其心志，劳其筋骨"，王阳明在左冲右突、反反复复中磨炼。尽管当时很多人都觉得应该以落第为耻，但是王阳明却说"世以不得第为耻，吾以不得第动心为耻"，考取功名，落榜是正常的事，不需要对此过分在意。

话虽如此，但从小未经受挫折的王阳明依然感到有些心灰意冷，他回到了老家，组织了一个龙泉山诗社。

组建龙泉山诗社

考场失意，寄情于山水诗画之间，这是古代文人常常会做的事情。王阳明虽然认为谋事在人，成事在天，也说"世以不得第为耻，吾以不得第动心为耻"，但落榜大事，还是使他有所触动。

王阳明组建龙泉山诗社。

回到家乡后，他的龙泉山诗社热热闹闹地办起来了，明朝的文人骚客多喜欢结诗社，办文会，以此与志同道合的人士畅谈，切磋学问。

他的诗社成员人数不多，没有名噪一时的文人，大家聚在一起，无非下棋饮酒，游山玩水。

余姚纯朴的民风，朴实的文人，同多年来在京城所感受到的浮夸的文人之风是大有区别的。在创办诗社的这一段时间中，王阳明以诗言志，抒发苦闷，佳句迭出。如："我爱龙泉寺，山僧颇疏野。尽日坐井栏，有时卧松下。"在龙泉山清秀的环境中，王阳明度过了他人生中最为惬意悠闲的一段时光。

"君不见富贵中人如中酒，折腰解醒（醉酒）须五斗？未妨适意山水间，浮名于我亦何有！"这是他那时内心真实的感受，他毕竟是烈鸟，需要一片天空展翅高飞，一片山坳无法满足他内心高飞的渴望。

所以，渐渐地，王阳明发现这和他自己想要的生活越来越远。整日"吟诵风月，摆弄花草"，充其量是个诗人，是个名士，自己想要的是"做圣人"。为此，他开始反省，经常思考自己今后的人生该何去何从，如何才能一步步实现自己的理想。

虽然龙泉在余姚城里，算是一处风景秀丽的地方，山清水秀，空气清新，清静幽雅，如若在这里终老一生，也算不枉此生，可是在一段时间的沉寂之后，王阳明那颗看似平静的心逐渐蠢蠢欲动。他的这种心境在一首诗中表露无余："学诗须学古，脱俗去陈言。譬若千丈木，勿为藤蔓缠。又如昆仑派，一泄成大川。人言古今异，此语皆虚传。吾苟得其意，今古何异焉？子才良可进，望汝师圣贤。学文乃余事，聊云子所偏。"

王阳明焦灼不安的心在这首诗中体现得淋漓尽致，他的人生并没有因为龙泉山诗社而终止。

在这首诗中，我们也已经看出他萌生出了打通古今创心学的念头，"成圣贤"更是他内心最后的归属。他知道，自己虽然饱读诗书，但是两次科举失利也是不可争辩的事实。即使自己一向对于功名利禄并不在乎，但是如果不能在科举考试时崭露头角，那么即便是很小的理想和信念，也无从谈起，更不用说实践了。于是，他离开了龙泉山诗社，离开了余姚，于弘治八年（1495）再一次回到了京城。

在龙泉山诗社的两年生活中，王阳明抛开了纷繁复杂的世俗，为自己提供了思考和反省的机会，为他今后的生涯积蓄了力量。

为圣路上两彷徨

回到京城之后，他的内心深处还是充满了彷徨和矛盾。一面是“做圣贤”的人生理想，一面是多年来追求的科举及第，他的心一直在理想与现实之间徘徊。弘治九年（1496），王阳明第二次会试失败。再次的打击让王阳明冷静了很多，他开始用心钻研兵法，继续孩童时代的乐趣，不过此时，他更多的是将其作为事业来研究。

王阳明每遇宾宴，经常“聚果核列阵为戏”。

每遇宾宴，经常“聚果核列阵为戏”，这时的王阳明已然不想在仕途之上太过浪费时间，而想成就一番统御之才了。可惜的是，他虽有报效国家之心，国家却不给他这个机会。

弘治时期，明朝的军事防御能力已经接近于崩溃边缘，然而文恬武嬉局面，并未让王阳明放弃演习军法的热情，他对于兵法的钻研，日后还被他运用到了心学上。权谋策略的思想，与心学上的制敌之道有着异曲同工之妙。

王阳明用兵法之道来组织、管理民工。

透视兵学可以说是一种科举失败后反弹的情绪，在这种热情当中，王阳明成圣成雄的儒生念头燃得更加旺盛。他用属于自己的一种独特的方式探索着成为圣人的道路。一直到二十八岁那年，王阳明第三次参加会试。功夫不负有心人，这次他总算榜上有名，中了进士。

王阳明中进士之后，并没有被朝廷直接授予官职，而是被派往工部观政，按照现在的话说就是实习，先让他去熟悉一下工部的事务。当时，工部正在建造威宁伯王越的坟墓。这是一位明朝的将军，在官兵中享有很高的声望，监督工程的任务委派给了王阳明。

监督工程本来并不是一件烦琐的事情，但是王阳明非常希望能够在这件事上做出点成绩来，于是就颇费了一番心思，想到了用兵法之道来组织、管理民工。他把参与修建坟墓之事的民工视为士兵，采用军事化的管理，明确了各自的分工和职责，并统一制定了劳动和休息的时间，他将这种方法称为“什伍之法”。

同僚们对王阳明的做法感到新奇的同时又感到好笑，觉得他是多此一举。但王阳明却不理会这些，而是一步步地按照自己预期的计划来实施。待到工程完成之时，王阳明的这种方法起到了非常好的效果，不仅坟墓建造得非常宏伟、壮观，且大大缩短了工期，那些怀疑他的人不由得对他另眼相看。

王阳明观政之时，非常繁忙。尽管如此，他想要成为“圣人”的愿望却越来越强烈。

平日里他都会挤出时间来钻研宋代理学，但是在这个过程中，他还是十分困惑，他想起娄谅先生所说圣人必可学而至。这是多么透彻的道理！可是真正落实到对宋代理学的学习中来时，他又始终参悟不透。

他想起年少时“格竹子”，心想，或许是自己没有完全按照朱熹先生的要求来做，才没有找到方法和结果。于是，他再次尝试，沉思竹子之理，这一次又是没有收获，反而促发了他的老毛病。他又一次病倒了。

这年是王阳明思想冲突最为激烈的一年，他不得不怀疑朱熹的学说，他不再按照朱熹的套数来格物致知了。他深深地感到，或许圣人不是人人都能够做的。

◎第三章◎
初入仕途——挺身斗虎，遭人陷害

刑部里的名士

王阳明早年熟读兵书，这些基础在被委任督造威宁王的坟墓一事中得到了充分的展示，他的运筹帷幄的谋略在统率民工的过程中也有了很好的实践。

这件差使完成得相当漂亮，使得朝廷的其他同僚对他的统帅才能都刮目相看。而王阳明自己也切实地感受到了统御之权的作用，能够掌握实权才能够用众、服众，才能够干成大事。

弘治十三年（1500），王阳明完成了督造威宁王的坟墓的任务，观政期满，被授予刑部云南清吏司主事一职。这个职位是有实权的，在明朝，最高一级的行政机关是六部，每个部又都设置尚书，左右侍郎，在这下面便是清吏司。做云南清吏司主事不是去云南，而是在北京的刑部分管来自云南的案件。当时处于边境的云南常发生暴力事件，王阳明进入刑部可以说是最能够察清民情的，却也是最能够感受到腐败的。

二十九岁正是王阳明处在踌躇满志，期待能够建功立业的年龄。当时的他对朝中碌碌无为的同僚们甚是反感，很希望能够通过自己的切实努力而有所作为。虽然是当官，不过道理其实和为学读书是一样的。如何做事？以何种标准来要求自己？这期间他也有深刻的感悟。公正判决、不徇私枉法等重重考验都要取决于执政者内心的想法和观念。

当时，刑部的设置中有提牢厅，厅中又设专管囚犯的狱吏数名，刑部的各司主事每个月都要轮流去提牢。十月，轮到王阳明。王阳明第一次巡视，正值牢狱晚饭时期，王阳明走了一圈后发现囚犯吃的竟然是伴着水的米糠。他很好奇，问随行的狱吏，狱吏回答说是缺粮。他又走了一圈，偶然听到了猪的叫声，走近一看，竟有一个猪圈，几十头肥硕

王阳明见狱吏给囚犯吃米糠，给猪吃细粮，于是训斥了所有狱吏，并下令把牢中的猪宰了给囚犯吃。

的猪正争吃食槽中的白面细粮。王阳明顿时明白了，牢狱不是缺粮，粮食都给了猪，哪里还有人吃的？

其实这种情形在当时没有什么大不了的，只是王阳明初入仕场，刚到刑部，见得少而已。从牢狱回来后，王阳明训斥了所有的狱吏，当场下令宰掉牢中养的猪，并分给囚犯吃。

这件事情如果从当时的官场来看，只道王阳明是个刚入官场的毛头小伙，不够成熟，但是从王阳明自身的思想来看，这便是他所提倡的良知。

王阳明的差使所要做的事情非常烦琐，尤其是秋决之时，各种变故弄得王阳明心力交瘁。一个月的当差结束后，他感到如释重负。

在刑部做事的第二年，王阳明被派往直隶、淮安等府与当地巡按御使一同审决重犯。他职位虽然不高，但由于是从刑部来的，属于中央官员，在审判囚犯时也有很大的决议权，其他审判官自然也都得尊重他的意见。这使王阳明能够按照自己的判断，作出裁决。对于这个差使，王阳明感到莫大的兴奋。一向做事严谨认真的他，总要反复对照证据和当朝的法律条文才会作出判决。他的这段经历被学生们记载为“所录囚多所平反”，看来一向公平公正的王阳明应该平反了很多的冤假错案。忙完淮北的公事之后，王阳明终于可以忙里偷闲来修身养性了。于是，他来到了九华山，一登上山，就立即陶醉于眼前的青山秀水中，远离了尘世的喧嚣、繁杂，内心极为宁静。寄情于山水，心情顿感愉悦，心性得以恢复，诗性也得以复归，他一口气竟写下三十多首诗赋。

无拘无束的大自然正好能够衬出官场的束缚。为政或为学，王阳明的内心一直都在左右摇摆着。游刃于二者之间，却也激发了他的思考与豪情。两样看似截然不同的事情，如此相得益彰，也算是人生一大快事。不过名士有时只是一种风格，终究不是职业。正如他下山时所写的诗句：“明日归城市，风尘又马鞍。”

主持山东乡试

回到京城后，由于父亲王华的关系，王阳明被聘为山东乡试的主考官。一心想当圣人却总摸不着门径，如今有机会来到圣人的家乡，感受圣人的文化气息，王阳明兴奋不已。山东与江浙向来是文化教育的重地，人杰地灵，孔门的弟子，也多出于这里。主持乡试，把王阳明从论禅学仙的心境中拉了出来，从他为考生们出的测试题中可以看出他和佛道已相去甚远。

他出的测试题都很大胆，比如第一场《四书》的考试题：“所谓大臣者以道事君不可则

王阳明被聘为山东乡试的主考官，从论禅学仙的心境中走了出来，开始考虑百姓生活、国家社稷。

止”。以道事君，这是儒家所遵循的传统的纲常。

王阳明的这个题目在当时君主专制的体制中提出，是非常冒险的，但是又可以看出王阳明的智慧，这个题目考的既是人的品节，又是一种特定场景下的做法，充满着儒学的色彩。他还提出“纲纪不振，由于名器太滥、用人太急、求效太速”“议国朝礼乐之制”“老佛害道，由于圣学不明”等问题，足可见他已经开始思考当时与百姓生活、国家社稷密切相关的问题。尤其是《山东乡试录序》，映射出了他从民生出发思考问题的良苦用心。

山东，古齐鲁宋卫之地，而吾夫子之乡也。尝读夫子《家语》，其门人高弟，大抵皆出于齐、鲁、宋、卫之间，固愿一至其地，以观其山川之灵秀奇特，将必有如古人者生其间，而吾无从得之也。今年为弘治甲子，天下当复大比。山东巡按监察御史陆偁辈以礼与币来请守仁为考试官。故事，司考校者惟务得人，初不限以职任；其后三四十年来，始皆一用学职，遂致应名取具，事归外帘，而糊名易书之意微。自顷言者颇以为不便，大臣上其议。天子曰：“然，其如故事。”于是聘礼考校，尽如国初之旧，而守仁得以部属来典试事于兹土，虽非其人，宁不自庆其遭际？又况夫子之乡，固其平日所愿一至焉者。而乃得以尽观其所谓贤士者之文而考校之，岂非平生之大幸欤！虽然，亦窃有大惧焉。夫委重于考校，将以求才也。求才而心有不尽，是不忠也；心之尽矣，而真才之弗得，是弗明也。不忠之责，吾知尽吾心尔矣；不明之罪，吾终且奈何哉！

盖昔者夫子之时，及门之士尝三千矣，身通六艺者七十余人，其尤卓然而显者，德行言语则有颜、闵、予、赐之徒，政事文学则有由、求、游、夏之属。今所取士，其始拔自提学副使陈某者，盖三千有奇，而得千有四百，既而试之。得七十有五人焉。呜呼。是三千有奇者，其皆夫子乡人之后进而获游于门墙者乎？是七十有五人者，其皆身通六艺者乎？

夫今之山东，犹古之山东也，虽今之不逮于古，顾亦宁无一二人如昔贤者？而今之所取苟不与焉，岂非司考校者不明之罪欤？虽然，某于诸士亦愿有言者，夫有其人而弗取，是诚司考校者不明之罪矣。司考校者以是求之、以是取之，而诸士之中苟无其人焉以应其求、以不负其所取，是亦诸士者之耻也……

然则，司考校者之与诸士亦均有责焉耳矣。嗟夫！司考校者之责，自今不能以无惧，而不可以有为矣；若夫诸士之责，其不能者。犹可以自勉，而又惧其或以自画也。诸士无亦曰吾其勖哉，无使司考校者终不免于不明也。其无愧于是举，无愧于夫子之乡人也矣。

王阳明的这篇文章讲述了他以主考官的身份来到山东之后的所见所闻所感。他认为能够来到圣人的故乡主持乡试是生平一大幸事。王阳明怀揣着朝廷授以的重任，求贤若渴。想到昔日孔夫子三千弟子，有七十余人精通六艺，而今王阳明也希望能从千百考生中挑出这精通六艺的人来。但是如今的山东竟显凋敝之势，怎样也找不出像过去圣人那样的人了。

王阳明认为朝廷求贤不得是多方面因素导致的，其中科举的一些制度束缚就是一个很大的原因。在他看来，不仅主考的官员们要负起责任来，各位考生们也要自行努力，不放弃，这样才无愧于日日夜夜对科举的准备，以及同出圣人之乡。

整篇文章内涵丰富，同时又饱含情感，感人肺腑。他既反思自己，又对他人提出自己的殷切希望，还对古代山东的人文饱含赞誉之情，对当今山东的没落表示忧心忡忡，写下的这篇序文可以称得上一篇完美的文章。从这篇文章也能够看出王阳明经世致用的观点，这为他日后经营四方做好了文治上的准备。

负责山东乡试，王阳明也算是展露了才华，但是因为没有附和某些势力，他心中所想并没有得到完全发挥。返回京城后，朝廷下达诏令，将他从刑部云南司主事调为兵部武选司主事。虽然两个职位都是正六品，但武选司是兵部四司之首，实际上是往前进了一步。可见王阳明的才能在当时已经得到了朝廷的重视，而此时的王阳明也正是朝气蓬勃的。

言事下狱

王阳明完成了在山东主持乡试的差事后，返回京城。在这次乡试的主持中，王阳明的才能已经受到了朝廷的关注，而他自己虽然受到一些势力的干扰，但是总体来说也还收获颇丰，内心感到非常充实，隐隐约约地感觉到自己是在一点点地走在通向“圣贤”的道路上。

但是，天有不测风云，谁也没有料到，一心想要有所作为的王阳明很快就要面临一场改变他人生的变故。

弘治十八年（1505）五月，孝宗皇帝朱祐樘驾崩，时年三十六岁。当时只有十五岁的皇太子朱厚照继承了皇位，改年号为“正德”。他就是明武宗，皇帝生性好动，同驾崩的老皇帝截然相反。

孝宗从小就胆小怕事，再加上体质不好，经常生病，因此朝中大事都交给文官们处理，自己很少过问。但是，他的儿子不喜文，而是尚武，性格活泼，非常反感文官们的繁文缛节和喋喋不休的说教，总与一群喜爱玩枪舞刀的宦官们打成一片，喜欢打打杀杀，常常做出一些荒诞不经的事情，成了后世的笑柄。

两位皇帝截然不同的行事风格，让身在朝中的很多文官们感到非常不适应，尤其是当他们再用伺候孝宗皇帝的方式来对待新皇帝的时候，往往会遭到冷落和无端的呵斥。

自然，文官们的意见也得不到重视，更难以推行。地位一落千丈的文官们也无法容忍这种差距，于是他们联合起来，开始进行声势浩大的争斗。

这场不见硝烟的争斗以内阁大学士刘健、谢迁和户部尚书韩文为首，他们的目的非常明确，就是打压参政宦官，以此改变新皇帝的做法，重新确立文官们在朝中的地位。

但是皇帝在当时一些领头太监的扶持下，一点也不向文官们服软，而且还出现了杀鸡给猴看，杀一儆百的现象。大批文官因为进言，被辞退的辞退，挨打的挨打。

一时之间，朝廷内外是鸡飞狗跳，一片混

王阳明上书言事，希望皇上看清身边人的好坏，却被太监刘瑾投进了监狱。

乱。此时王阳明虽然在朝任职，担任着兵部主事的职位，但是比起朝廷中的那些重臣，此时的他还太不显眼，眼看着那些朝中大臣跑的跑，降的降，王阳明却并未做出任何举动，他在观察。

多年研究哲学理论的习惯，让他保持了一个良好的作风，那就是思索。在做每一件事情之前，他都会认真、完整地将整件事情思考全面。

王阳明并不是贪生怕死、没有原则的人，所以他在思索完毕之后，上了一道精彩绝伦的奏折——《乞宥言官去权奸以彰圣德疏》。

这道奏折写得很有水平，言辞婉转，用语考究，绝无对皇帝的冒犯，也没有对当事人的攻击。王阳明写这封奏折不过是想让皇帝警醒一下，看清楚身边的人哪个值得信赖，哪个是奸险小人。

可惜的是，王阳明虽然文采够高，智商够高，但是手段却还是不够狠。当朝大太监刘瑾岂是一个眼里容得下沙子的人！王阳明的这份奏折一送上去，就被他拦截。然后，他将态度柔和的王阳明扔进了监狱，让他吃牢饭去了。

在这场文官与宦官的争斗之中，显然宦官们占了上风，文官们的争斗无疑是以卵击石，因为他们虽然口口声声地反对宦官参政，实际上却是想要重新将皇帝置于他们的控制之下，这是非常艰难的。

与皇权争斗的最后结果就是以文官们的失败而告终，为首的文官们有的被迫终止了自己的仕途，而以刘瑾为首的宦官们则势力大增。很多人都卷入了这场争斗中，看似平静的朝廷，实则暗流涌动。

明朝时期，朝廷将南京作为留都，当遇到事关国家社稷的大事，言官要站出来表明自己的观点。一旦遇到皇帝对于言官所言之事置之不理的情况，北京、南京的言官可以相互支持，从而对皇帝施加压力。所以，当北京文官与宦官进行争斗处于下风时，南京的言官们开始声援，由于矛头直接对准了宦官，宦官们恼羞成怒，将为首言官押到了北京。

本是想要说句公道话的王阳明平白无故地被刘瑾关到牢里大概一个月的时间后，被处以“廷杖”三十，并被免掉了兵部主事的职务。

从二十八岁中进士到被打入牢狱，总共不过六年。经过那么多年的努力，王阳明才走到这个地步，最后却因为一份并不激烈的上书而断送了前程，把自己送上了牢狱。王阳明左思右想都没能想个明白，大受打击。

这场变故使得王阳明的内心充满了忧郁和失落，但是他仍然坚持自己的理想和信念，立志做一番事业的雄心壮志并未就此消沉，反而对那些想要依靠暴力来打压对手的小人给予了无情的嘲讽。

三十廷杖或许还是幸运的，没有丢掉性命，也没有致残身躯，那肉体上的疼痛终究是能够消除的。王阳明作为读书人，为了表明自己的立场，伸张正义而受到酷刑，受到了人们的广泛赞誉，可以算作这场风波当中唯一的一次胜利。

依赖心理化险为夷

王阳明是一个伟大的哲学家，但他却是一个不成熟的政客。从政这么多年来，他还完全没有理清楚宦海中的规律和变数。他虽然有着精明的头脑和强大的逻辑能力，却并未意识到，在官场，一切权力都是不以常理来算的，所以这次，他输得很彻底。

刘瑾这样的人，是不能将他当作一般政客来对待的，因为他不是政客，只不过是一个混迹政坛的坏人罢了。

在文官发动了第一轮攻击的时候，骄横跋扈的刘瑾就居心叵测，想借此机会将那些对他有意见的人一网打尽。刘瑾等人将包括王阳明在内的多达五十三人都列为奸党，以泄私愤，并且将该名单在朝堂之上榜示。这份名单不仅昭示着五十三人的冤屈，同时也是当朝皇帝不作为的明证。这次事件被后人视为宦官专政、把持朝纲、打击朋党的恶例。

王阳明因为得罪宦官刘瑾而被投入监狱。

王阳明的“仗义执言”招来了刘瑾等人的注意，他们早就不满王阳明平日里的目中无人了，所以这一次，王阳明成了他们的猎物。

王阳明被投入监狱之后，家人和好友都焦急万分，日日盼着他平安无事，早日回家。王阳明虽然心有所忧，却并没有因此意气消沉，万念俱灰，而是谈笑自如，从容镇静。

刘瑾暗示王阳明父亲王华替儿子认错，但是王华并未服软。

身在狱中，王阳明心里明白，此次的遭遇除了宦官刘瑾作恶多端、排除异己的丑恶嘴脸之外，和当朝皇帝不辨是非，一味听信宠臣言论的做事风格以及懦弱的性格有很大的关系。一次性牵连这么多官员，皇帝却不明是非，不闻不问，任凭宦官随意处置，这种态度让人感到心寒。面对这种局势，王阳明深感无力扭转。

王阳明被关入大牢后，遭受的廷杖三十大板对于本来就瘦弱的王阳明来说，并非那么轻易就能够挨过去的。王阳明待在监狱的那段时间正好是十二月，天寒地冻，黑暗的牢狱里，王阳明冷得瑟瑟发抖，整夜里都不得安睡，有时心里还反复自问：为什么要走仕途呢？如果像祖父那样，归隐山林，每日读书吟诗，抛开世俗的尔虞我诈，不也是人生的一大享受吗？那么又哪里需要在此遭这样的罪呢？

关于王阳明这段黑暗的牢狱生涯，在后来王阳明留下的诗中，我们可以知晓一二。不过这些诗句都是他对牢狱中寒冷、失眠、孤独之苦的描述，肉体上的痛苦只字未提。一方面，我们可以看出他不愿意被人看到这种痛苦，另一方面，从这些诗歌中，我们还可以看到王阳明当时已经非常关注学术追求了，即使是在暗无天日的牢狱之中，仍然在讲学论道。

他曾经在狱中写道："累累囹圄间……至道良足悦。"

王阳明的父亲王华也在朝为官，在王阳明身陷囹圄之时，王华得到权宦刘瑾多次的暗示，如果他能够替王阳明认错，在他面前服软，那么刘瑾就完全可以把王阳明无罪释放。但是生性倔强、自视清高的王华怎可能去屈尊求人呢？就连狱中的王阳明也不会答应的。所以，王阳明只得在狱中听凭发落。好在对王阳明的处罚很快就下达了，他被贬到贵州龙场驿当驿丞。这是当时的官吏中等级最低的官吏，其实充其量就是个役吏而已，称官都有点夸张了。不过对于此时的王阳明来讲，这种状况也算是拨开乌云见明月了。他终于摆脱了牢狱之苦，至于今后的路到底去向何方，也只能听天由命了。

贬为驿丞，北风送南雁

牢狱之灾过后，王阳明被贬的文书很快就发到了他的手里，他这次被贬到了贵州龙场去做驿丞。这个地方位于现在贵州省修文县，属于偏远山区，经济条件比较落后，自然环境也不够优越，但在当时却是贵州通往川东官道上九个驿站之一。

离开京城之时，王阳明的出行显得有些落寞和冷清，毕竟，对当权者的敌人，谁还敢来送行？除了几位至交好友——汪抑之、湛若水、崔子钟等人前来送行，再无他人了。

王阳明被贬往贵州，友人们前来为他送行。

春寒料峭之时，正是新一季生命生长的时候，不过却是王阳明仕途夭折之日，想来也是凄凉。

好友聚在一起，不知何时才能再相见，而且，王阳明此次路途遥远艰险，不免让友人为他担忧。

送行当日，大家都对王阳明这次远赴贵州感到惋惜和遗憾，但是无奈自己力量的渺小。于是，千言万语都化作了首首诗作，为他送行。

这一次毕竟是被贬，王阳明要一个人远赴人生地不熟的贵州，因此朋友的诗中充满了忧郁和感伤。拜别亲友后，他开始踏上了前往贬谪处的征程。孤苦无依的旅途中，他常常会想起这几位挚友所作的诗，反复品读，以慰藉孤苦的内心。

汪俊是王阳明于弘治六年参加会试时认识的，字抑之，号石潭，江西人。当年王阳明不幸落榜，但是汪俊却是第一名。汪俊为人正直，与王阳明十分要好，两人非常有默契。离开京城后，王阳明常常睡不着觉，有一天，在冰冷的夜晚，王阳明不禁想起了好友汪俊，并情不自禁写诗：

与朋友分别后，王阳明十分不舍，作诗明志。

一日复一日，去子日以远。

惠我金石言，沉郁未能展。

人生各有际，道谊尤所眷。

尝嗤儿女悲，忧来仍不免。

缅怀沧洲期，聊以慰迟晚。（《怀抑之》）

后来的几天里，王阳明也经常想起京城的好友，竟然在梦中都会相见，他写的《梦与抑之昆季语》就能够看出他当时心中的不舍。此去贵州之路，他经常是夜不能寐，辗转反侧，恍惚间似乎又回到了与几位挚友畅所欲言的时刻。突然醒来，却发现自己是通向一个遥远的地方，身边是另一番凄凉的景象。

北风送南雁，在依依不舍中道别。往日里的深情，今后都只能够在梦中相见，此后的道路中，王阳明是否还会遇见这样的知己？一切都是未知数。

亡命天涯

王阳明此去贵州路途遥远，他有意选择自己经常走的路，一来比较熟悉，即使有意外发生，也好有逃生的准备；二来沿途都是颇为繁华之地，能够接触到民风民情，借此放松一下心情。

刘瑾虽然在这次争斗中大获全胜，但是他依然不肯善罢甘休，坚决奉行斩草要除根的原则，对曾经对抗过他的文官们赶尽杀绝。于是，这些人打着皇帝的旗号列出了一个“奸党”的名单，里面一共有五十三个人，都是反对过宦官的文官们。

王阳明在前往贵州的途中碰到了以前在铁柱宫碰到的那位道士。两人促膝长谈，王阳明心中的郁闷逐渐消解。

不幸的是，王阳明也在名单之上。刚到杭州，王阳明就感觉被盯梢了，他知道刘瑾不会轻易放过他，为了避免连累家人，他只有叫家童先回余姚报信，自己则暂避城外胜果寺。

夜里，他在床上辗转反侧，不能入睡，便起身来到屋子的一面墙壁前，大笔一挥，写下了《绝命诗》一首：

学道无成岁月虚，天乎至此欲何如。生曾许国渐无补，死不忘亲恨不余。

自信孤忠悬日月，岂论遗骨葬江鱼。百年臣子悲何极，日夜潮声泣子胥。

大作完成，王阳明便带上行李出门了，来到钱塘江边，他脱下外衣鞋子，然后上了一艘船。就这样，王阳明随船漂泊，不想竟然来到了福建的福州。而那些杀手在进入他房间后，没见到人，只看到了墙上的遗言诗，然后他们又在江边找到了王阳明的衣服鞋子，便断定王阳明已投水自尽，于是匆忙返回，报告刘瑾。

王阳明乘坐的船好不容易靠岸之后，天色已晚，四周都是荒山野岭，无奈之下，他只能顺着山道走，走了几公里后，发现前面有一座寺庙。看到了能够居住的地方，他才感到心里踏实些。他来到了寺中的一座大殿内，突然发现一位道士，当他正诧异庙中怎会出现道士时，又觉得这道士、这光景非常眼熟，可是又实在想不起来，不觉地停下了脚步，仔细琢磨起来。他再端详道士的面庞，一下子想到了这位道士正是二十多年前南昌铁柱宫的那位道士！这让他感到万分惊喜。

王阳明发现这道士也在注视着他，四目相对，甚是感动！道士带着王阳明来到了一个僻静的屋子，王阳明将自己这些年来的情形细细地说来，道士非常认真地听完他的叙述后，问他有何打算。王阳明不免对前途感到失意，想要学祖父归隐山林。

道士听后，再三摇头，说王阳明如今已经被朝廷贬谪，如何能够脱身？即便真的能够隐姓埋名，远走他乡，家人也难以逃脱，一走了之，不是最好的解决办法。

王阳明听后也为自己的任性感到愧疚，这才算是真正意识到了自己的处境。他诚恳地向道士征询以后的去处，道士思索片刻，对他说，放弃志向也可全身而退，只是拥有这么深的学问，就这样放弃，岂不可惜？两人促膝长谈后，王阳明心中的郁闷已经消解大半，他似乎又回到了那个英姿勃发、斗志昂扬的自己，看到案头备有笔墨，就挥笔写下了一首诗以咏志：

险夷原不滞胸中，何异浮云过太空。

夜静海涛三万里，月明飞锡下天风。(《泛海》)

看到这首诗，一旁的道士不由地为王阳明的志向而喝彩！关于这次奇遇，王阳明的弟子有不同详略的记载，真实性还有待考证，但是不管这次的奇遇是真是假，可以肯定的是王阳明前往贵州的道路是极为坎坷的。

第四章 贬谪贵州——龙场悟道，成为一代心学大师

偶得“阳明小洞天”

王阳明与道士告别后，心情豁然开朗，不再有其他的念头，于是继续前往龙场。当时的贵州，在明朝十三个布政司中是设置最晚的，由于地理位置偏僻，交通不便，开发也是较晚的。因此，从中原通往贵州的通道也非常不便，人们主要通过两种路径到达贵州：一种是经关中、秦岭到达汉中，从汉中经由巴蜀，到达贵州，另外一种是从湖南出发，经过湘江到达广西，再从广西经过云南，到达贵州。不管哪种路径，路途都是极其遥远的，因此，在当时的人们看来，贵州是山高路远、偏僻落后的荒蛮之地。

王阳明这次要去的龙场，更是偏远，坐落在今贵州省贵阳市修文县，距离贵阳还有大概八十里的路程。王阳明来到这里后，心里一下子仿佛跌入了冰窖，与自己之前的生活相比，可谓天上地下。龙场的四周都是高山叠嶂，树木茂盛，几乎看不到人烟。山高路远，险象环生，如果没有当地人带路，十有八九是要迷路的。而且，这里茂密的丛林中毒蛇、猛兽经常出没，人经常会受到侵袭。

王阳明到达这里后，所见到的人极其有限，天天在眼前出现的也就是自己带来的几个神情呆板的仆人。主仆几人只能偶尔碰到苗族人、彝族人、瑶族人或者是逃避官府抓捕的逃犯路过此地，因为和当地人还存在语言上的障碍，所以王阳明很与他们难沟通，更不要说达到心领神会的意境了。这使王阳明感到了一种从未有过的孤独和寂寞，他也不知道这样的日子要过多久才能结束。

龙场驿是在明太祖洪武年间设立的，当时这里的一位彝族女首领奢香夫人为当地的稳定做出了很大的贡献，她的故事几乎家喻户晓。王阳明来到这里以后，很快就知道了这位女首领。原来，奢香夫人虽然是女流之辈，但是识大体，顾大局，眼光长远，她带领当地的少数民族民众与朝廷派来的驻军统帅马晔进行了针锋相对的斗争。当时的马晔没有考虑到当地的现状，而是急功近利地实行明朝中央政府颁布的“改土归流”政策，向奢香夫人施加压力，引起了当地民众的反抗。奢香夫人丝毫不惧他的威逼利诱，而是义无反顾地带领部下到达南京，向皇帝陈述马晔的罪状，并从当地的实际情况出发，提出了自己的想法。她的胆略和见识受到了明太祖的褒奖，为此，明太祖给予奢香很高的礼遇和官爵。同时，

奢香还将马晔依法论处。她英明过人，带领民众修通了贵州通往川东的山道，并依次设立九个驿站，大大改善了当地的交通，也加强了贵州同中原的联系和往来，可谓功德无量。

王阳明带着仆人在山林间游走时发现了一处石洞，打算在此居住。

但是，王阳明来到这里的时候，龙场驿已经名存实亡，完全没有了以前的热闹。这里的驿站已经是房倒屋塌，驿卒也已经走得差不多了，只剩下病残人员。王阳明被贬到这里，也根本没有官舍。不过王阳明倒是很快地转变了想法，鼓励仆人们自力更生，利用周围的树木自己建屋舍。

房屋虽然非常简陋，但是王阳明是个天性乐观之人，而且感觉十分愉悦。房子建好后，也就有了固定的居所，原本很难见到他人的地方，竟然经常会有当地的少数民族居民前来造访。王阳明和他们虽然言语不通，但是从表情、手势上来看，对方都是友善的。时间长了，人们相互之间的距离也就拉近了很多，这大大消解了王阳明的孤苦寂寞之感。

王阳明被贬到此，基本上脱离了以往政务繁忙的生活，每天都极为清闲。他是个生性好动之人，自然不可能呆坐在家中。于是，他就带着仆人四处游走，翻山越岭，常常会有新的发现，让他颇有心旷神怡之感。一日，他带着仆人四处游逛之时，竟然发现一处石洞，和老家余姚的石洞如出一辙。这个意外发现，使他感到非常兴奋，他当即就冒出了搬到这里居住的念头。于是，他带着三个仆人就回到住处，稍作收拾，就开始了石洞的居住生活。

这里的生活使他有了别样的感觉。经过几个月的相处，仆人们和王阳明之间培养出了患难与共的感情，因此，相互之间已经没有了主仆之间的尊卑之别。一次，高兴之余，大家就让王阳明为石洞取个别致的名字，王阳明随即就提出了“阳明小洞天”，此名一出，就受到了仆人的赞誉！

何陋轩与君子亭

王阳明主仆在“阳明小洞天”中的生活虽然新奇，但是好景不长，艰难的环境使得大家很快都感觉到了身体上的不适。原来，石洞阴冷潮湿，终日不见太阳，很容易滋生疾病。好在王阳明身体健硕，有抵抗能力，倒是苦了三个仆人，他们三个很快就病倒了，不得不卧床休息。王阳明天性善良，再加上和他们相处的日子里，可谓患难与共、生死相依，因此他每天只身到四周的山上采药，回来就生火熬制汤药给他们三人喝。仆人们哪里受到过如此待遇，心中自然是感激不尽。

但是，在王阳明看来，三人每日神情焦虑，病情也不见好转，于是他就再三询问其中的缘由。仆人们这才说出了他们内心的恐惧，原来当地的民众非常信奉诅咒蛊毒的法术。而人一旦生病，很可能就是被诅咒，这样一来即使药草也无法医治。王阳明得知后，也感到束手无策。如何才能消除他们内心的恐惧呢？忽然，王阳明计上心头，他想如果自己能够占卜算卦，三人肯定对他会崇拜有加。于是，他就装模作样地算卦，告之他们诅咒已经解除，不久就会痊愈。三人信以为真，病情也就好了一半。在王阳明的照料下，三人不久就康复了。

王阳明带着仆人们在“阳明小洞天”附近开荒种地。

不知不觉，来到贵州已经有些日子了。这里虽然没有京城的繁华热闹，也比不上杭州等地的富饶喧嚣，但是此处草木葱茏、空气清新，是修身养性的好地方。王阳明也感觉到自己天天跋山涉水，无形中身体已经变得愈来愈健硕，心情也舒畅很多。他琢磨此处正是开园耕种的好地方。于是，三个仆人身体恢复后，王阳明就带着大家在石洞的四周开荒种地。如此每天汗流浃背，心里的包袱就能够卸下很多，大家倒也能够落得个自在轻松。

然而，即便每天想尽办法来使生活过得充实，这种生活还是与他饱读诗书、满腔抱负的个性格格不入，所以他满心的无奈和心酸，无人可以倾诉。

心地善良、平易近人的王阳明在龙场定居不久，便与在四周居住的苗族人、瑶族人、彝族人熟识起来，慢慢地也能够用一些语言进行沟通。大家非常喜欢王阳明给他们讲中原发生的故事，认为王阳明是无所不知、无所不晓之人。

当大家看到这位能人居然住在冰冷潮湿的山洞里时，大家都商量着要给他建造一个舒适的居所，并且很快就破土动工了。动工之前，大家反复地征求王阳明的意见，力求建造的居室满足王阳明的起居、读书、处理政务的要求。

在大家齐心协力的帮助下，新居所居然不到一个月时间就建成了。虽然此屋难以与王阳明在京城的居所相比，但是在方圆几十里内，这已经是规模最大、构造最为齐全的房屋，包括居室、书房、客厅、凉亭，远远望去可称得上庄重大方、气势壮观。新居建成后，竟然成了当地的“知名”建筑，再加上王阳明的学识渊博，因此吸引了周围很多读书人前来拜访。

王阳明的生活随着新居的落成陡然间变得忙碌而充实，他经常要接待慕名前来求教的读书人。和他们一起畅谈学术，已经成为他的一大乐事。时间长了，大家都建议王阳明为新居取个名字，王阳明也欣然应允。因凉亭的四周树木葱茏、层峦叠嶂，常常有读书人在这里谈古论今，于是就将此亭命名为“君子亭”；而居室虽然简陋，没有名贵物品的点缀，却是窗明几净、朴实无华，就命名为“何陋轩”。

王阳明认为这里既为自己的居所，同时又是传播知识、畅谈学问之地，就将这个居所命名为“龙冈书院”，此名赢得了众人一致的称赞。王阳明也非常高兴，于是就作文一篇《何陋轩记》来抒发自己的感想：

王阳明学识渊博，新居落成后，吸引了很多读书人前来求教。

王阳明将新居命名为龙岗书院，并作《何陋轩记》抒发自己的感想。

昔孔子欲居九夷，人以为陋。孔子曰：君子居之，何陋之有？守仁以罪谪龙场，龙场古夷蔡之外，于今为要绥，而习类尚因其故。人皆以予自上国往，将陋其地，弗能居也。而予处之旬月，安而乐之。求其所谓甚陋者而莫得，独其结题鸟言，山栖羝服，无轩裳宫室之观、文仪揖让之缛，然此犹淳庞质素之遗焉。盖古之时，法制未备则有然矣，不得以为陋也。

夫爱憎面背、乱白黝丹、浚奸穷黠、外良而中螫，诸夏盖不免焉。若是而彬郁其容、宋甫鲁掖，折旋矩镬，将无为陋乎？夷之人乃不能此，其好言恶詈，直情率遂则有矣，世徒以其言辞物采之眇而陋之，吾不谓然也。

始予至，无室以止。居于丛棘之间，则郁也；迁于东峰就石穴而居之，又阴以湿。龙场之民老稚，日不视予，喜不予陋，益予比。予尝圃于丛棘之右，民谓予之乐之也，相与伐木阁之材，就其地为轩以居予。予因而翳之以桧竹，莳之以卉药，列堂阶、辩室奥。琴编图史，讲诵游适之道略具。学士之来游者亦稍稍而集，于是人之及吾轩者，若观于通都焉，而予亦忘予之居夷也，因名之曰“何陋”，以信孔子之言。

嗟夫！诸夏之盛，其典章礼乐，历圣修而传之。夷不能有也，则谓之陋，固宜。于后蔑道德而专法令，搜抉钩絷之术穷，而狡匿谲诈无所不至，浑朴尽矣，夷之民方若未琢之璞、未绳之木，虽粗砺顽梗，而椎斧尚有施也，安可以陋之？

斯孔子所谓欲居也欤？虽然，典章文物则亦胡可以无讲？今夷之俗，崇巫而事鬼，渎礼而任情，不中不节，卒未免于陋之名，则亦不讲于是耳。然此无损于其质也。诚有君子而居焉，其化之也盖易，而予非其人也，记之以俟来者。

王阳明用自己亲身的经历，赞扬了当地人民质朴且乐于助人的品格，批驳了“陋”的说法。孔子曾居九夷，不以为陋，王阳明今居龙场，也不以为陋。相反，比起中原那些诡诈、无所不至的人来说倒是更加显得本真，像从未雕琢过。当然，这篇《何陋轩记》并非简单地描述居所本身，而是以此来表达自己对人生、社会的思考。王阳明出身书香门第，家境优越，衣食无忧，因此他自己从小到大并未直接接触过生活在社会最底层的人。之前自己对社会的理解和认识多是受到书籍的影响，很少有机会能够切实接触到社会的真实生活。因此，这次被贬到贵州来，虽然在物质生活上的确非常简陋，但是却是他人生中非常重要的阅历，为他提供了认识和理解社会最穷苦民众真实生活的机会，更加激励着他洞察世事、砥砺学问的志向。

王阳明从小在祖父的身边长大，祖父偏爱竹子，在居所的四周都有竹林，那里是王阳明儿时生活的乐园。长大之后，王阳明就意识到祖父爱竹不仅仅在于竹子本身，更在于竹子的品质。从小的耳濡目染，王阳明也对竹子有了特殊的爱好，所以他也在自己的居所四周种植了很多竹子，以此鼓舞自己要坚持不懈地砥砺学问，有所作为。他的精神也深深地打动了前来切磋学问的读书人。不过王阳明心里非常清楚，自己距离竹子的高洁品质，还有很大的差距，要再接再厉一步步接近竹子的境界。

龙场悟道，吾性自足

王阳明是想过自己的日子，但是偏偏还是无意得罪了人。一个在京师得罪了权贵被贬谪至此的驿丞，竟然明目张胆，有恃无恐地在这里传学论道，而且还得到了这么多人的拥护。这让当地的官员十分不满，他觉得王阳明来到他的地盘上，不但没有跟他打一个招呼，而且在做任何事情之前，都没有向他汇报，作为一个上级，他愤怒了。

作为报复，他开始找碴，针对王阳明做出了许多坏事情。他先是派人来砸场子，但是群众团结的力量大，他没有得逞。接着，他又偷偷找到贵宁道按察司副使毛应奎，进行各种挑拨离间的说辞，将王阳明说成了一个坏人。

但是，他还是低估了毛应奎的智商，毛应奎不是三两句话就能糊弄住的。毛应奎亲自找到王阳明，与他一番长谈之后，便被王阳明的人格魅力和学问所征服了，两个人成了好朋友。

这样一来，王阳明在当地的地位更加崇高了，大家无论有什么问题都喜欢来向他讨教，但王阳明并不为此而骄傲，他继续前行在追寻圣贤的道路上。为了更好地体会思想而不被人干扰，他专门找寻了书院附近的石洞来自省，甚至还为自己做了一个石头的棺材，他常常躺进去，闭目沉思，进入一个忘我的境界，体会死亡的感受。

王阳明从小就对术士产生了浓厚的兴趣，并且自己长期以来对佛、道两家都极为关注，因此他对《周易》产生了浓厚的兴趣。尤其是自己在遭遇到失意之时，常常用占卜来预测自己的吉凶。他这次惨遭牢狱之灾，更是醉心于《周易》来预知自己日后的命运。

不仅在牢狱之中潜心攻读《周易》，就连在被贬来贵州的途中也将此书带在身上，片刻不曾离开过。到达被贬之地后，也时常在钻研易理，希

龙场悟道。

望能够提前预知自己未来的去向。

可见，王阳明即使在被贬之地，他也仍然在思考着人生和万物、人性和宇宙之间的关系。这也是时常萦绕在他脑中的问题，究竟自己所谓的“吾心”和“物理”，二者之间看似简单，实则纷繁复杂的关系到底是什么呢？

对这个问题，很多圣贤之人都有思考，先是孔子最初提出来，但是尚未给出清晰的答案。他的学生则认为：“夫子之文章，可得而闻也。夫子之言性与天道，不可得而闻也。”后世的读书人也在进行着思考，尝试着给出明确的答案，但是不经意间竟然陷入了错综复杂的境地，以至于成了专门的学问。后来，宋代的朱熹，潜心钻研，终于悟出了其中的道理，给出了令人信服的解释。

王阳明一心想要实现做圣贤的梦想，这个问题自然也是不能绕开的，他希望能够站在前人的肩膀上有更大的突破。当然，这个突破是很艰难的，要抛开世俗的功名利禄，苦苦思索，心无旁骛。

功夫不负有心人。王阳明日日思索，反复推敲，终于看到了希望。一天，他突然意识到自己一直在思索的人性与天道之间并不存在鸿沟，而是能够联为一体的！所谓的天道，也就是宇宙万物每时每刻的变化规律或原理，而这些并不是不可认识、不可理解的，人天生就具备了体察万物的本能，天道是人能够体悟到的。看似复杂、抽象的天理、物理，其实都在个人的心中。而通往圣贤的路上，也就需要不断挖掘自己的内心、精神境界方可达到。“圣人之道，吾性自足，不假外求。”

“圣人之道，吾性自足，不假外求”，认识到这些使得王阳明惊喜万分。当时正在深夜，仆人已经沉沉地睡着了，王阳明近似癫狂的叫声惊醒了他们。看到主人失态的狂喜，嘴里说着他们无法明白的话，仆人们都感到莫名其妙。

王阳明悟出了“圣人之道，吾性自足”的道理，就想通过对五经《诗》《书》《礼》《易》《春秋》内容的解释进行验证。无奈身边没有书本，他只好凭借记忆进行解释，结果完全行得通，五经都得到了近乎完美的解释。而与朱子的注解进行一一对照时，却发现完全是自相矛盾。这使他更加坚信朱子误读了五经，而自己通过长期坚持不懈的努力终于与圣道吻合了。

对于自己这个追求圣贤的心路历程，可以在他十年后所著的《朱子晚年定论》序言中得到解释。王阳明体悟到圣道的历程充满了艰辛和挫折，走了很多弯路，但是他从年少时树立做圣贤的雄心壮志之后，虽然屡屡遭遇到挫折，但从未放弃，而是苦苦探索。即使被贬到荒蛮之地，也一如既往地潜心钻研，终于悟到“圣人之道，吾性自足”。

从此之后，王阳明的生活发生了变化，正如他所讲“常快乐才是真功夫”，艰难的环境下王阳明怀着快乐的心去领悟生命，实践思想。

贵州讲学，提倡知行合一

王阳明被贬到龙场的遭遇极其坎坷，一般人常常会因个人生活境遇的巨大落差而感到心灰意冷，也会很难适应当地恶劣的生活环境。但是，王阳明在逆境中就显示出了他与其他人不一样的地方。王阳明并没有被眼前的困难所吓倒，他即使身处逆境，也没有放弃自己想要做圣贤的宏伟理想。而这件看似失意的事情，也被他经营得有声有色，充满了生机。不仅如此，他的学问也在这个时期远离了繁华、喧嚣，得以沉静下来。

王阳明在龙场适应了一段时间之后，就开始在当地讲学。

王阳明在龙场适应了一段时间之后，就开始在当地讲学。与此同时，一些读书人也不远千里，来到贵州追随他。这使得王阳明大为兴奋，他太需要和弟子们一起讲学，来畅谈自己的感悟。于是，他经常和弟子们一起跋山涉水来体悟当地的实际生活状况，也经常和弟子们一起到农田里感受大自然的气息，弟子们也经常会被恩师的这种乐观、执着的心境所感染，更加敬重他的为人。

王阳明经常和弟子们一起跋山涉水来体悟生活。

“讲习有真乐，谈笑无俗流；缅怀风沂兴，千载相为谋。”这也是王阳明当时的潇洒写照。王阳明在内心里非常希望这些弟子也能够不被物质生活的安逸和奢华所诱惑，不管外在的物质环境是优越还是贫寒，都能够保持住内心的宁静和对治学的孜孜不倦。遗憾的是，真正能够达到这种境界的，毕竟是寥寥无几。

王阳明在龙场讲学、悟道的事情已经传播得相当远。当时的很多读书人都希望能够与他当面切磋，相互交流。在正德四年（1509）的一天，贵州提学副使席书来到了龙场，他慕名前来，并且提出了一个问题“朱陆异同”，希望王阳明能够就此问题做出回答。这里所说的朱是指朱熹，陆是指陆九渊，这两位都是南宋时候的大思想家，但二人之间的思想观念存在很大的差异，这个问题也是后世的读书人非常希望能够得到解释的问题。

对于这个问题，王阳明当然不可能没有考虑过，他已经有自己的观点了。但是，当有人专门就此进行请教的时候，王阳明并没有直接给予明确的回答。而是提出了自己的见解，他将自己的见解称为“知行合一”。初次听到这个观点，席书并没有马上信服，而是带着狐疑返回。回去之后，他对此观点进行彻夜反思，有所感悟之后再来请教。如此经过几个回合后，终于意识到了这个观点的精髓所在，兴奋之情难以掩饰，对王阳明的敬重也是与日俱增。为此，他特地邀请王阳明到贵阳书院讲学，想着能够把他的学问传播给书院里的读书人，王阳明欣然应允。

正德四年（1509），王阳明到贵阳书院讲课，前后将近有一年的时间。王阳明的这一举动在《明史》上有记载，并认为他的讲学达到了“贵州士始知学”的境界，这无疑是对王阳明的赞誉和褒奖。王阳明在贵州书院所讲的正是当初他在龙场悟出的思想，即“知行合一”的学说。

千古奇文《瘗旅文》

正德四年秋，一位从京城赶赴就职之地的官吏，中途经过龙场，跟随他前来的还有他的儿子和一位仆人。

但天有不测风云，这位官员突然死了，他的儿子因为伤心过度，也死了。第三天，他们的仆人也死了。这三人的死亡被汇报到王阳明那里，让他大为惊讶。

他心里十分感伤，于是就命两名仆人将三人的遗体掩埋。这两位仆人并不是十分情愿前去，唯唯诺诺的。王阳明见此情景，并没有发怒，而是感慨道："其实，想想看，我们三人的命运和这位官员父子主仆也很相似啊！"两位仆人听后，也感到心里一片酸楚，于是便去把三人的尸体埋葬了。王阳明仍然难以平复心情，就写下了《瘗旅文》。这篇文章被后世广为传诵：

王阳明作《瘗旅文》。

王阳明接到吏部文书，调任江西吉安府庐陵县任知县。

呜呼伤哉！繄何人？繄何人？吾龙场驿丞余姚王守仁也。吾与尔皆中土之产，吾不知尔郡邑，尔乌为乎来为兹山之鬼乎？古者重去其乡，游宦不逾千里。吾以窜逐而来此，宜也；尔亦何辜乎？闻尔官，吏目耳，俸不能五斗，尔率妻子躬耕，可有也，乌为乎以五斗而易尔七尺之躯？又不足，而益以尔子与仆乎？

呜呼伤哉！尔诚恋兹五斗而来，则宜欣然就道，乌为乎吾昨望见尔容蹙然，盖不任其忧者？夫冲冒雾露，扳援崖壁，行万峰之顶，饥渴劳顿，筋骨疲惫，而又瘴疠侵其外，忧郁攻其中，其能以无死乎？吾固知尔之必死，然不谓若是其速，又不谓尔子尔仆亦遽尔奄忽也。皆尔自取，谓之何哉！吾念尔三骨之无依，而来瘗尔，乃使吾有无穷之怆也。

呜呼痛哉！纵不尔瘗，幽崖之狐成群，阴壑之虺如车轮，亦必能葬尔于腹，不致久暴露尔。尔既已无知，然吾何能为心乎？自吾去父母乡国而来此，二年矣，历瘴毒而苟能自全，以吾未尝一日之戚戚也。今悲伤若此，是吾为尔者重而自为者轻也。吾不宜复为尔悲矣。吾为尔歌，尔听之。歌曰：

连峰际天兮，飞鸟不通。游子怀乡兮，莫知西东。莫知西东兮，维天则同。异域殊方兮，环海之中。达观随寓兮，奚必予宫？魂兮魂兮，无悲以恫！又歌以慰之，曰：与尔皆乡土之离兮，蛮人之言语不相知兮。性命不可期。吾苟死于兹兮，率尔子仆来从予兮。吾与尔遨以嬉兮，骖紫彪而乘文螭兮，登望故乡而嘘唏兮。吾苟获生归兮，尔子尔仆尚随兮，无以无侣悲兮。道傍之冢累累兮，多中土之流离兮，相与呼啸而徘徊兮。飧风饮露，无尔饥兮。朝友麋鹿，暮猿与栖兮。尔安尔居兮，无为厉于兹墟兮！（节选）

为官就意味着将自己奉献给了皇帝和朝廷，即使因故被贬也是没有办法的事情。又为何要和自己过不去呢？作为一名吏目，每个月的俸禄是五斗米。倘若和家人一起耕田种地，也应该衣食无忧，又怎么会为了这些可怜的俸禄而客死他乡，还使得儿子和仆人也搭上了命？倘若真的很在意这个官职，就应该心情舒畅，又为何神情充满凄容呢？而途经此地，地势险峻，常有野兽毒蛇出没，环境恶劣，又加上内心忧郁，才会导致命丧此地呀。王阳明想到自己被贬到这里也有两年，自己之所以身体康健，就在于心情舒畅，没有整天怨天尤人。

王阳明来到这里的第三年年底，终于守得云开见明月。他接到了来自吏部的一道文书，调任他前往江西吉安府庐陵县任知县。王阳明无限感慨，宦海沉浮，个人很难预料到自己今后的仕途究竟前景如何。不管怎样，自己也总算是能够离开这个被贬之地。当然，他虽然非常想要离开这个地方，但是临走之时还是充满了无限的留恋，因为自己在这里两年，远离了喧嚣和繁华，能够潜心冥想，学问上有很大的收获，并且能够切实体悟到最穷苦的人的真实生活，这些都是自己人生一笔宝贵的财富。

第五章

仕途转机——守得云开见月明

西辞龙场东归去

王阳明接到吏部的文书后，于正德四年（1509）年底，结束了自己的被贬生涯，向当地的父老乡亲辞行，众人依依不舍地送走了这位学问精深、平易近人的饱学之士。

对于王阳明自己而言，他尚未完全做好前去庐陵任知县的准备，他对自己的仕途充满了疑惑，也无法预知前方等待他的是福是祸。他在前去的途中，思绪也常常在飘荡，来反思自己的人生。途中，恰逢正德四年的除夕夜，他感慨良多，写下了：

扁舟除夕尚穷途，荆楚还怜俗未殊。处处送神悬楮马，家家迎岁换桃符。

江缪信薄聊相慰，世路多岐谩自吁。白发频年伤远别，彩衣何日是庭趋。

远客天涯又岁除，孤航随处亦吾庐。也知世上风波满，还恋山中木石居。

事业无心从齿发，亲交多难绝音书。江湖未就新春计，夜半樵歌忽起予。（《舟中除夕二首》）

王阳明已经经历了仕途的起起落落，心态变得比较淡定、从容，不会再为一时的得失而心潮跌宕。他能够用豁达、圆融的心态来面对自己身边的事物。想想当初自己被贬之时，心情怅然，到了被贬之地后，反倒能够修身养性，孜孜不倦地做学问。历经两年的磨炼，自己已经变得从容、豁达，对今后的人生也变得坦然了。即使今后再有什么风吹浪打，也能够依靠自己的力量来从容应对。

王阳明乘坐的船只顺着江漂流而下，行驶顺畅，很快就过了黔阳、泊溆浦，即将到达辰州府的治所沅陵（今属湖南）。他打算在这里登岸，因为他惦记着挚友杨名父，想要和老友倾诉衷肠相会。而他在龙场时的几位当地学生冀元亨、蒋信、刘观时，从他人那里打听到自己的恩师要将在辰州上岸，都非常想要和恩师相见，倾听他的教诲，他们是王阳明在龙场时慕名前去投师的。

王阳明离开贵州，乘舟前往江西途中作《舟中除夕二首》。

辰州是湘西非常值得一去的地方，也是当时从湖广进入贵州的必经之地。这天，王阳明乘坐的船只刚刚到岸，他还正在盘算着如何与老友、学生们相见，就有一仆人前来询问。王阳明一听，居然是自己的学生冀元亨等人派来的。这些学生们早早就来到了这里，以便守候着恩师登岸。见到恩师到达，众学生都非常兴奋，终于见到了日思夜想的恩师。

王阳明游虎溪山。

弟子一见王阳明的面就嘘寒问暖，把老师簇拥在中间，好不热闹。攀谈片刻后，弟子们非常清楚恩师的偏好，特意带着王阳明来到龙兴寺，这个寺庙位于虎溪山前。

王阳明虽然不再一味地沉溺于佛道，却仍然乐于与僧道论道，这已经成为王阳明人生一大乐事。每次论道，都能够让他有所觉悟。所以，他对学生们这次的安排非常满意，也明白这些学生已经在一定程度上和自己是心心相通了。

学生冀元亨跟随王阳明乘舟前往任所。

被贬两年之后，见到昔日的老友使王阳明十分高兴。大家在一起畅谈过去几年的生活，而王阳明的经历也带给大家很多惊奇。王阳明所住的龙兴寺有不可小视的历史渊源，始建于唐贞观年间，可谓名副其实的千年古刹。其地理位置也相当优越，背靠虎溪山，面临沅江水，又与对面的笔架山隔江相望，引得无数的文人墨客前来拜访。

王阳明信步来到了山顶，远远望去，对面的山峦起伏，甚是壮观。他的心头不由一热，想到这里曾经是自己来过多次的地方，一草一木仍然是那么熟悉，而被贬两年时间里也带给自己很多凄苦和痛楚。

王阳明在等待杨名父的几天时间里，又细细端详了这里的一草一木。他期待着与老友重逢的喜悦，可是左等右等始终不见老友到来。王阳明再也待不住了，只好继续赶路。

王阳明离开辰州，又一路前行。所经之地都有自己曾经留下的足迹，这些足迹带给了他久违的感动。他的学生冀元亨想要跟随老师前去，以便有足够的时间向老师请教，探讨学问。王阳明看到学生如此勤奋好学，也欣然应允。

两人途径桃源县，陶渊明笔下的千古名篇《桃花源记》和《桃花源诗》就是在这里有感而发的。此地风景旖旎、民风朴实，王阳明本想停舟登岸，但是想到要赶赴就任，也就罢了。

师生二人经过常德后，见到了烟波浩渺的洞庭湖。想到爱国大夫屈原在这里慷慨激昂地表明自己的志向，王阳明心里在与屈大夫进行对话：古往今来，即使世事浑浊，也不是你屈大夫一个在孤独前行，即使世人皆醉，也不是你屈大夫一个人有清醒的头脑，我王阳明也立志成为一个品行高洁的饱读之士。当然，屈大夫早已离去，不可能听到王阳明的话，但是，此刻萦绕在他头脑之中的话却仍清晰如在耳边：

嗟夫！予尝求古仁人之心，或异二者之为。何哉？不以物喜，不以己悲。居庙堂之高则忧其民，处江湖之远则忧其君。是进亦忧、退亦忧。然则何时而乐耶？其必曰“先天下之忧而忧，后天下之乐而乐”欤。

北宋范仲淹的千古名篇《岳阳楼记》，成为后世很多文人表明心志的不朽著作。而其中的“不以物喜，不以己悲”“居庙堂之高则忧其民，处江湖之远则忧其君”“先天下之忧而忧，后天下之乐而乐”也成为后世为官者的志向。的确，古人有言：君子坦荡荡，小人常戚戚。作为一个七尺大丈夫就应该坦坦荡荡，屹立于天地之间。岂能因为个人一时的得失、荣辱而斤斤计较呢？想到这里，王阳明顿感胸中热血沸腾，一瞬间，似乎又回到了那个英姿勃发、踌躇满志的少年时代。

王阳明来到酸陵时，想到自己在两年前奔赴贵州途中风餐露宿的情景，心中充满了酸楚，不禁感慨物是人非，这时他就萌生了前去看看的念头。王阳明弃舟登岸，见到曾经熟悉的寺庙、僧人和朋友。

不知不觉已经到了江西。王阳明对这里非常熟悉和留恋，这里很多地方都留下了他的足迹。这使他倍感亲切，产生初回故里的感触。

安民于庐陵

在正德五年（1510）三月，王阳明经过一路的跋山涉水，终于来到了江西吉安府庐陵县就任。吉安府治就是庐陵，因此这个地方会聚了吉安府各地的民俗风情，非常具有代表性。如果能够将其治理得井井有条，对整个吉安府都是有很大影响的。

王阳明到任后，他的治理之道与其他人并不一样。他没有忙于应酬当地的地方豪强，也没有埋头去处理那些积压已久的案子。而是认为要用教化的方式来烧新官上任的三把火。他已经深入地了解到当地百姓深受镇守中官的剥削，民不聊生。因此，在王阳明看来，解决这个问题是当务之急。镇守中官是在明朝成祖永乐年间开始的，由朝廷向边镇派驻宦官，之后，内地地方上也逐渐设有这个职位，这些人的权力不受巡抚文官和镇守武官的制约，专门搜刮民财，向宫廷进贡，百姓苦不堪言。

王阳明在庐陵上任后张贴告示安定民心。

王阳明首先撰写了题为《庐陵县为乞蠲免以苏民困事》的报告，发给吉安府和江西布政使司，要求当地的镇守中官免除加给本地的过重税负。他深知地方百姓与官府之间因为过重的赋税以及各项摊派，已经造成了很大的怨气，百姓的怒火可谓一触即发。如果再有点风吹草动，极可能会引发造反、暴乱的后果。正当他还在思考如何解决这个大难题的时候，就发生了大批的民众群情激愤、怒气冲冲地要与他这位知县理论的事情。

王阳明一看到这个阵势，就明白多年来积压

的矛盾终于爆发了，但是对于呼天抢地的混乱场面，他并没有乱了阵脚，而是处理得从容、镇静。

他先让村民们将自己遭受的不合理摊派讲述清楚，当听到那些名目繁多的苛捐杂税后，王阳明情绪也非常激动，他果断地说道："各位父老乡亲们，本知县到任时间不长，但是对于各种苛捐杂税繁多的事情已经有所了解，我一定会为民做主，申告上司，进行蠲免。"

这些村民们已经习惯了官员的相互推诿，这次也并没有寄希望于这位新任知县，他们只是想要发泄心中的不满，因此对于王阳明的话都感到非常意外，也深受感动，表示愿意相信王阳明作出的承诺。果然，王阳明很快就发布了正式的公文，宣布豁免一切加派的银两。这个公文使得当时的县城内外处于一片兴奋之中。

大概是王阳明一向刚正不阿、做事执着的秉性早已被人所熟知，当时的江西镇守中官竟然对于王阳明的这个要求没有表示异议，默许了这个提法。这也大大出乎了王阳明的意料。但是，不管怎样，自己在庐陵的第一件事总算完成得相当不错。而王阳明在老百姓中间的威望一下子树立起来了，人们奔走相告。但是也引发了一些人将一些鸡毛蒜皮的小事告之县衙的，并且这些人还经常纠结很多不明真相的群众掺杂其中，企图扩大事端，造成天下大乱的景象。王阳明对此种情况已经有所了解，他为此撰写了告示，先在百姓中造成舆论的影响：

庐陵文献之地，而以健讼称，甚为吾民羞之。县令不明，不能听断，且气弱多疾。今与吾民约，自今非有迫于躯命、大不得已事，不得辄兴词。兴词但诉一事，不得牵连，不得过两行，每行不得过三十字。过是者不听，故违者有罚。县中父老谨厚知礼法者，其以吾言归告子弟，务在息争兴让。呜呼！一朝之忿，忘其身以及其亲，破败其家，遗祸于其子孙。孰与和巽自处，以良善称于乡族，为人之所敬爱者乎？吾民其思之。(《告谕庐陵父老子弟》)

在这份告示里，王阳明主要是表达自己为百姓解决问题的心意。他劝告百姓不要闹事，否则只会招来官府的惩罚，也无法解决问题。如果有冤屈，就有秩序地向他呈表，他自会一一解决。

告示发布后，有些民众已经了解了王阳明的治理之道，再加上王阳明在减免赋税上已经显示出了雷厉风行、刚正果断的作风，当地百姓也不敢轻易地闹事。

但是，当地争讼风气的形成由来已久，单凭一个张告示并不能解决深层次的问题，为此王阳明制定了一整套的措施用来教化百姓。

王阳明将之前已经基本停滞的申明亭和旌善亭，重新兴起，提出里老要担负起教化乡民的责任，同时各家的户主也要管教自家的子弟。而对已经名存实亡的里甲制度，也重新恢复起来，要求将各家各户都形成一个相互制约、相互影响的大单元，县城内十户为一甲，乡村就以各村为单位，相互帮助，相互支持，减少打架、斗殴等事件的发生。通过乡民这种自我管理、自我约束的方式，当地的社会秩序有了很大的改善，民风也逐渐趋于淳朴。

王阳明在庐陵县的时间并不长，但是在近半年的时间里，做了很多影响深远的事情，仅就诉讼的事宜来说，就大大平息了当时的混乱情形，而这段经历也是充分得到认可的，他的弟子对他这段经历也有所记载。王阳明去世后，他的好友湛若水在为其所作的墓志铭中也提到他的功绩，认为他在庐陵"卧治六月而百务具理"。从王阳明的治理效果来看，完全是名副其实。

刘瑾伏诛，仕途出现转机

沉浮的官场总是会出现很多预想不到的因素影响着个人的前途命运。对此，王阳明早已经看得很淡，他也见惯了同朝为官的人中起伏不定的宦海命运。对于自己的前途，他也从不愿意去过多计较。

令他没有想到的是，自己在任庐陵知县期间仕途上居然会发生很大的转机。而昔日一向嚣张跋扈的宦官刘瑾多行不义，锒铛入狱，不久就被处以死刑。刘瑾落得如此下场也是王阳明没有想到的。

原来，刘瑾一直仗着自己在皇帝身边，深得皇上宠信的优势，一手遮天，做了很多贪赃枉法的勾当。朝中很多大臣对此早已是愤恨不已，但是由于惧怕证据不足不仅扳不倒他，反而会被其陷害，所以只好装聋作哑，任由其胡作非为。王阳明曾经在诗中说过“世事验来还自领”，的确，这句话在刘瑾身上得到了应验。作恶太多，其实就是在自掘坟墓。刘瑾的倒台和他曾经陷害的杨一清有着很大的关系，杨一清曾经遭到了刘瑾的百般诬陷并且被投入大牢，遭受了皮肉之苦，所以他对刘瑾恨得咬牙切齿。但是，吉人自有天相，后来很多大臣为杨一清鸣不平，集体上书朝廷，这才使他得以重新启用。为此，杨一清一直在悄悄地收集刘瑾的罪证，希望有朝一日能够为民除害，也为自己申冤。

这个机会很快就有了，导火线就是刘瑾对军屯的土地课以重税，他派去的差役也狗仗人势，常常随意地殴打欠税的民众。不料一日，差役竟然殴打了安化王封地的人。安化王早就对朝廷不满，因此他就以此事为理由要造反，他将刘瑾的罪状尽数并传到各边镇，后来有巡抚檄文上报朝廷安化王造反，引来了朝廷的大举镇压。

杨一清即是朝廷的大军统帅，在结束镇压后，他遂搜集了刘瑾的罪证，上书朝廷力陈刘瑾的种种罪恶，指出后者是引发了安化暴乱的罪魁祸首。皇帝在证据面前，不得不下令对刘瑾抄家，果然从刘瑾那里查抄出来大量的金银财宝以及很多违禁品。于是，刘瑾被凌迟处死，很多曾经遭受其陷害的人总算出了一口怨气。

刘瑾的倒台也引发了官场的很大变动，王阳明也出乎意料地迎来了仕途上升迁较快的时期。他在庐陵担任知县半年后，要进京朝觐。这次进京也使他得以有时间与昔日的老友们重聚，畅谈一下离别后的心得。大兴隆寺是他曾经经常讲学的地方，那里聚集着他很多志同道合的好友，因此，他请好友这次仍然给他安排在那里居住。

就在王阳明等待着朝觐期间，吏部下达了晋升的委任书，

刘瑾伏诛后，王阳明升任南京刑部四川清吏司的主事。

王阳明从地方知县升为南京刑部四川清吏司的主事。他接受委任书后，心里感慨万千，自己曾经在十年前就担任过刑部云南清吏司的主事，没想到过了十年，竟然又升迁到南京刑部四川清吏司主事的位置，而之后发生的一系列升迁更让他有点无所适从。

还未前往南京就职，吏部又下达了新的任命，改任命王阳明为吏部验封司主事，分管掌封爵、袭荫、褒赠、吏算等事，为吏部的第二司。不久，王阳明迎来了再次的升迁，他被升任为吏部文选司员外郎，掌管着文职官员和吏员的升迁、改调等事。而正德七年三月，又从升吏部考功司郎中，上升为南京太仆寺少卿，进入当时的正四品行列。

短短的两年时间里，王阳明从一个正七品升为正四品，升了三品六级，不禁使得同朝为官的同僚们艳羡不已，就连他自己也没有料到自己时来运转能够获得如此重用。

传道于京师

王阳明多年来一直坚持着自己想要成为“圣贤”的梦想，也非常渴望能够与志同道合的友人一起谈论学问。他的很多朋友都是他在一步步靠近圣贤路上的良师益友，湛若水就是其中之一。他在弘治十八年考中进士，被朝廷任命为翰林院庶吉士，有了与王阳明相识及长期接触的机会。两个人之前就已经有很深的接触，彼此对对方的学问、人品都非常敬仰，因此能够经常见面谈古论今，自然是人生一大乐事。王阳明为了能够方便与他切磋学问，也搬到了湛若水的住处附近。

当时，王阳明在京师讲学的地点就设在大兴隆寺。大兴隆寺兴建于明英宗时期，原本是皇帝要为自己祈福所建的，可是工程浩大，劳民伤财，官府四处征用民夫来修建，导致很多家庭妻离子散、家破人亡，一时间民怨四起。修建的第二年就发生了土木之变，蒙古瓦剌部与明英宗的军士发生了激烈的战争，明朝军队战败，英宗被俘。原本寄希望能够带来福音的大兴隆寺，不但没有带来福音，而且为造寺者带来了灭顶之灾。但是即便是这样，大兴隆寺还是成了很多寻常老百姓的好去处，进京赶考的举子、走南闯北的商人、讲学的儒者都会汇集到这里来。

王阳明对大兴隆寺的氛围非常喜欢，这里充满了谈学论道、切磋学问的气氛。如今重返北京，又住大兴隆寺，可以与挚友湛若水等人通宵切磋，这对于王阳明来说是何等地兴奋。与王阳明交往较多、关系最为密切的自然是湛若水，再有就是浙江的黄绾。

王阳明与湛若水切磋学问。

黄绾是经由著名学者、致仕户部侍郎储巏介绍与王阳明认识的。黄绾对于结识、接触

王阳明在京师期间常与户部侍郎乔宇一起探讨学问。

王阳明及湛若水这两位学术精深的人物内心充满了感激、兴奋之情。当然，这位黄绾年少轻狂，难免带有夸大、炫耀的成分在里面。但是他对王阳明能够留在北京还是发挥了一些作用的。当时王阳明被发配到贵州，内心凄苦，就写诗抒发自己内心的苦闷，并将诗文如《忆昔答乔白岩因寄储柴墟三首》《夜泊石亭寺用韵呈陈娄诸公因寄储柴墟都宪及乔白岩太常诸友》等寄给好友乔宇等人。

当时乔宇担任户部侍郎，王阳明和乔宇两人在学问方面有很多共同之处，还经常在一起探讨，前者对于后者的观点十分在意。王阳明觉得，学问的道路上有乔宇相伴，实为平生幸事。

王阳明认为，做学问应该贵在专、贵在精、贵在正。这些观点都得到了乔宇的赞同。乔宇在谈到因为专心圣贤之道而不把下棋、文章等放在心上时，询问王阳明这是否妥当，王阳明对此也表示了欣赏。

王阳明认为专于圣道才算是专，精于圣道才算是精。专心下棋而不专于圣道，这种专是沉湎；精于文章而不精于圣道，这种精是癖好。圣道是既广又大的，文章技能虽然也是从圣道中来，但是只卖弄文章和技能，这就离圣道太远了。所以非专便不能精，非精便不能明，非明便不能诚，所以古书说“唯精唯一”。精是精粹，专是专一。精然后明，明然后诚，所以明是精的体现，诚是精一的基础。一，是天下最大的本体；精，是天下最大的功用。

听了他的这番见解，乔宇既佩服，又觉得有些气馁，责怪自己为什么没有早点明白这个道理。王阳明怕他受了挫折，对他大加勉励了一番。

两人的切磋有着共同的学术志趣，充满了智慧和兴奋，彼此都从中受益匪浅。而在大兴隆寺的讲学和谈经论学也吸引了全国很多读书人，但凡有机会进京，比如进京赶考都希望能够到这里体悟一下这种治学的氛围。

打通朱陆

大兴隆寺的畅谈学问的确令王阳明感到了钻研学问的人生意境，但是好景不长，朝廷任命乔宇为南京礼部尚书，大家不仅要离别，就连王阳明平日在京城中说话行事都要注意一些，因为乔宇一走，王阳明等于在朝廷失去了靠山，无人再能帮他讲话。再加上身为天子的皇帝和那些拼命捍卫朱学的士大夫们不可能容忍有人在自己的眼皮底下肆意地闹腾。因此，王阳明本无所指的切磋学问就变得敏感起来。

王阳明的为学之道也深深地影响到他的弟子。弟子们平日里熟读古籍，对朱学、陆学常常会有自己独特的见解，对此王阳明非常赞许每个人都有自己的想法，他常常鼓励弟子们之间展开激烈地争辩，因为真理往往越辩越明。

王阳明批评朱熹的理学而崇尚陆九渊的心学，这在当时招致了很多反对，其中也包括很多王阳明过去的挚友。

而对于王阳明自己来说，他也常常陷入思考中，对朱学与陆学产生的冲突、矛盾，如何进行评判也是他自己想一直寻求的答案。王阳明虽然在表面上表明这两种学说各有优势，但是经常还是在字里行间显示出他推崇陆学的想法，而对于朱学则是表现出了不满的态度。时间一长，弟子们就已经不能满足与王阳明含糊地回答了，而是希望王阳明能够旗帜鲜明地表明自己的立场。

而王阳明其实也希望能够借助于弟子们的争辩来表明自己的观点，为此他特意给自己的弟子写信，来清楚地表明自己的想法。王阳明认为，陆学宣传尊德性，同时也提倡应该深入到实践生活中，不断感知、体悟到真理的存在，而多多阅读书籍也能够增长个人的知识和提升思想境界。他的观点已经非常明确，自己是非常推崇陆学的。王阳明的这个观点，使得很多弟子恍然大悟，原来陆学的精髓在这里。王阳明的这个观点也使很多人对陆学的误解有所消除。

朱学在明朝备受推崇，王阳明对朱学的非议，招致其信奉者的抨击，他们对王阳明的观点非常不满，公开表示反对。反对声一片也招致了朝中当权者的警惕，他们不仅对朱学遭受攻击而感到不安，也为王阳明公开讲学的做派感到不安。他们就想方设法要来打击一下王阳明的狂妄，所以大兴隆寺对讲学的三种学术主讲人施行分离的做法，避免他们再聚在一起，散布不利于他们的言论。

王阳明志同道合的友人湛若水受朝廷命令出使安南，分开之时彼此的心中都充满了无限的伤感，不知何时才能够再聚首。湛若水带给了王阳明很多思想上的启发和领悟，对此王阳明心里一直非常感激。为了表达自己对好友的深厚情谊，王阳明特作文《别湛甘泉序》，既是对自己治学经历的反思和剖析，也充满了对好友的敬意和深情：

颜子没而圣人之学亡。曾子唯一贯之旨传之孟轲，终又二千余年而周（敦颐）、程（颢）续。自是而后，言益详，道益晦；析理益精，学益支离无本，而事于外者益繁以难。

的确，人生难得一知己，知音难觅，能够在治学的路上相互切磋、相互探讨真是一大幸事，如今面临分别，怎么能不感慨呢？

原来这才是《大学》

在王阳明的弟子中，他对大弟子徐爱尤其器重，徐爱不仅与他有着姻缘关系，是他的妹夫，而且王阳明对徐爱为人厚道、积极追求进步的品质非常看好。徐爱拜他为师的时候，正是在他被朝廷贬往贵州之时，当时很多人担心他贬谪官员的身份祸及自身，所以唯恐避之而不及。而唯独这位徐爱仍然坚持要公开拜师，这一举动给当时四面楚歌的王阳明带来了很大的心理安慰，能够在这个时候还坚持力挺自己的人是何等难得呀。

王阳明为学生徐爱重新解读《大学》。

其实，说到师道，王阳明也感到很惭愧，因为自己这几年四处奔走，很少有机会能够为这位徒弟授课。他也在一直寻找机会，能够有所弥补。

正德七年年底（1513年年初），王阳明前往南京任职，恰好徐爱也到京城接受考核，并且被朝廷晋升为南京工部员外郎，天赐机缘，恰好能够同行，圆了两人要切磋学问的梦想。

王阳明看着眼前这位仍显稚嫩的弟子，不禁感慨起来。几年不见，二十六岁的徐爱这个时候虽然已官至五品，但是那汲汲于求学的性情却依旧没有改变，在王阳明看来仍然是个尚带稚气的青年。只是不知道分别的这几年时间里，这位弟子的学业进展如何？是不是因为缺少了老师的督促就懈怠了呢？想到这里，他有意想要考一下这位弟子的学问。也许是心有灵犀，徐爱心里也在嘀咕着，与老师分开五年，师生好不容易能够重聚在一起，老师肯定也想知道自己的学业进展。他自己自认为这几年还是丝毫不敢懈怠，所以还是颇有底气的。

徐爱后来又将与老师探讨《大学》的内容详细记载在《传习录中》。

于是，王阳明就让徐爱将《大学》经文诵读一遍，这对于徐爱来说，简直是不费吹灰之力，自己早在十多岁时已将其背得滚瓜烂熟了。于是他就随口诵背起来。王阳明听完后，问道：“你的确非常熟悉，可曾想过这篇经文有哪些错误？”

这一问使得徐爱非常吃惊，他满腹狐疑，难道自己把经文背错了吗？不可能，所以他思索片刻，仍然不明白老师话里的意思。

王阳明则微微一笑，谈到：“这个错误不在于你，而在于程颐和朱熹这两位宋朝的大儒，他们自认为对孔孟学说的解释是最权威的，但是他们也曾误读，例如孔子谈到‘修己以安百姓’。所谓的安百姓就是要亲民，教化民众，但是这两位宋朝的大儒却认为是‘新民’，而不是‘亲民’，这难道不是错误吗？”

王阳明的解读一下子使得徐爱愣住了，他自小所接受的教育中都将程颐和朱熹奉为经典、权威，从来没有丝毫的怀疑。如果真如老师所说，自己接受的程朱学说岂不是被误导了吗？所以，这也促使徐爱开始反思程朱学说，他后来将自己与老师之间的对话，详细地记载在阳明语录即《传习录》的序言中：

先生于《大学》“格物”诸说，悉以旧本为正，盖先儒所谓误本者也。爱始闻而骇，既而疑，已而殚精竭思，参互错纵以质于先生，然后知先生之说若水之寒，若火之热，断断乎百世以俟圣人而不惑者也。先生明睿天授，然和乐坦易，不事边幅。人见其少时豪迈不羁，又尝泛滥于词章、出入二氏之学，骤闻是说，皆目以为立异好奇，漫不省究。不知先生居夷三载，处困养静，精一之功固已超入圣域，粹然大中至正之归矣。

爱朝夕炙门下，但见先生之道，即之若易而仰之愈高，见之若粗而探之愈精，就之若近而造之愈益无穷，十余年来竟未能窥其藩篱。世之君子，或与先生仅交一面，或犹未闻其謦咳，或先怀忽易愤激之心，而遽欲于立谈之间，传闻之说，臆断悬度，如之何其可得也？从游之士，闻先生之教，往往得一而遗二，见其牝牡骊黄而弃其所谓千里者。（《传习录上》）

徐爱对老师的质疑也是钦佩之至，这使他想到了孟子曾经谈过，尽信书不如无书。凡事都要有敢于质疑的勇气，才能促使自己的反思，不断提升自己的学问。否则只能是沉浸在对古人、权威的迷信中，故步自封。徐爱也深知老师的学问并非信口开河，而是经过卧薪尝胆的苦心钻研而获得的。而对于其他人来说，对于王阳明敢于挑战经典、权威的做法则是非常反感，很多人对王阳明的解读不能接受，王阳明自己也因此遭受到了很多的批评和指责。的确，挑战明朝已经存在一百多年的权威并非一朝一夕的事情，需要人们一个漫长的接受过程，更需要社会实践的不断检验。

因此，这一路对徐爱来说，可谓是收获颇丰，王阳明也对这个弟子非常喜欢，师生之间难免惺惺相惜。但是，遗憾的是，天妒英才，徐爱英年早逝，年仅三十一岁。

第六章 巡抚新命——文攻武卫，屡建战功

在滁州的岁月

朝廷任命王阳明为南京太仆寺少卿后，王阳明由于诸多事情的牵绊，一直到十个月之后，也就是正德八年（1513）十月才来到滁州。

到任之后，王阳明发现这个差使的确是清闲，经常有大把的时间无事可做。他这个南京太仆寺少卿，主要是负责马政，但是当时朝廷对于马匹的管理相当松懈，马匹的数量也日益减少，因此这也是个闲职。

当然，朝廷之所以将王阳明安置在这个位置上，也是有意在冷落他，因为王阳明对政事经常发表自己的观点，口无遮拦，难免会触及到一些实权派甚至是皇帝的软肋，因此调配他到这里就是为了打击一下他的气焰。而这个安排对于王阳明来说，的确让人非常失意，他一度陷入深深的失落中，难道自己满腔的抱负就要荒废在这马匹的管理中吗？但是，反过来又想，事情既然已成定局，悲观失望、唉声叹气都无济于事，这个差使正好清闲，可以用来潜心做学问，去除自己过去浮躁不安的性情，也并非都是坏事。

自古以来，很多仁人志士的成功之路都并非是一帆风顺的，磨难、挫折都是难免的。而真正决定个人发展的并非这些外在的条件，而是自己的内心。一时的失意反倒能够促使有志之士提升对个人意志的磨炼和人生的感悟，从这个角度来说，反倒是件好事。

王阳明在滁州时，经常与慕名而来的读书人切磋学问。

滁州距离大都市南京虽然仅有二百里，但是由于交通不便，因此经济发展相对落后，也就显得冷清一些。这对于王阳明来说，正好可以远离喧嚣与繁华，潜心钻研学问。因此他在这里也开始了讲学的生活，经常与弟子传授学问，也自得其乐。

滁州虽然经济并不发达，难以与南京这些大都市相比，但也是很多文人墨客向往之地。这个与宋代欧阳修的那篇著名的《醉翁亭记》有很大关系。欧阳修是当时的一代大文豪，受到了天下很

多读书人的敬仰，因此很多人就是慕名前来，亲自体会琅玡山的风景。

琅玡山位于滁州城西南十里，树木葱茏、郁郁葱葱，环境清雅。欧阳修来到这里之后就陶醉于当地的美景，他尤其爱好饮酒作诗，因此自称为“醉翁”。他的千古名篇《醉翁亭记》就是在这里作出的。王阳明也多次来到琅玡山，非常陶醉于山中的美景，留下了与此有关的十多首诗，但是他却没有提及欧阳修及其著作，不得不使人怀疑他对这位大文豪很可能并不认同。欧阳修沉湎于饮酒的做法，他并不认可。但是他也不愿意表示明确的反对，而是保持缄默，不置可否。

王阳明在滁州的政事颇为清闲，所以他大多时间是与慕名前来的读书人切磋学问，在切磋学问之余，也经常游山玩水，自得其乐。远离了尘世的纷纷扰扰，能够沉浸在大自然的美景之中。王阳明此时内心的确已经摆脱了朝廷政事的繁杂，而是沉浸在自己的心学意境之中。

王阳明在滁州闲适的生活并没有持续很长时间，在这里待了半年之后，朝廷就将他晋升为南京鸿胪寺卿，这是礼部的分支机构，负责掌管朝会、宾客、吉凶仪礼等事务。虽然南京的鸿胪寺并没有多少具体的事务可做，但毕竟有所提升，而且南京比起滁州来，其政治性还是要重要很多。所以，王阳明心情也豁然开朗，积极准备着前往南京任职。

桨声灯影，布道金陵

王阳明来到南京，就任鸿胪寺卿后不久，就意识到自己目前的差事仍然是个闲差。和自己一同任职的那些人都在想方设法调离这个部门，王阳明自然不会如此行事，他对自己的仕途并非毫不在意，只是他内心追求的“成为圣贤”的目标一直激励着他在学问上更进一步。所以，他显得非常超脱，专注于讲学和谈经论道。

王阳明并不甘心在碌碌无为中荒废大好时光，因此他就专注于心学的历练，他的心学就是要超脱世俗的功名利禄，追求内心的高远境界。当然，身为朝廷官员也并非完全能够自由自在，也有一套机制进行激励和约束。

在当时，作为朝廷的官员都要接受考察，王阳明在南京任职半年后也要接受考察，他对自己过去半年的政事显然是非常不满的，但是，自己也感到非常无助，为此他也时常流露出放弃从政、归隐山林的念头，所以他索性上书朝廷《自劾乞休疏》，要求还乡。当然，当时的王阳明也并非真的是看破红尘，这个奏折也仅能理解为他对于长期身居闲职无所作为的状况的不满。对此，皇帝似乎也看得很明白，

王阳明上书朝廷《自劾乞休疏》，要求还乡。

所以他也将王阳明的这份奏折置于一旁，并不理睬。王阳明却没有完全放弃，而是再次上书《乞养病疏》，不过这次又是石沉大海，对此王阳明除了遗憾，也只能寄情于做学问了。

他在南京的两年半时间里，在政事上难以有所作为，于是就潜心要在学问上有大的进步。他每天要做的事情几乎就是读书，思考，讲学，与朋友、弟子们一起探讨学问，每每与人探讨的时候，他经常会有豁然开朗的时刻，似乎自己在一步步地接近于心学的精髓了。当他有这种思想感悟的时候，他除了与身边的弟子、友人们分享之外，还会挥笔写信，向远方的友人、弟子们分享这种感悟，所以他的很多真知灼见都能够在他与别人的信中得到体现。

王阳明在内心冥想的时候，常常习惯于静坐。他在贵州龙场的时候就已经形成了这种方式，多年来他一直认为静坐能够使人心境平和、静心冥想，而且还经常会在静坐中，体悟茅塞顿开之感、在学识上有所收获。所以，他也教学生学习静坐，用意念来克服内心的私心杂念。

王阳明在南京任职后，有很多学生也一直追随他前往。而他的得意弟子徐爱这时也在南京任工部员外郎，徐爱非常热心于帮助这些师兄弟们安排具体的事务。他自愿给大家当起了“学长”，主动安排老师的授课时间，以及其他的事务性工作。对此，王阳明是非常满意的，这些烦琐的事情的确需要有人做，而徐爱是再合适不过的人选。

而王阳明的这些学生，天赋差异很大、秉性也各不相同、勤勉程度也不一样，因此每个人的学问长进也不同。有些人一点即通，有很高的悟性，还能常常带给王阳明很大的启发；有些不仅难以有所长进，还将老师的教诲完全抛弃，做事背叛师门，也让王阳明心痛不已。

王阳明常常教导他的学生，世事无常，每个人都会遭遇到难以预料的变故，可能会使个人遭受非常大的打击，这时客观事实已经无法改变。只有用心学的理念来战胜外在的苦难，用自己的心境来提供强大的支持，逐渐达到心境的至高境界。

任南赣汀漳御史巡抚

正德十一年（1516）九月，王阳明接到朝廷新的任命：都察院左佥都御史巡抚南赣汀漳等处，这个任命也是王阳明没能想明白的。原来，当时的皇帝明武宗朱厚照懦弱无能，又依靠一些宦官当政，令一些正直、有才能的大臣颇为不满，文武官员的明争暗斗自然会影响到对百姓的治理，天灾人祸，民不聊生，匪患四起，尤其是江西、湖广、福建、广东四省交界的地区，土匪、恶霸、盗贼非常猖獗，百姓苦不堪言。而这些地方又地处深山地区，地势险要，易守难攻。为此，朝廷多次派兵，都不能给这些匪患以威慑，反而匪患更加嚣张，更为肆无忌惮。

朝廷多次派兵前去围剿，但是都遭到了山贼们的顽强抵抗，官兵难以与山贼们相抗衡，反倒助长了山贼的嚣张气焰。而这次任命王阳明为“都察院左佥都御史巡抚南赣汀漳等处”，可以说是临危受命，对他还是寄予了很大的希望。

王阳明对这四省边境地区活跃的山贼进行了翔实的调查，发现这些山贼多是农民出身，聚集在一起占山为王，经常掠夺百姓牲畜、财物，有时甚至围攻县衙，以此来获取物资供其挥霍，这一带的百姓深受其害。

王阳明剿匪恩威并施，盗贼们纷纷投降。

当然，王阳明心里非常明白自己此时的升迁要面临着很大的压力，自己一旦剿匪不力，就会授人以柄，给那些排斥自己的人抓住了把柄。所以，他前思后想，还是不接这块烫手的山芋，他接到朝廷命令后上书请求辞去这个职务。当然，他也陈述了自己的三个理由：体弱多病，难以应对繁重艰苦的作战任务；自己天性愚钝，缺乏军事指挥才能；祖母年事已高，要尽孝道，返乡侍奉。而他的这些托辞，在皇帝看来，其实都是没有很强说服力的，只是表露出王阳明对这个职位不是很满意。因此，皇帝并没有批准他的奏折。一方面是王阳明对要求辞去这个职位的理由都不够充分；另一方面也是朝中的确难以选拔出更为合适的人选。于是，朝廷非但没有批准他的奏折，反而再次下发了敕谕，催促他尽快赴任。

而王阳明在接到这个敕谕后，仍然是迟迟没有动身，似乎仍然在寄希望于朝廷批复他的请求。此时，恰好发生了另外一件事，朝中一位大臣也被派去剿匪，他也同样上书请求辞去，结果没有得到批复，反倒贻误了剿匪时机受到了朝廷的惩罚。于是，朝廷就以此作为前车之鉴要求王阳明及早去赴任。这次，他不敢再有懈怠，第二天就踏上了前去江西的征程。

王阳明在行进的途中，竟然也遭到了当地盗贼的袭击，当时盗贼的嚣张气焰可见一斑。王阳明对此并不紧张，他只是把船只进行了编队，形成了强大的气势，旌旗开道，颇具威严之气。这些盗贼见此情景，就意识到这是位高人，居然就此吓破了胆子，跪下讨饶。王阳明也并没有想将他们赶尽杀绝，而是登岸对他们讲明大义，劝其改邪归正。这些盗贼一来惧怕这位官员的惩治，二来也并非心甘情愿成为盗贼，而是被一时的生活所迫，因此对王阳明的劝解也心服口服，纷纷表示愿意金盆洗手。

这只是南行当中的一个小插曲，王阳明此去江西令他没有想到的是，这成为他人生的一个重要转折点，是他今后军旅生涯的开始。

漳南战役

当王阳明还是懵懂少年的时候，就有满腔抱负要为朝廷平息暴乱贡献力量，他还曾经幼稚地上书朝廷。多年之后，他已经褪去了年少的轻狂和幼稚，成熟和稳健了很多，如今被朝廷任命为南赣汀漳巡抚，也正圆了自己年少时的梦想。因此，对于平定赣州动乱他还是满怀信心的。

南赣当地多发动乱，朝廷多次出兵剿灭都难以平息。也有很多官员跃跃欲试，想要借此施展才华，可惜都难以如愿。王阳明尚在前往赣州途中，就得知福建、广东两省的巡抚都御史、巡按御史下令将士分头围剿漳南山区的山贼。王阳明得知后，就心存疑虑，因为两省兵分两路，很难统一行动，而山贼盘踞之地地形复杂，又个个彪悍善战，这次行动未必能够得胜。结果，正如王阳明所料，两省的行动皆以失败而告终。

前车之鉴，让王阳明对此次平定南赣之地的动乱也格外小心。这些地方的匪患已经存在有十余年，百姓遭受迫害、困苦不堪，朝廷也多次出兵，均以失败而告终，深陷剿匪的泥潭中难以自拔。朝廷的镇压不力，反倒促使山贼们更加猖狂。那么王阳明这次率兵前来又会是什么样的情形呢？

王阳明指挥的平定漳南山贼的战役进行了近三个月，由于当地地势险峻，气候多变，战斗过程非常艰辛。但是，王阳明最终还是取得了丰硕的成果，剿灭二千七百余名山贼，一千五百余人被俘虏，还有难以计数的人跌落山谷毙命，四千多名山贼被招抚。这一次王阳明还彻底将山贼的老巢捣毁，官兵们焚烧了山贼们占据的至少有三千多间房屋，可以说是大获全胜，一举剿灭了为害一方的山贼之患。

捷报传来，朝廷也非常震惊，因为朝廷十多年派兵无数，均以失败而告终，此次在朝廷尚未发兵之前能够获得如此大的胜利，也充分显示了王阳明非凡的军事才能。正当王阳

王阳明漳南战役方略

王阳明来到当地之后，首先做的工作就是通过多种途径，尽快掌握了山贼翔实的资料。对他们盘踞的位置、地形状况、民俗风情等都有所了解。

他了解到

山贼们以江西和广东交界的横水、桶岗、浰头势力最为强大，也最难以对付。

他经过周密的分析后，决定先对势力相对较弱的地方下手，继而再啃那些硬骨头。

针对以下的情况

山贼们的密探、暗哨也较为普遍，他们经常潜伏在官兵的队伍中，可以通过多种方式来打探到官兵的行动，并且迅速密报给山贼的首领。

王阳明决定不打草惊蛇，而是采取将计就计的方式来巧妙地利用这些人。他假意要从漳南山区撤兵，暂时不再出兵。

这个消息传出后，山贼们就各自采取应对措施，而放松了对漳南地区的防范。

而王阳明这边安排将士秘密行动，以迅雷不及掩耳之势来狠狠打击山贼。这些猝不及防的山贼们自然无力抵抗，节节败退，只能向福建漳州府南靖县平和乡的象湖山退守。

王阳明打算一鼓作气，彻底剿灭这些山贼，指挥官兵分为三路挺进象湖山。官兵们毕竟不熟悉地形，而山贼们善于凭借天险，将早已布置的滚木巨石纷纷用来对抗官兵，致使官兵伤亡惨重。

王阳明为此改变策略，趁山贼难以顾及的时候，命人从山间小道潜入对方的后方。

山贼们腹背受敌，难以抵抗，官兵趁势追击

明捷报频传之际，久旱的福建南部也连降三场大雨，被人称为“久旱逢甘霖”，有人建议就将王阳明的临时行台的大堂命名为“时雨堂”，王阳明欣然应允。

提督南赣军务

首次打仗就取得了胜利，这使得屡战屡败的官兵精神大为振奋，意识到眼前的这位将领不再是之前那些碌碌无为的无能之辈了，剿灭匪患指日可待。王阳明在将士们心中的威望自然也树立起来了，这让王阳明颇感欣慰。

王阳明一向心思缜密、善于观察，所以他对这次初战的结果还是很满意的，也对将士们进行了嘉奖和鼓励，大大提升了军中的士气。然而，王阳明也发现了军队中存在的问题，而且亟待整顿。原来军队的纪律性很差，士兵们作战很随意，如果长期这样下去，那么再英明的指挥官也无法指挥这支没有战斗力的军队取得胜利。

王阳明战胜后请求朝廷赋予更大的权力，朝中议论纷纷。

所以，王阳明在初战告捷后，就开始整顿军队，希望能够通过一系列的整顿措施，大大提升军队的战斗力和凝聚力。他对自己的整顿措施还没有十分

王阳明是如何整顿南赣军务的

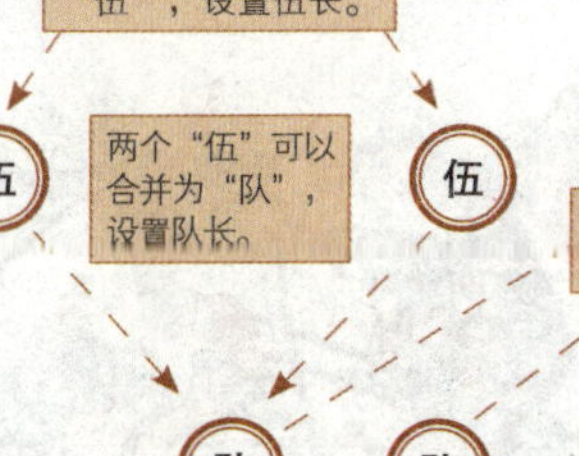

高一级的长官有权力处置下一级的长官，这样一来上下联动，就能够有力地加强对整支队伍的管理。
为了加强各个部分之间的联络，及时有效地传递军情，王阳明还为军队相应地特制了“伍符”“哨符”“营符”。

的把握，于是就先开始进行试点，如果方法得当，效果显著，再大面积地推广到其他军队中去。

令人欣喜的是，这些措施运用起来，将士们发现在军队演练的时候确实比过去先进多了，所以也就自觉地遵照实施。王阳明初战告捷的消息传到朝廷，皇帝和大臣们也颇为兴奋，之前多年频传失利的消息，已经有多年没有胜利的消息传来，怎能不令人振奋？王阳明也趁机将今后的作战方案详细禀告朝廷，并要求赋予更大的权力，请求朝廷不要规定剿匪的期限，也给自己充分的主动权力，能够自己确定作战的时间、措施，这样一来不仅朝廷无需耗费过多的粮饷，也减少百姓遭难。

王阳明的奏疏递上去之后，朝中议论纷纷，竟然拖延了三个月，朝廷才下达了委任书，内容并不复杂："王阳明著领提督南、赣、汀、漳等处军务，换敕与他。钦此。"这样一来，王阳明的权力大大增强了，自己有了很大的自主权力，他可以根据军情来确定作战方略，也可以对地方官进行督促，还能够对不听号令者"俱听军法从事"，至于军马钱粮等事宜，一般情况下都能够自行决定，只有遇到大的事情，才需要请求朝廷裁决。

用兵横水、桶冈

王阳明为发动横水、桶冈战役做了一系列的准备，因为他对这场战役有可能遭遇到的困难有充分的考虑，面对的敌人是江西、福建、湖广、广东四省以及相邻省份的人，人员混杂，难以琢磨；而当地地形险峻，通向盗贼们盘踞之地的地方更是险要，盗贼们凭借天险就能够截断官兵们的去路，可以说是易守难攻。此外，当时正值雨季，当地的天气变化无常，官兵们的战役可能将会面临着冒雨进行的难题，加上地势陡峭，将会面临着更大的伤亡。为此，他要组织动员充足的兵力投入这场艰苦的战斗中，他除了部署江西军队外，还组织湖广的军队按照拟定的日程前来增援。为此，他在充分估计到战争局势的情况下，制订了周密的军事部署计划。

在王阳明的周密部署下，战争打响了，王阳明命令官兵从江西向湖广方向开进。于是，攻打横水、左溪的主力军自然就是江西各府县的军队。王阳明极具天才的军事指挥才能再次得到了证实。他之前的战争局势分析几乎都在实际的战争中得到了验证。聚集在横水、左溪的山贼们根本无力应对，在他们尚未反应过来之际，王阳明指挥的官兵已经将其制服。但是，也正如王阳明所料，官兵们打得非常艰辛，并且伤亡也较为惨重，因为当地处

王阳明采取各个击破的方案，派军先攻横水、左溪。

处是悬崖峭壁，不熟悉地形的官兵们稍不留意就跌入了万丈深渊，为此而伤亡的官兵很多。

在横水之战进行得异常激烈的时刻，在左溪的战争也已经打响，官兵士气高涨，冲入山贼阵营，对方立即就四散逃窜。战争原本可以早早结束，但是，王阳明想到如果不在对方溃败之时，趁机将其一网打尽，则很有可能留下了后患。到时候，再去剿灭对方就要付出更大的代价，因此他就命令士兵追击山贼，不可放过一个。当时，天降滂沱大雨，道路泥泞，兵士们几乎是在泥浆中同这些负隅抵抗的山贼们搏斗。令人振奋的是，盘踞在横水、左溪一带的山贼们很快就被剿灭了，王阳明命令手下官兵一鼓作气挺进桶冈。

由于事前的舆论都认为此次进攻是先对准桶冈，所以当地的盗贼们颇为紧张，紧锣密鼓地部署应对，但是却发现官兵迟迟不来，反倒先进攻横水、左溪，这使他们都放松了不少，战备上自然也放松了警戒，这对于官兵的进攻恰恰是非常有利的，经过艰苦的战斗，官军最终攻克桶冈。

王阳明对这次战斗颇为满意，他并未一个人沉浸在胜利的喜悦中，而是给朝廷上书请求嘉奖参加战斗的所有官兵。王阳明仅仅用了不到三个月的时间，就一举肃清了盘踞在江西境内多年的匪患，朝廷对王阳明这次的战斗非常满意，于是对他的请求也非常快地给予了批准。而在当地百姓的眼中，王阳明几乎等同于神明，他带领军队经过任何一地，都会受到当地百姓的顶礼膜拜，甚至有地方建立了生祠对其进行供奉。

王阳明横水、桶冈用兵方略

横水、左溪、桶冈这些地方主要在江西省南安府境内，其中盘踞在桶冈的敌人势力最为强大，地形也最为险要。

王阳明的属下们一致认为应该将桶冈作为首取之地，然后再进攻横水、左溪。对此，王阳明则有自己独到的看法，他认为先攻横水、左溪，那么就可以去掉心腹之患，对桶冈形成包围之势，这样一来就胜券在握。属下们对王阳明的分析也颇为信服，于是就采取王阳明的作战部署方案。

横水

左溪

他根据敌人的情况，采取各个击败的方案，将军队分为十个部分，规定了各个部分攻打不同对峙的敌人，将敌人的兵力打散，坚决不能让对方纠结在一起。这样一来，对方就处于分散作战的状态，难以相互支持，处于孤立无援的境地，官兵再集中优势兵力将其打败。

盘踞在横水、左溪一带的山贼们彻底被剿灭了

王阳明命令手下官兵一鼓作气挺进桶冈

桶冈

其首领在混乱中被官兵杀死，异常艰苦的桶冈之战宣告大获全胜。

正如王阳明之前勘察的情况一样，桶冈的地理位置非常险峻，通向山贼窝点的道路仅有五条小道，并且山贼们也早已部署好了，处处是陷阱。如果硬攻，很可能会带来更大的伤亡，而且也难以获取胜利。对方处于易守难攻境地，就必须要另辟蹊径。这时，王阳明想到了一个计策，可以尝试一下，这就是劝降。虽然山贼严阵以待，但是对方毕竟人数不多，并且信心不足，如果能够选出与其首领有所交往的人前去劝降则可能不费吹灰之力就能取得胜利。于是，王阳明就派之前俘获的人中与其首领有所交往的一个人前去。对方一见到有人前来劝降，顿时也军心大乱，争执不下，自然也就无心部署防范。王阳明趁机命令官兵全力攻打，终于，官兵们一步步攻入对方的老巢。

不久，王阳明上书朝廷建议在横水设立新的县治，改变过去朝廷行政力量无法企及当地的状况，彻底改变匪患滋生的社会环境，这一建议很快也得到了朝廷的批准。

智取三浰

王阳明在指挥“漳南战役”与“横水、桶冈战役”时，可谓声势浩大、风卷残云之势。他乘胜追击，想要一举击破广东惠州府龙川县境内的浰头大巢。

对于这个浰头大巢，王阳明心里很清楚，摆在自己眼前的挑战非常之大，只可智取，不可硬攻，否则将会置自己于险境。

王阳明为此日思夜想，他多次察看地形，反复钻研地图，想要寻找攻克这个难题的方法。但是，连日来，他都没有丝毫的进展，这令他感到了很大的挑战。看来，采取平常的策略难以解决，是不是可以摸索到一些捷径呢？这时，他突然脑子里蹦出来一个人，这个人就是之前来向他投诚的浰头小头领。可不可以在这些人身上找到突破点呢？经过一番冥思苦想后，一个周密的计划在他的头脑中形成了，如果计划成功，就可以以最小的损失来获取成功。

王阳明找到之前来投诚的黄金巢，对他给予了优厚的待遇，并指示黄金巢写信给池仲容向他传达几点意思，一层内容是要告诉他王阳明的兵强马壮，连告大捷，势如破竹，对浰头也是势在必得，另一层意思是自己优待俘虏，如果对方前来投诚，那么能够减少杀戮。池仲容收到信后，有所动摇，但是又不甘心就此败下阵来。所以，他表面愿意投诚，为了取得王阳明的信任，他派自己的弟弟池仲安率领两百人面见王阳明。但是，在暗地里，他也在加紧战备，准备决一死战。王阳明一见到前来投诚的人，心里就明白了对方的阴谋，因为来的一批人老弱病残，根本没有战斗力。其实，这看似弱势的队伍里，也暗藏着杀机，时刻准备里应外合来战斗。当然，他善于分析敌情，将计就计，对于敌人的阴谋观察分析

王阳明攻打浰头大巢的方略

浰头包括广东龙川县境内的山区，地势险要，层峦叠嶂。藏匿于大山里的匪首名叫池仲容（绰号池大鬓），为人极其险恶，他手下的土匪们个个彪悍勇猛，又占据天险，易守难攻，因此，朝廷曾经数次派兵前来剿灭，都以失败而告终。王阳明来之前，也早已清楚围剿浰头绝非易事。但是，他并没有被浰头的嚣张气势所吓倒，而之前几次战役的频频告捷也让他信心倍增。

王阳明一方面招降池仲容，并派得力手下带上丰厚的慰问品深入浰头进行慰劳，传递给池仲容一个信息：池仲容的死敌卢珂在赣州。

调虎离山

池仲容果然中计，他离开浰头大巢到达赣州，为王阳明派部所杀。

另一方面，王阳明集结军队攻打群龙无首的浰头大巢，最终赢得了浰头战役的胜利。

透彻，但是又具有身为大将的从容镇定，不露声色，善于麻痹敌人，诱使敌人放松警惕，乘虚而入，击中敌人的要害。

王阳明一面假意接受对方的投诚，另一方面也在积极准备应对之策，做好军事部署。他心里很清楚，浰头这里的土匪熟悉地形，又勇猛善战，而自己的军队要战胜他们需要非常精心地计划。

他打算将计就计，派得力手下带上丰厚的慰问品深入浰头进行慰劳。这些人冒着风险，面见池仲容，一方面是为了探明对方的用意，另一方面也是为了观察当地的地理位置和军事设施，为战略部署做充分的准备。更为重要的是，王阳明传达给对方一个非常重要的信息，池仲容的死敌卢珂在赣州。池仲容信以为真，也逐渐降低了对王阳明的戒备心理。兵家之道，擒贼先擒王，顺利攻取浰头的关键问题在于将其首领池仲容调离浰头。王阳明成功地利用池仲容与死敌卢珂之间的矛盾，诱使池仲容离开了他的老巢浰头。而池仲容到达赣州之后，就四处打探卢珂的情况，以此来试探王阳明的真实用意。不料他的一举一动都在王阳明的监视之下。毫无疑问，池仲容虚假投诚的真实目的充分地暴露了出来，王阳明此时仍然不动声色。在攻占浰头的各路兵马到位之后，王阳明就名正言顺地将其杀掉。头领被杀，致使浰头军心大乱，而之前又缺乏严密的准备，因此，按照王阳明之前周密的部署，浰头的所有地区非常容易地被攻占了。

“浰头战役”顺利结束，这场战斗不仅剿灭了当地的土匪，使老百姓的生活免除了灾害，而且大大减少了兵力的损耗，王阳明可谓功高劳苦，为此他在当地普通百姓中的声望也日渐高涨。王阳明并没有因为眼前的成绩而居功自傲，他深切地体会到当地百姓的生活艰难，所以他特地向朝廷建议免除和平县三年的全部租税赋役，以休养生息，繁荣地方经济。这一建议又得到了批准。

王阳明不仅心系民生，关心百姓疾苦，而且也深深地意识到功高震主的为臣之道，而且他也的确多年来积劳成疾，身体状况大不如从前，因此他向朝廷上书，请求解甲归田、颐养天年。但是，朝廷没有批准他的请求，还需要他继续发挥才智为社稷谋福利。

设平和、崇义、和平三县

王阳明在浰头剿匪行动出奇制胜，为朝廷、百姓扫除了一大障碍，可谓功高劳苦。浰头匪患的消除，大大打击了整个南、赣、汀、漳、潮、惠等地土匪的嚣张气焰，这些地方的山贼要么悄悄退出，要么也心中有所惧怕，不敢轻举妄动，当地的治安状况有了很大的改善。

王阳明手下的官兵也从剿匪中缴获了很多战利品，对此王阳明亲自过问，想了解一下这些嚣张跋扈的山贼们真实的生活状况。原以为山贼们的生活会奢侈无度，但是看到官兵们缴获的战利品，王阳明这才知道他们中有很多人的生活过得很拮据，更令他大感意外的是两千余名的山贼居然平均每人只有一件衣服，很多人竟然不名一文。顿时，怜悯之情油然而生。当然，王阳明也并非是毫无原则地一味怜悯。他有着更为长远的考虑，因为这些地方的匪患解决之后，并不算大功告成，还要考虑到这些地方今后如何治理，才能长治久安。这些山贼们虽然有罪，但是也没有达到要诛杀的地步。

王阳明上书设立了平和、崇义、和平三县，加强了对这些地方的管理。

对此，王阳明先是令手下认真核实山贼们的真实状况，以便采取不同的策略进行管理。这些山贼，一类是与官府为敌的惯犯，他们往往是由于触犯法令而被官府追缉，从而逃入山中负隅顽抗，对此，王阳明上书朝廷，予以斩杀；一类是来自沿海地区如广东、福建的流民，大多是由于遭受当地豪强的压迫难以为生，被迫当了山贼，这些人无意对抗官府，也基本上是一些小喽啰，对此，王阳明请求朝廷赦免，愿意回当地的就回去，并且可以免除其所欠下的赋税，愿意就地安置的也可以成为当地百姓。王阳明此举，把原本铁板一块的山贼瓦解为不同的群体，安抚人心，稳定了当地的社会秩序。安抚了山贼之后，长期遭受匪患的地方如何管理，也是一大难题。当地的一些读书人建议在本地增设县治，以加强对当地的治理，如此则能够保障当地的长治久安，彻底杜绝匪患。王阳明也早有此意，如今得知很多人都倾向于增设县治，于是就上书朝廷，力陈其中的原因：

臣观河头形势，实系两省贼寨咽喉。今象湖、可塘、大伞、箭灌诸巢虽已破荡，而遗孽残党，亦宁无有逃遁山谷者？旧因县治不立，征剿之后，浸复归据旧巢，乱乱相承，皆原于此。今诚于其地开设县治，正所谓抚其背而扼其喉，盗将不解自散，行且化为善良。不然，不过年余，必将复起。(《添设清平县治疏》)

王阳明的分析鞭辟入里，非常到位，也切合了朝廷的利益。朝廷也很惧怕虽然暂时剿灭了山贼，但是潜藏在暗处的山贼们很有可能不甘心，他们也在加紧聚集力量，企图卷土重来。一旦他们得逞，那么再要想剿灭他们可能要付出更大的代价。而王阳明的这个奏折，恰到好处地替朝廷解决了这个难题，所以很顺利地得到了批准。经过两年的积极筹备，福建南部的第一个新的县治开始正式设立，取名为“平和”。为了加强对当地的治理，王阳明还将原本设在河头的巡检司迁移到枋头，从而彻底杜绝了山贼的死灰复燃。之后，王阳明又相继在江西上犹县崇义里的横水设崇义县县治，在闽粤赣三省交汇处设置和平县。并且都将当地的巡检司迁移至县城。这些地方原本是人烟稀少、交通不便、朝廷的行政管理尚未到达的地方，缺少官府的治理，自然就很容易成为山贼们聚集的地方，并且为害一方百姓。增设县治，就很好地解决了这个困扰朝廷以及当地官府的老大难问题。

举乡约，办社学，衙门成了书院

南赣，这个在当时令很多官员望而生畏的地方，王阳明仅用一年半的时间，就率兵剿灭了当地的匪患，可谓功高劳苦。朝廷为了表彰王阳明的功绩，将其从正四品都察院佥都御史晋升为正三品右副都御史，并且王阳明的养子正宪也因此被封为锦衣卫百户。

就在朝中很多人都为王阳明的晋升而唏嘘感叹的时候，王阳明并没有沉浸于自己昔日的功绩中，而是已经开始思考如何治理，才能让百姓安居乐业。的确，剿灭匪患可以在一两年之内完成，然而要想训导当地百姓安分守己，本本分分地为人处世，却并非一朝一夕能够实现的。因为，在当地很多普通的百姓心中法制的观念相当淡薄，缺少礼制的教化。为此，王阳明已经暗下决心要用“圣贤”之道来教化当地百姓。他多年来饱读经书，立志成为“圣贤”，那么，当下就正好可以验证一下自己的理想。

王阳明亲自草拟了一份《南赣乡约》，提倡百姓自我管理、自我约束，从而使得礼制深入人心。

南赣之地幅员辽阔、人口众多，仅靠自己的力量是万万不可做到的。而能够承担起教化百姓的当属地方的父母官。但是，长期以来，官吏人浮于事、营私舞弊的事实已经使官吏在百姓心中威风扫地。而当地之所以长达几十年来惨遭匪患的影响，当地官员的责任重大。想到这些，王阳明内心不免增添了了些许惆怅。但是，不能因噎废食，经过这一年的接触，王阳明也了解了其实有很多官员是希望能够有所作为的，倘若能够建立完善的治理模式，为每个官员教化百姓都制定一个模式，那么就能够有效地降低官员个人素质对治理的影响。

王阳明做事向来雷厉风行，一旦他经过深思熟虑认为可行的事情，就会全力以赴地去完成。教化百姓、为官一方对他来说也并非是第一次，之前他在庐陵做知县时期已经积累了很多经验。他首先是把自己的治理之策告知手下的官员，痛陈利弊，尤其强调当地的社会风气不良很大责任在于官员的不作为。由于一年多来，这些官员跟随王阳明风餐露宿、同仇敌忾共同剿灭了为害一方的匪患，因此，王阳明已经无形中树立了崇高的威望，对他这次的治理之策，官员们自然也是心服口服。很多人都已经暗下决心要跟随王阳明干出一番事业来。

为了郑重起见，王阳明自己发布了一份告谕，命人前往南安、赣州等府分发，各府衙门要据此翻印。然后，各县必须依据十家牌，将告谕发放到各家各户，务必做到妇孺皆知。看到王阳明这次如此大动干戈，各府县官员也意识到了巡抚对此事非常重视，因此，也丝毫不敢马虎，都立刻派人翻印。就这样，在很短的时间内，王阳明治理的地方几乎都出现了他的告谕。百姓们看到几乎从没有过这种情景，都在相互告知告谕的内容。

王阳明的告谕直接明了，先是向百姓们分析了民风不淳的缘由，他谈道：“告谕百姓，风俗不美，乱所由兴。今民穷苦已甚，而又竞为淫侈，岂不重自困乏？夫民习染既久，亦难一旦尽变，吾姑就其易改者，渐次诲尔。”正是由于百姓中间长期以来都风行的奢靡、浪费的习气，普通人家平时里节衣缩食，但是如果有红白喜事，往往都讲排场、好面子，肆意挥霍掉多年的积蓄。久而久之，就会有很多人在生活困顿的时候，无以为继，只得为非作歹，沦落为盗贼。基于此，这位巡抚才要兴利除弊，强制当地百姓改变过去的习俗，他将其内容做了明确的界定，如提倡厚养薄葬，提倡节约办事，提倡求医问药，禁止举行浪费大量人力物力的城乡迎神赛会。

其实，王阳明的这些规定早已有之。在儒家思想里就有大加宣扬勤俭节约的内容，而历朝历代的皇帝也都倡导这些社会风气。王阳明之所以将此作为切入点，是因为当地百姓中，相互攀比，奢靡、挥霍的风气很盛，很多家庭因此而倾家荡产、妻离子散。所以，人心思安，王阳明的做法也正是人心所向。他提倡的社会风气很快就被老百姓所接受，并逐渐开始效仿。

移风易俗只是王阳明治理地方的突破口，之后他又推出了一系列的改革措施。他亲自草拟了一份《南赣乡约》，通过告谕的形式，提倡百姓的自我管理、自我约束，从而使得礼制深入人心。其中，他提倡一村或者族为单位，公开推举德高望重之人来记录众人的起居、劳作状况，以此来提升民众相互监督的意识。

王阳明的改革措施切中时弊，受到了当地百姓的欢迎，进展也颇为顺利。这些措施的实施都是自上而下推行的，对百姓的约束也是由外到内的，尚未在民众内心深处扎根发芽。这使王阳明意识到，要想从根本上恢复当地的社会秩序，就必须要清除百姓心中的"贼"，改变人们的思想观念。而要达到这个目标，就需要兴办学校，对百姓进行传统道德教育，使老百姓能够遵守礼制。于是，王阳明就先后在南安、赣州全面恢复社学，同时也开始兴建书院。

在明代，社学兴起的时间很早，早在太祖洪武八年（1375）时期就要求各地官员要在乡村创办社学，使普通人家的子弟也能够接受系统的教育。之后，在英宗、宪宗成化、孝宗弘治时期，都不断地强化兴办社学的制度法令。就读期间的费用，则往往是官府负担一部分，学生个人负担一部分，这使得原本较为贫寒人家的子弟也有机会去读书。

但是，从长期来看，由于多方面的原因这种性质的学校往往难以持久，但是，即便情况不够乐观，王阳明还是觉得一旦自己下定决心后，不管有多么艰难，都要坚持把事情做好。在设学这件事上，他也实施了一系列措施，在社学校舍的问题上，他效法前任的做法，把一些不合时宜的寺庙改造为学堂。接着就是聘请教师的难题，王阳明对师资力量非常重视，特意聘请了福建市舶司副提举舒芬来主持社学事务，并且动员自己优秀的学生前来任教。对各地的官员下令一定要解决教师的薪资问题，要保证教师能够领取到应得的薪金。条件都准备成熟之后，王阳明对社学的办学方向、授课内容等问题提出了自己的看法。明确指出社学要将歌诗、习礼、读书同时并举，大力提升学生的综合素养。在王阳明的大力提倡和推动下，南安、赣州各地的社学相继兴起，并且取得了显著的实效。

王阳明在担任赣州巡抚期间，不仅大力兴办社学，使得很多贫寒人家的子弟从中受益，而且，他也身体力行地讲学，将自己多年积淀的学问亲自传授给弟子。众多弟子也从恩师的讲学中，感受到了其学问功底的深厚，而且也对恩师的为人敬佩之至。于是有很多弟子就一直追随着他，王阳明在何地任职，就往往会有一批弟子不远千里地追随到这里。王阳明也被弟子们的诚心所打动，他把自己的巡抚衙门变成了传道授业的书院，弟子们就在巡抚衙门里聆听先生的教诲。可是，前来求教的弟子越来越多，偌大的巡抚衙门已经难以容纳，于是王阳明就在赣州建立书院，他对宋儒周敦颐钦佩有加，所以就用他的号来为书院命名，即"濂溪书院"。

在王阳明的悉心指导下，一大批的弟子，诸如欧阳德、何廷仁、黄弘纲等人，都取得了很好的成绩，有的在科举考试中崭露头角，入朝为官；有的效法王阳明向人讲授、传播心学。他们都为王阳明思想的发扬光大做出了贡献。

第七章
皇城闹剧——自古英雄多磨难

宁王挑起了反旗

明朝武宗时期，整个王朝机器真正运作到了无法运行下去的地步了。不仅百姓的生活困苦，连王府也是久缺财粮。

宁王朱宸濠谋反，扣押了前来贺寿的官员。

作为宁王府的第三代亲王的朱宸濠，受曾祖朱权的影响，文学素养较高，平日也爱舞文弄墨，自诩为文人能士，如若在太平盛世，这位王爷一定是为国出力的能手。

可是如今国不成国，王爷心中也有几分恼火，好端端的大明朝就这样拆毁了，如若是自己当上皇帝，必然不会是这样的结果。

此想法一出，便拦也拦不住了，久而久之，当皇帝的念头也就兴起了。朱宸濠是个明白人，他知道，想要对皇位取而代之，就先得有大量的拥护者。于是，他开始结交大臣将士以及能人异士，一场精心策划的夺权斗争正紧锣密鼓地进行着。

福建发生军官叛乱，兵部尚书王琼派王阳明前往处理，这使得王阳明躲过了被朱宸濠胁迫一事。

但世上没有不透风的墙，宁王府的各种举动多多少少被传到了京城。大臣纷纷要求严惩朱宸濠。武宗下令调查，查找证据，但终因证据不足，只是给了朱宸濠一个警告。

正德十四年（1519）六月十三日，这一天是朱宸濠的生日。京城的密探抵达南昌时，王府里正大摆宴席，十分热闹。宴席一散，朱宸濠立刻召集所有的谋士进行商量，听到朝廷派来宣旨的人是驸马后，大家都建议朱宸濠不要再按原计划于八月十五日，也就是全国举行秋试时行大事。因为按照惯例，只有抄家全拿时，才会派驸马亲自来宣旨。

六月十四日，朱宸濠宴请的官员们按照礼俗，应该进府回贺、谢宴。等人全部到齐后，府中所有的通道都被封锁，所有的官员都被朱宸濠当场扣押，并以奉太后之旨为由胁迫他们服从。

都御史孙燧见众人被这个场面吓得直发愣，便带头发难。质疑此次叛乱是否是奉太后的旨意。朱宸濠见人群当中已经有了骚乱，为了稳定局面，便命人将这些不服从的人杀掉。在场的官员再无人敢反抗，都附和着朱宸濠呼喊、举事。随后，朱宸濠的护卫、军队开始正式出动。

宁王起事这一天，王阳明刚好离开。当时，福建发生军官的叛乱，兵部尚书王琼派其前往处理这一事宜。这一举动使得王阳明躲过了为朱宸濠贺寿，免受胁迫一事。起事的第二天，王阳明得知了这件事情。虽然之前对于朱宸濠的动静早有怀疑和警觉，但还是感到惊讶，特别是朱宸濠还杀了都御史与朝廷公开对抗。

朱宸濠早就想拉拢王阳明，但都未能成功。一旦发起大事，自然也不会忽略了他，所谓顺者昌，逆者亡，船开到丰城时，有人告知宁王谋反一事后，王阳明立刻改变了原来的行程，一来警惕朱宸濠的追杀，二来也可以赶紧往回召集军马，同叛军周旋。

与宁王交战

朱宸濠叛乱的消息一起，人心惶动。正德十四年（1519）六月十九日、二十一日，王阳明紧急上奏朝廷。这个时候，朱宸濠已经率兵出鄱阳湖，并对安庆进行围攻。局势越来越严峻和复杂，安庆若是被攻破，那么整个南京就会十分危险。可是忧心如焚也无济于事，因为当时作为南赣汀漳巡抚的王阳明身负的差事是平定福建的兵变，对于这次的事情并没有处理的权力，所以他的手中没有一兵一卒。

不知如何是好的王阳明，在向邻省请求发兵的同时，还冒险写假的文书和书信来虚张声势，以此搅乱朱宸濠的军心。一连串的假公文、假情报确实是乱了朱宸濠的方寸，使得他不敢轻举妄动。趁此机会，王阳明聚集了江西境内各府县的军队。

七月十八日，王阳明誓师北上，朱宸濠对安庆进行围攻。支援安庆，解除安庆的围困是当务之急。为了制订具体的进军方案，王阳明召开军事会议，征集各领兵官员的意见。会上很多人都建议立即率军救援安庆。虽然解救安庆是首要的任务，但是王阳明认为，如果直接增援安庆，可能会引来正面的冲突。本来围困安庆的军队会反击我军，朱宸濠还很有可能会派军从背后夹击。按照现在的军势和实力，是万万不能的。最后，王阳明做出了一个冒险的决定，攻占南昌。

虽然王阳明的军队同朱宸濠的军队在素质上相比有很大的不足之处，但是叛军留守南昌城中的人数并不多。而且，王阳明的军队是从各地招募来的忠义之士，在气势上是有一种要压反的正义。王阳明认为只要攻克南昌，就相当于攻克了朱宸濠的作战基地。不仅能够从侧面解除安庆被围困的危机，还可以反过来牵制朱宸濠，解除南京的危险。

统一好作战思想后，王阳明开始进行紧密的筹划和战前的各项准备。在对南昌发动进攻之前，王阳明向南昌城里的百姓发了即将攻城的告谕，并说明朱宸濠谋反的罪行，百姓大可不要惊慌，而从逆的人或官员，只要开门投诚，帮助抚慰百姓，都可得到一条生路，否则只有死路一条。

七月十九日夜，先头部队到达南昌的广润门外。王阳明亲自到广润门外誓师，颁布并申明了严格的军纪。部队听鼓声而行动，一鼓附城，再鼓登城，三鼓不克诛伍长，四鼓不克斩将。第二天黎明，准备好的各路军队随着一阵阵鼓声的响起，发起了对南昌的总攻。

早已经被告谕和投降书弄得军心涣散的守城军队，虽做了抵抗，但奈何不了王阳明的军队大规模的进攻。到了中午时分，整个南昌城被占领。宁王府的人一听到南昌城失守的消息后，便纵火自焚。霎时间，疯狂的火势蔓延到了周围的民居，在王阳明的控制和指挥下，攻城的士兵立即投入到救火和安抚居民当中去。混乱的局面得到了控制，一切变得有条不紊起来。

这边，朱宸濠正在指挥军队准备强攻安庆，却得到王阳明攻占南昌的消息，于是马上下令回师南昌。这个时候，朱宸濠的谋士李士实和刘养正得知朱宸濠的决定后，立即劝阻他，并告诉他，南昌不是当务之急，南京才是。朱宸濠觉得安庆都如此难攻，攻取南京又谈何容易。攻下来还好，若攻不下来，还赔失南昌，那可如何是好？于是，他立即派部队支援南昌，

王阳明初战宁王之用兵方略

宁王朱宸濠叛乱，此时王阳明手里没有一兵一卒。局势越来越严峻和复杂。

面对这次突发情况，王阳明一方面向邻省请求发兵，另一方面写假的文书和书信来虚张声势，以此搅乱朱宸濠的军心。一连串的假公文、假情报扰乱了朱宸濠的部署，使得他不敢轻举妄动。趁此机会，王阳明聚集了江西境内各府县的军队。

朱宸濠部先对安庆进行围攻，虽久未成功，但安庆城里的官兵已经是精疲力竭，坚持不了多久。王阳明此时又面临选择。

是救安庆还是攻打宁王根据地南昌？

安庆　南昌

王阳明认为只要攻克南昌，就相当于攻克了朱宸濠的作战基地。不仅能够从侧面解除安庆被围困的危机，还可以反过来牵制朱宸濠，解除南京的危险。

最后决定攻打南昌

王阳明亲自到南昌城下督战。因为宁王大军正在攻打安庆，南昌守备不足，所以被一举攻克。

朱宸濠得到王阳明攻占南昌的消息，于是马上下令回师南昌。

面对来敌，王阳明没有选择退守南昌，而是选择主动出击。

具体战术上，王阳明安排伏兵，诱敌深入。

一战下来，朱宸濠的军队损失惨重，不得不又从九江、南康等地调集军队。

自己则率领大部队随后而来。

朱宸濠的迅速回兵令王阳明有些诧异。虽然王阳明早就派出部队阻击朱宸濠的先遣军，但是朱宸濠带领大部队火速回击，这是王阳明招架不住的。因为，此刻他的全部军队，仍旧是先前从各地召集起来的两三万人，那些他不断请求的援兵不见踪影。这种情况下，很多官兵都劝王阳明应该退守南昌城，等待援军的到来。

但王阳明却认为，退守南昌，只会把自己推向被动。虽然从各方面分析，朱宸濠都占了上风，但是自己这边也是占有优势的。首先，朱宸濠本来就是做贼心虚，南昌被占领，此刻他应该是心急如焚，急躁不已。这个时候，更应该抓住他的弱点主动出击，而不是等待他来进攻。他立刻进入战争状态中，再一次统一思想，强调军纪，部署军事。

七月二十三日，朱宸濠的先遣部队已经逼近南昌城，来势汹汹。二十四日一早，朱宸濠所率领的大军已经到达城外的王家渡。王阳明派吉安知府伍文定率领军队同朱宸濠的军队进行正面的进攻。初战之时，伪装败走，把敌人引入早已设伏的地带，奋力追赶的敌人便和大队伍拉开了距离，前后也就不能相顾。这个时候，伏兵从四处出击，围包朱宸濠的军队。这一战下来，朱宸濠的军队损失惨重，不得不又从九江、南康等地调集军队。

王阳明得知朱宸濠将九江、南康二城的守城军队调出的消息后，立即派兵前往这两座城市，并迅速收复，这为王阳明最后生擒朱宸濠打下了基础，扫清了道路。

决战宁王朱宸濠

正德十四年（1519）七月二十五日，这一天，北风兴起，朱宸濠率领军队准备再次攻击。王阳明知道初战失利的朱宸濠必定会尽全力攻击，这一战将会是一场恶战。

天微亮，王阳明率军顺江而下，准备迎击朱宸濠。由于受到风势的影响，战争开始时，王阳明的军队被敌方的阵势所吓倒，一时退却，乱了阵脚，死伤不少。王阳明见此状况，下令全军，不许后退，严格遵守号令，擅自主张者一律斩。

吉安知府伍文定见王阳明稳住了阵脚，便带头向敌方的船队冲去，他立在船头，迎着炮火，即便是燃烧了头发、胡须，他也岿然不动，不后退半步。伍文定的拼死奋力，使得

王阳明决战宁王用兵方略

七月二十五日，双方于江上开战，由于受到风势的影响，战争开始时，王阳明的军队开始死伤不少。

这时，王阳明命人在其指挥船上升起一块写着“宁王已擒，我军毋得纵杀！”的大白布。

朱宸濠的军队看到这个不知是真是假的消息后军心大乱，狼狈退避。

七月二十六日，双方决战，王阳明军大败宁王军。宁王跳上一条小渔船，想要趁机逃跑，但最终为王阳明所擒获，叛军被全歼。

军队气势上涨。这时，王阳明命人在其指挥船上升起一块写着："宁王已擒，我军毋得纵杀！"的大白布。朱宸濠的军队看到这个不知是真是假的消息后，立时阵脚大乱，一时间没有了作战的心思。伍文定见状，乘势追击，敌方的战船瞬时被炮火包围，朱宸濠下令，所有船只后退，朱宸濠的军队在一阵哗乱中狼狈败走，退至樵舍。

站在船头，看着顺江而下的死尸时，朱宸濠失声痛哭。在旁人的劝慰下，朱宸濠渐渐平息下来，将停摆在大江上的船只连成一体，结成方阵，准备再战。布置好一切后，朱宸濠走进妃嫔们的船舱。当初，带着妃嫔儿子们起兵，是为了在南京登基册封做准备，没有想到，转了一圈，又回到了南昌。特别是在未起兵之时，其妃子娄妃就劝他不要有这样的非分之想，朱宸濠觉得妇人之仁不可听，现在想来，后悔都已经来不及。妃嫔们看着现在这个局面，哭作一团。只有娄妃明白，成为王，败为寇，已经到了这个地步，再说也无益。她拿出自己所有的钱财首饰，交给了朱宸濠。其他妃子也明白了用意，纷纷将首饰取出。朱宸濠命人将这些首饰分给了将士们，算是为这最后一战打气。

七月二十六日天刚亮，朱宸濠正准备下令进军时，上游王阳明的军队炮声隆隆地杀来。带火的弓箭如雨点般坠入朱宸濠的战船，整个船阵顿时成为一片火海。士兵们，逃命的逃命，投降的投降，乱作一团。朱宸濠的妃嫔、丫鬟等人，也纷纷投水自尽。此时，朱宸濠大势已去。慌乱中，他乔装打扮，跳上一条小渔船，想要趁机逃跑。却不知，小渔船早已经被王阳明所控制，朱宸濠就这样被王阳明活活地抓住。朱宸濠的谋士以及当初被胁迫的官员们除了被杀的之外也都被活捉。

朱宸濠处心积虑了十多年的战争，却只用了四十二天便化为乌有。当朱宸濠被押至王阳明面前时，胸中愤恨难解，他大声喊叫："朱家自己的事，何烦你王阳明这般周折费心。"又说："你尽管拿去我的头衔，家财，只恳求留我一条命，贬为庶民。"王阳明见朱宸濠嚣张的气焰有所缓和，才冷冷地回答他，自有国法在。

朱宸濠知道局面根本无法挽回，到了最后他诚恳地请求王阳明帮助他收敛娄妃的尸体。朱宸濠的这位妃子，是著名大儒娄谅的女儿，听闻非常贤惠端庄，知书达理。而娄谅还和王阳明有过师友之情，曾一起讨论过"格物致知"之说。看在娄先生的情面上，王阳明立即派人去寻找，并且按照礼数进行了安葬。

震惊朝野的宁王朱宸濠起兵谋反一事，在王阳明的指挥下，迅速被平定。七月三十日，王阳明将整个平叛的过程写成书面文件，作为一份捷报报告给朝廷。同时还罗列了这次战争中的立功人员，希望能够得到朝廷的嘉奖。随后，王阳明像往常结束战争一样，投入到了战后安抚军民、安置俘虏、遣散军队、恢复正常生活等工作中去。但是在这个时候，从朝廷却传来一个令人震惊的消息：对于朱宸濠叛乱，明武宗朱厚照决定"御驾亲征"。王阳明的捷报送达朱厚照手上时，皇帝率领的这支队伍刚刚浩浩荡荡地离开京城没多久。

按理说，宁王朱宸濠已经被活捉，那就没有再征战的必要，皇帝应该领军回京。可是，如此兴师动众地"御驾亲征"怎么能够就此了事？所以，朱厚照没有打道回府，而是以扫除余党为由继续进军。皇帝的这一行为使得王阳明陷入了即将要到来的一系列困境之中。

荒唐皇帝荒唐事

朱厚照的胡闹是出了名的。

这位胡闹皇帝非常享受打仗的快感，正德十三年（1518）七月，他从边境地区调军队到京城进行集体操练，并下达旨意由威武大将军镇国公太师总兵官朱寿统领三军巡边。

朱寿是朱厚照给自己起的别名，大将军是他的自称，他常常觉得穿上将军服，站在人群中，十分威武，过瘾。在大臣们看来，皇帝的这种自封简直就像个恶作剧，但是又无人能违抗。

这之后，为了长期体验这种快感，满足将军的威风，朱厚照竟然在皇宫里建了一支由太监们组成的军队，称为“中军”。每天，朱厚照都率领这支军队在皇宫里进行操练，呼喊声震天动地。

所以，当朱宸濠谋反的消息传来，朱厚照那点兴致又被挑起，好不容易能够亲自操刀上阵，怎么能够轻易就放过。再加上平日里和自己舞刀弄枪的将士们的不断唆使和他自己想要去江南游玩的心理，于是他决定要“御驾亲征”。

朱厚照这样的心思，是王阳明如何也猜想不到的。皇帝“御驾亲征”的消息传到王阳明耳中时，他以为是捷报在路上有所耽搁，皇帝才会继续进军，却不知朱厚照在率军离开京城的第二天就已经收到了王阳明发来的捷报。八月十七日，王阳明再次上书，讲明战争已经结束，请求皇帝返回京城。至于朱宸濠及其他俘虏，他会亲自押解送往京城。然而，连续的上书令朱厚照及他身边那群想要立大功的将领们实感不快。甚至爆出王阳明同宁王朱宸濠之间是早就勾结好的，不然怎么会有那么多的巧合让王阳明迅速平定了叛乱？不管

朱厚照喜欢当将军，朱宸濠谋反的消息传来后，他决定御驾亲征。

是为了弄清楚王阳明和朱宸濠之间的关系，还是继续扫清余党，或是南下游玩，最后，朱厚照下令，王阳明军队等候御驾。

这个时候，王阳明才意识到问题的严峻性和复杂性。这一次的对手不再是山寇，也不再是谋反的宁王，而是当今的皇帝。以往在面对任何一次战争时，王阳明都能够镇定自若地去运筹帷幄，唯独在听到皇帝坚持要“御驾亲征”的消息之后，王阳明忧心忡忡，心中方寸大乱。

皇帝朱厚照南下，所到之处，各地官员都大摆筵席为皇帝和朝中权贵们接风，这正是王阳明所担忧的。江西人民因为战争的缘由，已经是极其困苦了，皇帝来这一遭，可管不了这些，他只管满足自己那颗猎奇、玩乐的心。而附和在他身边的那些人，也是些只顾在沿途猎艳猎物猎财之流，经过战乱的百姓怎么能够又经得起这样的折腾。王阳明并没有遵照旨意等候御驾到临。在处理完战后恢复的一系列工作后，王阳明于九月十一日押解着朱宸濠等俘虏从南昌起程。

争夺宁王朱宸濠

朱宸濠叛乱之前，就已经用各种钱财宝物不断贿赂当朝的权贵，当闻得朱宸濠被捕时，每个人都想得到这块肥肉，一来从他身上得到更多的珍宝，二来还可以邀功。而皇帝朱厚照更是想要显摆自己的能力，亲自抓获宁王朱宸濠。

带着这些目的，当时的钦差提督军务御马监太监张忠和威武副将军朱泰先于皇帝的大部队带领着数千名朝廷禁军前往南昌。而此时在南昌的王阳明已经亲自押解朱宸濠等一干人前往杭州。

皇帝坚持“御驾亲征”，张忠马不停蹄直驱南昌，又加之当时很多不利于王阳明的谣言四处流传，王阳明深知如果朱宸濠落入与自己并不和的张忠等人手中，可能更不利自己，还不如将朱宸濠交给在浙江为皇帝打前站的太监张永，让他邀功的同时也为自己说说好话。张永虽然是以刘瑾为首的“八虎”之一，但是为人还算正直。

当队伍到达广信时，王阳明接到张忠发的公文。大致意思是说要求王阳明快速将俘虏带回南昌，听候圣旨。王阳明收到这份充满傲慢之气的公文时，并没有返回南昌，而是继续押解俘虏前行。虽然，王阳明知道张忠所发的公文是真的，但他还是写信给兵部，要求检验这份公文的真实性，主要是表明自己的立场和态度。

张忠等人为了出气，强行与王阳明比箭，王阳明连发三箭，每一箭都直中靶心。

张忠得知王阳明不肯遵照

他文书中所提的要求实行后，连忙派人到广信通知王阳明不仅要即刻把宁王朱宸濠带回南昌，还应将其释放，等待圣驾，也就是说让皇帝亲自抓获朱宸濠。这等荒唐的决定，张忠就算再得宠，再张狂，也不可能擅自主张。也就是说，这应该是皇帝的旨意。王阳明冒着违抗圣旨的危险，拒绝了张忠。为了避免更多的麻烦，王阳明下令连夜从广信出发，往杭州进发。

十月初，王阳明押解着朱宸濠等俘虏到达杭州后，便去见张永，却吃了个闭门羹。虽然张忠等人的作为张永一向不太满意，但是他对皇帝的心思却摸得十分清楚，他知道皇帝此次南行的目的。所以，在朱宸濠这一事件上，二张的态度是一致的。对于张永的为人，王阳明事先就有所了解，当张永不见自己时，王阳明甚是不解。他推开卫士，挺身闯进张永的居住处，并且大声叫嚷："找张公公是关乎国家大事，为什么躲着不见？"这一大义凛然的喊叫倒也震慑住了张永。其实关于朱宸濠的事，张永只是不想给自己惹上多余的麻烦，在内心深处他还是有一些自己的看法和主张的。于是，张永接待了王阳明。

王阳明先是向张永说明了自己的来意，希望张永能够劝服皇帝，带军返京。因为江西的百姓长期受到宁王的毒害，这次战乱后又有旱灾，如果皇帝再来折腾一番，百姓可真是经不起了。张永被王阳明的一番侃侃而谈感动了，他告诉王阳明只要顺着皇帝的性子来，事情也还会有挽回的机会。十月初九，王阳明将朱宸濠等俘虏交付给张永。

王阳明那颗提到嗓子眼的心终于能够放下，身心疲惫的他暂时住到了杭州西湖湖畔的净慈寺，一边休养，一边等待张永的消息。王阳明认为，皇帝的目标是朱宸濠，现在只要张永把朱宸濠交给皇帝，御驾就应当会返回京城了。而张永的官又高于张忠等人，有他压着，或许不会有太大的问题。

但是形势的发展并不像王阳明想的那么顺利。王阳明在净慈寺住了一段时间后，没有等到皇帝返京的消息，反而听说皇帝御驾继续南下。一听到这个消息，王阳明便拖着病体离开杭州，赶往皇帝当时所停留的扬州，想要当面劝阻皇帝。当他到达镇江的时候，却得到皇帝任命王阳明为江西巡抚的旨意。至此，王阳明只好逆水而上，赶往南昌。

十一月，王阳明到达南昌，仅仅两个月，整个南昌城却陷入水深火热当中。当初，王阳明刚一走，张忠、江彬等人率领的军队就到达南昌，上万人挤进城内，拥堵不堪。这支从北方赶来的队伍，目的就是满载而归，可是来到这座城市，看到的不是繁华，不是富有，而是战后的疮痍，多少有些失望和愤怒。于是，他们除了抢夺钱财之外，还滥杀平民，捏造是非，诬陷王阳明。尽管王阳明心中满是激愤，但是他认为不能因小失大，而应当从大局出发，安抚这些从北方来的军兵，并想办法让他们离开南昌，这样才能恢复百姓的正常生活。

在王阳明耐心的安抚下，北方的军人对他刮目相看，甚至敬佩起来。到了冬至这个传统祭祀亡灵的日子，王阳明命人挂上白幡以祭奠祖先，祭奠亲人。这激起了那些远离故土的北方军人的思乡之情，纷纷要求回家。

张忠等人看到这种状况，知道没有在南昌继续待下去的可能了，但又觉得不甘心。为了出心中的那口气，要求和王阳明比箭法。在他们看来，王阳明一介文官，箭术怎么是他们的对手？王阳明婉言谢绝多次无果，最后只好勉强答应。校场之上，令所有人大开眼界的是，王阳明连发三箭，每一箭都直中靶心。

十二月，驻扎在南昌的军队撤离，望着渐渐远去的队伍，王阳明大松一口气，整个南昌人民也大松一口气。但是皇帝朱厚照的“御驾亲征”却还在路上，王阳明要承受的还尚未结束。

让功给皇帝

正德十四年（1519）十一月二十六日，皇帝一行到达南京，比起素有烟花之地之称的扬州，南京的繁华让朱厚照大开眼界。这座昔日的帝都除了有令人流连忘返的山水之外，那笙歌悠扬、莺歌燕语的秦淮河更是牵住了天性爱玩的朱厚照的心。直到正德十五年（1520）的夏天，皇帝仍然住在南京，这一住就差不多是十个月。

张忠等人带着满腹的怨恨和不甘来到了南京，面见皇帝自然少不了要在背后嘀咕王阳明的是非。此时已经转移注意力的朱厚照对王阳明提不起多大的兴趣来，再加上这段时间张永在身边不断为王阳明说好话，对于传言王阳明同朱宸濠勾结一事皇帝已经不再相信。为此张忠等人又兴了个主意。让皇帝下旨召王阳明到南京来，如果他真的和朱宸濠勾结，肯定会害怕，不敢前来面见皇帝。朱厚照对于这个游戏很是感兴趣，于是下旨命王阳明火速赶往南京。

为了顾全大局，让皇帝早日回京，王阳明再次向皇帝上了一封告捷疏，将平叛的功劳都归于皇帝了。

早就想同皇帝面谈的王阳明得到消息后便立刻启程，并派人前去报告自己的行程。这出乎了张忠等人的预料，因为在这之前，他们多次以皇帝的名义下旨，让王阳明来南京，但都被他发觉是假的。他们以为这次王阳明肯定也会这么认为，却不知道张永早在之前就已经把确切的消息告知王阳明。

得知王阳明行踪的朱厚照向张忠等人炫耀这次游戏的胜利，王阳明哪有不敢来南京见他。事后又派人传旨阻止了正在途中的王阳明，让他原地待命，等待皇帝下的新旨意。想要见皇帝，却始终见不到的王阳明内心十分苦闷，无可奈何之下，他又一次上了九华山。本爱山水的王阳明这一次在山上一住就是半个月，重返自然，悠闲自在，心中的郁结多少得到些抚平。

平定朱宸濠叛乱差不多已经整整一年，皇帝因此而出军的队伍却仍旧逗留在南下的路上。这个时候张永捎来口信，让王阳明再上书一封平定宁王叛乱的捷报，这次的功归于皇帝，并要尊称他为大将军。王阳明知道张永是出于好意，但是他对于这样的要求既感到好笑，又感到为难。王阳明曾在平定朱宸濠叛乱之后，连续两次上书。不仅把整个平定叛乱的过程写得非常详细，就连有功的文武官员们的名单都已罗列出来。后来皇帝亲征，王阳明还上奏《请止亲征疏》。

皇帝不是不知道，只是当初怀抱各种原因执意要出征。这一次，到了南京，更是留恋舍不得走。出征一年，就这样回京又不知该如何向朝中文武百官交代。所以说，为了顺着皇帝的性子，最好的办法就是给他一个面子，这样他才能够早日带着队伍离开南京，回到京城去。

虽然荒唐，但却是当下最好的办法。王阳明只好听从张永的建议，再上告捷疏，并且说明此次平定叛乱完全是奉旨行事，皇帝即“总督军务威武大将军总兵官都督府太师镇国公”是最大的功臣。

看了这个捷报，皇帝兴奋不已，他自己才是指挥这场战争胜利的幕后主角。为了向天下人昭示，这年闰八月初八，朱厚照在南京举行了盛大的仪式，收服俘虏朱宸濠。

四天之后，朱厚照率领军队离开南京，风风光光地返回北京。用心良苦的王阳明却因为这道顾全大局的奏疏，遭到了其他正派官员的耻笑和责备。

不给待遇的“新建伯”

正德十六年（1521）三月，明武宗朱厚照因病逝世，他的堂弟朱厚熜即位，就是后来的明世宗嘉靖皇帝。这个年仅十五岁的小皇帝上位不久就下旨令王阳明赴京。原来，王阳明的大名朱厚熜早有耳闻，他不仅讲学天下，还能够带兵打仗，因此，对这位传奇的文人十分感兴趣。

再上告捷疏后的王阳明遭受着各处的浊水，新皇帝的这道旨意让他看到了希望，身上的冤屈终于能够得到洗刷的机会，就好像一个崭新的时期就要到来了。这之前，有关平定朱宸濠叛乱一事，朝廷都没有个交代，甚至任何的抚恤都没有给予。

朝廷封王阳明为“新建伯”，但是这个爵位的名称仅仅是个空号，连薪资都没有。

六月二十日，王阳明奉特旨上京，去京的路上他还回了趟老家探望久别的父亲，可见当时的心情是多么激动和快意，过去多少年的坎坷和磨难似乎终于要守得云开见月明。但是，事情往往就是这样，说变就变，人算远远不如天算。当朝的那些同王阳明对立的官员们听到新皇帝要召王阳明进京的消息后，开始有所担忧。更何况王阳明的才能与学问确实是无人能及的，他一旦来京城，那定会形成竞争。当时的朝廷新皇帝刚刚即位，一切都还处于混乱当中。尽管皇帝十分赏识王阳明，毕竟他手中的实权还不够大，为了稳定局面，只好下旨让王阳明继续待在南昌，其他一切事宜再等朝廷消息。

王阳明上书表达自己心中的不满，朝中无人能驳。

刚到老家的王阳明就接到了皇帝的旨意，满心的欢喜再一次变成了泡影。到了正德十六年（1521）七月二十八日，王阳明接到了南京兵部尚书任命书。但是，有关平叛一事还是没有任何动静。直到十一月初九，朝廷才终于有了动静。在平叛乱中有功的人员都受到封赏，王阳明也因此而被封为“新建伯”，但是这个爵位的名称仅仅是个空号，如果按照当时的规定，新建伯是应该有薪资的，可是王阳明却没有得到。

等了整整两年，最后等到这样一个结局。王阳明没有坚守住“外不着相，内不动心”的原则，他向皇帝呈上了一封奏疏——《辞封爵普恩赏以彰国典疏》。奏疏中，王阳明以“承蒙圣恩，才能在短时间内平灭叛乱”“功在那些冲锋陷阵的人，而不在己”“身体每况愈下”“父亲久病在身”等原因恳请朝廷收回授予“新建伯”的成命。奏疏虽然写得婉转，但是不满的情绪却也显现了出来，朝中也无人能驳。最后朝廷又下了一道诏书，封王阳明祖上三辈都为新建伯。这份荣誉在当时人看来是相当的高，因为明朝自从开国以来，除了跟随明太祖打天下的功臣之外，获此殊荣的文臣也不过两位。但这对于王阳明来说其实没有多大的用处，只是在墓碑上可以多刻一行字而已。

获封新建伯时，王阳明正好在老家为父亲庆祝生日，很多亲朋好友前来祝寿的同时还祝贺王阳明获此荣誉。父亲王华当是了解儿子的心情，他冷静地说：“儿子在外打仗平乱五年，这期间我们父子没有见过一面，我没有任何怨言，因为这是他的职责，我只是担心他的身体。这么多年，经过大大小小的事情，人人都羡慕我儿的幸运，还有我王家的荣光。但是，所谓福祸相依，我只希望我儿应时刻记住人以为荣，我以为惧也。”

老父亲的一席话不仅说服了王阳明，还使得在场的人都啧啧称道。没过多久，父亲王华便逝世，王阳明留在家中为父亲守孝三年。

桃李满天下

王华一去世，朝中的当权者们倒大大松了一口气，守孝三年，就意味着王阳明在这三年内都不会对他们构成威胁，造成不利。即便如此，当权者们还是继续弹劾王阳明，甚至包括他的学说，心力交瘁的王阳明终于抵挡不住，病倒卧床。

当然，在家守孝的日子里，王阳明并不总是病着的，随着时间的流逝反而能够平静地化解心中任何的痛楚，逐渐从丧父的悲痛中解脱出来，病情渐渐好转，心情也渐渐明朗。特别是他门下的学生越来越多，事业逐渐以讲学为主，他的学说没有成为伪学，反而被发扬得更加广远。

王阳明在守孝的三年时间里，事业逐渐以讲学为主，门下的学生越来越多，他的学说得到了广远的传播。

嘉靖二年（1523），又到了每三年举行一次的科举会试。这一次最后一场的“策论”题竟然是要求考生对心学做出评论，这道题惹怒了很多参加会试的王阳明的学生。因为，在当时而言，这道题的意图就是要考生对心学进行评价或者抨击，是有意掀起对心学说的批判。

王阳明的弟子王珊一见这道题，当场就掷笔离开了考场。人们都说他意气用事，不应该就这样而丢掉走入仕途的机会，也可惜了多年来的悉心准备。王珊倒十分坦然，并不因为自己的行为而懊恼，他认为假如要昧着良心批判自己的师门，那还不如一辈子都不当官。

嘉靖二年（1523），科举会试“策论”要求考生评论心学，王阳明的弟子王珊当场就掷笔离开了考场。

王阳明另外几位参加会试的学生虽然没有当场离去，但是在答卷中却是理直气壮地阐释了心学。令人诧异的是，这几名学生后来竟然都被录取了。王阳明的学生钱德洪在这年的会试中落榜，回到浙江后见到王阳明，他并不为自己的落榜而失望，反而是为老师的学说受到如此待遇而愤慨。王阳明听后反倒说，心学从此之后要白于天下了。钱德洪听后，很是不解。王阳明解释道：“我只是跟我的学生讲学，自然我的学说只能在学生们之间流传，天下人不可能皆知。这一次，集聚天下考生的会试竟然以我的学说来命题，不管是批判还是赞同，我的学说大告于天下，这是事实。一次会试，岂不是在宣扬我的学说？”钱德洪听后，忙点头称是。那些本来想扼制心学传播的人没想到却义务地传播了心学。

嘉靖三年（1524），王阳明待在老家的第二年，受郡守南大吉的邀请，到稽山书院讲学。这一次讲学又将心学推向了一个新的高潮。王阳明在稽山书院讲学的消息一传出，很多文人志士都从天南地北赶来。一时间，稽山书院里人满为患，人多的时候，一个僧舍里竟然住有十多个人。没有多余的床铺，大家就轮流睡觉，可见当时来听王阳明讲学的人之多。春去冬来，王阳明在这里送走了一批又一批的学生，而这些学生每个人都对王阳明的讲学赞叹不已，这些学识让他们在黑暗中看到了光明，在糊涂中领悟了清醒。而王阳明也在讲学的过程中不断地摸索，为了更好地讲学，他让每个新来的学生都先经过自己得意门生的熏染，略领入门之学后，再亲自传授。

这一年八月十五，王阳明和学生们大摆宴席，共度中秋。大家借酒助兴，场面非常热烈。载歌载舞中，王阳明忘却了所有的烦扰，这算得上是这么年来少有的高兴。看着这个场景，王阳明深感欣慰，心中兴起一种教书育人的满足感。从他当时所作的一首诗中可以看出：

处处中秋此月明，不知何处亦群英。
须怜绝学经千载，莫负男儿过一生。
影响尚疑朱仲晦，支离羞成郑康成。
铿然舍瑟春风里，点也虽狂得我情。

只是短短的几句，就能感受到王阳明的喜悦之情。教书育人，修身养性，这是多么惬意而又高兴的事情！

第八章 最后行程——此心光明，千古毁誉随风散

京中争论大礼议

王阳明远离京城，在老家赋闲讲学的这段时间，京城却是闹得不可开交。前面讲到嘉靖皇帝朱厚熜继位时虽然年幼，但却是一个十分有自己思想的人。正德十六年（1521）四月二十二日，朱厚熜从安陆藩到京城，在还未进城的时候，便和朝中的当权者发生了冲突。

由于正德皇帝朱厚照无子嗣，他的母亲便下旨命朱厚熜为“嗣君”，是以“兄终弟及”的原则即位，但是等朱厚熜真正快到北京时，却要以“皇太子”的礼仪来迎接他进城。礼仪的规模降级了不说，连辈分都发生了变化，本是堂兄弟最后成了子侄。朱厚熜知道后十分不满，他认为自己不是来当皇太子的，而是继嗣皇位，于是派人将自己的意思传达给朝廷。当时安排礼仪的官员们为此请示大学士杨廷和。杨廷和却不以为然，坚持要朱厚熜按照早已安排好的礼仪进行，应从皇城的侧门东安门进城，进城后暂时住在皇太子读书的地方文华殿。朱厚熜见杨廷和坚持要按照皇太子的礼仪来迎接他，干脆就不进城，并回复杨廷和如果硬是要按照原来的礼仪不变，他宁愿回去做安陆的藩王，也不愿意到京城当皇帝。假若真是这样，杨廷和也就得不到什么好处了。因为当时距正德皇帝去世已经有一个多月了，如果再不让新皇帝继位，国无君主，是不可想象的。所以，杨廷和赶紧派人去劝说，同时还请示皇太后，说明事情的缘由。正当双方僵持不下时，皇太后下旨新皇帝即刻进城。无奈之下，杨廷和再三劝说朱厚熜失败后，只好按照朱厚熜的意思去做。随后朱厚熜从皇城的正门大明门以新君的身份进入京城。他拜过死去的明武宗，拜过皇太后，接着在皇城的奉天殿登上了皇位。这次的冲突，是朱厚熜同这些权贵们的第一个回合，并且胜利了。

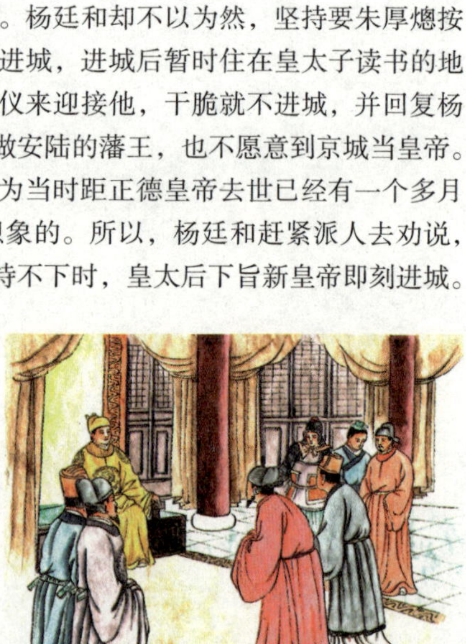

朱厚熜即位之初，朝中兴起了一场“大礼议”。

登基之后的朱厚熜很快又和当朝的权贵们陷入到另一场争论中，这次是围绕新皇帝生父的尊号等问题，争论反反复复维持了大概三四年。因为是以争论“礼”为开端，争论“权”为结尾，

王阳明在主持山东乡试时，在为议“国朝礼乐之制”的测试题给出的答案中强调，礼乐制度的根本就在于合不合乎人情。

因此这场争论被称为“大礼议”。由于这次争论席卷了几乎所有的官员，可以说这次争论是明朝政治史上较为重大的事件。

大礼议分为两派，一派是以杨廷和为代表的当朝权臣们，他们认为只有明武宗的父亲孝宗才是皇父，而明世宗朱厚熜的父亲应该为皇叔父。另一派是朱厚熜及支持他的臣子们，他们则认为皇父应该是明世宗朱厚熜的父亲，而明武宗的父亲应该是皇伯父。这两派从表面上看是为了朱厚熜父亲的称呼等问题展开的，但是实际上却是两种学派的争论，即理学和心学。

称武宗父亲为皇父的一派是受到程颐学说的影响，而称世宗父亲为皇父一派是受到心学的影响，认为只有这样才是合乎人情的。

王阳明曾强调礼乐制度的根本就在于合不合乎人情。这个观点在弘治十七年，王阳明主持山东省乡试时为议“国朝礼乐之制”的测试题给出的答案就可以看出。这篇答案中王阳明反复强调的是合乎人情才是礼乐的根本，既然明世宗当上了皇帝，那么他的父亲理所当然就是皇父，这是符合人情的。但是杨廷和为首的朝臣们则认为明武宗的父亲才是皇父，明世宗继嗣武宗的皇位，自然便要同自己的亲生父亲割断关系。所以说，这是理学与心学之间的斗争，也足可见王阳明的心学已经对当时的社会意识形态造成很大影响。

晚年喜得子

嘉靖四年（1525）正月，王阳明的妻子诸氏去世。王阳明的学生钱德洪在《阳明年谱》中记载：“嘉靖四年正月，夫人诸氏卒；四月，附葬于徐山。”学生门人黄绾也在《阳明行状》中写道：“配诸氏，参议养和公讳某女，不育。”

王阳明和妻子诸氏结婚后一直没有子嗣，在他四十四岁的时候，便把堂弟王守信八岁的儿子过继到自己名下，取名为正宪。虽不是亲生，但是王阳明对这个养子一直都很好，即便是戎马倥偬，常年在外之际，也常常拜托自己的学生教导正宪。

王阳明晚年得子，人们纷纷前来祝贺。

妻子诸氏死后，王阳明继娶张氏。嘉靖五年（1526）十二月十二日，也就是王阳明五十五岁时，张氏为其生下了一个儿子。晚年得子的王阳明非常欢喜，为儿子取名为正聪，希望他能够聪明睿智。王家算得上是名门望族，晚年得子这样的大喜之事，当然得到当地很多人各种形式的祝贺。王府上下也是一片喜庆，欢腾。

不只是王阳明喜出望外，他的弟子们也都个个高兴不已。由于王阳明同原配诸氏常年不育，便落得一些闲言碎语，说王阳明不是真正的男子。晚年得子，便洗刷了多年来在此问题上的攻击。

正聪此时出生对王阳明来说是非常重要的。因为儿子出生后的第二年王阳明便赴命出征广西，并死在了回家的途中。不过，有人欢喜也会有人愁。之前备受宠爱的正宪在弟弟正聪出生后感觉到了失落，他的亲生父母也为此起了担忧。王阳明一去世，家中就为有关财产和官袭的问题起了争执。

王阳明生前对于家中的这种矛盾早有所知，所以临死前十分担忧张氏和正聪孤儿寡母难以立足，于是委托自己的学生为其家产进行分割，并且照看儿子正聪，为此他的学生们还专门成立了一个机构来处理这些问题。王阳明尸骨未寒，家中事务还未处理好，朝中对王阳明的诬陷之风又起，朝廷下旨禁止传播心学，并称此为伪学，停止爵位的世袭和抚恤等。一时间，四方的挑衅四起，王阳明的学生只好把他的两个儿子带出家乡。正聪被送到了南京投靠黄绾，后来黄绾还将自己的女儿许配给他。在去南京的路上，竟然还有一群恶少跟随他们。据钱德洪《阳明年谱》记载："其家乡恶少遂相煽，欲以鱼肉其子弟。胤子正亿方四龄，与继子正宪离仳窜逐，荡析厥居。"后来为了同当朝的宰相避讳名称上的冲突，黄绾将正聪改名为正亿。至此，王阳明的遗孤算是真正有了着落，安了身。

关于王阳明的家产问题，他的学生在很多地方都有记载。到了隆庆年间的时候，王阳明的学说得以平反，大放异彩。关于新建伯这个伯爵爷称谓的争夺，最后以正亿袭得新建伯爵位终止。

做人要有良心

"致良知"的观点，人们认为这是王阳明晚年所悟出和时常放在嘴边的。王阳明自己也说，在他一生的讲学当中，"致良知"是最重要的。不过，后来根据他的学生说，王阳明在一开始时是说"致良知"，但是到了后来只说"良知"。

良知是王阳明心学的核心。

不管是先前王阳明所讲的"去人欲而存天理""知行合一"，还是后来提出的"致良知""良知"，这些都是王阳明在不同的阶段对自己的学说进行的总结。从这个过程中可以看出王阳明心学体系不断完善，晚年王阳明越来越只讲"良知"，到了这个时候，王阳明可以说是真正地建立了心学。

什么是良知呢？王阳明认为，在我们每一个人的心中都有一个对善恶的区分，而这个区分就是良知。多年来百死千难的经历最终让王阳明悟出了圣人的根本，他强调良知是每个人生来就具有的，且是永远存在的，不需要通过后天的学习，所以说良知就是我们的本心，也是我们为人的根本。良知作为人存在的根本，它是生命的本源，是存在于人心灵当中的天地万物的纲。放在现实生活中来说，我们做的任何一件事情都是要遵循自己内心的良知，不过这个付诸实践的过程总是会受到外界事物的打扰，人的五官四肢是无时无刻不在同外物打交道的，假如被这些外物所引诱，只管满足和追逐欲望，那么本质就会被掩盖，人的生活就偏离了良知这个根本，人也不能称作是一个完整的人。这就讲到一个“致良知”的问题。王阳明认为良知是本体，致良知是功夫。这个功夫不仅要求自觉地去意识良知作为本体的存在，还要将良知在生活当中表达出来，回归到良知本身，返回本心。没有了私心杂念，自然就能够区分什么是善，什么是恶，什么是对，什么是错，生活会变得美好，生命也会因此而焕发华彩。

因为良知是根本，致良知和知行合一一样是属于方法，所以大约从嘉靖三、四年开始，王阳明对弟子们讲学已不经常说“致良知”，而只是强调“良知”。先圣的经典《六经》，也曾说“良知”二字是圣学的精髓。

良知的学说提出来以后，王阳明讲知行合一，这个知不仅仅是指知识学问了，更是指良知。

王阳明说良知，是突破了宋儒思想的束缚，完全是另一种新的风格。通过讲学，王阳明的思想和学说被广泛传播，就好像一场新兴的革命，解放了当时的思想。

天泉证道

嘉靖六年（1527）六月，王阳明安闲的讲学生活再一次被打断。朝廷派使者到王阳明的老家传朝廷的诏旨，任命他为南京兵部尚书总制军务，即刻赶往广西解决当地的居民同明朝政府长期存在的一些矛盾。

天泉证道的内容

王畿

他认为心就是本体，因此用力点应该在追求心之本真上。

钱德洪

他认为由于人的本心受到外界蒙蔽太多，应该扫除掉这些，才能够领悟到本体。

四句教是王阳明对自己哲学思想的全面概括，是不可分割的。

无善无恶心之体，
有善有恶意之动，
知善知恶是良知，
为善去恶是格物。

两人听了王阳明的话后，都大感收获颇丰。不过两人却依旧怀着自己的认识和想法，本想待以后有机会再聚时切磋，没有想到，此次同王阳明的道别却成了永诀。这两人之后在对心学的理解上仍旧有着区别，所以导致后来心学出现了分化。

王阳明带着两人一块来到自己住宅附近的天泉桥上。王阳明并没有肯定维护自己学说的钱德洪，而是笑着说两人的看法其实是相辅相成的，没有谁对谁错。他认为王畿应该注意钱德洪所说的为善去恶的功夫，钱德洪则应该明白王畿所说的本体。四句教言本来就是一体的，不能够分割。

接到诏旨的王阳明并没有立刻启程，而是上书朝廷，以身体不适恐不能胜任为由请求皇上收回成命。病痛之身是实话，再加上当时的王阳明刚刚得子，讲学的事业也达到鼎盛时期，正是享受天伦之乐时，所以，他不想再像从前那样为皇帝冲锋陷阵，过整日忙碌奔命的生活。广西的矛盾迟迟未得到解决，王阳明可以说是最佳的人选，所以朝廷并没有同意他的请求。而是紧接着下了第二道诏旨。为了防止起冲突，朝廷还让原两广巡抚姚镆提前退休，任王阳明为南京兵部尚书兼都察院左都御史，提督两广、湖广、江西四省军务。随后又让他任两广巡抚。王阳明见朝廷并没有理会他的请求，甚至还为了他弄出了这么大的动静，因为在当时的明朝，钦差大臣做到他这种份上，地位和权力都应该算是最大的了，所以也就不好再推辞，决定再次披上戎装。

家中最不舍的当然是刚刚出生的小儿，王阳明安排好家中一切事宜后准备次日踏上前往两广的道路。因为他讲学的学院没有什么好让他担忧的，当时前来听王阳明讲学的弟子非常多，稽山书院都已经满足不了前来听讲学的人。到了嘉靖四年十月的时候，王阳明的弟子们建立了阳明书院，选址绍兴城西门内。除此之外每月还定期在余姚的龙泉寺聚会讲学，当然，讲学的人已经不再是王阳明一个人，他的得意门生们也都开始讲学，教授新来的学生。如何廷仁、黄弘纲、王艮、薛侃、欧阳德、邹守益、陆澄等人。所以有这些人在，讲学的事业还是可以继续下去，他就没有什么需要操心的。虽然不知道王阳明此去两广要离开多久，但是他的弟子们对于他的这次复出还是非常高兴的。

这天接待完访客已是夜深，王阳明正准备睡觉，却听闻学生王畿和钱德洪前来拜访，他有些奇怪。仔细一问才明白，原来两人在王阳明的四句教言上产生了分歧。王畿和钱德洪都是王阳明在绍兴讲学时收的弟子，两人入门的时间虽然不长，但是机灵聪敏的王畿和稳重踏实的钱德洪都很受王阳明的器重，在王门也有很高的地位。可能是由于不同的性格禀赋，两人对王阳明的训言带有不同的理解。

嘉靖六年九月初七日，也就是王阳明准备出发的前夜，钱德洪和王畿两人一起讨论为学的宗旨而争执不下，所以来找王阳明请教。

立马横刀平乱

此去广西，王阳明是受命处理思恩和田州的事务，这两个地方都是广西的土司，属于同一个族，知府都姓岑。洪武二年（1369）朝廷设立田州府，并任命岑伯颜为知府，官位世袭。传了三代后到岑溥，他有岑猇和岑猛两个儿子。弘治十二年（1499）长子岑猇觉得父亲偏心于弟弟岑猛，于是就杀了父亲岑溥。岑溥有黄骥和李蛮两个土目，为了报仇就又将岑猇杀了，剩下年仅四岁的岑猛。但是没过不久，这两个土目发生了内讧，两人反目成仇。黄骥带着岑猛去南宁，李蛮则占据了田州。

一场私人的恩怨演变成了兵变，为此南宁督府特意派思恩的知府岑浚护送岑猛回田州，但是遭到了李蛮的拒绝。不得已，黄骥又带着岑猛去了思恩。到了思恩之后，黄骥却与岑浚打起了田州的主意，于是将岑猛软禁了起来。朝廷知道这件事情后，要求岑浚释放岑猛，岑浚不依。最后朝廷只能派兵征讨，迫不得已，岑浚才放了岑猛。但是这并没有阻止黄骥和岑浚两人的阴谋。

弘治十五年（1502），两人再次联手，并拉拢其他的土司共同向田州发兵，并且成功攻破，岑浚占领田州后，岑猛逃亡。弘治十八年（1505），朝廷向岑浚发兵，岑浚被杀。鉴于土司制度带来的矛盾，朝廷决定撤销思恩世袭的土司建置，改为“流官”制，也就是所谓的“改土归流”。同时田州也被思恩兼管，岑猛则被安排到福建平海卫千户任职。朝廷的这个做法是为了减轻自身的麻烦，但是岑猛对此却有所不满。世袭土司的制度取消了不说，自己的职位还降低了，于是他想尽办法恢复田州知府的职位，甚至还曾贿赂刘瑾，但是都没有成功。不过岑猛没有放弃，他竭尽全力经营着田州的事宜，势力自然变得强大起来。到了正德年间，由于岑猛协助剿灭江西寇匪立了功，朝廷升岑猛为“田州府指挥同知”但是仍旧没有恢复他田州知府的旧职。嘉靖二年（1523），岑猛为了恢复旧有的田州版图，对泗城发起了攻打。这次起兵被朝廷认为是谋反，于是派兵讨伐岑猛。对于朝廷的攻打，岑猛并没有给予反击，因为在他看来自己并没有谋反的心，只是要回本来属于自己管辖范围的领土而已。他诉说冤情的同时逃到了亲家归顺州岑璋家中，但是万万没有想到，为了讨好朝廷，岑璋毒死了岑猛，还将他的首级献给了朝廷。至此，田州的土司建置被彻底撤销，改为“流官知府”。

岑猛死亡的消息并没有被传开去，嘉靖六年（1527）五月，思恩土目王受和田州土目卢苏打着岑猛的旗号召集了上万名乡兵起兵准备要恢复两地的土司建置。都御史姚镆也对此进行了大规模的征剿，但是却失败了。到此，事态越来越严重，这时才有人推荐曾经平定宸濠叛乱的王阳明，让他处理思恩、田州事务，这就是整个事件的缘由。

嘉靖六年九月初八（1527年10月2日），王阳明踏上了前往广西的征途。到达梧州时，对于整个事情的来龙去脉王阳明已经弄出了个清晰的头绪。他认为这次的作乱用武力来征剿只会更加地激化矛盾，岑猛既然已经被杀，相当于带头的人没有了，那么只需要好好地安抚背后里闹事的百姓就可以，而不是用武力解决。不过既然已经出动了武力，就应该速战速决，而不是一拖再拖，浪费人力物力。所以，王阳明在这年十二月上书朝廷建议以抚

王阳明不费一兵一卒平定广西叛乱的奥秘

广西实行的土司世袭制造成了土司家族成员为了争夺世袭地位而互相残杀。

鉴于土司制度带来的矛盾，朝廷决定撤销思恩世袭的土司建置，改为“流官”制，也就是所谓的“改土归流”，这就引起了土司阶层的不满，也就是此次动乱的关键所在。

王阳明认为这次的作乱用武力来征剿只会更加地激化矛盾，只要恩威并施，因势利导，是可以不用武力解决问题的。

针对此次问题的关键所在，王阳明申请朝廷颁布土官和流官并存且相互约制的制度。

对于此次带头闹事的土司阶层成员，王阳明也只是对他们施以杖刑，随后释放。很好地起到了安抚作用。

这个历时三年之久，且调动四省之兵的叛乱，却被王阳明轻而易举且未动用一兵一卒就解决了。

代剿，土司和流官制度并用。

朝廷批准了王阳明的奏疏，王阳明便放开手来办事了。第一件事情就是解散了之前为了征剿而从各地调来的数万军队，只保留了从湖广、保靖这两个土司调来的乡兵。

再说卢苏、王受二人，起兵本来就是迫不得已的事情，之前听说朝廷派王阳明来广西，两人就已经十分紧张。但是当看到这位平定宸濠之乱的大人物真正来到广西之后竟然是要进行招抚，大缓一口气。并于嘉靖七年（1528）的正月派手下头目向王阳明表示愿意受抚。因为起兵闹事毕竟是违规的事情，而且扰乱了地方上的安宁，所以王阳明要卢苏和王受担起责任，主动认罪。这天，两人进城后，王阳明命人捆绑了卢苏和王受，对他们施以杖刑，随后释放。出乎两人的意料，几年来的混乱，竟然受一顿打就算是承担了所有的责任，所以两人都没有任何怨言，欣然接受。

王阳明让卢苏、王受解散他们的军队，且各自回到自己的居住地，继续从事正常的生产。二月初二，王阳明上书《奏报田州、思恩平复疏》，将整个招抚的经过进行了详细的阐述。这个历时三年之久，且调动四省之兵的叛乱，却被王阳明轻而易举且未动用一兵一卒就解决了，奏疏一到朝廷，就震动了整个朝野。

王阳明说："破山中贼易，破心中贼难。"思恩和田州事件，王阳明处处站在民众的立场，处处为他们着想。只有这样，破了心中的贼，才能达到招抚的目的，破山中的贼。没过多久，朝廷的批文下来了，田州府设流官知府，另外也设土官，由岑猛的儿子领事。另外还设有土官巡检司，由卢苏、王受等人任职。土官和流官相互约制，田州府改名为田宁府。

袭破断藤峡、八寨

当王阳明集中精力在解决田州、思恩事件的时候，广西的断藤峡和八寨等地又兴起了武装斗争，而且越来越严重，不仅影响了当地百姓的正常生活，也影响着朝廷对当地的管理。

断藤峡位于今天广西桂平市境内，是属于黔江下游的一条峡谷。在明朝时期，居住在断藤峡周边的多为壮族、瑶族等少数民族。八寨是指瑶族的村寨，大多数位于今天广西壮族自治区永福县境内，在断藤峡以北。

断藤峡和八寨地区地形复杂，高山峻岭，对外的交通十分不便，但是这一大片区域又正好位于广西的腹地。从唐宋以来，断藤峡和八寨与田州、思恩一样实行土司土官制度。但是随着改土归流政策的传入，其内部的阶级矛盾加剧，同朝廷的矛盾也愈来愈激烈。

王阳明平定了断藤峡和八寨的闹事，上呈了《八寨断藤峡捷音疏》，朝野上下惊叹不已。

明朝从建立之初时，朝廷就开始对这一带用兵，企图压制不安分的武装势力。但是屡压屡起，到了嘉靖五年，朝廷将注意力放在田州和思恩时，断藤峡和八寨等地的武装活动大肆兴起。

王阳明处理完田州、思恩的事情后，便投身到平定断藤峡、八寨等瑶民的闹事中来。当初招抚卢苏和王受时，两人为了感谢王阳明，曾经说只要朝廷有需要，便会义无反顾地听从调动。所以，此次围剿八寨等地的主力军队就是卢苏和王受的军队。

在进行围剿前，王阳明事先就对当地的实际情况进行了调查和了解。随后，王阳明指挥军队对断藤峡来了一场突然的袭击，当时的王阳明人还在南宁遣散湖广的士兵，实际上这群被遣散的士兵是在向桂平进军，没有人注意到这一点，所以断藤峡的瑶民被攻了个措手不及。紧接着按照早就安排好的，先是对磨刀、六寺、牛肠三个大寨进行攻击；接着又攻击了花相和仙台两个大寨。攻打的过程中，王阳明反复强调军事纪律，谨记此次行动的目的是安民定乱，不能够无事生非。整个战斗虽然没有预想中的好，但是也还算顺利，到最后基本上肃清了敌人，结束了断藤峡之战。

对于八寨的战役，在王阳明看来，其实同属一场战争。有了断藤峡之战的教训，八寨各处都生怕王阳明也来个突然袭击，就处处做好防范的准备。考虑到对地形的熟悉，王阳明重用卢苏和王受的军队，这次的行军又是秘密行事。四月二十二日夜，部队连夜悄悄地前进。第二天早晨，已经准备好的各路军队开始对八寨进攻。尽管八寨做好了防备，但突击还是起了效果，在各路军的勇猛进军下，各个山寨都纷纷被拿下。六月中旬，八寨战役基本结束。

令朝廷头痛了多年的断藤峡及八寨的闹事，王阳明仅用了一个多月的时间就平灭了，这出乎所有人的意料。当王阳明的《八寨断藤峡捷音疏》上报到朝廷的时候，朝野上下个个都惊叹不已，再加上王阳明并没有向朝廷多要一名士兵，多要一份军饷，嘉靖皇帝甚至亲自写手诏问内阁王阳明是否夸大其词，得知真实情况之后皇帝终于知道了王阳明的才干，以及他所立的功业，他所经历的劳苦。

九月，朝廷对王阳明进行嘉奖。但是，除了表面上的奖励，和为招抚一事作出承诺之外，却再没有下文，王阳明关于招抚的很多建议也没有得到真正的实施。经过了这次战争，王阳明本来就很虚弱的身体更加虚弱了，再加上来到广西，水土不服，气候不适，身体更是一天不如一天。

最后一程

嘉靖七年（1528）十月，王阳明的病情出现了恶化，除了咳嗽越来越严重之外，吃饭都成了问题，每天只能勉强地喝点粥。其实早在九月初八，朝廷派冯恩前来嘉奖王阳明时，他就已经卧病在床了。

冯恩是嘉靖五年的新进士。他十分推崇心学，这次到广西作为朝廷的使节他感到十分兴奋，因为可以一睹心学创始人的风采。所以，在宣完朝廷的旨意后，冯恩便拜王阳明为老师，成为了王门弟子，也是王阳明的关门弟子。

王阳明在梦中拜谒伏波将军马援的庙。

对自己的身体状况心知肚明的王阳明此刻只想赶快返回老家。十月，王阳明从广西横州返回南宁时，船队经过一片沙滩，王阳明问这是什么地方。船夫说这里是“乌蛮滩”，又叫伏波庙前滩，因为岸上有伏波将军庙。王阳明一听赶紧命船夫靠岸，拖着沉重的病躯，拜谒伏波将军庙。四十多年前，年仅十几岁的王阳明独自考察居庸关返回京城时，曾经做过一个梦，梦中的自己就是拜谒伏波将军马援的庙，在梦中他还题过一首诗，诗中的每一个字现在都还历历在目：“卷家归来马伏波，早年兵法鬓毛皤……”没有想到有生之年还真的有机会路过伏波将军马援庙，更加惊讶的是，庙中的情景竟然和四十多年前在梦中所出现的一样。人生有多少事情，会这样的巧合，难以捉摸。

王阳明作生平最后两首诗：我闻甘泉居，近连菊坡麓。十年劳梦思，今来快心目。徘徊欲移家，山南尚堪屋。渴饮甘泉泉，饥餐菊坡菊。行看罗浮云，此心聊复足。(《题甘泉居》) 我祖死国事，肇禋在增城。荒幸新复，适来奉初蒸。亦有兄弟好，念言思一寻。苍苍蒹葭色，宛隔环瀛深。入门散图史，想见抱膝吟。贤郎敬父执，童仆意相亲。病躯不遑宿，留诗慰殷勤。落落千百载，人生几知音？道通著形迹，期无负初心。(《书泉翁壁》)

出了伏波庙，王阳明回到船上，继续赶路。到达南宁后，王阳明立刻上书朝廷，陈述了自己的身体状况，希望皇帝允许他回家养病，并且安排人来接替他的职位。朝廷的批复迟迟没有到，王阳明却不知道自己写的奏疏竟然被那些意图诋毁他的小人们扣押，病情越来越严重的王阳明不能再等下去了，他安排好手中的一切公务之后，便离开了南宁，返回家乡，他准备边走边等待这迟来的批复。

东返的途中王阳明还抱病去了一趟广州增城祭祀自己的先祖王纲。来到增城，王阳明不仅祭拜了祖先，还顺便去了趟挚友湛若水的家中。

王阳明和湛若水相识于弘治十八年（1505），两人一见如故，虽然二十多年过去了，两人在学术的观点上产生了分歧，但是友谊仍旧还在，而且是终生难忘的。只可惜，王阳明前来拜访湛若水的时候，他正好不在家，王阳明随即告辞，留下了生平最后的两首诗。

此心光明，何复其言

在广州逗留了数日之后，王阳明的身体已经是极度虚弱，他的病情再次加重。但是朝廷的批复以及那位要来接替他官职的新任两广巡抚依旧没有踪影。迫不得已，王阳明只好

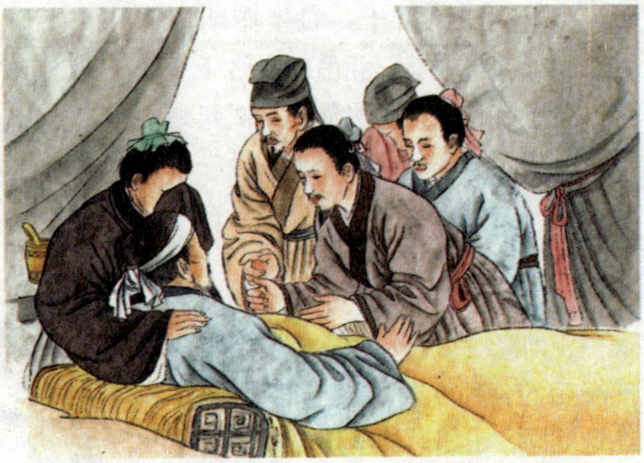

王阳明辞世。

继续往东行。他始终坚持地以为批复正在路上，而新任巡抚再过几个时辰或许再过几天就能够到了。

然而病情再也拖不起的王阳明只好继续东行，十一月中，王阳明在时任广东布政使的学生王大用的护送下翻越大庾岭，进入到江西省境内，随后又顺水而下，于十一月二十五日到达南安，随后前往南安府。在这里，王阳明的学生周积早已备好船在等待。这个时候的王阳明已经进入了病危的状态。

从南宁出发，王阳明归乡的心就非常急迫，也是因为心中的这股信念，他才一直支撑着，翻山涉水，终于到了江西的南安。对于这片土地，王阳明再熟悉不过了，他曾经在这里战斗，在这里体悟圣人的智慧，在这里感受山水。江西对于王阳明而言，可以算是第二故乡，所以当他到了这里的时候，心中总算有了一种踏实的感觉，有了一种回归故土的感觉。

早在王阳明离开广州之时，他的学生们看到他逐渐严重的病情，就已经做好老师要离去的准备，并且还准备好了制作棺材的木头。周积看着瘦骨嶙峋、咳嗽不断的王阳明，心中十分难受。王阳明问周积近来如何，周积如实地汇报了自己的工作之后，又关切地问老师的身体状况。王阳明知道自己的气数已尽，简单地讲了几句后，又和周积谈论起学问。

嘉靖七年十一月二十九日（1529 年 1 月 9 日），王阳明的精神比起昨天要好些，于是召集自己的学生来到床前，学生们的心情异样地沉重。王阳明睁开了紧闭的双眼，微微动了动嘴角。周积俯下身子轻声问老师是否有什么话要说，王阳明看着弟子，微微笑了笑，说："此心光明，亦复何言？"说完，王阳明的双目紧闭，离开了人世。留下床前学生匍匐哀号。

最终王阳明都没有等到朝廷的批复，不过他是带着一颗坦荡无私且宽大的心离去的。

千古毁誉，听其自然

王阳明去世的消息传到了京城，这位生前饱受小人诬陷和攻击的人在死后依旧逃离不了厄运。王阳明一去世，有人便弹劾王阳明"擅离职守、蔑视朝廷"。为此还怂恿皇帝召开专门的会议处置王阳明以及他的学说。桂萼污蔑王阳明的学说背离朱熹等圣人的学说，自高自大。

明世宗嘉靖皇帝听信谗言，不仅剥夺了王阳明"新建伯"的爵号，不准世袭。还完完全全地否定了心学，称之为"伪学""邪说"。这边朝廷打压着已经死去的王阳明，那边凡是王阳明曾所居之处，如南安、赣州、吉安、南昌等地群众百姓没有不顶香祭拜，到处哭声震地，听闻死讯的王阳明的学生们也都从各地赶往江西。嘉靖八年二月四日，王阳明的灵柩抵达绍兴。

一直到十一月十一日王阳明落葬，每天前来祭奠、凭吊的人络绎不绝。生于古越的王阳明最终又回归到古越。在亲朋好友的注视下，最终入土为安。

嘉靖四十五年（1566）十二月，嘉靖皇帝去世了，第二年，他的儿子继位，即隆庆皇帝。至此，王阳明生前所受的各种毁誉才终于得以昭雪。在这期间，王阳明的学生不间断地为老师申冤平反。其中王阳明的学生黄绾更是上书朝廷，不仅陈述王阳明生前的事功，还综述了他的学说。

王阳明死后，牌位被搬进孔庙，他被称为“先儒王子”。

由于黄绾曾在大礼议之争中有功，皇帝并没有同他计较，奏疏也就不了了之。

为了传播王阳明的学说，他的弟子薛侃、刘侯等人，于嘉靖九年五月在杭州城南十里的天真山建了一座书院，特意宣传心学。王门子弟也经常不顾及朝廷的禁止，聚集在一块相互激励，探讨心学。而学生们撰写的《阳明年谱》《阳明文录》，以及《朱子晚年定论》《山东甲子乡试录》等文稿也一再印行。特别是后来王艮发展出了一个泰州学派，更是发扬了心学。对此，嘉靖皇帝也只能睁一只眼闭一只眼。

隆庆皇帝即位后，便开始对嘉庆朝早前积累的弊病进行革除。隆庆元年（1567）五月，王阳明的学生们联名上书，为他平反。最后，皇帝下了一篇文告，对王阳明的事功、学说一一进行了肯定。

到万历十二年（1584），王阳明的牌位被搬进了孔庙，称为“先儒王子”，成为明代又一位大儒。从古至今对于心学的评价褒贬不一，但是回顾王阳明的一生，从他那曲折的经历中能够感受到他坦荡的胸怀，高尚的人格，还有满腹的学识。他是一位真真正正能够安民立政的大儒。他留给后世的学说并未在时间的长河中消逝，反而越来越清澈，越来越深刻。

下篇

《传习录》

《传习录》由王阳明弟子所记，是王阳明问答语录和论学书信的简集，包含了王阳明的主要观点，是儒家一部具有代表性的哲学著作。

卷上主要阐释知行合一、心外无物等观点，经由王阳明亲自审阅。卷中收集了八篇王阳明亲笔写的书信，除了回答有关知行合一、格物说等问题之外，还讲了王学的内容、意义以及宗旨。另还附有两篇阐释王阳明教育观点的短文。卷下主要是说致良知，虽未经本人审阅，但较为具体地说了王阳明晚年的思想。其中最引人注目的是记载了王阳明提出的四句教："无善无恶是心之体，有善有恶是意之动，知善知恶的是良知，为善去恶是格物。"它不仅是王阳明一生学问的精义，还完善了王学的体系。

卷上

徐爱①录

【原文】

先生于《大学》"格物"诸说，悉以旧本为正，盖先儒②所谓误本者也。爱始闻而骇，既而疑，已而殚精竭思，参互错综，以质于先生，然后知先生之说若水之寒，若火之热，断断乎"百世以俟圣人而不惑"者也③。先生明睿天授，然和乐坦易，不事边幅。人见其少时豪迈不羁，又尝泛滥于词章，出入二氏之学，骤闻是说，皆目以为立异好奇，漫不省究。不知先生居夷三载④，处困养静，精一之功⑤固已超入圣域，粹然大中至正之归矣。

爱朝夕炙门下，但见先生之道，即之若易而仰之愈高，见之若粗而探之愈精，就之若近而造之愈益无穷。十余年来，竟未能窥其藩篱。世之君子，或与先生仅交一面，或犹未闻其謦，或先怀忽易忿激之心，而遽欲于立谈之间，传闻之说，臆断悬度。如之何其可得也？从游之士，闻先生之教，往往得一而遗二，见其牝牡骊黄，而弃其所谓千里者。故爱备录平日之所闻，私以示夫同志，相与考正之，庶无负先生之教云。

门人徐爱书

【注释】

①徐爱（1488~1518）：字曰仁，号横山，浙江余杭人，是王阳明最得意，也是第一位门生。王阳明的妹夫，有"王门颜回"之称，曾任工部郎中。下文的"爱"即徐爱的自称。②先儒：指程颢、程颐和朱熹。③"断断乎"句：意为等到百代以后圣人出世也不会有疑惑。语出《礼记·中庸》。④居夷三载：正德元年（1506），王阳明因上疏抗辩，获罪下狱，后贬谪到贵州龙场（今修文县）前后三年。龙场当时尚未开化，所以称"夷"。⑤精一之功：为精纯的功夫的意思。语出《尚书·大禹谟》："人心惟危，道心惟微，惟精惟一，允执厥中。"

学生以《尚书》中的"精一"境界称赞王阳明，"精一"也正是王阳明所强调的"致良知"的功夫所在。

【译文】

学生以相马来比喻向王阳明求学的感受。

王阳明先生对于《大学》当中"格物"等观点，全以郑玄作注、孔颖达作疏的《礼记 大学》为准，即朱熹等大儒们认为是误本的那一版本。开始听说时我感到十分惊讶并且对先生的学说抱有怀疑。后来，我用尽心力，综合起来后进行参照对比，再向先生本人请教。最后我才明白先生的学说像水之寒冷，又像火之热烈。正如《中庸》中所说的，后世出现的圣人也不会怀疑它的正确。先生的睿智与生俱来，并且他为人和蔼、坦荡、平易近人、不修边幅。人们只知道先生年轻时豪迈不羁，曾经热衷于诗词文章的修习，受过佛、道两家学说的熏陶，乍一听到他的学说，都把它视为标新立异、荒诞不经的言论，不再深加探究。孰知先生在贬居贵州的三年当中，经历了艰难困苦的环境，修身静虑，精纯的功夫已经超凡入圣，进入了绝妙的境界，归入中正之旨。

我日夜在先生门下修习，聆听他的教诲，认为先生的学说刚接触时会感觉浅易，而越是深入研究越觉得十分高深。表面粗疏，但认真探究就越发感到精妙。接近时好像浅近，但深造时就觉得无穷无尽。修习十几年来，我自己觉得还没能窥探到它的边缘。当下的学者，有的与先生仅仅有过一面之缘，从没有听过先生的学说，一开始就先入为主地怀着轻视、偏激的心理，还没有仔细交谈便根据传闻草率地妄加揣度，做下了臆断。这样怎么可能真正理解先生的学说呢？跟随先生的学生们，听了先生的教诲，也是大都遗漏的多而学到的少。就好比相马的时候，仅仅看到了马的性别、颜色等表面情况，却漏掉了识别千里马的关键特征。因此，我把先生平日里的教诲尽悉记录了下来，给同学们传阅，然后共同考核订正，以免辜负先生的谆谆教诲。

学生徐爱记

一

【原文】

爱问："'在亲民'，朱子谓当作'新民'，后章'作新民'之文似亦有据。先生以为宜从旧本作'亲民'，亦有所据否？"

先生曰："'作新民'之'新'，是自新之民，与'在新民'之'新'不同，此岂足为据？'作'字却与'亲'字相对，然非'亲'字义。下面'治国平天下'处，皆于'新'字无发明。如云'君子贤其贤而亲其亲，小人乐其乐而利其利'，'如保赤子'，'民之所好好之，民之所恶恶之，此之谓民之父母'之类[①]，皆是'亲'字意。'亲民'犹《孟子》'亲亲仁民'[②]之谓，'亲之'即'仁之'也。'百姓不亲'，舜使契为司徒，'敬敷五教'，[③]所以亲之也。《尧典》'克明峻德'便是'明明德'，[④]'以亲九族'至'平章''协和'，[⑤]便是'亲民'，便是'明明德于天下'。又如孔子言'修己以安百姓'[⑥]，'修己'便是'明明德'，'安百姓'便是'亲民'。说'亲民'便是兼教养意，说'新民'便觉偏了。"

【注释】

①"如云"之后所引之语皆出自《大学》。②亲亲仁民：语出《孟子·尽心上》"亲亲而仁民，仁民而爱物"。③"舜使契"二句：舜，传说中的五帝之一。契，商族的始祖，帝喾之子，曾助禹治水有功，被舜封为司徒，掌管教化之职。敷，布、施。五教，五种伦理道德，即父义、母慈、兄友、弟恭、子孝。④"《尧典》"句：克明俊德，语出《尚书·尧典》"克明俊德，以亲九族"。俊，通"峻"，高大。明明德，语出《大学》，意为弘扬善良的德行。⑤"以亲"句：语出《尚书·尧典》"克明俊德，以亲九族。九族既睦，平章百姓。百姓昭明，协和万邦，黎民于变时雍"。⑥修己以安百姓：语出《论语·宪问》："修己以安百姓，尧舜其犹病诸！"

王阳明认为，"作新民"的含义在于对人民有仁爱之心。

【译文】

徐爱问："《大学》中'在亲民'一词，朱熹认为应当写作'新民'，并且后面的文章有'作新民'的词句，可以作为他的凭证。先生却认为应当依照旧本作'亲民'，您这样认为也有什么依据吗？"

先生说："'作新民'的'新'，意思是自新之民，自我更新，与'在新民'中的'新'含义不尽相同，怎么能用这作为依据呢？'作'和'亲'相对应，但不是'亲'的意思。下面所讲的'治国''平天下'等地方，都没有对'新'字发表阐述。如：'君子贤其贤而亲其亲，小人乐其乐而利其利'，'如保赤子'，'民之所好好之，民之所恶恶之，此之谓民之父母'等等，这些都有'亲'的意思。'亲民'就像《孟子》中的'亲亲仁民'所说，'亲之'也就是'仁之'，对他们'亲'也就是对他们'仁'。百姓缺少亲情，舜命契担任司徒，'敬敷五教'，教化百姓父子有亲、君臣有义、夫妇有别、长幼有序、朋友有信，使他们相互亲近。《尧典》中说的'克明峻德'就是'明明德'，'以亲九族'到'平章''协和'就是'亲民'，就是'明明德于天下'。又比如孔子所

王阳明认为，"亲民"不但要养育民众，还要教化民众。

说‘修己以安百姓’一句，‘修己’就是‘明明德’，‘安百姓’就是‘亲民’。说‘亲民’就兼有教化和养育两个意思，朱熹说成‘新民’，意思就显得偏僻而狭窄了。”

二

【原文】

爱问：“‘知止而后有定’，朱子以为‘事事物物皆有定理’①，似与先生之说相戾？”

先生曰：“于事事物物上求至善，却是义外②也。至善是心之本体，只是‘明明德’到至精至一处便是，然亦未尝离却事物。本注③所谓‘尽夫天理之极，而无一毫人欲之私’者得之”。

【注释】

①知止而后有定：语出《大学》。事事物物皆有定理：这是朱熹对“知止而后有定”的解释。语出朱熹《大学·或问》：“能知所止，则方寸之间，事事物物皆有定理矣。”②义外：语出《孟子·告子上》：“告子曰：‘食、色，性也；仁，内也，非外也。义，外也，非内也。’”孟子反对告子义在心外的观点，认为仁和义都在人心之中。③本注：即朱熹《大学章句》第一章注，“明明德新民，皆当止于至善之地而不迁。盖必其有以尽夫天理之极，而无一毫人欲之私也。”

心中没有丝毫私欲的人，就能够达到这种至善的境界。

【译文】

徐爱问：“《大学》中的‘知止而后有定’，朱熹认为是说事物都有特定的道理，这好像和您的学说有抵触。”

先生说：“要在具体的万事万物上寻求至善，就是把‘义’当作是外在的东西了。至善是心的本体，只需‘明明德’达到了精一的程度，那便是至善了。显然这并没有脱离客观事物。那种像朱熹在《大学章句》中所说的穷尽天理，而心中没有丝毫私欲的人，就能够达到这种至善的境界。”

三

【原文】

爱问：“至善只求诸心，恐于天下事理有不能尽？”

先生曰：“心即理①也，天下又有心外之事、心外之理乎？”

爱曰：“如事父之孝，事君之忠，交友之信，治民之仁，其间有许多理在。恐亦不可不察。”

先生叹曰：“此说之蔽久矣。岂一语所能悟？今姑就所问者言之。且如事父，不成去父上求个孝的理；事君，不成去君上求个忠的理；交友、治民，不成去友上、民上求个信与仁的理。都只在此心，心即理也。此心无私欲之蔽，即是天理，不须外面添一分。以此纯乎天理之心，发之事父便是孝，发之事君便是忠，发之交友治民便是信与仁。只在此心去人欲、存天理上用功便是。”

王阳明认为，孝、忠的道理都存在于人的心中，这个心就好像树木的根一样，是为人的根本。

爱曰：“闻先生如此说，爱已觉有省悟处。但旧说缠于胸中，尚有未脱然者。如事父一事，其间温凊定省[②]之类，有许多节目。不亦须讲求否？”

先生曰：“如何不讲求？只是有个头脑。只是就此心去人欲存天理上讲求。就如讲求冬温，也只是要尽此心之孝，恐怕有一毫人欲间杂。讲求夏凊，也只是要尽此心之孝，恐怕有一毫人欲间杂。只是讲求得此心。此心若无人欲，纯是天理，是个诚于孝亲的心，冬时自然思量父母的寒，便自要去求个温的道理。夏时自然思量父母的热，便自要去求个凊的道理。这都是那诚孝的心发出来的条件。却是须有这诚孝的心，然后有这条件发出来。譬之树木，这诚孝的心便是根。许多条件便是枝叶。须先有根，然后有枝叶。不是先寻了枝叶，然后去种根。《礼记》言：‘孝子之有深爱者，必有和气。有和气者，必有愉色。有愉色者，必有婉容。’[③]须是有个深爱做根，便自然如此。”

【注释】

①心即理：王阳明学说的核心命题。②温凊定省：语出《礼记·曲礼上》。温，冬天让父母温暖；凊（qìng），夏天让父母凉快；定，夜里让父母睡得安稳；省，早上向父母问安。③“孝子”句：语出《礼记·祭义》。

【译文】

徐爱问：“世上有万事万物的道理，而只在心里去追求至善的境界，恐怕难以去探究完吧？”

王阳明主张心即是理，心外无物。

先生说：“心就是理，难道天下有什么事物和道理是在人心之外的吗？”

徐爱说：“比如侍奉父亲的孝道，辅佐君王的忠心，结交朋友的诚信，治理百姓的仁义等等，这当中有很多的道理存在，恐怕也不能不去考察的。”

先生慨叹说：“这不是一句话就能解释清楚的，因为此种说法蒙蔽人们很长时间了。姑且就你问的这些来说，侍奉父亲，不能从你父亲身上找个孝的理；辅助君王，不能从君主身上找个忠的理；结交朋友、治理百姓，也不能从朋友或者百姓的身体上探寻到信和仁的道理。这些孝、忠、信、仁的道理都只存在于人的心中，所以说心就是理。当人心还没有被个人私欲所蒙蔽，那不需要从外面添加一丝一毫，人的内心就是天理。凭着这种合乎天理的心，用心侍奉父亲便是孝，用心辅佐君王便是忠，用心交友、治民便是信和仁。只需要用功去除心中的私欲、存养天理就行了。”

徐爱说：“听了先生的教诲，我已经觉得有些明白了。但是以前的学说还在我的心里面，让我有纠结不清的地方。譬如说侍奉父亲这件事，有让父亲冬暖夏凉、白天请安、晚上请定等等许多细节，这些不需要讲求吗？”

先生说：“怎么不讲求呢？只是有个核心，就是先要摒除私欲，保存天理，然后在这上面去讲求。就比如讲求父母冬天暖和，不过是要尽一尽自己单纯的孝心，唯恐有点滴的私心杂念存在其中；讲求父母夏天凉快，也只是想尽尽孝心，唯恐有丝毫私欲夹杂其中，为的只是讲求这份心而已。自己的心如果没有任何私欲，纯属天理，是一颗虔诚孝敬的心，那到了自然会冬天记挂父母的寒冷，夏天记挂父母的暑热，也就自然会讲求‘冬温’‘夏凊’的道理。这些具体的事情，都是人那颗虔诚孝敬的心发出来。只有存在这颗虔诚孝顺的心，然后才有具体的事发生。以树木作比喻，虔诚孝顺的心是树根，具体的事情就是树的枝叶。绝对不是先找到枝叶，然后才去种树根，而必须是先有树根然后有枝叶。《礼记》有言：‘深爱父母的孝子，对待双亲一定很和气；有和气的态度，定会有愉悦的气色；有了愉悦的气色，人就会有美好的表情了。’所以有一颗深爱的心做树根，就自然而然会有‘冬温’‘夏凊’等一系列细节了。”

四

【原文】

郑朝朔[①]问：“至善亦须有从事物上求者？”

先生曰：“至善只是此心纯乎天理之极便是，更于事物上怎生求？且试说几件看。”

朝朔曰：“且如事亲，如何而为温之节，如何而为奉养之宜，须求个是当，方是至善。所以有学问思辨[②]之功。”

先生曰：“若只是温之节、奉养之宜，可一日二日讲之而尽，用得甚学问思辨？惟于温时，也只要此心纯乎天理之极；奉养时，也只要此心纯乎天理之极。此则非有学问思辨之功，将不免于毫厘千里之缪。所以虽在圣人，犹加‘精一’之训。若只是那些仪节求得是当，便谓至善，即如今扮戏子，扮得许多温凊奉养的礼节是当，亦可谓之至善矣！”

爱于是日又有省。

王阳明认为至善是人的本性。

【注释】

①郑朝朔：名一初，广东揭阳人，官至监察御史。王阳明任吏部主事时，朝朔为御史，曾向阳明问学。②学问思辨：语出《中庸》"博学之，审问之，慎思之，明辨之，笃行之"。

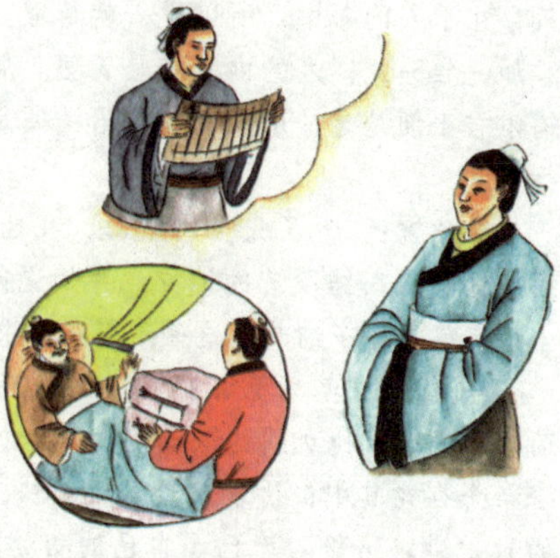

事亲的道理，并不是从书本中得来，而是发自于人的本性。

【译文】

郑朝朔问："至善也需要从具体的事物上探求吗？"

先生说："只要使自己的心达到纯然天理的状态，那就是至善，在事物上怎么探求呢？你暂且举几个例子出来谈一谈。"

朝朔说："以孝顺父母为例，怎样合理地进行防寒降暑适度，怎样做到得当地侍奉，都必须处理得恰到好处，找一个合适的标准才是算是至善。所以我觉得这里面就有了一个学习、询问、思考、辨别的功夫。"

先生说："如果只是防寒降暑、奉养适宜的问题，一两天就可以学习完，根本无需什么学问思辨的功夫。在这些问题上，只要讲求自己的心达到至纯天理的境界。要做到自己的心至纯天理，就必须有学问思辨的功夫了，否则将难免差之毫厘、谬之千里。所以，即便是圣人，仍要有'精一'的规范。如果只讲求把那些礼节琐事完成适当，就认为是至善，那现在的演员在台上，他们恰当表演了许多对父母奉养得当的礼节，那他们也可以看作至善了。"

这一天，徐爱又明白了许多。

五

【原文】

爱因未会先生知行合一之训，与宗贤①、惟贤②往复辩论，未能决。以问于先生。

先生曰："试举看。"

爱曰："如今人尽有知得父当孝、兄当弟者，却不能孝不能弟，便是知与行分明是两件。"

先生曰："此已被私欲隔断，不是知行的本体了。未有知而不行者，知而不行只是未知。圣贤教人知行，正是要复那本体，不是着你只恁的便罢。故《大学》指个真知行与人看，说'如好好色，如恶恶臭'③。见好色属知，好好色属行。只见那好色时已自好了，不是见了后又立个心去好；闻恶臭属知，恶恶臭属行。只闻那恶臭时已自恶了，不是闻了后别立个心去恶。如鼻塞人虽见恶臭在前，鼻中不曾闻得，便亦不甚恶，亦只是不曾知臭。就如称某人知孝、某人知弟。必是其人已曾行孝、行弟，方可称他知孝、知弟。不成只是晓得说些孝、弟的话，便可称为知孝、知弟？又如知痛，必已自痛了方知痛；知寒，必已自寒了；知饥，必已自饥了。知行如何分得开？此便是知行的本体，不曾有私意隔断的。圣人教人必要是如此，方可谓之知。不然，只是不曾知，此却是何等紧切着实的功夫！如今苦苦定要说知行做两个是什么意？某要说做一个是什么意？若不知立言宗旨，只管说一个两个，亦有甚用？”

爱曰：“古人说知行做两个，亦是要人见个分晓。一行做知的功夫，一行做行的功夫，即功夫始有下落。”

王阳明认为，人们在看见美色的时候就自然喜欢上了，并不是看见美色之后才立马生个心去喜欢，懂得美色是知，喜欢美色是行。孝道不是从书本上学来的，而是出自于人的本心本性。我们说某人知道孝顺父母、尊敬兄长，一定是这个人已经做了一些孝顺、尊敬的行为，才可以说他知道孝顺、尊敬的道理。

先生曰：“此却失了古人宗旨也。某尝说，知是行的主意，行是知的功夫；知是行之始，行是知之成。若会得时，只说一个知，已自有行在；只说一个行，已自有知在。古人所以既说一个知，又说一个行者，只为世间有一种人，懵懵懂懂的任意去做，全不解思惟省察，也只是个冥行妄作，所以必说个知，方才行得是。又有一种人，茫茫荡荡，悬空去思索，全不肯着实躬行，也只是个揣摸影响，所以必说一个行，方才知得真。此是古人不得已补偏救弊的说话，若见得这个意时，即一言而足。今人却就将知行分作两件去做，以为必先知了然后能行。我如今且去讲习讨论做知的功夫，待知得真了，方去做行的功夫，故遂终身不行，亦遂终身不知。此不是小病痛，其来已非一日矣。某今说个知行合一，正是对病的药，又不是某凿空杜撰。知行本体原是如此。今若知得宗旨时，即说两个亦不妨，亦只是一个；若不会宗旨，便说一个，亦济得甚事？只是闲说话。”

知行合一就好比人们看到美色就喜欢，闻到臭味就厌恶。如果看到美色不知道喜欢，那就是不符合人的本性。

王阳明认为很多人做不到孝，是因为私欲隔断了他们的知行。

【注释】

①宗贤：黄绾（1477~1551），字宗贤，号久庵，浙江黄岩人。官至礼部尚书，王阳明的学生。②惟贤：顾应祥（1483~1565），字惟贤，号箬溪，浙江长兴人。官至兵部侍郎，王阳明的学生。③如好好色，如恶恶臭：语出《大学》“所谓诚其意者，毋自欺也。如恶恶臭，如好好色，此之谓自谦”。

【译文】

徐爱因为还没有领会先生知行合一的教导，和宗贤、惟贤反复争辩后，仍旧不能了然于胸，于是请教先生。

先生说："举个例子说说你的看法。"

徐爱说："现在孝顺父母、尊敬兄长的道理，人人都明白，但事实上却没有办法完全做到，由此可见，知与行分明是两件事。"

王阳明认为，圣人之所以将"知""行"分开来说，是因为有些人不会认真思考观察，只是懵懵懂懂地随意做事情；而有些人不切实际，漫天空想，不愿行动，只是靠主观猜测、捕风捉影。

先生说："这并不是知行的本来面目，因为私欲已经隔断了这种人的知行。没有知而不行的，知而不行是因为没有真知。圣贤们教育人们知行，并不是简单地教人们如何认识、如何实践，其目的是要恢复知行的本体。因此，《大学》举出了一个真正知行的例子，说'如好好色，如恶恶臭'，意即喜爱美色，厌恶腐臭。懂得美色是知，喜欢美色是行。人们在看见美色的时候就自然喜欢上了，并不是看见美色之后才立马生个心去喜欢；闻到腐臭是知，厌恶腐臭是行，人也是一闻到腐臭就自然厌恶了，并非闻到之后而又另生出个心去讨厌它。如果那个人鼻子不通，那就算是看到腐臭的东西摆在面前，他的鼻子闻不到，也不会太厌恶，因为根本没有认识到臭。再比如，我们说某人知道孝顺父母、尊敬兄长，一定是这个人已经做了一些孝顺、尊敬的行为，才可以说他知道孝顺、尊敬的道理。难不成，只因为他会说些孝顺、尊敬的话，我们就认为他孝顺、尊敬吗？再如，一个人知道痛，一定是自己已经经历了或者正在经历痛，才知道痛；知寒、知饥，一定是已经经历了寒冷和饥饿。由此可见，知行如何能够分得开？这些例子就是知与行的本体，还不曾被私欲隔开的。圣人一定是这样教育学生，才能算作知。不然就并非真知，可见这是多么紧要切实的功夫呀！现在硬要将知行分开算作两件事情，有什么意思呢？而我要把知行看做一个整体，又有什么意思呢？如果这番话的宗旨都不知道，只管在这里争论知与行是一件事还是两件事，又有什么用处呢？"

徐爱说："古人把知行分成两回事，也只是为了让人们能够有一个分别，好弄明白。一边对知下工夫，一边对实践下工夫，这样才能更好地落到实处。"

先生说："但是，这样说反而丢失了古人的本意了。我曾经说过，知是行的宗旨，行是知的实践；知是行的开始，行是知的成果。如果领会了这一点，就应该明白，只说一个知，已经自然有行存在；只说一个行，知也自然存在了，知行一同存在。古人之所以将行与知分开，说一个知又说一个行，是因为社会上有一种人，他们完全不会认真思考观察，只是懵懵懂懂地随意做事情，一个劲胡行妄作，因此必须跟他讲'知'的道理，他才能够清醒地做事。还有一种人，不切实际，漫天空想，又完全不愿意有所行动，只是靠主观猜测、捕风捉影，因此必须教他'行'的道理，这样他才能正确地知。古人为了补偏救弊不得已才将知行分开说的，如果真正领会了其中的含义，只要一个知或行就够了。今人非要将知行分开，以为必须要先认识才能实践。自己先去讨论如何做到知，等到真正知了才去做行的功夫，最后终身无法实践，也终身一无所知。这个问题由来已久，不再是一个小毛病。现在我提出知行合一，就是对症下药。而且这并非我凭空杜撰，知行的本体原本是这样的。

如果我们把知行合一的宗旨掌握了，即使将知行分开说，两者仍然是一回事，是一个整体；如果没领会知行合一的宗旨，即便说二者是一回事，那又何济于事呢？不过是说些无用的话而已。”

六

【原文】

爱问：“昨闻先生‘止至善’[①]之教，已觉功夫有用力处，但与朱子‘格物’之训[②]，思之终不能合。”

先生曰：“‘格物’是‘止至善’之功，既知‘至善’，即知‘格物’矣。”

爱曰：“昨以先生之教，推之‘格物’之说，似亦见得大略。但朱子之训，其于《书》之‘精一’，《论语》之‘博约’[③]，《孟子》之‘尽心知性’，皆有所证据，以是未能释然。”

先生曰：“子夏笃信圣人。曾子反求诸己。[④]笃信固亦是，然不如反求之切。今既不得于心，安可狃于旧闻，不求是当？就如朱子亦尊信程子，至其不得于心处，亦何尝苟从？‘精一’‘博约’‘尽心’，本自与吾说吻合，但未之思耳。朱子‘格物’之训，未免牵合附会，非其本旨。‘精’是‘一’之功，‘博’是‘约’之功。曰仁既明知行合一之说，此可一言而喻。‘尽心知性知天’，是‘生知安行’事；‘存心养性事天’，是‘学知利行’事；‘夭寿不贰，修身以俟’，是‘困知勉行’事。[⑤]朱子错训‘格物’。只为倒看了此意，以‘尽心知性’为‘物格知至’，要初学便去做‘生知安行’事。如何做得？”

爱问：“‘尽心知性’何以为‘生知安行’？”

先生曰：“性是心之体，天是性之原，尽心即是尽性。惟天下至诚为能尽其性，知天地之化育。[⑥]‘存心’者，心有未尽也。‘知天’，如知州、知县之‘知’，是自己分上事，已与天为一。‘事天’，如子之事父、臣之事君，须是恭敬奉承，然后能无失，尚与天为二。此便是圣贤之别。至于‘夭寿不贰’其心，乃是教学者一心为善，不可以穷通夭寿之故，便把为善的心变动了，只去修身以俟命。见得穷通寿夭有个命在，我亦不必以此动心。‘事天’虽与天为二，已自见得个天在面前；‘俟命’便是未曾见面，在此等候相似。此便是初学立心之始，有个困勉的意在。今却倒做了，所以使学者无下手处。”

爱曰：“昨闻先生之教。亦影影见得功夫须是如此。今闻此说，益无可疑。爱昨晓思，格物的‘物’字，即是‘事’字。皆从心上说。”

先生曰：“然。身之主宰便是心。心之所发便是意。意之本体便是知。意之所在便是物。如意在于事亲，即事亲便是一物。意在于事君，即事君便是一物。意在于仁民爱物，即

王阳明强调要在“止至善”“尽心知性”上下功夫。

仁民爱物便是一物。意在于视听言动，即视听言动便是一物。所以某说无心外之理，无心外之物。《中庸》言‘不诚无物’，《大学》‘明明德’之功，只是个‘诚意’。‘诚意’之功，只是个‘格物’。”

先生又曰：“‘格物’如孟子‘大人格君心’⑦之‘格’，是去其心之不正，以全其本体之正。但意念所在，即要去其不正以全其正，即无时无处不是‘存天理’，即是‘穷理’。‘天理’即是明德。‘穷理’即是‘明明德’。”

又曰：“知是心之本体，心自然会知。见父自然知孝，见兄自然知弟，见孺子⑧入井自然知恻隐。此便是良知，不假外求。若良知之发，更无私意障碍。即所谓‘充其恻隐之心，而仁不可胜用矣’。然在常人不能无私意障碍，所以须用‘致知’‘格物’之功，胜私复理。即心之良知更无障碍，得以充塞流行，便是致其知，知致则意诚。”

【注释】

①“止至善”句：达到最高的境界。语出《礼记·大学》。②朱子“格物”之训：语出朱熹《大学章句》。③博约：语出《论语·雍也》。④子夏：姓卜，名商，是孔子学生。曾子：名参，字子舆，是孔子学生。⑤“尽心知性知天”“存心养性事天”“夭寿不贰，修身以俟”：语出《孟子·尽心上》。⑥“惟天下”句：语出《中庸》。⑦大人格君心：语出《孟子·离娄上》：“惟大人惟能格君心之非”。格，正、纠正。⑧孺子：幼童。

【译文】

徐爱问：“昨天听先生讲‘止至善’，觉得有了用功的方向，但细想起来总觉得和朱熹‘格物’的观点有不一样的地方。”

先生说：“‘格物’是为‘止至善’下的工夫，既然明白了‘至善’，也就明白了‘格物’。”

徐爱说：“昨天用先生的学说来推究朱熹的‘格物’学说，大致上理解了。但是朱熹的观点有许多依据，例如《尚书》中的‘精一’，《论语》中的‘博约’，《孟子》中的‘尽心知性’，因而对您的学说我才不能坦然接受。”

先生说：“子夏十分相信圣人的言论，相反曾子则选择相信自己。相信圣人固然不错，但远不如自己反省探求来得深入。在心里还没有弄清楚的时候，你怎么可以选择因循守旧，而不自己想办法去探究正确的答案呢？朱熹同样尊崇和相信程颢，但是当他心里不明白的时候，又何曾盲目信从？‘精一’‘博约’‘尽心’，这些与我的学说本来是相互吻合的，只是你还没有想明白罢了。至于朱熹‘格物’的观点，未免有些牵强附会，并不是真正‘格物’的宗旨。求精是达到根本的功夫，博览多学是达到简洁的功夫。既然你已经明白了知行合一的道理，一句话就可以把它说清楚了。‘尽心知性知天’是‘生知安行’的人能够做的事；‘存心养性事天’是‘学知利行’的人能够做的事；‘夭寿不贰，修身以俟’是‘困知勉行’的人能够做得事。朱熹会错误地解释‘格物’，是因为他颠倒了前后的因果关系，认为‘尽心知性’就是‘物格知至’，要求初学者去做‘生知安行’的事，怎么可能会做得来呢？”

徐爱问：“‘尽心知性’怎么会是‘生知安行’者才能够做的事呢？”

先生说："心的本体是人的本性，天理是人性的本源，因而把人的本心尽力发扬就是把人性彻底地发挥。《中庸》说过：'只有天下最真诚的人才能把人性发挥彻底，领悟到天地万物的变化发展。'所谓'存心'，反过来是说还没有做到'尽心'。'知天'中的'知'就像知州、知府中的'知'，意即治理州、县是他们分内的事，两者合而为一体。所以'知天'也就是说人知晓天理，与天合为一体。'事天'，就好像儿子对待父亲、大臣侍奉君王，需要毕恭毕敬地小心奉承，不要有所闪失，'事天'也就是仍然还没有与天合二为一。圣人区别于贤人就在这里。至于'夭寿不贰'其心，是指教育学生一心向善，不管处境好坏、寿命长短，绝不动摇行善的心，而只去修养身体，听天由命。当看到穷困通达、寿命长短都是由上天注定的，自己也不必因此而动摇了行善的心。'事天'，虽然心与天没有合而为一，是两回事，但是自己已经看清楚天命就在面前了；'俟命'就是还不曾与天命相近，只在此等候它的到来。这就是初学者开始确立志向的时候，有困而知之，努力自勉的意思。而今朱熹却把这样一个循序渐进的过程颠倒了，让初学的人感到无从下手。"

尽心，就好比说大臣侍奉君王，需要毕恭毕敬地小心奉承。

尽心，又好比孩子孝顺父母，要把人性彻底发挥。

王阳明说，良知全凭本心，就像见到小孩落井恻隐之心会自然产生。

徐爱说："昨天听先生的教诲，也隐隐约约觉得应该这样下工夫。今天又听了您的解释，更加没有什么怀疑了。我昨天早上想，'格物'的'物'字，就是'事'字的意思，都是从心上来讲的。"

先生说："对了。身体的主宰就是心，心发出来的就是意念，意念的本源就是感知，意念存在于事物之上。比如意念在侍奉双亲之上，那么侍奉双亲就是一件事；意念在辅佐国君上，那么辅佐国君就是一件事；意念在仁爱百姓、爱护万物上，那么关心百姓、爱护万物就是一件事；意念在看、听、说、动上，那么看、听、说、动就是一件事。所以我说：'没有天理存在于心外，也没有事物存在于心外。'《中庸》中说'心不诚就没有万事万物'，《大学》中说'弘扬崇高德行'的功夫就是要心诚，而心诚的功夫就是‘格物’，探究事物的原理。”

先生又说：“‘格物’的‘格’就像孟子所说‘大人格君心’中的‘格’，指去掉内心的邪术，从而使全体的纯正得以保持。一旦有意念萌生，就要去掉其中的邪念，时时处处都存养天理，就是穷尽天理。‘天理’就是‘明德’，崇高德行。‘穷尽天理’就是‘明明德’，弘扬崇高德行。”

先生又说：“心自然会感知，因为知是心的本体。见到父亲自然而然会有孝敬之心，见到兄长也自然知道尊敬，见到小孩落井恻隐之心会自然产生。这就是良知，全凭本心，不需要从心外的东西求得。如果良知出现，也没有私心杂念阻碍，就会像孟子所说的‘充分发挥恻隐之心，那么仁爱的感情就会取之不尽用之不竭’。但是一般人都会有私心阻碍，所以就需要用‘致知’‘格物’的功夫，克服私心、恢复天理。心体的良知再没有什么障碍，充满心田，就会自如地发挥，充分地发扬流传，这就是‘致知’。良知得到了，思想也就能够真诚专一。”

七

【原文】

爱问：“先生以‘博文’为‘约礼’功夫①，深思之未能得，略请开示。”

先生曰：“‘礼’字即是‘理’字。‘理’之发见可见者谓之‘文’，‘文’之隐微不可见者谓之‘理’，只是一物。‘约礼’只是要此心纯是一个天理。要此心纯是天理，须就‘理’之发见处用功。如发见于事亲时，就在事亲上学存此天理；发见于事君时，就在事君上学存此天理；发见于处富贵贫贱时，就在处富贵贫贱上学存此天理；发见于处患难、夷狄时，就在处患难、夷狄上学存此天理。至于作止、语默，无处不然，随他发见处，即就那上面学个存天理。这便是‘博学之于文’，便是‘约礼’的功夫。‘博文’即是‘惟精’。‘约礼’即是‘惟一’。”

王阳明认为，“礼”即是“理”，就是天理的表现。

【注释】

① 博文、约礼：语出《论语·雍也》：“君子博学于文，约之以礼，亦可以弗畔矣夫！”畔，通“叛”。

【译文】

徐爱问：“先生将‘博文’当作是‘约礼’的功夫，对此我加以深思但还不是很明白，因此向先生请教，请您帮我讲一讲。”

先生说：“‘礼’即是‘理’，‘理’表现出来就是‘文’，‘文’中隐藏看不见的就是‘理’，‘礼’‘理’其实是一回事。所谓‘约礼’便是让心精纯地符合天理。而要做到让心纯然符合天理，就须要把功夫下在‘理’表现出来的地方。比如表现在侍奉双亲上，就要在侍奉双亲上学着存养天理；表现在侍奉君王上，就要在侍奉君王上学着存养天理；表现在身处富贵贫贱上时，就在富贵贫贱上学着存养天理；表现在身陷患难夷狄时，就在患难夷狄的处境中学习存养天理。至于是行动还是静止、说话还是沉默，随时随地都不能忘了存养天理，无不如此。这就是'博学之于文'，在'文'中求'博'，也就是'约礼'的功夫。'博文'就是'惟精'，就是要在万事万物上广泛地学习存养天理，而目的就是求得至精至纯。'约礼'就是'惟一'，就是用礼来约束人与天理的统一，而天理只有一个。"

八

【原文】

爱问："'道心常为一心之主，而人心每听命'[①]，以先生'精一'之训推之，此语似有弊。"

先生曰："然。心一也，未杂于人谓之道心，杂以人伪谓之人心。人心之得其正者即道心，道心之失其正者即人心，初非有二心也。程子谓：'人心即人欲，道心即天理。'[②]语若分析，而意实得之。今曰'道心为主而人心听命'，是二心也。'天理''人欲'不并立，安有'天理'为主，'人欲'又从而听命者？"

王阳明强调，"道心"是指没有染上私心杂念的心。

【注释】

①道心、人心：语出《尚书·大禹谟》"人心惟危，道心惟微"。朱熹《中庸章句·序》云："必使道心常为一身之主宰，而人心每听命焉。"道心，指合乎天理的心；人心，指私欲之心。②人心即人欲，道心即天理：语出《河南程氏遗书》："人心，私欲也；道心，正心也。"

【译文】

徐爱问："拿先生对'精一'的理解来推敲朱熹的'道心常为一身之主，而人心每听命'，这句话似乎有弊病。"

先生说："对。心只有一个。'道心'是指没有染上私心杂念的心，被私欲限制了的便称之为人心。同样，如果人心能够去除私欲也可成为道心，道心失去了纯正便变成了人心，原本就并不是说有两个心。程颐说：'人心即人欲，道心即天理'，这句话看似把人心和道心分开成两个，但实际上是把二者当作一体。而朱熹说'道心为主而人心听命'，这样就把心一分为二成为两个并存的概念了。'天理''人欲'根本上是不可能并存的，又怎会有'天理'为主，'人欲'服从'天理'的道理呢？"

九

【原文】

爱问文中子、韩退之。①

先生曰："退之，文人之雄耳。文中子，贤儒也。后人徒以文词之故，推尊退之，其实退之去文中子远甚。"

爱问："何以有拟经之失？"

先生曰："拟经恐未可尽非。且说后世儒者著述之意，与拟经如何？"

爱曰："世儒著述，近名之意不无，然期以明道；拟经纯若为名。"

先生曰："著述以明道，亦何所效法？"

曰："孔子删述《六经》②，以明道也。"

先生曰："然则拟经独非效法孔子乎？"

爱曰："著述即于道有所发明，拟经似徒拟其迹，恐于道无补。"

先生曰："子以明道者，使其反朴还淳而见诸行事之实乎，抑将美其言辞而徒以于世也？天下之大乱，由虚文胜而实行衰也。使道明于天下则《六经》不必述，删述《六经》，孔子不得已也。自伏羲画卦至于文王、周公，其间言《易》如《连山》《归藏》③之属，纷纷籍籍，不知其几，《易》道大乱。孔子以天下好文之风日盛，知其说之将无纪极，于是取文王、周公之说而赞之，以为惟此为得其宗。于是纷纷之说尽废，而天下之言《易》者始一。《书》《诗》《礼》《乐》《春秋》皆然。《书》自《典》《谟》④以后，《诗》自《二南》⑤以降，如《九丘》《八索》⑥，一切淫哇逸荡之词，盖不知其几千百篇。《礼》《乐》之名物度数，至是亦不可胜穷，孔子皆删削而述正之，然后其说始废。如《书》《诗》《礼》《乐》中，孔子何尝加一语？今之《礼记》诸说，皆后儒附会而成，已非孔子之旧。至于《春秋》，虽称孔子作之，其实皆鲁史旧文；所谓'笔'者，笔其书，所谓'削'者，削其繁，是有减无增。孔子述《六经》，惧繁文之乱天下，惟简之而不得，使天下务去其文以求其实，非以文教之也。《春秋》以后繁文益盛，天下益乱。始皇焚书得罪，是出于私意，又不合焚《六经》，若当时志在明道，其诸反经叛理之说悉取而焚之，亦正暗合删述之意。自秦汉以降，文又日盛，若欲尽去之，断不能去，只宜取法孔子，录其近是者而表章之，则其诸怪悖之说亦宜渐渐自废。不知文中子当时拟经之意如何，某切深有取于其事，以为圣人复起不能易也。天下所以不治，只因文盛实衰，人出己见，新奇相高，以眩俗取誉，徒以乱天下之聪明，涂天下之耳目，使天下靡然，争务修饰文词以求知于世，而不复知有敦本尚实、反朴还淳之行。是皆著述者有以启之。"

徐爱向王阳明请教对王通和韩愈两个人的看法。

【注释】

①文中子：王通（584~618），字仲淹，隋朝绛州龙门（今山西河津）人。曾仿《春秋》《论语》著《元经》《中说》等，主张儒、佛、道三教合一，以儒为主。韩退之：韩愈（768~824），字退之，唐朝河阳（今河南孟县）人，倡导儒学，排斥佛、道。著有《韩昌黎集》。②孔子删述《六经》：孔子晚年编修删改《诗经》《尚书》《礼记》《乐经》《易经》和《春秋》六种经典，即后世所谓《六经》。③《连山》《归藏》：《连山》相传为夏朝的《易》，《归藏》相传为商朝的《易》，后都失传。④《典》《谟》：指《尚书》中的《尧典》《舜典》《大禹谟》《皋陶谟》和《益稷谟》，共称为二典三谟。谟，计谋、谋略。⑤《二南》：即《诗经》中的《周南》《召南》两篇。⑥《九丘》《八索》：远古时代的书名。孔安国《古文尚书序》："八卦之说，谓之《八索》，九州之志，谓之《九丘》。

孔子删《六经》旨在阐明圣道。

【译文】

徐爱问先生对王通和韩愈两个人的看法。

先生说："韩愈是文人学士中出类拔萃的人，王通则是贤明鸿儒。因为文章诗词的缘故，后人相对更加推崇韩愈，但实际上韩愈比王通差很远。"

徐爱问："那么如何解释王通仿作经书这种过失呢？"

先生说："也不能够全盘否定仿作经书的事。后世儒生们著书立说、阐经述典的用意和仿作经书有什么不同呢？"

徐爱说："后世儒生们著书讲经虽不无邀名之嫌，有追求名声的私心，但其主要目的还是在于阐明圣道，仿作经书纯粹是为了个人的名利。"

先生说："为了阐明圣道而著书讲经，效仿的是谁呢？"

徐爱说："孔子删改过《六经》以阐明圣道，效仿的是他。"

先生说："那么仿作经书不也是效法孔子吗？"

徐爱说："著书论经会使圣经有所发挥，并让之通晓，但仿作经书似乎只是模仿圣人的学说，对圣道恐怕并没有什么好处。"

先生说："那你认为阐明圣道，是使天理返璞归真使之付诸于实事呢，还是利用华美的言辞招摇过市呢？之所以会天下大乱，就是因为虚文兴盛而缺少实践。假如圣道大白于天下，那么《六经》也不必删改了。孔子也是不得已而删改《六经》。从

《书》《诗》《礼》《乐》等书中，孔子删除时并没有增加过自己的言论。

王阳明强调，自秦汉之后，繁文又一天天兴盛起来，如果想要除尽此风是不可能的，因此只能效法孔子，摘录那些接近真理的阐释加以宣传表彰。

伏羲画八卦到周文王、周公，期间解释过《易经》的有《连山》《归藏》等，林林总总，数不胜数，使得《易经》的圣道弄得极其混乱。孔子觉得天下喜好文藻的风气每日剧增，知道《易经》将会被歪曲，于是倡导文王、周公的学说，把他们的学说视为《易经》的正宗。从此其他的学说都被废止，天下对于《易经》的阐述得以统一。《书》《诗》《礼》《乐》《春秋》也都是这样统一的。《书》自《典》《谟》以后，《诗》自《周南》《召南》以后，像《九丘》《八索》等，所有淫秽逸荡的词句共有成百上千篇。《礼》《乐》中的名物制度也是数不胜数。孔子做出了正确的阐释，把之前一一删除，废止了其他乱七八糟的学说。《书》《诗》《礼》《乐》等书中，孔子删除时并没有增加过自己的言论。如今《礼记》中的众多阐述，并非孔子删改的原本，大都是后世儒生的附会。至于《春秋》，虽然后人认为作者是孔子，但实际上是鲁国旧史书中的文字，只是经过孔子的整理削述，摘录原文、去掉繁杂，只有减少而无增加。孔子把《六经》删减到不能再减了，以免纷华浮逸的文辞扰乱天下人心，使天下人从此抛弃华丽的文饰注重文章的实质，而不是用虚逸淫荡的文辞来教化天下。《春秋》以后，各种华而不实的文辞日益兴盛，天下大乱。秦始皇焚书留下千古罪名，是因为他这样做是出于控制天下的私心，把《六经》也焚毁了。如果当时他旨在阐明圣道，将那些离经叛道的学说悉数焚毁，就会暗合了孔子删改《六经》的本意。自秦汉之后，繁文又一天天兴盛起来，如果想要除尽此风是不可能的，因此只能效法孔子，摘录那些接近真理的阐释加以宣传表彰，那些怪理悖论也就会慢慢地自行消亡了。虽然我不知道王通当初仿作经书的本意何在，但我深切地体会到，他的做法是有可取之处的。我想即使圣人复活，是不会阻止他的。天下纷乱的原因，正在于盛行浮华的文风，求实之风却日渐衰败。人们标新立异，各出已见，为了取得功名不惜哗众取宠，扰乱天下人的思绪，混淆大家的视听，使得天下人争着崇尚虚文浮词，在社会上争名夺利，忘记敦厚实在、返璞归真的品性。这些都是那些阐述经典的人所开启的。”

十

【原文】

爱曰：“著述亦有不可缺者，如《春秋》一经，若无《左传》，恐亦难晓。”

先生曰：“《春秋》必待《传》[①]而后明，是歇后谜语矣，圣人何苦为此艰深隐晦之词？《左传》多是鲁史旧文，若《春秋》须此而后明，孔子何必削之？”

爱曰：“伊川亦云：‘《传》是案，《经》是断。’如书某君，伐某国，若不明其事，恐亦难断。”

先生曰：“伊川此言恐亦是相沿世儒之说，未得圣人作经之意。如书‘君’，即君便是罪，何必更问其君之详？征伐当自天子出[②]，书‘伐国’，即伐国便是罪，何必更问其伐国之详？圣人述《六经》，只是要正人心，只是要存天理去人欲，于存天理去人欲之事，则尝言之，或因人请问，各随分量而说，亦不肯多道，恐人专求之言语，故曰‘予欲无言’。若是一切纵人欲、灭天理的事，又安肯详以示人？是长乱导奸也。故孟子云：‘仲尼之门，无道桓、文之事者。是以后世无传焉。'此便是孔门家法。世儒只讲得一个伯者的学问，所以要知得许多阴谋诡计，纯是一片功利的心，与圣人作经的意思正相反，如何思量得通！”因叹曰：“此非达天德[③]者，未易与言此也！”

又曰：“孔子云：'吾犹及史之阙文也。'[④]孟子云：'尽信书，不如无书。吾于武成取二三策而已。'[⑤]孔子删书，于唐虞夏四五百年间，不过数篇。岂更无一事，而所述止此？圣人之意可知矣。圣人只是要删去繁文，后儒却只要添上。”

徐爱就《春秋》和《左传》向王阳明提问。

【注释】

①《传》：指解释《春秋》的三传《左传》《公羊传》《谷梁传》。②征伐当自天子出：语出《论语·季氏》：“孔子曰：天下有道，则礼乐伐自天子出；天下无道，则礼乐伐自诸侯出。”③天德：与天同德，意为道德极其高尚。语出《中庸》：“苟不固聪明圣知达天德者，其孰能知之？”④吾犹及史之阙文也：语出《论语·卫灵公》：“吾犹及史之阙文也，有马者借人乘之。今亡矣夫！”⑤尽信书不如无书，吾于《武成》，取二三策而已：语出《孟子·尽心下》。《武成》为《尚书》中篇名，记载武王灭商后，与大臣商量怎样治理商地等。

王阳明讲，圣人不肯把一些放纵私欲、毁灭天理的事详细地告诉人们，因为那会助长混乱、引导奸邪。

【译文】

徐爱说：“后世文人的一些著书阐述也是必要的，以《春秋》为例，假如没有《左传》作为它的注解，后人恐怕难以读懂。”

先生说：“如果必须有《左传》为《春秋》注解，众人才会明晓，那岂不是像歇后语一样了？圣人为什么要写如此隐晦难懂的文章呢？《左传》的文章大多来自鲁国旧史书，如果《春秋》必须有《左传》作注才能看得明白，那么孔子又何苦费神将鲁史删改为《春秋》呢？”

徐爱说：“程颐先生也曾说过：'《传》是案，《经》是断。'比如《春秋》中记载弑某君、伐某国，如果不明白整件事的来龙去脉，恐怕对这件事也难以判断。”

先生说：“程颐先生说这句话，恐怕也是沿袭了世俗儒生的说法，而没有明白圣人作这些经书的本意。既然《春秋》记载了'弑君'，就是说弑君本身就是大罪，他杀害国君的细节又何足多言？征讨本就应该由天子授权，书中写伐国，那伐国本来就是犯罪，便无需多言伐国的详细情况。圣人阐述《六经》，只是为了正人心，存天理、去人欲。关于这些，孔子也是在有人请教的情况下才因人因时酌情作些解说，但也绝不会说太多，害怕人们会拘泥于辞藻。因此他对子贡说‘我不想说什么了’。圣人绝不肯把一些放纵私欲、毁灭天理的事详细地告诉人们，因为那会助长混乱、引导奸邪的。所以孟子说‘仲尼之门，无道桓、文之事者’，这是孔门的家法。后世儒生只研究霸道的学问，所以他们就要懂得许多阴谋诡计，这纯粹是功利之心，与圣人作出经书的目的正好相反，怎么可能理解《春秋》一书呢？”说到这里，先生慨叹道：“如果不是通达天理的人，和他们也很难谈到这个！”

先生又说：“孔子说：‘我还遇到过史书里有疑点的地方。’孟子说：‘全然相信《尚书》，倒不如没有《尚书》。《武成》这篇文章里我只取两三节罢了。’孔子删改《尚书》，即使是尧、舜、夏朝四五百年的历史，也存留不过仅有的几篇。难道再没有一件事可写了吗？但他就阐述了仅有的这几篇，圣人的用意显而易见了。实际上圣人是要去繁就简，但是后世儒生却硬要往里添加繁文。”

十一

【原文】

爱曰：“圣人作经，只是要去人欲，存天理。如五伯以下事，圣人不欲详以示人，则诚然矣，至如尧舜以前事，如何略不少见？”

先生曰：“羲黄之世，其事阔疏，传之者鲜矣。此亦可以想见，其时全是淳庞朴素，略无文采的气象，此便是太古之治，非后世可及。”

爱曰：“如《三坟》[①]之类，亦有传者，孔子何以删之？”

先生曰：“纵有传者，亦于世变渐非所宜。风气益开，文采日盛，至于周末，虽欲变以夏商之俗，已不可挽，况唐虞乎？又况羲黄之世乎？然其治不同，其道则一。孔子于尧舜则祖述之，于文武则宪章之。[②]文武之法即是尧舜之道，但因时致治，其设施政令已自不同。即夏商事业施之于周，已有不合，故‘周公思兼三王，其有不合，仰而思之，夜以继日’[③]，况太古之治，岂复能行？斯固圣人之所可略也。”

王阳明认为，《三坟》一类的书籍不能够流传下来的原因是因为年代太过久远，因时代的变化逐渐不合时宜。

又曰：“专事无为，不能如三王之因时致治，而必欲行以太古之俗，即是佛老的学术；因时致治，不能如三王之一本于道，而以功利之心行之，即是伯者以下事业。后世儒者许多讲来讲去，只是讲得个伯术。”

又曰：“唐虞以上之治，后世不可复也，略之可也。三代[④]以下之治，后世不可法也，削之可也。惟三代之治可行，然而世之论三代者，不明其本而徒事其末，则亦不可复矣。”

【注释】

①《三坟》：相传为伏羲、神农、黄帝之书。②祖述、宪章：借为效法、遵循前人的行为或学说。③“周公”四句：语出《孟子·离娄下》“周公思兼三王，以施四事。其有不合者，仰而思之，夜以继日；幸而得之，坐以待旦”。④三代：夏、商、周谓之三代。

【译文】

徐爱说：“孔子作《六经》，目的是要去人欲，存天理。因此孔子不想将春秋五霸之后的事详细地展示给世人，这是自然的。但尧舜以前的事，为什么也略而不论呢？”

孔子作《六经》，旨在挽救天下礼崩乐坏、互相征伐的局面。

先生说：“一来，伏羲、黄帝，时代已经久远，事迹零散，可以想象，流传下来的很少。而且那时世风淳朴，不会有注重行式、喜好华文的风气，这就是太古时期的社会状况，是后世不能相比的。”

徐爱说：“也有流传下来《三坟》之类的书，但是孔子为什么把它们都删掉了呢？”

先生说：“那些书即使有些流传下来，会因时代的变化逐渐不合时宜。社会风气日益开放，文采日渐兴盛，世道沧桑，周朝末年的时候，要恢复夏商时期的淳朴风俗，已经不可能了，何况尧舜时的世风呢？太古时期的伏羲、黄帝的世风就更不可能挽回了。各国治理国家的具体方法尽管各不相同，他们遵循的天道准则都是一样的。孔子效法尧、舜和周文王、周武王。周文王、周武王实行的制度其实也就是尧、舜时的法则。但是他们都因时施政，因此制度政令会有所分别。夏、商的制度政令在周朝施行，就已经是不合时宜的了。所以周公对大禹、商汤及文王的制度吸收并举的同时，遇到有不合适的地方，就会反复琢磨、经过深思熟虑。更何况太古时的制度政令，更不可能再直接沿用？这些本然就是孔子可以略而不举的。”

先生又说：“固执地想要恢复施行太古时的典章制度，只一味提倡采取无为而治的政策措施，而不能像三王那样因时施治，是佛教和老庄学派所宣扬的观点。春秋五霸以后的因时施治，不像三王一样遵循圣道，用道来一以贯之，而是存有功利之心来施政。后世儒生讲了很多，不过讲了些施行霸道之术而已。”

先生又说：“后世不能再恢复唐尧、虞舜以前的治世了，因此可以删略。夏、商、周三代以后的治理方法，后世不能纯然效法，也可以删略。只有三代的治国方法是效法推行的，但是后世人们研究三代，并没有弄清楚其本质，而仅仅是探讨一些细枝末节，所以三代之治也不能恢复了！”

十二

【原文】

爱曰：“先儒论《六经》，以《春秋》为史。史专记事，恐与《五经》①事体终或稍异。”

先生曰：“以事言谓之史，以道言谓之经。事即道，道即事。《春秋》亦经，《五经》亦史。《易》是包牺氏之史，《书》是尧舜以下史，《礼》《乐》是三代史。其事同，其道同，安有所谓异！”

又曰：“《五经》亦只是史，史以明善恶、示训戒。善可为训者，特存其迹以示法。恶可为戒者，存其戒而削其事以杜奸。”

爱曰：“存其迹以示法，亦是存天理之本然，削其事以杜奸，亦是遏人欲于将萌否？”

先生曰：“圣人作经，固无非是此意，然又不必泥着文句。”

爱又问：“恶可为戒者，存其戒而削其事以杜奸，何独于《诗》而不删郑卫？先儒谓‘恶者可以惩创人之逸志’②，然否？”

先生曰：“《诗》非孔门之旧本矣。孔子云：‘放郑声，郑声淫。’③又曰：‘恶郑声之乱雅乐也。’④‘郑卫之音，亡国之音也。’⑤此是孔门家法。孔子所定三百篇，皆所谓雅乐，皆可奏之郊庙，奏之乡党，皆所以宣畅和平，涵泳德性，移风易俗，安得有此？是长淫导奸矣。此必秦火之后，世儒附会，以足三百篇之数。盖淫之词，世俗多所喜传，如今闾巷皆然。‘恶者可以惩创人之逸志’，是求其说而不得，从而为之辞。”

【注释】

①《五经》：指《诗》《书》《礼》《易》《春秋》，六经中《乐》已佚失，故称五经。②恶者可以惩创人之逸志：语出朱熹《论语集注·为政篇》，意为记录历史上丑恶的事可以惩戒人们贪求安逸的思想。③放郑声，郑声淫：意为禁绝郑国的音乐，郑国的音乐淫靡放荡。语出《论语·卫灵公》。④恶郑声之乱雅乐也：意为厌恶郑国的音乐扰乱了高雅的音乐。语出《论语·阳货》⑤郑卫之音，亡国之音也：意为郑国、卫国的音乐淫靡放荡，足以亡国。语出《礼记·乐记》。

【译文】

徐爱说：“朱熹论述《六经》时，把《春秋》算作史书一类。史书是专门记载具体的历史事件的，这恐怕和《五经》的体例宗旨有点差别。”

先生说：“记事的角度看是史书，载道的角度看是经典。事实是天理的表现，所以天理就是事实。因此《春秋》也是经典，其余四经也可以看做是史书。《易》是伏羲氏时的史书，《尚书》是尧、舜之后的

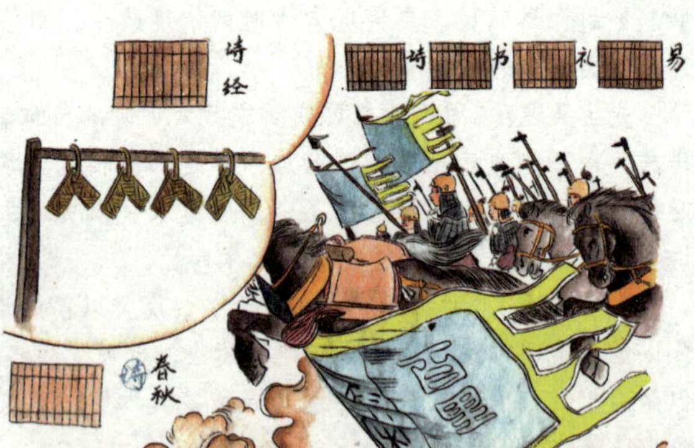

王阳明认为《五经》也是史，有明辨善恶、总结历史经验教训的作用。

史书,《礼》《乐》是夏、商、周三代时的史书。它们记载的事件是相类的,所遵循的天理也一样,差异从何而来呢?”

先生又说:“《五经》也是史。明辨善恶、总结历史经验教训是史书的作用。善行可以供后世效法,因此特意保存具体而又典型的善事。而用来训诫的恶事,则保留可以警戒世人的部分而略去具体的恶行,以此杜绝后世模仿。”

徐爱说:“保存善行供后人效法,是存天理的根本;而省略恶行以防止后世模仿,是为了把人的私欲遏止在萌芽状态吗?”

先生说:“孔子作六经的本意无非就是这样,但读者要掌握其宗旨,而不是拘泥于文章中的词句。”

徐爱问:“用来训诫的恶事,保留可以警戒世人的部分而略去具体的恶行,以杜绝后世模仿。那为何不删除《诗经》中的《郑风》《卫风》呢?真的像朱熹所说,‘记录历史上丑恶的事可以惩戒人们贪图安逸的思想’?”

先生说:“现在的《诗经》并非孔子所删定的旧本了。孔子曾说过:‘驱逐郑国的音乐,郑国的音乐放荡淫靡。’又说:‘讨厌郑国的音乐扰乱了高雅的音乐。’‘郑国和卫国的音乐是亡国的音乐。’这是孔门的家法。孔子所删定的《诗经》三百篇,都是纯正典雅的音乐,在祭祀天地祖先的场合和乡村中都可以演奏,能起到宣扬和平、涵养德行、移风易俗的作用,郑国和卫国的音乐怎么可能掺杂其中呢?这些只能助长淫乱,导致奸邪。想必是在秦始皇焚书之后,后世儒生为了凑足三百篇,穿凿附会而成。大概俗人多喜欢传唱淫逸之词,现在的大街小巷也还是这样。朱熹无法正确解释这种情况,不得已而说‘记录恶事可以惩戒人们贪图安逸的思想’。”

徐爱跋

【原文】

爱因旧说汩没,始闻先生之教,实是骇愕不定,无入头处。其后闻之既久,渐知反身实践,然后始信先生之学为孔门嫡传,舍是皆旁蹊小径、断港绝河矣。如说“格物”是“诚意”[①]的功夫,“明善”是“诚身”的功夫,[②]“穷理”是“尽性”的功夫,“道问学”是“尊德性”的功夫,[③]“博文”是“约礼”的功夫,“惟精”是“惟一”的功夫,诸如此类,始皆落落难合,其后思之既久,不觉手舞足蹈。

【注释】

①诚意:语出《大学》“欲诚其意者,先致其知。致知在格物”。②明善、诚身:明善,意为明察事理,了解什么是善。诚身,意为使自己的行为符合天理准则。语出《中庸》。③道问学、尊德性:道问学,意为虚心学习,探究事理。尊德性,意为遵从道德规范。语出《中庸》。

【译文】

徐爱因为沉溺于程朱旧学中,受到程朱理学的影响较深,所以刚开始受到先生的教诲时,实在有点不知所云,寻不出头绪来。后来长时间得到先生的教诲,才渐渐回过头来,并笃行实践，由此开始相信先生的学说才是孔门的真传，其余都是旁门左道。比如先生所说的“格物”是“诚意”的功夫，“明善”是“诚身”的功夫，“穷理”是“尽性”的功夫，“道问学”是“尊德性”的功夫，“博文”是“约礼”的功夫，“惟精”是“惟一”的功夫。诸如此类的思想，刚开始实在难以理解，后来思考的时间久了，也就领会了其中意思，高兴得手舞足蹈。

陆澄录

一

【原文】

陆澄[①]问：“主一之功，如读书则一心在读书上，接客则一心在接客上，可以为主一乎？”

先生曰：“好色则一心在好色上，好货则一心在好货上，可以为主一乎？是所谓逐物，非主一也。主一是专主一个天理。”

【注释】

①陆澄：字原静，又字清伯，浙江吴兴人。官至刑部主事，王阳明的学生。

王阳明认为专一应该是专注于天理，而非书本、美色、钱财。

【译文】

陆澄问：“关于专一的功夫，比方读书，便一心一意地读书；接待客人，便专心地接待客人，这样可以叫作‘主一’吗？”

先生说：“好色就一心全在好色上，喜欢财物就一味去追求财物，难道这也可以算作专一吗？这只是追逐物欲，而并非专一。‘主一’是指对于天理圣道的专心。”

二

【原文】

问立志。

先生曰：“只念念要存天理，即是立志。能不忘乎此，久则自然心中凝聚，犹道家所谓‘结圣胎’[①]也。此天理之念常存，驯至于美大圣神[②]，亦只从此一念存养扩充去耳。”

【注释】

①结圣胎：圣胎是道教修炼所成的内功，是修道成仙的基础。②美大圣神：指人道德完善的几种境界。语出《孟子·尽心下》：“可欲之为善，有诸己之谓信，充实之谓美，充实之有光辉之谓大，大而化之之谓圣，

圣而不可知之之谓神。”驯，逐渐。

【译文】

陆澄询问关于立志的问题。

先生说：“立志就是时刻不忘存天理。能够不把存天理忘记了，久而久之心自然就会凝聚天理，就像道家所说的‘结圣胎’。存天理的念想时常记挂在心里，逐步达到精美、宏大、神圣的境界，就是不断保存这一意念并发扬开来的结果。”

王阳明认为只要时刻保有并发扬存天理的意念，就能达到精美、宏大、神圣的境界。

三

【原文】

“日间功夫，觉纷扰，则静坐；觉懒看书，则且看书。是亦因病而药。”

【译文】

先生说：“白天学习，觉得烦扰，就学习静坐；觉得懒于看书，就去看书。这也是对症下药。”

四

【原文】

“处朋友，务相下则得益，相上则损。”

【译文】

“同朋友相交，一定要相互谦让，就会获得好处，而相互攀比，互争高低则只会受损。”

五

【原文】

孟源[1]有自是好名之病，先生屡责之。一日警责方已，一友自陈日来功夫请正。源从旁曰：“此方是寻着源旧时家当。”

先生曰：“尔病又发。”源色变，议拟欲有所辨。

先生曰：“尔病又发！”因喻之曰：“此是汝一生大病根。譬如方丈地内种此一大树，雨露之滋，土脉之力，只滋养得这个大根，四傍纵要种些嘉谷，上面被此树叶遮覆，下面被此树根盘结，如何生长得成？须用伐去此树，纤根无留，方可种植嘉种，不然任汝耕耘培壅，只是滋养得此根。”

王阳明对孟源说，虚名就像遮挡雨露、盘结土壤的大树，要把它连根拔起，才能种植优良的种子。

【注释】

① 孟源：字伯生，滁州（今安徽滁县）人，王阳明的学生。

【译文】

自以为是、喜好虚名是孟源一直以来的缺点，为此先生曾多次批评他。一天，先生刚刚才批评了他，一个朋友来向先生陈述自己近日来所学，并请求先生加以指正。孟源在旁边说：“你的这些所学只是找着了我以前的那些老家当。”

先生说：“你又犯毛病了！”孟源顿时脸色一变，想要为自己辩解。

先生说：“你又犯毛病了！这是你一生的大病根。就好比一丈方圆的地里种着一棵大树，滋润的雨露，肥力的土壤，只能养着这棵树根。若在四周种上些优良的种子，大树的树叶会把其遮挡住，下面还会被树根盘结，它们怎么能够长活呢？所以必须将这棵树连根拔起，这个地方才能够再种植优良的种子。否则，任凭你努力耕耘和栽培，也只能仅仅滋养了那个树根。”

六

【原文】

问：“后世著述之多，恐亦有乱正学。”

先生曰：“人心天理浑然，圣贤笔之书，如写真传神，不过示人以形状大略，使之因此而讨求其真耳；其精神意气，言笑动止，固有所不能传也。后世著述，是又将圣人所画摹仿誊写，而妄自分析加增以逞其技，其失真愈远矣。”

【译文】

有人问：“后世著述太多，恐怕也是会扰乱正确的学说的。”

先生说：“人心中的天理浑然一体，圣贤写下的书就像是对它的真实模样的描绘和传达，只不过是把他的大概的外观给人看，让人从这探求其本质罢了；人的精神、想法、说笑、举止，总有一些是不能传达的，后世人写的书，是又将圣人描绘的东西进行摹仿誊写，进而妄作分析、增加来显示自己的手段高明。他们离本质更远了。”

七

【原文】

问：“圣人应变不穷，莫亦是预先讲求否？”

先生曰：“如何讲求得许多？圣人之心如明镜，只是一个明，则随感而应，无物不照，未有已往之形尚在，未照之形先具者。若后世所讲，却是如此，是以与圣人之学大背。周公制礼作乐以文天下，皆圣人所能为，尧舜何不尽为之而待于周公？孔子删述《六经》以诏万世，亦圣人所能为，周公何不先为之，而有待于孔子？是知圣人遇此时，方有此事。只怕镜不明，不怕物来不能照。讲求事变亦是照时事，然学者却须先有个明的功夫。学者惟患此心之未能明，不患事变之不能尽。”

曰："然则所谓'冲漠无朕，而万象森然已具'[1]者，其言何如？"

曰："是说本自好，只不善看，亦便有病痛。"

【注释】

① 冲漠无朕，而万象森然已具：程颐语，出自《河南程氏遗书》。意为在宇宙还是一片混沌时，万事万物的理已经在冥冥之中存在了。

【译文】

陆澄问："圣人能够根据情况随时应变，莫非这也是事先就预备好了的吗？"

先生说："怎么能预先准备得那么多呢？圣人的心像是一面明镜，只需它十分明亮，就没有什么东西是不能反映的，能够随着感触而应付自如。镜子里不会有先前所照见的东西存留，也不可能有没有照过的东西事先出现在镜子上。如果后人是这样认为的，那就与圣人的学说大不相同了。周公为教化世人制定礼乐，这是圣人们都能做的事，那么尧舜二帝为何不先行亲自制定而要等周公来做呢？孔子删定《六经》以昭明后人，也是圣人们都能做的事，周公为什么不先行亲自删定而等孔子来做呢？所以说圣人只有处于恰当的时代，才会有恰当的作为。就怕镜子不够明亮，无法照出镜前的东西。根据情况随机应变就像是用镜子，学者们所须只是先下工夫使自己这面镜子保持明亮。学者只应担心自己不能心如明镜，而不须担心自己明镜般的心不能应付发展的变化。"

圣人之心如明镜，只是一个明，则随感而应，无物不照。

陆澄说："那么程颐先生所说的'宇宙间混顿无物时，就已经有万物之理在冥冥之中存在了'，这句话如何解释呢？"

先生说："这句话本身正确，只是世人不能正确理解，也就有了毛病。"

八

【原文】

"义理无定在，无穷尽。吾与子言，不可以少有所得而遂谓止此也，再言之十年，二十年，五十年，未有止也。"

他日又曰："圣如尧舜，然尧舜之上善无尽；恶如桀纣，然桀纣之下恶无尽。使桀纣未死，恶宁止此乎？使善有尽时，文王何以'望道而未之见'[1]？"

在尧舜之上，还有无尽的善，在桀纣之下也还有无尽的恶。善恶都是没有止境的，所以文王"望道而未之见"。

【注释】

① 望道而未见之：语出《孟子·离娄下》。

【译文】

"义理不会有固定不变的所在，它根本无法穷尽。所以我跟你讲学，你稍有收获，就停滞不前，是不对的。即使再学习十年、二十年、五十年，也不能停止。"

一天，先生又说："尧、舜二帝已经十分圣明了，但在尧舜之上，善还远没有穷尽；恶人最多做到桀纣了，但在桀纣之下，还有无穷无尽的恶。而且即使桀纣还未死，残恶在他们这儿就到了尽头了吗？假如善会有穷尽之时，周文王何会感叹道'始终追求天理却依旧没有遇到过天理'呢？"

九

【原文】

问："静时亦觉意思好，才遇事便不同，如何？"

先生曰："是徒知静养，而不用克己功夫也。如此，临事便要倾倒。人须在事上磨，方立得住，方能'静亦定，动亦定'①。"

【注释】

① 静亦定，动亦定：语出《河南程氏遗书》。

王阳明认为光懂得静心休养是不够的，还要在具体的事情中磨炼自己，才能"静亦定，动亦定"。

【译文】

陆澄问："静养的时候也感觉自己的想法很清晰，可是遇到具体的事情就不能再依据自己的思路去做，为什么？"

先生说："这是你只懂得静心修养，却不下工夫来克制自己的原因。这样的话，遇到具体的事情就会觉得思路不稳。人必须在遇到事情的时候磨炼自己，才能稳，才能'静亦定，动亦定'。"

十

【原文】

问上达①功夫。

先生曰："后儒教人，才涉精微，便谓'上达'未当学，且说'下学'②，是分'下学''上达'为二也。夫目可得见、耳可得闻、口可得言、心可得思者，皆'下学'也。目不可得见、耳不可得闻、口不可得言、心不可得思者，'上达'也。如木之栽培灌溉，是'下学'也，至于日夜之所息③，条达畅茂，乃是'上达'，人安能预其力哉？故凡可用功、可告语者皆'下学'，'上达'只在'下学'里。凡圣人所说，虽极精微，俱是'下学'。学者只从'下学'里用功，自然'上达'去，不必别寻个'上达'的功夫"。

【注释】

① 上达：意为参悟天理。语出《论语·宪问》："君子上达，小人下达。"② 下学：意为关于事物的基本知

识和思想方法。语出《论语·宪问》：“不怨天，不忧人。下学而上达。知我者其天乎？”③日夜之所息：语出《孟子·告子上》。

【译文】

陆澄求教参悟天理的功夫。

先生说：“后世儒生教人，才涉及精微之处，便说不应当学参悟天理的功夫，只学一些简单的基础知识和思想方法，于是将‘上达’和‘下学’分开了。那眼睛看得见、耳朵听得到、嘴巴说得出、心里想得到的，都是‘下学’；而那些用眼睛看不到、耳朵听不到、嘴巴说不出、心里想不到的，就是‘上达’。比如说树木的栽种灌溉，都是属于‘下学’，至于树木的生长休息、树枝繁茂，就是‘上达’，不会被人力干预。所以凡是那些能够用功学到、用言语告知的，都只是‘下学’，‘上达’只存在于‘下学’当中。凡是圣人谈到的虽然极其精微，但也只是‘下学’而已。学者只需在‘下学’的功夫里用功，自然而然就能到达到‘上达’的功夫，而不必要在别的地方去寻‘上达’的功夫。”

十一

【原文】

问：“‘惟精’‘惟一’是如何用功？”

先生曰：“‘惟一’是‘惟精’主意，‘惟精’是‘惟一’功夫，非‘惟精’之外复有‘惟一’也。‘精’字从‘米’，姑以米譬之。要得此米纯然洁白，便是‘惟一’意，然非加舂簸筛拣‘惟精’之功，则不能纯然洁白也。舂簸筛拣是‘惟精’之功，然亦不过要此米到纯然洁白而已。博学、审问、慎思、明辨、笃行者，皆所以为‘惟精’而求‘惟一’也。他如‘博文’者即‘约礼’之功，‘格物致知’者即‘诚意’之功，‘道问学’即‘尊德性’之功，‘明善’即‘诚身’之功，无二说也。”

“博文”者即“约礼”之功，“格物致知”者即“诚意”之功，“道问学”即“尊德性”之功，“明善”即“诚身”之功。

【译文】

陆澄问：“如何在‘惟精’‘惟一’上下功夫？”

先生说：“‘惟一’是‘惟精’的目的，‘惟精’是‘惟一’的功夫，‘惟一’并不是在‘惟精’之外的。‘精’是‘米’字旁，就用米来作比喻。‘惟一’是要让大米纯然洁白，但是如果不经过舂簸筛拣等之序，大米就不可能纯然洁白。舂簸筛拣好比是‘惟精’的功夫，其目的是让大米洁白。博学、审问、慎思、明辨、笃行等，也皆是‘惟精’而求得‘惟一’罢了。另外，‘博文’是‘约礼’的功夫，‘格物致知’是

舂簸筛拣是使大米纯洁的功夫，“惟精”是“惟一”的功夫。

'诚意'的功夫，'道问学'是'尊德性'的功夫，'明善'是'诚身'的功夫，也都是这个意思。"

十二

【原文】

"知者行之始，行者知之成。圣学只一个功夫，知行不可分作两事。"

【译文】

先生说："认识是实践的起点，实践是认识的成果。圣人的学问只是一个功夫，认识和实践不能当作两回事。"

十三

【原文】

"漆雕开[①]曰：'吾斯之未能信。'[②]夫子说之。子路使子羔为费宰，[③]子曰：'贼夫人之子。'[④]曾点[⑤]言志，夫子许之。圣人之意可见矣。"

【注释】

①漆雕开：鲁国人，字子若，孔子的学生。②吾斯之未能信：语出《论语·公冶长》："子使漆雕开仕。对曰：'吾斯之未能信。'子说。"③子路：仲由（前542~前480），鲁国卞（今山东泗水）人，姓仲，名由，字子路，又字季路，孔子的学生。子羔：齐国人，姓高，名柴，孔子的学生。④贼夫人之子：意为危害人家的孩子。语出《论语·先进》。⑤曾点：曾皙，鲁国人，孔子的学生。

子路让子羔做费地的地方官，孔子认为他是在陷害子羔。

【译文】

先生说："漆雕开对孔子说：'对于做官，我没有自信。'孔子听了这话，心里很高兴。子路让子羔在费地担任地方官员，孔子说：'陷害别人的孩子。'曾点对孔子讲自己的志向，孔子表示赞许。由此可以看出孔子的心意。"

十四

【原文】

问："宁静存心时，可为'未发之中'[①]否？"

先生曰："今人存心，只定得气。当其宁静时亦只是气宁静，不可以为'未发之中'。"

曰："'未'便是'中'，莫亦是求'中'功夫？"

曰："只要去人欲存天理，方是功夫。静时念念去人欲存天理，动时念念去人欲存天理，不管宁静不宁静。若靠那宁静，不惟渐有喜静厌动之弊，中间许多病痛只是潜伏在，终不能绝去，遇事依旧滋长。以循理为主，何尝不宁静？以宁静为主，未必能循理。”

【注释】

① 未发之中：语出《中庸》“喜怒哀乐之未发谓之中”。意为喜怒哀乐尚在内心，没有表现出来，理学认为这种状态的情绪纯真无伪，最符合‘理’。

【译文】

陆澄问：“当一个人静处以存心养性时，可以看作‘未发之中’吗？”

先生说：“如今人们存心养性，仅仅是定气养神。宁静下来的时候也只有气得到了安定，全然不能算作‘未发之中’。”

陆澄说：“‘未发之中’就是‘中’，这难道不也是寻求‘中’的功夫吗？”

先生说：“只有去人欲存天理，方能算功夫。不管是宁静时还是行动时，时时都想着去人欲存天理。假若仅仅在宁静时存天理，不但会渐渐养成喜静厌动的弊病，而且会有许多的毛病隐藏在心里，遇事便会滋长起来，终究很难断绝清除。心中时时遵循天理，怎么可能得不到宁静呢？单单追求宁静不一定能够遵循天理。”

十五

【原文】

问：“孔门言志①，由、求②任政事，公西赤③任礼乐，多少实用！及曾说来，却似要的事，圣人却许他，是意何如？”

曰：“三子是有意必④，有意必便偏著一边，能此未必能彼。曾点这意思却无意必，便是‘素其位而行，不愿乎其外，素夷狄行乎夷狄，素患难行乎患难，无入而不自得’⑤矣。三子所谓‘汝器也’⑥，曾点便有‘不器’⑦意。然三子之才，各卓然成章，非若世之空言无实者，故夫子亦皆许之。”

【注释】

① 孔门言志：语出《论语·先进》。讲的是孔子和他的学生谈论志向的故事。② 由、求：由，仲由，即子路；求，冉求，字子由，孔子的学生。③ 公西赤：姓公西，名赤，字子华，孔子的学生。④ 意必：语出《论语·子罕》“子绝四：毋意、毋必、毋固、毋我”。意，即主观猜测。必，即武断绝对。⑤“素其位”五句：语出《中庸》。素其位，安于现在的地位、条件。⑥ 汝器也：语出《论语·公冶长》。器，即器具，特定的器具有特定的才能。⑦ 不器：语出《论语·为政》“君

子由、冉求志在政事，公西赤志在礼乐教化，曾点则随遇而安。前三者是专才，曾点则有多方面才能。

子不器”。意为不是一般的器具，具有多种才能。

【译文】

陆澄问：“孔子的门徒们谈论他们的志向，子由和冉求想要担任政事，公西赤想要从事礼乐教化，多少有些经世致用的意思。但曾皙说起来像要着玩一样，孔子反而赞许他，是什么意思呢？”

先生说：“前面三人的志向都带着点主观的揣测、武断而又绝对，带有这样的倾向，便会偏执于一方面，能做这件事未必能做那件。曾皙的志向没有此种倾向，只不过是‘在自己的条件下行事，身处夷狄，就做夷狄能做的事；身处患难，就做患难中能做的事，无论在哪都能依据情势，怡然自得’了。前面三人是孔子所说在单方面有才能的人，而曾皙是孔子所说的在多个方面有才能的人。然而他们三人，各自才能卓著，而不是世间那些只讲讲而不实行的人，所以孔子也会赞许他们。”

十六

【原文】

问：“知识不长进，如何？”

先生曰：“为学须有本原，须从本原上用力，渐渐‘盈科而进’①。仙家说婴儿亦善譬。婴儿在母腹时只是纯气，有何知识？出胎后，方始能啼，既而后能笑，又既而后能识认其父母兄弟，又既而后能立、能行、能持、能负，卒乃天下之事无不可能。皆是精气日足，则筋力日强，聪明日开。不是出胎日便讲求推寻得来，故须有个本原。圣人到‘位天地育万物’，也只从‘喜怒哀乐未发之中’上养来。后儒不明格物之说，见圣人无不知，无不能，便欲于初下手时讲求得尽，岂有此理！”

王阳明强调做学问要有一个根基，就像婴儿在母亲肚子里时什么都不知道，慢慢才学会所有事情，也是要有个根基的。

又曰：“立志用功，如种树然。方其根芽，犹未有干，及其有干，尚未有枝，枝而后叶，叶而后花、实。初种根时，只管栽培灌溉，勿作枝想，勿作叶想，勿作花想，勿作实想。悬想何益？但不忘栽培之功，怕没有枝叶花实！”

【注释】

① 盈科而进：语出《孟子·离娄下》。比喻循序渐进。

【译文】

陆澄问：“知识没有长进，该怎么办？”

王阳明把做学问比作种树。树的生长要经历发芽、生枝、长叶、开花、结果的过程，做学问也一样需要循序渐进。

先生说："做学问首先须有一个根基，然后从根基上面下工夫，慢慢地循序渐进。道家学说用婴儿作比，说得很精辟。婴儿在母亲的肚子里还未成形时只是一团气，完全什么都没有。待他出生后，方才能够啼哭，之后能够笑，然后认识父母兄弟，既而可以站立、行走、背、拿，最后世上的事情已经无所不能。因为婴儿的精气日益充足，筋骨也越来越有力气，头脑则越来越聪明。婴儿并非出生便具备了各种能力，所以须要有个根基。圣人也是从涵养起喜怒哀乐各种情绪没有表现出来的时候慢慢培养起来，才能够立足于天地之间让万物随其本性生长。后代的儒生们不懂得格物的学说，却觉得圣人看起来无所不知、无所不能，于是妄想一开始就把学问讲求完，真是岂有此理！"

先生又说："立下志向用功夫做学问，就好比种树。开始发芽时没有树干，长出树干时没有树枝，长了树枝后才长叶子，叶子长好后才开花，最后结果。种上树根的时候，不要事先想着生枝、长叶、开花、结果，只管培土灌溉。因为空想也是无益。只要不忘尽心培土灌溉，怎怕没有枝、叶、花、果？"

十七

【原文】

问："看书不能明，如何？"

先生曰："此只是在文义上穿求，故不明。如此，又不如为旧时学问。他到看得多，解得去，只是他为学虽极解得明晓，亦终身无得。须于心体上用功，凡明不得，行不去，须反在自心上体当，即可通。盖四书[①]五经，不过说这心体，这心体即所谓'道'，心体明即是道明，更无二。此是为学头脑处。"

【注释】

① 四书：宋代理学家朱熹把《大学》《中庸》《论语》《孟子》合起来，编为《四书》，作为儒学的基本经典。

【译文】

陆澄问："读书时看不懂含义，怎么办呢？"

先生说："读不懂主要是因为你只求明白字面上的含义，钻牛角尖。这样的话，倒不如专门去做程朱的学问。他们做学问极其清楚明白，看得多，而且解得通。但也只是终生没有收获。做学问必须在自己的心上苦下功夫，凡是看不明白、想不通的，回到自己的内心仔细体会，这样就能明白了。《四书》《五经》所阐述的不过是个心体，这个心体就是所谓的‘天理’，体明就是道明，再没有别的。这才是读书做学问的关键。”

十八

【原文】

“‘虚灵不昧，众理具而万事出。’①心外无理，心外无事。”

或问：“晦庵先生曰，‘人之所以为学者，心与理而已。’此语如何？”

曰：“心即性，性即理，下一‘与’字，恐未免为二，此在学者善观之。”

或曰：“人皆有是心，心即理，何以有为善，有为不善？”

先生曰：“恶人之心，失其本体。”

王阳明告诉学生，读书不能在字面上，而应在自己的心上下功夫。

【注释】

①“虚灵”两句：语出朱熹《大学章句》。

【译文】

“‘让心空灵明澈而不愚昧，就会具备了各种道理，万事万物也从这里显现。’在人心之外再无天理，也无事物。”

有的人善良，有的人却不善良，恶人的心已经丧失了它的本体。

有人问：“朱熹先生说过：‘人之所以为学者，心与理而已。’这句话说得对吗？”

先生说：“心就是性，性就是理，‘心’和‘理’之间掺入一个‘与’字，恐怕会将‘心’‘理’分开。这就要求学者善于观察和体会。”

有人说：“人人都同样有心，而心就是天理，那为什么有的人善良，而有的却不善良呢？”

先生说：“恶人的心早已经丧失了它的本体。”

十九

【原文】

问：“‘析之有以极其精而不乱，然后合之有以尽其大而无余’①，此言如何？”

先生曰：“恐亦未尽。此理岂容分析？又何须凑合得？圣人说‘精一’自是尽。”

“省察是有事时存养，存养是无事时省察。”

【注释】

①“析之”句：语出朱熹《大学或问》“析之极精不乱，说条目功夫；然后合之尽大无余，说明明德于天下”。

【译文】

陆澄问：“朱熹说‘分析天理可以使它显得精干而不混乱，综合天理便可使其包罗万象，各个方面都无从遗落’，这话对吗？”

先生说：“恐怕并不全对。天理怎么可以分割开来加以分析？又何必需要综合？圣人所说‘精一’就已经把它说尽了。”

先生说：“省察是在具体的事情上存养天理，而存养天理就是在无事时反省体察天理。”

二十

【原文】

澄尝问象山①在人情事变上做功夫之说。

先生曰：“除了人情事变则无事矣。喜怒哀乐非人情乎？自视听言动，以至富贵贫贱患难死生，皆事变也。事变亦只在人情里，其要只在‘致中和②’，‘致中和’只在‘谨独’③。”

王阳明认为人的喜怒哀乐、富贵贫贱，都是人情事变，做学问就是在人情事变上下功夫。

【注释】

①象山：陆九渊（1139~1193），字子静，自号存斋，江西抚州人。曾讲学于象山，学者称象山先生。②中和：语出《中庸》。中，天下的根本。和，天下的大道。③谨独：即慎独，意为一个人独处也要严格要求自己，言行思想要符合道德规范。

【译文】

关于陆九渊在人情事变上下功夫的学说，陆澄曾向先生请教。

先生说：“除了人情事变，世界上也再没有别的事了。喜怒哀乐不是人情吗？从看、听、说、做再到富贵、贫贱、患难、死生，都是‘事变’。而事变都只在人情里体现，它的关键是要做到‘中正平和’，而‘中正平和’的关键就在于‘慎独’。”

二十一

【原文】

澄问：“仁、义、礼、智之名，因已发而有？”

曰：“然。”

他日，澄曰：“恻隐①、羞恶、辞让、是非，是性之表德邪？”

曰："仁、义、礼、智也是表德。性一而已，自其形体也谓之天，主宰也谓之帝，流行也谓之命，赋于人也谓之性，主于身也谓之心。心之发也，遇父便谓之孝，遇君便谓之忠，自此以往，名至于无穷，只一性而已。犹人一而已，对父谓之子，对子谓之父，自此以往，至于无穷，只一人而已。人只要在性上用功，看得一性字分明，即万理灿然。"

王阳明认为，心性只有一个，只是在不同的对象面前有了不同的称呼，就像人总是一个人，在儿子面前就被称为父亲，在父亲面前就被称为儿子一样。

【注释】

①"恻隐"句：语出《孟子·公孙丑》。

【译文】

陆澄问："仁、义、礼、智的名称，是人的心性发挥出来之后有的吗？"

先生说："是。"

又一天，陆澄问："恻隐、羞恶、辞让、是非等等，这些善良或邪恶的情感也是心性展示出来的吗？"

先生说："仁、义、礼、智是善良的心性。心性只有一个，从它外在形式上叫作'天'，从它主宰万事万物的角度就叫作'帝'，而从它的流传变化就叫作'命'，它赋予人时称作'性'，主宰人的身体时称作'心'，但实际上心性只有唯一的一个。心性体现的时候，善待父母便叫孝，忠于国君就叫忠，以此类推，虽然它的名称数不胜数，但心性也只有一个而已。就好比一个人，他拥有的称呼也是无穷无尽的，相对于父亲他是儿子，对于儿子他又是父亲。但实际上这只是同一个人而已。所以人只需用功把心性参悟透彻，世上的一切道理就会清楚明白了。"

三十二

【原文】

一日，论为学功夫。

先生曰："教人为学，不可执一偏。初学时心猿意马，拴缚不定，其所思虑，多是人欲一边，故且教之静坐息思虑。久之，俟其心意稍定，只悬空静守，如槁木死灰①亦无用，须教他省察克治。省察克治之功，则无时而可间，如去盗贼，须有个扫除廓清之意。无事时，将好色、好货、好名等私欲逐一追究搜寻出来，定要拔去病根，永不复起，方始为快。常如猫之捕鼠，一眼看着，一耳听着，才有一念萌动，即与克去，斩钉截铁，不可姑容，与他方便，不可窝藏，不可放他出路，方是真实用功，方能扫除廓清。到得无私可克，自有端拱时在。虽曰'何思何虑'，非初学时事。初学必须思省察克治，即是思诚，只思一个天理。到得天理纯全，便是'何思何虑'矣。"

【注释】

①槁木死灰：语出《庄子·齐物论》："形固可使如槁木，而心固可使如死灰乎？"

【译文】

有一天，大家讨论为学的功夫。

先生说："教人如何做学问，绝不能偏执一个方法。初学者心猿意马，心中考虑的多是个人私欲而不能够集中精力，因此，姑且可以教他学习静坐，安定思绪，平息心中私欲。久而久之，当他的心思渐渐安定，如果还一味让他像槁木死灰一般悬空静坐，也没有什么作用。在这个时刻就须教他做反省体察克制私欲。这种功夫是不能间断的，就像铲除盗贼，要有彻底清除的决心。没有事的时候，一定要把好色、贪财、慕名等私欲逐一搜出来，然后将其连根拔起，使它永不复发，才觉痛快。平时则要像猫捉老鼠，一边用眼睛看着，一边用耳朵听着，有丝毫的私心杂念萌动的时候，就要立马斩钉截铁地把它克服掉，绝不能姑息纵容，让它有放松的机会，不包藏它，更不能让它有生路，如此才能尽扫心中的私欲，这才是真功夫。到了心中再无私欲需要克除，就可以轻轻松松地做端坐拱手状。虽然也是什么都不想，但却不是初者能做到。初学时必须专注思考省察克治，也就是想如何使意念专诚，只思考一个天理。到了天理纯正圆满的境界，就真正'何思何虑'了。"

王阳明认为，教人做学问，就要拔去其心中好名、好财、好色的病根，像猫捉老鼠一样时时警惕，绝不姑息纵容。

二十三

【原文】

澄问："有人夜怕鬼者，奈何？"

先生曰："只是平日不能'集义'[①]而心有所慊，故怕。若素行合于神明，何怕之有？"

子莘[②]曰："正直之鬼不须怕，恐邪鬼不管人善恶，故未免怕。"

先生曰："岂有邪鬼能迷正人乎！只此一怕即是心邪。故有迷之者，非鬼迷也，心自迷耳。如人好色即是色鬼迷，好货即是货鬼迷，怒所不当怒是怒鬼迷，惧所不当惧是惧鬼迷也。"

王阳明认为人之所以怕鬼，是因为自己心中有愧，心地正直的人是不会被鬼迷惑的。

【注释】

①集义：意思是经常积累善心。语出《论

语·公孙丑上》。② 子莘：马明衡，字子莘，福建莆田人。官至御史，王阳明最早的福建弟子。

【译文】

陆澄问："夜里怕鬼的人该怎么办？"

先生说："因为平日里不积累善心，因此心中有愧，才会怕鬼。如果平时的行为合乎神明，有什么害怕的呢？"

子莘说："不须怕正直的鬼，只是邪恶的鬼会无视善恶，而伤害人，所以未免有些害怕。"

先生说："难道有邪鬼能够迷惑正直人的吗？有怕的心理，就是此人心术不正的表现。是人的心把自己迷惑了，而并非是鬼迷惑了人。就像人好色，便是色鬼迷；贪财，就是贪财鬼迷；不应当发怒的地方发怒了，就是被怒鬼迷；害怕不该怕的，就是被怕鬼迷。"

二十四

【原文】

"定者，心之本体，天理也。动静，所遇之时也。"

【译文】

"定，恒定平静，是心的本体，也就是天理。动和静的变化，是天理在不同环境下的具体表现。"

二十五

【原文】

澄问《学》《庸》同异。

先生曰："子思[①]括《大学》一书之义，为《中庸》首章。"

【注释】

① 子思：孔子的孙子。相传为曾子的学生，继承和发扬了孔子的中庸思想。

【译文】

陆澄向先生请教《大学》《中庸》两本书的异同。

先生说："子思总结了《大学》一书的宗旨，并以此写了《中庸》的第一章。"

二十六

【原文】

问："孔子正名[①]。先儒说：'上告天子，下告方伯，废辄立郢。'此意如何？"

先生曰："恐难如此。岂有一人致敬尽礼，待我而为政，我就先去废他，岂人情天理！孔子既肯与辄为政，必已是他能倾心委国而听。圣人盛德至诚，必已感化卫辄，使知无父之不可以为人，必将痛哭奔走，往迎其父。父子之爱本于天性，辄能悔痛真切如此，蒯聩岂不感动底豫？蒯聩既还，辄乃致国请戮。聩已见化于子，又有夫子至诚调和其间，当亦决不肯受，仍以命辄。群臣百姓又必欲得辄为君。辄乃自暴其罪恶，请于天子，告于方伯诸侯，而必欲致国于父。聩与群臣百姓亦皆表辄悔悟仁孝之美，请于天子，告于方伯诸侯，必欲得辄而为之君。于是集命于辄，使之复君卫国。辄不得已，乃如后世上皇故事，率群臣百姓尊聩为太公，备物致养，而始退复其位焉。则君君、臣臣、父父、子子②，名正言顺，一举而可为政于天下矣。孔子正名，或是如此。"

蒯聩被儿子卫辄的孝行感化了，于是让卫辄继续治理国家。众大臣也都表彰卫辄仁孝的美德，支持他担任国君。

【注释】

①正名：使名分恰当。语出《论语·子路》："子路曰：'卫君待子而为政，子将奚先？'子曰：'必也正名乎！'"孔子认为，为政治国必须先有恰当的名分，做到"君君、臣臣、父父、子子"，严格遵守等级秩序。

②"君君"句：语出《论语·颜渊》："齐景公问政于孔子。孔子对曰：'君君、臣臣、父父、子子。'"意思是君臣父子都要遵守各自的行为规范。

【译文】

陆澄问："孔子正名。朱熹说孔子是'上要告知天子，下需告知诸侯，废除公子辄而拥立公子郢'。是吗？"

先生说："恐怕不是这样解释。哪有别人对我恭敬有礼，让我执掌政权，我却要先把他废除的道理？显然不符合人情天理。一定是全心全意地听从孔子的教诲，并把国家委托给他，孔子才会愿意帮助辄治理国家。卫辄已经为孔子的品德高尚，心灵至诚感化了，明白不孝顺父亲就不算是一个真正的人。所以卫辄定会痛哭着亲自跑去把他父亲迎接回来。卫辄能如此真切地痛改前非，蒯聩怎会不被他彻底感动，更何况父子之爱本来就是人的天性？把父亲接回来之后，卫辄想要把政权交还给父亲，并请求父亲让他以死谢罪。蒯聩被儿子的行为彻底感化了，并且又有孔子在当中诚恳调解，他是绝不会再接治理国家这副担子，反而命令辄继续治理国家。蒯聩与众大臣百姓们也都表彰辄仁孝的美德，于是请示天子，昭告诸侯，一定要卫辄担任国君。他们一起请求辄，让他担任卫国的国君。卫辄不得已，便像后世帝王那样，率领众大臣和全国百姓尊奉父亲为太上皇，然后，辄才恢复了他的国君之位。这样君像君、臣像臣、父像父、子像子，各

王阳明告诉弟子，孔子的"正名"是说要让父子之间恪守本分，名正言顺，这样才能天下大治。

人恪守自己的身份，名正言顺，天下便一举可治了。孔子所谓正名，或许就是如此吧！”

二十七

【原文】

澄在鸿胪寺仓居①，忽家信至，言儿病危，澄心甚忧闷，不能堪。

先生曰：“此时正宜用功，若此时放过，闲时讲学何用？人正要在此等时磨炼。父之爱子，自是至情，然天理亦自有个中和处，过即是私意。人于此处多认做天理当忧，则一向忧苦，不知已是‘有所忧患不得其正’②。大抵七情所感，多只是过，少不及者。才过，便非心之本体，必须调停适中始得。就如父母之丧，人子岂不欲一哭便死，方快于心？然却曰‘毁不灭性’③，非圣人强制之也，天理本体自有分限，不可过也。人但要识得心体，自然增减分毫不得。”

【注释】

①鸿胪寺：掌管赞导相礼的衙门。王阳明于正德九年（1514）升任南京鸿胪寺卿，许多弟子随他前往。仓居，在衙舍居住。②有所忧患不得其正：语出《大学》。③毁不灭性：意思是孝子哀伤不能伤害性命。语出《孝经·丧亲》。

【译文】

陆澄在南京鸿胪寺的衙门里居住的时候，突然接到儿子病危的家信，顿感忧郁，无法忍受。

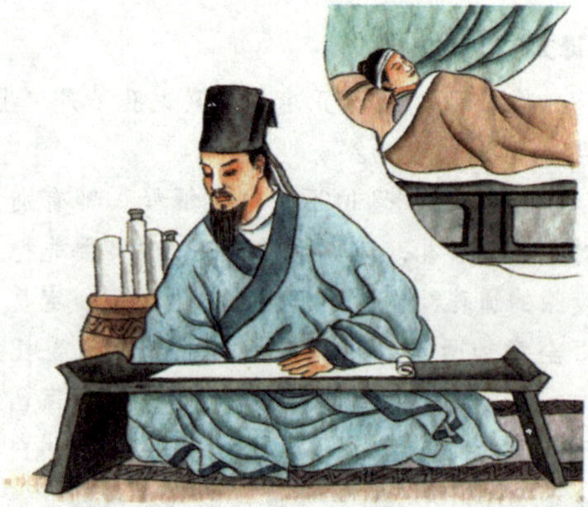

王阳明教导学生不要因为家人病危就忧愁郁闷，无法承受。天理本身要有限度，不能过分，过分了就成了情欲，而感情多是有些过分的。

先生说：“这是修身养性的好时机，如果此时不用功，平日里无事时讲求学问有什么用呢？这时候的人就应该磨炼自己。父亲关爱儿子，是符合天理的最深切的情感，但是天理也要有中正的度，超过这个限度就成了私欲。大多人在这时依照天理应当心有忧伤，于是一味悲伤痛苦，而不知自己已是‘有所忧患不得其正’。一般来讲，七情六欲一旦出现，大多有点过分，很少有不足的。然而只要过分，便不再是心的本体，所以一定要调节，直至适中才可。比如父母去世，作为人子，哪有不想一下子哭死以能化解心中的悲痛的？然而圣人说过：‘毁不灭性’。这并非圣人要强行规定，而是因为天理本身便有限度，凡事不能过分。人只要真正认识了心体，自然不会增减分毫。”

二十八

【原文】

“不可谓‘未发之中’常人俱有。盖‘体用一源’①，有是体即有是用，有‘未发之中’即有‘发而皆中节之和’。今人未能‘有发而皆中节之和’，须知是他‘未发之中’亦未能全得。”

【注释】

①体用一源：语出《伊川易传·序》：“至微者，理也；至著者，象也。体用一源，显微无间。”意为体与用同出于一个源头即易，它们虽然有或者显著或者微妙的差异，却是紧密结合、不可分割的。

【译文】

先生说：“不能说一般人都能保持‘情感没有表达出来时中正的态度’。因为‘本体和运用是同一个源’，它们虽然有显著或者微妙的差异，却是紧密结合，不可分割的。有这样的体才会有这样的用。有‘情感未发时的中正’，就会有‘情感发出来符合中正的平和’。如今人们应该知道是因为他‘情感未发时的中正状态’还没能完全得到的缘故，才没能做到‘情感发出来符合中正的平和’。”

王阳明认为，人的情感发出来时能否保持中正平和，与其未发出来时是否能够保持中正平和是密切相关的。

二十九

【原文】

“《易》之辞是‘初九，潜龙勿用’①六字，《易》之象是初画，《易》之变是值其画，《易》之占是用其辞。”②

【注释】

①初九，潜龙勿用：《易经》乾卦的初九爻爻辞，象征潜伏的龙，不能发挥作用。初九，指乾卦从下数第一爻，亦称初画。易经中用九代表阳爻，用六代表阴爻。②辞、象、变、占：《易经·系辞上》“《易》有圣人之道四焉：以言者尚其辞，以动者尚其变，以制器者尚其象，以卜筮者尚其占”。象，即用卦爻等符号比拟自然界和社会的形态与变化。

【译文】

先生说：“《易经》乾卦的初九爻爻辞是‘初九，潜龙勿用’六个字，《易经》的卦象是初九爻，《易经》的变化是出现新爻，《易经》的占卜用的是卦辞和爻辞。”

三十

【原文】

"'夜气'[①]是就常人说。学者能用功，则日间有事无事，皆是此气翕聚发生处。圣人则不消说'夜气'。"

【注释】

① 夜气：语出《孟子·告子上》。人在夜里产生的清明和善的心气或精神状态。

【译文】

先生说："存养'夜气'是对普通人而言的。学者修养功夫，便会不论白天有没有事情，心中也都是清明和善的心气聚敛的地方。因此圣人不会讲究'夜气'。"

三十一

【原文】

澄问"操存舍亡"[①]章。

曰："'出入无时，莫知其向'，此虽就常人心说，学者亦须是知得心之本体亦元是如此，则操存功夫始没病痛。不可便谓出为亡，入为存。若论本体，元是无出无入的。若论出入，则其思虑运用是出，然主宰常昭昭在此，何出之有？既无所出，何入之有？程子所谓'腔子'[②]，亦只是天理而已。虽终日应酬而不出天理，即是在腔子里；若出天理，斯谓之放，斯谓之亡。"

又曰："出入亦只是动静，动静无端，岂有向邪？"

【注释】

① 操存舍亡：语出《孟子·告子上》："孔子曰：'操则存，舍则亡，出入无时，莫知其乡，惟心之谓欤？'"操，指保持人的善良本心。乡，通"向"，即方向。② 腔子：指胸腔。语出《河南程氏遗书》："心要在腔子里。"

【译文】

陆澄就《孟子》中"操存舍亡"一章向先生求教。

先生说："'心的离开或回归没有规律可循，不知道它的方向'，虽然这是就一般人的心说的，学者应当明白心的本体原本也只是如此，那么操存功夫才不会出现问题。不能简单地认定出即是亡，入就是存。如果就心的本体来说，原本就是没有什么出和入的。如果要谈论到出入，那么人的思考就是出，然而人的主宰明明就在心里

王阳明说，心的本体是没有什么出和入的，它始终存在于天理之中，一旦超出了天理，就是所谓的亡了。

面，哪有什么出呢？既然没有出，何入之有？程颐所说的‘心腔’，也只不过是天理。即使一天到晚不停地应酬，也不会超出天理，就是在心腔里。一旦会超出天理，就是所谓的放，所谓的亡。”

先生又说：“心的出入只是运动和静止而已，运动和静止无常，怎会有什么方向？”

三十二

【原文】

王嘉秀[①]问：“佛以出离生死诱人入道，仙以长生久视[②]诱人入道，其心亦不是要人做不好，究其极至，亦是见得圣人上一截，然非入道正路。如今仕者，有由科，有由贡，有由传奉，一般做到大官，毕竟非入仕正路，君子不由也。仙佛到极处与儒者略同，但有了上一截，遗了下一截，终不似圣人之全。然其上一截同者，不可诬也。后世儒者又只得圣人下一截，分裂失真，流而为记诵、词章、功利、训诂，亦卒不免为异端。是四家者终身劳苦，于身心无分毫益，视彼仙佛之徒清心寡欲，超然于世累之外者，反若有所不及矣。今学者不必先排仙佛，且当笃志为圣人之学。圣人之学明则仙佛自泯，不然则此之所学，恐彼或有不屑，而反欲其俯就，不亦难乎！鄙见如此，先生以为何如？”

先生曰：“所论大略亦是。但谓上一截、下一截，亦是人见偏了如此。若论圣人大中至正之道，彻上彻下，只是一贯，更有甚上一截、下一截？‘一阴一阳之谓道’，但‘仁者见之便谓之仁，智者见之便谓之智，百姓日用而不知，故君子之道鲜矣’。仁智岂可不谓之道？但见得偏了便有弊病。”

王阳明认为，圣人之道是上下连贯的，而佛家与道家对圣道的理解都有失片面，所以他们便有了种种弊病。

【注释】

①王嘉秀：字实夫，王阳明的学生，好谈佛道。②长生久视：指长生不老。语出《老子》：“有国之母，可以长久，是谓之深根固柢，长生久视之道。”

【译文】

王嘉秀问：“佛教诱惑人信奉佛教用超脱生死轮回的说法，而道教诱惑人信奉道教则用长生不老的说法，其本意并非引诱人去做不好的事。然而归根结底，只是看到了圣人的上一截，然而并不是进入圣道的正路。如今做官的人，有的通过科举入仕，有的通过乡里举荐，有的继承前辈爵位、大官荫庇，同样做了大官。但毕竟不是仕途正道，正人君子是不会随波逐流的。道、佛到了最高境界，和儒家大体相同。但是他们只注意到了上一截，而忽略了下一截，终究不像圣道那么全面。然而不可否认，他们的上一截和儒家的是相同的。后世的儒生们又只学到了圣道的下半截，使圣道分裂而丧失了其本原，沦为仅剩下记诵、功利、训诂，最后难免变成异端邪说。与那些修道、信佛，一生清心寡欲，超脱了俗世纷扰的人相比，记诵、功利、训诂四家的人，反倒一生劳苦，身心也无所裨益。如今的学者应当作的更应该是专心致志于圣人的学说，不必事先先排斥道、佛。待到圣人的学说得到彰明，道、佛也就会自然泯灭了。否则的话，儒生所学不但很难让他们俯首称臣，恐怕反过来还要为道、佛所不屑。此乃我的见解，先生觉得如何？”

先生说：“你的论说大体上是正确的。但是你所说的将圣道分为上一截、下一截，也是一般人的理解，有失偏颇。圣道广大中正，上下连贯在一起，哪会有什么上一截、下一截？《易经》说‘一阴一阳谓之道’，但是‘仁者见仁，智者见智，百姓对于日常生活中的道并不知晓，所以君子所推崇的圣道并非人人明白’。仁慈、智慧也是道，但理解片面了就会有毛病。”

三十三

【原文】

“蓍[①]固是《易》，龟亦是《易》。”

【注释】

① 蓍：一种草。蓍草茎，古代常用来占卜。

【译文】

先生说：“用蓍草占卜是《易经》，用龟甲占卜也是《易经》。”

三十四

【原文】

问：“孔子谓武王未尽善[①]，恐亦有不满意？”

先生曰：“在武王自合如此。”

曰：“使文王未没，毕竟如何？”

曰：“文王在时，天下三分已有其二[②]，若到武王伐商之时，文王若在，或者不致兴兵，必然这一分亦来归了。文王只善处纣，使不得纵恶而已。”

【注释】

① 孔子谓武王未尽善：语出《论语·八佾》。孔子认为武王用武力得到天下不是最好的方法。② “天下三分”句：语出《论语·泰伯》“三分天下有其二，以服事殷。周之德，其可谓至德也已矣”。意为当时三分之二的诸侯国已归顺周，而周文王仍恪守臣节，尊奉殷朝。

王阳明认为，孔子所说的周武王没有做到尽善，是说他不能像周文王一样妥善处理与商纣的关系，使他不纵恶。

【译文】

陆澄问："孔子说周武王没有做到尽善，孔子可能对武王有不满意的地方吧？"

先生说："周武王自己来看的话，就应该那样做。"

陆澄说："如果文王没有死，那又会是什么样的结果呢？"

先生说："文王在世的时候，已经拥有了天下的三分之二。假如周文王在武王伐纣的时候还没有死，也许就不至于动用兵卒，而剩下那三分之一也会自然归顺。文王只需妥善处理与商纣的关系，使纣不再纵恶，就可以了。"

三十五

【原文】

惟乾[①]问孟子言"执中无权犹执一"[②]。

先生曰："中只是天理，只是易，随时变易，如何执得？须是因时制宜，难预先定一个规矩在。如后世儒者，要将道理一一说得无罅漏，立定个格式，此正是执一。"

【注释】

①惟乾：冀元亨，字惟乾，武陵（今湖南常德）人，王阳明的弟子。②执中无权犹执一：意为坚持中庸虽然正确，但如果不知因时制宜，加以权变，那就是偏执。

【译文】

惟乾向先生请教孟子所说"执中无权犹执一"一句的含义。

先生说："中庸就是天理，就是易。随着时间而发生变化，怎么能'执'而不变呢？所以很难事先确定一个标准，必须因时制宜。后代的儒生们，为了把道理阐述得没有缺漏，就去定一个个固定的模式，这正是所谓的偏执了。"

三十六

【原文】

唐诩[①]问："立志是常存个善念，要为善去恶否？"

曰："善念存时即是天理，此念即善，更思何善？此念非恶，更去何恶？此念如树之根芽，立志者长立此善念而已。'从心所欲不逾矩'[②]，只是志到熟处。"

【注释】

①唐诩：江西人，王阳明的弟子。②"从心"句：意为心与天理已合二为一，不管做什么都不会背离规矩。语出《论语·为政》。

王阳明认为，善念就像树的根和芽一样，自会成长，只要存有善念，就不用刻意去除恶。

【译文】

唐诩问："立志就是心中一直存一个善念，就是行善去恶吗？"

先生说："善念存于心间，就是天理。这个念头就是善，还需要想其他别的善吗？这个念头并不是恶，还哪有恶去除呢？这个意念就好像树的根和芽，立志的人就是永远确立这个善念罢了。只有等到立志已经十分纯熟，成为习惯时方可做到孔子所说'从心所欲不逾矩'。"

三十七

【原文】

"精神、道德、言动，大率收敛为主，发散是不得已，天、地、人、物皆然。"

【译文】

先生说："精神、道德、言语、行动，大多以收敛为主，向外发散开来是不得已而为之。天、地、人、物都是这样。"

三十八

【原文】

问："文中子是如何人？"

先生曰："文中子庶几'具体而微'①，惜其早死。"

问："如何却有续经之非？"

曰："续经亦未可尽非。"

请问。

良久曰："更觉'良工心独苦'②。"

【注释】

①具体而微：意为已经具备了圣人的基本条件，只是某些方面稍微逊色。语出《孟子·公孙丑上》。②良工心独苦：语出杜甫《题李尊师松树障子歌》。意为优秀的工匠匠心独运，却因此而常受到庸人们的非议，可是跟一般俗人又无法沟通，所以很苦闷。

【译文】

陆澄问："文中子是怎样的一个人？"

先生说："文中子是一个孟子所说'几乎具备圣人条件，只是某方面稍有不足'的人，只可惜他很早就死了。"

陆澄问："可是他怎么会犯仿造经典的错误呢？"

先生说："续经的行为也不全是错误的。"

陆澄问先生为什么。

过了很久，先生才叹道："现在我越发能够体会到'良工心独苦'这句话的含义了。"

三十九

【原文】

“许鲁斋[①]谓儒者以治生为先之说亦误人。”

【注释】

①许鲁斋：名衡，字仲平，号鲁斋，怀州河内（今河南沁阳）人。元代大儒，力倡程朱理学，为理学在北方的传播贡献很大。他曾说过：学者治生最为先务。

【译文】

先生说：“许鲁斋认为儒生以谋生为重，这种说法很误人子弟。”

四十

【原文】

问仙家元气、元神、元精。

先生曰：“只是一件，流行为气，凝聚为精，妙用为神。”

【译文】

陆澄向先生请教道家所说的元气、元神、元精。

先生说：“这三者是同一回事，运行就是气，凝聚起来就成精，巧妙运用便是神。”

四十一

【原文】

“喜、怒、哀、乐本体自是中和的，才自家着些意思，便过不及，便是私。”

【译文】

先生说：“喜怒哀乐，其本体自然就是中正平和的，只是人本身有一些别的意念，就会过度或不足，便成了私欲。”

四十二

【原文】

问：“哭则不歌”[①]。

先生曰：“圣人心体自然如此。”

【注释】

①哭则不歌：语出《论语·述而》“子于是日哭，则不歌”。意为孔子哭过后，当天就不再唱歌。

【译文】

陆澄问：“哭过之后不再歌唱是什么意思。”

先生说："圣人的心体原本就是这样的。"

四十三

【原文】

"克己须要扫除廓清，一毫不存方是；有一毫在，则众恶相引而来。"

【译文】

先生说："克己一定要彻底，应该不留存一丝一毫；有一毫的私念存在，那么众多的恶行便会接踵而至。"

四十四

【原文】

问《律吕新书》①。

先生曰："学者当务为急，算得此数熟，亦恐未有用，必须心中先具礼乐之本方可。且如其书说多用管以候气②，然至冬至那一刻时，管灰之飞或有先后，须臾之间，焉知那管正值冬至之刻？须自心中先晓得冬至之刻始得，此便有不通处。学者须先从礼乐本原上用功。"

【注释】

①《律吕新书》：南宋蔡元定著，上卷《律吕本源》，下卷《律吕辨证》。②候气：测量阴阳之气的变化。古人用黄钟律管测定节气变化，把芦苇之灰放进律管里，冬至来时，阳气上升，管中的灰就会飞扬。

王阳明告诉弟子，要先弄清礼乐的本源，才能熟悉《律吕新书》中确定乐律的方法。

【译文】

陆澄询问先生对《律吕新书》怎么看。

先生说："学者即使把确定乐律的方法算得再熟悉，恐怕也没有什么作用。学者应该把在心中确定礼乐作为当务之急。而且《律吕新书》多用律管查看阴阳二气的变化。但是冬至到了的那一刻，律管中的灰飞扬的时间会有先后，区别只在顷刻之间，哪能确定哪一根律管代表的是冬至来临的那一刻呢？必须在心里已经知道冬至到的时刻才行。这就有说不通的地方了。所以学者应该先从学习礼乐上用功。"

四十五

【原文】

曰仁①云："心犹镜也。圣人心如明镜，常人心如昏镜。近世格物之说如以镜照物，照上用功，不知镜尚昏在，何能照？先生之格物如磨镜而使之明，磨上用功，明了后亦未尝废照。”

王阳明认为，人心就像镜子，要照清事物，就要把镜子磨亮，但是朱熹的格物学说却并不是在打磨镜子，而是在照的方法上下功夫。

【注释】

①曰仁：徐爱的字。

【译文】

徐爱说：“人心就像是镜子。圣人的心像明亮的镜子，而普通人的心像黯淡的镜子。近代朱熹的格物学说就像是用镜子照事物，但只会在照上用功，不晓得镜子本身还仍旧是黯淡的，这怎么可能会照清楚呢？先生的格物学说就像是在打磨镜子，使它变得明亮，把功夫下在打磨镜子上，镜子明亮后就不会影响照亮事物。”

四十六

【原文】

问道之精粗。

先生曰：“道无精粗，人之所见有精粗。如这一间房，人初进来只见一个大规模如此；处久，便柱壁之类一一看得明白；再久，如柱上有些文藻细细都看出来，然只是一间房。”

王阳明认为，圣道是没有精深和粗浅之分的，就像一间房子，本来只是一个样子，只是人了解的程度不一样罢了。

【译文】

陆澄向先生请教道的精深和粗浅。

先生说：“只是人们对圣道的认识才有精粗之分，圣道本身并没有精粗的区分。就好比一间房子，人们刚进来的时候，只看一个大概的轮廓而已；住久了，房间里的柱子墙壁也能一一看清楚；时间再长一些，人就会把柱子的花纹等都看得明明白白。但实际上房子还是只是同样的一个房子。”

四十七

【原文】

先生曰：“诸公近见时少疑问，何也？人不用功，莫不自以为已知为学，只循而行之是矣。殊不知私欲日生，如地上尘，一日不扫便又有一层。着实用功便见道无终穷，愈探愈深，必使精白，无一毫不彻方可。”

【译文】

先生说："最近见面，为什么你们都很少提问题呢？人如果不努力，就会自以为已经懂得怎样做学问了，只需循着已知的方法做就行了。哪里知道私欲就好像地上的灰尘，会日日滋长，一天不去打扫就又积多一层。真正踏实用功的人认为圣道是不能够穷尽的，越探究越深奥，一定要做到精通明白，尽然透彻了才行。"

四十八

【原文】

问："知至然后可以言诚意。今天理人欲知之未尽，如何用得克己功夫？"

先生曰："人若真实切己用功不已，则于此心天理之精微日见一日，私欲之细微亦日见一日。若不用克己功夫，终日只是说话而已，天理终不自见，私欲亦终不自见。如人走路一般，走得一段，方认得一段，走到歧路处，有疑便问，问了又走，方渐能到得欲到之处。今人于已知之天理不肯存，已知之人欲不肯去，且只管愁不能尽知，只管闲讲，何益之有？且待克得自己无私可克，方愁不能尽知，亦未迟在。"

王阳明认为，认识天理就像走路，是个渐进的过程。走到岔路口时，找人问明白了自然就能走到目的地。

【译文】

陆澄问："《大学》说：'完全知道后才可以说诚意。'但是在还没有完全弄明白天理私欲的时候，如何去下克制自己私欲的功夫呢？"

先生说："假若一个人真正坚持不懈用功修炼，他会一天比一天深刻地认识到天理的精妙细微和私欲的细微。如果没有下工夫克制私欲，每天只是说一说而已，最终就认识不到天理和私欲。就像人走路，走一段才能看清楚前面一段。到了岔路口，有了疑惑就不耻下问，问明白再走，这样才能渐渐走到目的地。如今人们即使已经认识到了天理也不愿存养，已经认识到了私欲却不愿意去克制，仅仅在原地发愁是不能够把天理认识完全的，一味空谈有什么用呢？且先克制自己到再没有私欲的境界，再去发愁不能完全认识天理和私欲，那也不迟。"

四十九

【原文】

问："道一而已[①]，古人论道往往不同，求之亦有要乎？"

先生曰："道无方体[②]，不可执著，却拘滞于文义上求道，远矣。如今人只说天，其实何尝见天？谓日、月、风、雷即天，不可；谓人、物、草、木不是天，亦不可。道即是天，若识得时，何莫而非道？人但各以其一隅之见认定，以为道止如此，所以不同。若解向里寻求，见得自己心体，即无时无处不是此道，亘古亘今，无终无始，更有甚同异？心即道，道即天，知心则知道、知天。”

又曰：“诸君要实见此道，须从自己心上体认，不假外求，始得。”

王阳明说，道只有一个，就像天只有一个，不同人看的角度不一样，所以就有了不同的理解。

【注释】

①道一而已：语出《孟子·滕文公上》“夫道，一而已矣”。②道无方体：语出《易经·系辞上》“故神无方而易无体”。神，指道变化神妙。方，方向。体，具体形态。

【译文】

陆澄问：“只有一个道，但是古人论道往往不一样，难道求道也有关键的地方吗？”

先生说：“圣道没有具体的方向和形态，所以不能执着。拘泥在文字含义上求道，反而与圣道背道而驰了。现在人们只谈论天，其实他们又何曾认识真正的天？将日、月、风、雷认定为天是不对的，而把人、物、草、木当作天也不正确。道就是天，如果认识到了这一点，那么天下有什么不是道？人们把自己的一隅之见当作道，以为道仅仅是这样罢了，所以各人对道的理解自有不同。如果懂得在自己的内心上寻求，看见自己的本心，那么从古至今，无终无始，时时处处都是道，哪里会有什么异同？心即道，道即天。认识到了本心就认识了道和天。”

先生又说：“你们真想认识到这个道，就必须从自己的本心上去认识，不要借助外物才行。”

五十

【原文】

问：“名物度数，亦须先讲求否？”

先生曰：“人只要成就自家心体，则用在其中。如养得心体果有未发之中，自然有发而中节之和，自然无施不可。苟无是心，虽预先讲得世上许多名物度数，与己原不相干，只是装缀，临时自行不去。亦不是将名物度数全然不理，只要‘知所先后，则近道’①。”

又曰：“人要随才成就，才是其所能为。如夔②之乐，稷③之种，是他资性合下便如此。成就之者，亦只是要他心体纯乎天理。其运用处皆从天理上发来，然后谓之才。到得纯乎天理处，亦能‘不器’，使夔、稷易艺而为，当亦能之。”

又曰：“如‘素富贵，行乎富贵。素患难，行乎患难’，皆是‘不器’。此惟养得心体正者能之。”

【注释】

①知所先后，则近道：语出《大学》“物有本末，事有终始。知所先后，则近道矣”。②夔：传说是舜的乐

官。③稷：周人的先祖，尧舜时主管农事的官。

【译文】

陆澄问："一个物体的称呼、数量和用处也必须先探究清楚吗？"

先生说："人只要能够存养、顺从自己的心体，那么，发挥运用就已经包含在其中。如果存养心体已经有了未发之中，自然有发便能中正平和，自然无所不可了。如果没有存养心体到未发之中的境界，即使预先懂得到世上许多事物的名称、数量和用处，也和本身的心体毫无干系，只是算作装饰，面临事情都无法应对。当然名物度数的知识并非全然无用，只是'知道了做事情的先后，就离圣道很近了'。"

王阳明指出，人要根据自己的才能做出成就，就像稷长于耕种便致力于耕种，夔长于音乐便致力于音乐。

先生又说："一个人所能做到的就要顺从自己的才能作出成就。就像夔擅长音乐，后稷精于庄稼的种植，他们的天性适合从事这样的工作。成就一个人，也就是要让他的心体纯然合乎天理。他做事都是顺从天理，然后后世才会把他当作有才能的人。心体达到纯然合乎天理的时候，就会成为'不器'之才。如果交换夔和稷所从事的事业，他们同样也会做得到。"

先生又说："《中庸》中说的'处于富贵，就做富贵时能做的事。处于患难，就做患难中能做的事'，都是'不器'的意思。这些都只有那些存养心体达到纯正的人才能做到。"

五十一

【原文】

"与其为数顷无源之塘水，不若为数尺有源之井水，生意不穷。"

时先生在塘边坐，傍有井，故以之喻学云。

【译文】

先生说："与其造一个数顷宽却没有水源的池塘，还不如挖一口数尺深但会有水源的井，这样才不会干枯。"

当时，先生刚好坐在池塘边，旁边有一口井，所以他就用这个来比喻治学。

五十二

【原文】

问："世道日降，太古时气象如何复见得？"

先生曰："一日便是一元①。人平旦时起坐，未与物接，此心清明景象，便如在伏羲时游一般。"

王阳明用人一天的经历来比喻历史，认为人对社会的感受在于他的心地，比如清晨时心地清明，就跟处于伏羲所处的时代一样了。

【注释】

① 一元：宋朝邵雍说天地从形成到毁灭的一个周期叫作一元，共有129600年。

【译文】

陆澄问："如今世风日下，怎样才能重现太古时期的淳朴民风呢？"

先生说："一天就是一元。清晨醒来的时候坐起身，还没有接触任何事物，这个时候心中的清明景象，就像游历在伏羲所处的时代。"

五十三

【原文】

问："心要逐物，如何则可？"

先生曰："人君端拱清穆，六卿分职，天下乃治。心统五官，亦要如此。今眼要视时，心便逐在色上；耳要听时，心便逐在声上。如人君要选官时，便自去坐在吏部；要调军时，便自去坐在兵部。如此，岂惟失却君体，六卿亦皆不得其职！"

王阳明认为，人心不能追逐外物，这是感官的事，就像君主治理国家，不应事必躬亲，让各部门官员各司其职就行了。

【译文】

陆澄问："心要追逐外物，怎么办才好？"

先生说："国君端身拱手，庄重肃穆，而六卿各司其职，天下才能大治。人心要统领五官，也需要如此。眼睛看的时候，心就追逐在颜色上；耳朵听的时候，心就追逐在声音上。如果国君选拔官吏的时候，要亲自去吏部；调动大军的时候，要亲自去兵部，像这样的话，哪里只是国君的身份丧失，官员们也不能好好履行属于自己的职责了。"

五十四

【原文】

"善念发而知之，而充之；恶念发而知之，而遏之。知与充与遏者，志也，天聪明也。圣人只有此，学者当存此。"

【译文】

先生说："认识到善念萌发便发展扩充它；认识到恶念萌发就努力遏止它。扩充善念、遏止恶念是心志的体现，也是上天赋予人的聪明才智。圣人是拥有这种聪明才智，而学者则应当存养这种聪明才智。”

五十五

【原文】

澄曰：“好色、好利、好名等心，固是私欲，如闲思杂虑，如何亦谓之私欲？”

先生曰：“毕竟从好色、好利、好名等根上起，自寻其根便见。如汝心中决知是无有做劫盗的思虑，何也？以汝元无是心也。汝若于货、色、名、利等心，一切皆如不做劫盗之心一般，都消灭了，光光只是心之本体，看有甚闲思虑？此便是‘寂然不动’，便是‘未发之中’，便是‘廓然大公’，自然‘感而遂通’[①]，自然‘发而中节’，自然‘物来顺应’[②]。”

王阳明认为，人心不能追逐外物，这是感官的事，就像君主治理国家，不应事必躬亲，让各部门官员各司其职就行了。

【注释】

①寂然不动，感而遂通：语出《易经·系辞上》“寂然不动，感而遂通天下之故”。意为易本身是宁静不动的，有人来问吉凶，易便会与天下之事相通，显示出吉凶祸福来。②廓然大公，物来顺应：语出程颢《答横渠先生定性书》“君子之学，莫若廓然大公，物来而顺应”。意为心胸宽广，大公无私，遇到事情时能坦然自如地应对。

【译文】

陆澄问：“好色、贪财、重视名利等，固然属于私欲，但是那些闲杂的心思，为什么也叫作私欲呢？”

先生说：“归根结底也是好色、贪财、重视名利滋生了这些闲思杂念，你自己从本源上寻找就会发现。例如，你心里自信绝对不会产生偷、抢、盗、劫的念头，为什么呢？你本心就没有那样的心思。如果你对色、财、名、利等这些心思，都像不做贼的心思一样，在心底一干二净了，完完全全只剩下心的本体，怎还会有什么闲思杂念？这就是所谓的‘寂然不动’，就是‘未发之中’，就是‘廓然大公’。这样，人心自然会‘感而遂通’，自然可以‘发而中节’，自然也能够‘物来顺应’。”

五十六

【原文】

问“志至气次”[①]。

先生曰：“志之所至，气亦至焉之谓，非极至、次贰之谓。‘持其志’，则养气在其中。‘无暴其气’，则亦持其志矣。孟子救告子[②]之偏，故如此夹持说。”

【注释】

①志至气次：语出《孟子·公孙丑上》。孟子说："所谓志向，是意气的统帅；意气，充满身体之内。志向为首要，意气还在其次。所以说：'把握住思想意志，不要随便意气用事。'"②告子：名不害，战国人。他提出性无善恶论，并有"生之谓性"，"食色，性也"的论点，与孟子性善论相对立。所以有"孟子救告子之偏"说。

王阳明认为，人的志向和意气是一同发展的，坚定志向就意味着要存养意气。

【译文】

陆澄请教"志至气次"的问题。

先生说："它的意思是说志向到哪里，气也跟随着到达，而不是朱熹说的，先要以立志为主，才能够接着存养意气。'坚定志向'，那么存养意气就包含在其中了。'不意气用事'，也就是坚定了志向。孟子是为了纠正告子的错误理解，才这样把'志''气'一分为二来说。"

五十七

【原文】

问："先儒曰，'圣人之道必降而自卑，贤人之言则引而自高。'如何？"

先生曰："不然。如此却乃伪也。圣人如天，无往而非天。三光[①]之上天也，九地之下亦天也，天何尝有降而自卑？此所谓'大而化之'[②]也。贤人如山岳，守其高而已。然百仞者不能引而为千仞，千仞者不能引而为万仞。是贤人未尝引而自高也，引而自高则伪矣。"

【注释】

①三光：日、月、星辰。②大而化之：语出《孟子·尽心下》"充实而有光辉之谓大，大而化之之谓圣"。意为内心充满善而且光明正大地表现出来便叫"大"，"大"又能融会贯通便叫"圣"。

王阳明教导弟子要不卑不亢，就像天无处不在，而不会自降身份到卑微的地位，山也不能把自己拔高一样。

【译文】

陆澄问："程颐先生说：'圣人论道是朴素谦卑，而贤人不一样，是自我抬高。'这样说是什么意思？"

先生说："不是这样。如果是这样的话就显得虚伪、做作了。圣人像天一样，而宇宙间无处不是天。日月星辰之上是天，九泉之下也是天，天什么时候会自降身份到卑微的地位呢？这就是所谓的'大而化之'吧。而贤人像高山大岳，他们只需坚守着自己的高度罢了。但是百仞高的山不能自拔为千仞，千仞高的山不能自拔为万仞。所以贤人从没有抬高过自己，如果抬高了自己就是虚假了。”

五十八

【原文】

问：“伊川谓‘不当于喜怒哀乐未发之前求中’。延平[①]却教学者看未发之前气象。何如？”

先生曰：“皆是也。伊川恐人于未发前讨个中，把中做一物看，如吾向所谓认气定时做中，故令只于涵养省察上用功。延平恐人未便有下手处，故令人时时刻刻求未发前气象，使人正目而视惟此，倾耳而听惟此，即是‘戒慎不睹，恐惧不闻’[②]的功夫。皆古人不得已诱人之言也。”

【注释】

①延平：姓李，名侗，字愿中，世称延平先生，今福建南剑人。程颐三传弟子，朱熹曾从游其门下。②戒慎不睹，恐惧不闻：语出《中庸》“是故君子戒慎乎其所不睹，恐惧乎其所不闻。莫见乎隐，莫显乎微。故君子慎其独也”。意为君子在别人看不到听不到的情况下也不忘时时检点、警戒自己。

王阳明认为，追求中正平和既要像程颐所说的一样在涵养上下功夫，也要像李侗所说的一样在视听观察方面下功夫。

【译文】

陆澄问：“程颐先生教学生说‘不应该在喜怒哀乐没有表现出来之前求中和的状态’。而延平先生教育学生要注意观察感情没有发泄出来之前的各种情形。他们的这些说法对吗？”

先生说：“都是对的。程颐先生是把中正看做一件事物，因为怕人们会在感情未发之前追求所谓中正平和。就像我一向把‘气定’当作中正平和那样，所以只让人们在涵养省察上下功夫。而延平先生则怕初学者找不到入门的地方，所以让他们时时刻刻观察感情未发之前的各种现象，使人集中所有精力看、听未发前的状况，这就是所谓的‘戒慎不睹，恐惧不闻’的功夫。这些都是古人为了诱导学生存养天理迫不得已才说的话。”

五十九

【原文】

澄问：“喜、怒、哀、乐之‘中’‘和’，其全体常人固不能有。如一件小事当喜怒者，平时无有喜怒之心，至其临时，亦能‘中节’，亦可谓之‘中’‘和’乎？”

先生曰：“在一时之事，固亦可谓之‘中’‘和’，然未可谓之‘大本’‘达道’[①]。人性皆善，‘中’‘和’是人人原有的，岂可谓无？但常人之心既有所昏蔽，则其本体虽亦时时发见，终是暂明暂灭，非其全体大用[②]矣。无所不‘中’，然后谓之‘大本’；无所不‘和’，然后谓之‘达道’。惟天下之至诚，然后能立天下之‘大本’。”

曰：“澄于‘中’字之义尚未明。”

曰：“此须自心体认出来，非言语所能喻。‘中’只是天理。”

曰：“何者为天理？”

曰：“去得人欲，便识天理。”

曰：“天理何以谓之‘中’？”

曰：“无所偏倚。”

曰：“无所偏倚是何等气象？”

曰：“如明镜然，全体莹彻，略无纤尘染著。”

曰：“偏倚是有所染著，如著在好色、好利、好名等项上，方见得偏倚。若未发时，美色、名、利皆未相著，何以便知其有所偏倚？”

曰：“虽未相著，然平日好色、好利、好名之心原未尝无。既未尝无，即谓之有；既谓之有，则亦不可谓无偏倚。譬之病疟之人，虽有时不发，而病根原不曾除，则亦不得谓之无病之人矣。须是平日好色、好利、好名等项一应私心，扫除荡涤，无复纤毫留滞，而此心全体廓然，纯是天理，方可谓之喜、怒、哀、乐‘未发之中’，方是天下之‘大本’。”

【注释】

① 大本、达道：语出《中庸》“喜怒哀乐之未发，谓之中；发而皆中节，谓之和。中也者，天下之大本也；和也者，天下之达道也”。② 全体大用：语出朱熹《大学》补传“是以《大学》始教……至于用力之久，而一旦豁然贯通焉，则众物之表里精粗无不利，而吾心之全体大用无不明矣”。

【译文】

陆澄问：“喜、怒、哀、乐等发挥出来的中正平和，一般人是不可能具有它的全体。如果平时心中没有喜怒，当一件应该高兴或者愤怒的小事情发生时，也能表现出来中正平和，这难道也可以称为‘中正’‘平和’吗？”

先生说：“在一个时间或一件事情上，固然也能叫作‘中正’‘平和’。但是还没有达到大本、达道的境界。就像人的本性都是善良的，‘中正’‘平和’原本也是人人都有的，怎么能说没有或者说不是呢？但是一般人的心会有些昏蔽，他们的本性虽然经常会出现，但始终是断断续续、时隐时现，并非心的全体作用。无时无处不‘中正’，才能称之为‘大本’；无时无刻不‘平和’，才能称作‘达道’。只有天下最真诚的人，才能确立天下的大本。”

王阳明说，天理是不偏不倚的，就像纤尘不染的明镜一样，所以叫“中”。如果沉迷于美色、财富，就是有所偏倚了。

陆澄说：“我还没有明白‘中’字的含义。”

先生说：“‘中’就是天理。这必须用自己的本心才能领会，并非言语能够阐释清楚的。”

陆澄问："什么是天理？"

先生说："剔除私欲，就能认识天理。"

陆澄问："为什么把天理叫作'中'呢？"

先生说："因为它不偏不倚。"

陆澄说："不偏不倚是怎样的一种状态呢？"

先生说："可以比作一面明镜，一尘不染，通体透彻。"

王阳明说，在一件事情中表现得中正平和，不能算达道，无时不刻不表现得中正平和，才是真正的达道。

陆澄说："那么偏倚就是有所玷污了，比如说好色、追逐名利，我们可以看得出来。但是如果在感情未发，而追逐名利等特点还没有表现出来的时候，我们怎么才可以知道他是有所偏倚的呢？"

先生说："虽然没有表现，但平日好色、好名、好利的念头是存在的。有了这些念头，就不能说他是没有偏倚。比如说患有疟疾的人，即使在不会发作的时候，病根也还不曾被根除，那么就不能说他没有病。所以必须把平时好色、好名、好利的心思彻底清除，不剩丝毫，此心才是至精至纯的，合乎天理，才称得上是喜、怒、哀、乐未发时的中正，这才是天下的大本。"

六十

【原文】

问："'颜子没而圣学亡'①，此语不能无疑。"

先生曰："见圣道之全者惟颜子，观'喟然一叹'可见。其谓'夫子循循然善诱人，博我以文，约我以礼'，是见破后如此说。博文、约礼如何是善诱人？学者须思之。道之全体，圣人亦难以语人，须是学者自修自悟。颜子'虽欲从之，末由也已'，即文王'望道未见'意。望道未见乃是真见。颜子没而圣学之正派遂不尽传矣。"

【注释】

①颜子没而圣学亡：语出《阳明全书·送甘泉序》。颜子，姓颜名回，字子渊。春秋鲁国人，孔子最得意的学生。

【译文】

陆澄问："先生说'颜回死了之后孔子的学说就逐渐衰落'，这句话让人听后觉得惊疑。"

先生说："孔子的门徒当中完全领悟了他的学说的人只有颜回，从颜回的"喟然一叹"可以看出来。'孔夫子循循善诱，用渊博的知识教导我，用合乎礼节的思想来约束我'是在他彻底领悟之后这样说的。渊博的知识、合乎的礼节怎么能够善于引导人呢？学

王阳明说，道的全貌需要人自己领悟，只有颜回做到了这点。

者应当深思。圣道的全部，圣人也很难用语言向别人表达，必须学者亲自修养领悟。颜回说‘虽然我想追求天理，但是一直没有找到路径’，也就是周文王所说‘远远望着却没有真正见到’的意思。‘望道未见’才是真正的领悟了天理。所以随着颜回的死，正宗的孔子学说就没有完全流传下来。”

六十一

【原文】

问：“身之主为心，心之灵明是知，知之发动是意，意之所着为物。是如此否？”

先生曰：“亦是。”

【译文】

陆澄问：“身的主宰是心，心的灵明是认识，认识的起因是意念，意念的载体是事物。这么说对吗？”

先生说：“可以这么说。”

身之主为心，心之灵明是知，知之发动是意，意之所着为物。

六十二

【原文】

“只存得此心常见在，便是学。过去未来事，思之何益？徒放心耳！”

“言语无序，亦足以见心之不存。”

【译文】

先生说：“学习就是时时存养本心。过去和未来的事情，想了有什么用？徒然丧失了本心而已！”

先生说：“讲起话来语无伦次，也能够看出他并没有存养本心。”

六十三

【原文】

尚谦[①]问孟子之“不动心”与告子异。

先生曰：“告子是硬把捉着此心，要他不动；孟子却是集义到自然不动。”

又曰：“心之本体，原自不动。心之本体即是性，性即是理。性元不动，理元不动。集义是复其心之本体。”

王阳明认为，心的本体本来是不动的，只要将道义集中到心中就可以了，不必刻意把持，让它不动。

【注释】

① 尚谦：薛侃，字尚谦，号中离，广东揭阳人，王阳明的弟子。

【译文】

尚谦向先生请教孟子和告子所认为的“不动心”有什么差别。

先生说：“告子的观点是人为地把持着心，让它不动；而孟子的观点是把道义集中到心中，使它自然不动。”

先生又说：“心的本体本来就是不动的。因为心的本体是性，性就是理。人的性原本是不动的，理也是原本不动的。所以聚集道义只不过是恢复人心的本体。”

六十四

【原文】

“万象森然时，亦冲漠无朕；冲漠无朕，即万象森然。冲漠无朕[①]者，‘一’之父；万象森然者，‘精’之母。‘一’中有‘精’，‘精’中有‘一’。”

“心外无物，如吾心发一念孝亲，即孝亲便是物。”

【注释】

① 冲漠无朕：是一种寂然无我的境界。

【译文】

先生说：“万事万物呈现在心中的时候，就是寂然无我；而当达到了寂然无我的境界时，万事万物也会呈现在心中。冲漠无朕是‘惟一’的父亲；万象森然是‘惟精’的母亲。‘惟精’中有‘惟一’，‘惟一’中有‘惟精’。”

先生说：“心外无物，就好像我的心中产生了孝敬父母的意念，那么孝敬父母就是事物。”

王阳明说，惟一与惟精是互通的，而寂然无我与万象毕陈就像是惟一与惟精的父母一样。

六十五

【原文】

先生曰：“今为吾所谓格物之学者，尚多流于口耳。况为口耳之学者，能反于此乎？天理人欲，其精微必时时用力省察克治，方日渐有见。如今一说话之间，虽口讲天理，不知心中倏忽之间已有多少私欲！盖有窃发而不知者，虽用力察之尚不易见，况徒口讲而可得尽知乎？今只管讲天理来顿放著不循，讲人欲来顿放著不去，岂格物致知之学？后世之学，其极至只做得个‘义袭而取’[①]的功夫。”

【注释】

① 义袭而取：语出《孟子·公孙丑上》“是集义所生者，非义袭而取之也”。

【译文】

先生说："现在跟我一样做格物学说的人，大多数还停留在口耳相传上。更何况那些只喜欢空谈的人，难道能够与此相反吗？必须时刻反省，学习克制，才能在存天理去人欲等精微之处渐渐有所收获。现在人们说话的时候，虽然口里在谈论着天理，却不知在那时刻已有多少私欲在心中萌生出来了！潜滋暗长的私欲，就算是用功体察也很难发现，认识，何况光是在嘴上说说，怎么能够得以完全认识呢？现在只知道用嘴讲天理而不懂得去遵循，谈论私欲又不加以克制，这难道是所谓格物致知的学说吗？后世的学问，顶多只能算是个'用偶尔符合天理的行为赢得好名声'的功夫罢了。"

王阳明批评学者只喜欢满嘴空谈，做学问停留在口耳相传之上，心中却满是财富、名位这些私欲。

六十六

【原文】

问格物。

先生曰："格者，正也，正其不正以归于正也。"

问："'知止'者，知至善只在吾心，元不在外也，而后志定。"

曰："然。"

【译文】

陆澄请教有关格物的学说。

先生说："格，就是纠正。纠正不正确的使它归于正确。"

陆澄问："'知止'，就是明白至善原本不在心之外，而只存在于我们心中，而后志向才能安定。"

先生说："是的。"

王阳明说，"格"就是把不正确的纠正过来，"知止"就是学会在自己心中寻找至善。

六十七

【原文】

问："格物于动处用功否？"

先生曰："格物无间动静，静亦物也。孟子谓'必有事焉'[①]，是动静皆有事。"

【注释】

① 必有事焉：语出《孟子·公孙丑上》“必有事焉而勿正，心勿忘，勿助长也”。这句话的意思是，任何时候都一定要培养（浩然之气），不要有特定的目的，不要忘记、也不要违背客观规律去助长它。

王阳明告诉弟子，格物是不分动静的，不管动静，都要用功。

【译文】

陆澄问：“格物是指在有所行动的时候用功吗？”

先生说：“格物没有动静之分，静的时候也是有事物存在的。孟子说‘必有事焉’，就是说不管动静都要用功。”

六十八

【原文】

“功夫难处，全在格物致知上，此即诚意之事。意既诚，大段心亦自正，身亦自修。但正心、修身功夫亦各有用力处。修身是已发边，正心是未发边。心正则中，身修则和。”

【译文】

先生说：“最难的功夫就是格物致知，这也就是之所以必须意诚的原因。意念真诚，基本上心就能自然中正，身自然也能得到修养。但是正心、修身的功夫也各有侧重点。修身是在感情发出之后，正心则是在感情未发之时。心正就是中正，修身就是平和。”

六十九

【原文】

“自‘格物’‘致知’至‘平天下’[①]，只是一个‘明明德’。虽‘亲民’亦‘明德’事也。‘明德’是此心之德，即是仁。‘仁者以天地万物为一体’，使有一物失所，便是吾仁有未尽处。”

【注释】

① ‘格物’‘致知’至‘平天下’：语出《大学》，王阳明认为《大学》中的八条目即格物、致知、诚意、正心、修身、齐家、治国、平天下，都可归结为“明明德”，与程朱理学的解释不同。

王阳明认为，君子修身，从“格物”到“平天下”，其实就是在修养心中的善，也就是修养仁爱之心。

【译文】

先生说：“从‘格物’‘致知’到‘平天下’，都是'明明德'。'亲民'也是'明明德'的事情。'明德'也就是本心的善，就是仁爱。'仁者以天地万物为一体'，假使对一件事物感觉到失去，也就说明心中的仁德还有不完善的地方。"

七十

【原文】

"只说'明明德'而不说'亲民'，便似老、佛。"

【译文】

先生说："只谈论'明明德'而不兼论'亲民'的事，就会类似佛道两家的学说。"

七十一

【原文】

"至善者性也，性元无一毫之恶，故曰至善。止之，是复其本然而已。"

【译文】

先生说："至善是人的本性，本性原本是没有丝毫恶的，所以叫作至善。止至善，就是恢复天性之本然而已。"

七十二

【原文】

问："知至善即吾性，吾性具吾心，吾心乃至善所止之地，则不为向时之纷然外求而志定矣。定则不扰而静，静而不妄动则安，安则一心一意只在此处，千思万想务求必得此至善，是能虑而得矣。[①]如此说是否？"

先生曰："大略亦是。"

【注释】

① 这段话是用王阳明的观点解释《大学》中的几句话："知止而后有定，定而后能静，静而后能安，安而后能虑，虑而后能得。"

王阳明认为，人的至善是要从自己心中求取的。

【译文】

陆澄问："至善是人的本性，人的本性包含在人的心中，人的本心是至善所在的地方，所以不需要胡乱地去心外找寻志向的安定。志向安定，心就不会纷纷扰扰，平静且不乱动就能够心安，心安就能一心一意专注于至善。'虑而后能得'就是一定要费尽心思寻求到至善。这样说对吗？"

先生说："大概是这样的。"

七十三

【原文】

问："程子云：'仁者以天地万物为一体。'何墨氏兼爱①，反不得谓之仁？"

先生曰："此亦甚难言，须是诸君自体认出来始得。仁是造化生生不息之理，虽弥漫周遍，无处不是，然其流行发生亦只有个渐，所以生生不息。如冬至一阳生，必自一阳生而后渐渐至于六阳②；若无一阳之生，岂有六阳？阴亦然。惟有渐，所以便有个发端处；惟其有个发端处，所以生；惟其生，所以不息。譬之木，其始抽芽，便是木之生意发端处，抽芽然后发干，发干然后生枝生叶，然后是生生不息。若无芽，何以有干有枝叶？能抽芽，必是下面有个根在。有根方生，无根便死。无根何从抽芽？父子、兄弟之爱，便是人心生意发端处，如木之抽芽，自此而仁民，而爱物，便是发干生枝生叶。墨氏兼爱无差等，将自家父子、兄弟与途人一般看，便自没了发端处。不抽芽，便知得他无根，便不是生生不息，安得谓之仁？孝弟为仁之本，却是仁理从里面发生出来。"

王阳明强调仁爱是生生不息、无所不在的。

【注释】

①墨氏兼爱：墨翟（约前468~前376），春秋战国之际思想家，墨家学派的创始人，后世称为墨子。鲁国人，曾为宋国大夫。兼爱是墨子政治思想和伦理思想的核心，以为天下之所以有众暴寡、强凌弱的现象，根源在于人们不能兼相爱，提倡天下人相爱互利，反对儒家的亲亲主张。②渐渐至于六阳：汉代易学家孟喜用《周易》中六阳卦分别代表夏历十一月至第二年四月，用六阴卦分别代表夏历五月至十月，显示阴阳的消长，决定四季寒暑的变化。

【译文】

陆澄问："程颐先生说：'仁爱的人把天地万物和自己融为一体，视为一个整体。'那为什么墨子主张兼爱，却不被认为是仁爱呢？"

先生说："一言难尽。你们必须自己去体会才能够明白的。仁爱是孕育万事万物生生不息的天理，尽管它存在于天地之间，无所不在，但它的运行也有个循序渐进的过程，

王阳明认为仁爱是要有个发端的，就像树的长成需要有个萌芽一样。

才会生生不息。比如冬至的时候一阳初生，一定是会慢慢地从一阳发展变化到六阳。如果没有一阳产生，怎么会有六阳呢？阴也是这样。只因为它是一个渐变的过程，所以就会有个发端点；因为有了这个发端点，才会有生命；有生命才会生生不息。好比树木，萌芽就是树木生命的开端，之后长出树干，树干长出后再生出枝条和叶子，生生不息。没有萌芽这个开端，哪来树干、枝叶？而能够长出树芽来，就一定是下面一个树根在支撑。没有根就会死掉，有树根才能生长。父子、兄弟之间的爱，就是人心意念的发端，就像是树木的芽。有了这个才会仁爱百姓，爱惜万物，好比生发出来的枝条和叶子。墨子的兼爱学说，没有区别'爱'，将自己的父子、兄弟、路人等同看待，这就是没有了发端。由此可以看出他的兼爱是没有根据的，不能够生生不息地流传，这样怎么能称得上是仁爱呢？仁理就是从孝顺父亲、尊重兄长这个仁爱的根本中生发出来的。"

七十四

【原文】

问："延平云，'当理而无私心'。①'当理'与'无私心'，如何分别？"

先生曰："心即理也。无私心即是当理，未当理便是私心。若析心与理言之，恐亦未善。"

又问："释氏于世间一切情欲之私都不染着，似无私心；但外弃人伦，却似未当理。"

曰："亦只是一统事，都只是成就他一个私己的心。"

【注释】

① 当理而无私心：李侗语，语出《延平答问》。指既合天理又没有私心。

王阳明认为，心就是理，佛家抛弃人伦，其实是为了成全自己的私心，是不合天理的。

【译文】

陆澄问："延平先生说，'合乎天理又没有私心'。那么，怎么区别这个合乎天理和没有私心呢？"

先生说："心就是理。没有私心就是符合天理，不符合天理就是有私心。如果将心和理分开来讲，是不妥当的。"

陆澄又问："佛家不沾染人世间的一切私欲，看上去像没有私心。但是佛家把人伦也抛弃了，这好像又不符合天理了。"

先生说："佛家和世人其实是一回事，都是为了成全他自己的私心而已。"

薛侃录

一

【原文】

侃问："持志如心痛，一心在痛上，安有工夫说闲话、管闲事？"

先生曰："初学功夫如此用亦好，但要使知'出入无时，莫知其向'，心之神明原是如此，功夫方有着落。若只死死守着，恐于功夫上又发病。"

王阳明说，人心中的志向是自在的，不用死死守着，不然就会像犯了心痛一样，只知道痛了。

【译文】

薛侃问："秉持志向的时候好像犯了心痛，一心只在痛上面，哪还有时间去说其他闲话、管其他闲事呢？"

先生说："初学下功夫时用这样的方法也好，但是自己要明白心灵的神明原本就是'出入本没有什么固定的时间，也就不知道它的去向'，只有这样才能让所下的功夫有着落。如果只是死死坚守志向，恐怕会在下功夫上出差错。"

二

【原文】

侃问："专涵养而不务讲求，将认欲作理，则如之何？"

先生曰："人须是知学。讲求亦只是涵养，不讲求只是涵养之志不切。"

曰："何谓知学？"

曰："且道为何而学，学个甚？"

曰："尝闻先生教，学是学存天理。心之本体即是天理，体认天理只要自心地无私意。"

曰："如此则只须克去私意便是，又愁甚理欲不明？"

曰："正恐这些私意认不真。"

曰："总是志未切。志切，目视、耳听皆在此，安有认不真的道理？'是非之心，人皆有之'[①]，不假外求。讲求亦只是体当自心所见，不成去心外别有个见！"

王阳明说，不讲求学问，就会误把对名利、美色的欲望当作天理。

【注释】

① 是非之心，人皆有之：语出《孟子·公孙丑上》"恻隐之心，仁之端也；善恶之心，义之端也；辞让之心，礼之端也，是非之心，智之端也。人之有是四端也，犹其有四体也"。

王阳明说，讲求学问也是为了德行的涵养，不讲习学问说明存养天性的志向不坚定。

【译文】

薛侃问："专注于德行的涵养而不讲求学问上的研究，如果把私欲认作天理，那怎么办呢？"

先生说："人必须先懂得学习。讲习求学也是为了德行的涵养，而不讲习求学只因为存养天性的志向不坚定。"

薛侃说："怎么样算是知道学习？"

先生说："你姑且谈一谈为什么要学习？又该学习些什么？"

薛侃说："曾经听先生教诲，学习就是学习存天理。心的本体就是天理，所以只要自己的内心没有私念，就能体察认识天理。"

先生说："这样的话只要克制自己把私欲去除就够了，还担心什么不明白天理、私欲呢？"

薛侃说："害怕的正是认不清这些私欲。"

先生说："这还是志向不够坚定。如果志向坚定的话，眼睛、耳朵只会集中在这上面，哪会有认不清私欲的道理？'是非之心，人皆有之'，不需从外面去寻求。讲习求学也只是体察自己的内心所见到的东西，难不成还可以去心外另寻他见？"

三

【原文】

先生问在坐之友："比来功夫何似？"

一友举虚明意思[①]。先生曰："此是说光景。"

一友叙今昔异同。先生曰："此是说效验。"

二友惘然，请是。

先生曰："吾辈今日用功，只是要为善之心真切。此心真切，见善即迁，有过即改[②]，方是真切功夫。如此，则人欲日消，天理日有。若只管求光景、说效验，却是助长外驰病痛，不是功夫。"

王阳明说，我们在自身涵养上下的功夫，是为了让求善之心变得真切，求善之心变得真切了，天理自然就日渐明朗了。

【注释】

① 虚明意思：由静坐而产生的超觉体验，恍若海市蜃楼，故曰"光景"。② 见善即迁，有过即改：语出《周易·益

卦》"君子以见善则迁，有过即改"。

【译文】

先生问在座的朋友们："近来功夫如何？"

一个朋友说了一些自己因为静坐而产生的幻觉。先生说："你这说的是些呈现在表面的现象而已。"

一位朋友讲述了现在和过去的异同。先生说："你这说的是做功夫的效果。"

两位朋友不解，向先生请教。

先生说："我们现在下工夫只是为了让善心更加真切。这个求善的心真切，见了善就要自然会靠近，有了错误会马上改正，这才达到了真切的功夫。如此下来私欲便会逐日不见，天理也就日益明朗。如果只管寻求表面现象和效果，反倒是助长了向外寻天理的弊端，并非达到真正的功夫。"

四

【原文】

朋友观书，多有摘议晦庵者。

先生曰："是有心求异，即不是。吾说与晦庵时有不同者，为入门下手处有毫厘千里[①]之分，不得不辩。然吾之心与晦庵之心未尝异也。若其余文义解得明当处，如何动得一字？"

【注释】

① 毫厘千里：语出《论语·经解》："《易》曰：'君子慎始，差若毫厘，谬以千里。'"

王阳明认为朋友看书时有意将他与朱熹的内心区别来看，这是不对的。实际上，他与朱熹两人的内心是相同的。

【译文】

朋友们看书的时候，会有经常指责和批评朱熹的人。

先生说："如果是刻意表现出不同，这是不对的。我的学说和朱熹常有不同，是因为在入门功夫上有差别，所以不能不辩论清楚。然而，我和朱熹未曾有过不同的心。就拿朱熹解释文义来说，清晰明确的地方，怎么能有一个字被我改动呢？"

五

【原文】

希渊[①]问："圣人可学而至，然伯夷、伊尹于孔子才力终不同，其同谓之圣者安在？"

先生曰："圣人之所以为圣，只是其心纯乎天理而无人欲之杂，犹精金之所以为精，但以其成色足而无铜铅之杂也。人到纯乎天理方是圣，金到足色方是精。然圣人之才力亦有大小不同，犹金之分两有轻重。尧舜犹万镒[②]。文王孔子犹九千镒，禹、汤、武王犹七八千镒，伯夷、伊尹犹四五千镒。才力不同而纯乎天理则同，皆可谓之圣人，犹分两虽不同，而足色则同，皆可谓之精金。以五千镒者而入于万镒之中，其足色同也；以夷、尹而厕之尧、孔之间，其纯乎天理同也。盖所以为精金者，在足色而不在分两；所以为圣者，在纯乎天理而不在才力也。故虽凡人，而肯为学，使此心纯乎天理，则亦可为圣人，犹一两之金，此之万镒，分两虽悬绝，而其到足色处可以无愧。故曰'人皆可以为尧舜'[③]者以此。学者学圣人，不过是去人欲而存天理耳，犹炼金而求其足色。金之成色，所争不多，则煅炼之功省，而功易成，成色愈下则煅炼愈难。人之气质清浊粹驳，有中人以上、中人以下，其于道有生知安行、学知利行，其下者必须人一己百、人十己千[④]，及其成功则一。

王阳明说，伯夷、伊尹、孔子虽然才能不一样，但是都有一颗纯然合乎天理而没有丝毫人欲掺杂其中的心，所以都可以算是圣人。

"后世不知作圣之本是纯乎天理，专去知识才能上求圣人，以为圣人无所不知，无所不能，我须是将圣人许多知识才能逐一理会始得。故不务去天理上看功夫，徒弊精竭力，从册子上钻研、名物上考索、形迹上比拟。知识愈广而人欲愈滋，才力愈多而天理愈蔽。正如见人有万镒精金，不务煅炼成色，求无愧于彼之精纯，而乃妄希分两，务同彼之万镒，锡铅铜铁杂然而投，分两愈增而成色愈下，既其梢末，无复有金矣。"

时曰仁在旁，曰："先生此喻，足以破世儒支离之惑，大有功于后学。"

先生又曰："吾辈用功，只求日减，不求日增。减得一分人欲，便是复得一分天理，何等轻快脱洒，何等简易！"

【注释】

①希渊：蔡宗兖，字希渊，号我斋，山阴（今浙江绍兴）人，王阳明的得意弟子。②镒：古代重量单位，一镒合二十两，一说为二十四两。③人皆可以为尧舜：语出《孟子·告子下》："曹交问曰：'人皆可以为尧、舜，有诸？'孟子曰：'然。'"④人一己百、人十己千：语出《中庸》："人一能之，己百之；人十能之，己千之。果能此道矣，虽愚必明，虽柔必强。"

【译文】

蔡希渊问："圣人的境界通过学习固然能够达到，但是伯夷、伊尹和孔子比较起来，他们的才能是有所不同的，但孟子统称他们为圣人，这是为什么呢？"

先生说："圣人能够叫作圣人，是因为他们有一颗纯然合乎天理而没有丝毫人欲掺杂其中的心。就像纯金之所以是纯金，也只是因为它没有掺杂任何铜、铅等杂质，成色

王阳明对弟子说，我们用功，就是要扫去心中的私欲，就像锻炼金子，把杂质去除，便得到了纯金。

很足。人纯然合乎天理才是圣人，成色饱足的金才是纯金。圣人的才力有大小之分就好比金的分量有轻重。尧、舜就好比是万镒的纯金，文王、孔子好比是九千镒，禹、汤、武王像七八千镒的纯金，伯夷、伊尹则像四五千镒的纯金。他们的心都是同样纯然合乎天理的，虽然才力不尽相同，也都可以算作圣人。就好像是金，只要成色十足，即使分量不同，也都可以算作纯金了。把五千镒的纯金溶入万镒的纯金里面，成色还是一样的；把伯夷、伊尹安置在唐尧、孔子当中，他们的心都同样合乎天理。所以纯金的界定，是因为成色而非分量；圣人的界定，也是因为他们的心合乎天理而非因为他们的才智。因此，即便是普通人，只要愿意做学问，让他们的心纯然合乎天理，是同样能够成为圣人的。就像是一两重的金子，相比于万镒重的金子，虽然分量相差很远，但在成色上，是不会有差的。因此，孟子才说'人皆可以为尧舜'。学者学习圣人，不过是去人欲、存天理罢了，好比炼金求成色充足。金的成色相差不多的时候，就可以省下许多功夫，炼成纯金比较容易。成色越差，冶炼也就越难。人的气质也会有清有浊，有中等以上、中等以下的差别，对于圣道，有的人生来就知道并且自然就能去实践，有的人则需通过学习才知道并实践，这样的人，就必须用别人百倍的努力，等到最后，取得的成就还是一样的。

王阳明批评世人只懂得求取知识，而不在寻求天理上下功夫，以为这样就能达到圣人的境界。

"后世的人只专门在知识、才能上努力学习做圣人，认为圣人是无所不知，无所不能的，自己只需要把圣人的知识才能一一学会就行了，哪里知道做圣人的根本在于让心合乎天理？他们不从天理上下工夫，而是费尽精力钻研书本、考寻名物、推理形迹。这样，知识越渊博的人私欲越是滋长，才能越高，天理反而越被遮蔽。这就像看见别人拥有万镒的纯金，自己只妄想在分量上赶超别人，把锡、铅、铜、铁等杂质都掺杂进金子里去，却不肯冶炼自己的成色。虽然增加了分量，成色却更加低下，到最后，有的就不是真金了。"

这时在一旁的徐爱说道："先生的这个比喻，足以解决世儒们学问支离破碎的困惑，对学生们大有裨益。"

先生又说："我们用功，只求日减，不求日增。能减去一份私欲，就会得到一份天理，这样是多么轻快洒脱，多么简单啊！"

六

【原文】

士德[①]问曰："格物之说，如先生所教，明白简易，人人见得。文公[②]聪明绝世，于此反有未审，何也？"

先生曰："文公精神气魄大，是他早年合下便要继往开来，故一向只就考索著述上用功。若先切己自修，自然不暇及此。到得德盛后，果忧道之不明。如孔子退修六籍，删繁就简，开示来学，亦大段不费甚考索。文公早岁便著许多书，晚年方悔是倒做了。"

朱熹早年一直在考据著述上下功夫，到了老年才悔悟，发现格物应该从自身天性的修养开始。

士德曰："晚年之悔，如谓'向来定本之悟'，又谓'虽读得书，何益于吾事'，又谓'此与守书籍，泥言语，全无交涉'③，是他到此方悔从前用功之错，方去切己自修矣。"

曰："然。此是文公不可及处。他力量大，一悔便转。可惜不久即去世，平日许多错处皆不及改正。"

【注释】

① 士德：杨骥，字士德，王阳明的学生。② 文公：朱熹死后谥"文"，故称。③"向来定来之误"句、"虽读得书"句、"此与守书籍"句：均出自《朱子晚年定论》中所录朱熹强调内心觉悟的书信。

【译文】

杨骥问："按照先生教导的，格物的学说简易明了，人人都能学得到。而朱熹先生聪明盖世，反而没有弄明白格物的学说，这是何故？"

先生说："朱熹先生的精神气魄宏伟，早年就已经下定决心要继往开来，所以一直只在考据著书上用功。如果他早年先在自己身上认真修养，自然就没有时间去考据著书了。等到德行很高时，他果然担心儒道不行。就学习孔子，删述《六经》，去繁就简，启示后世学者，也就无须费工夫去考证了。早年朱熹写了许多书，晚年才悔悟，这是颠倒了功夫。"

杨骥说："朱熹晚年的悔悟，就像他说的'最初确定根本的错误'，他又说'虽读了很多书，对于我又有什么好处呢'，又说'这和死死守住书本，拘泥于言语，完全没有任何关系'，到了这个时候他才开始悔悟从前的功夫用错了，应当从自身修养天性开始。"

先生说："对。这就是朱熹同别人不同的地方。他气魄大，一旦悔悟就能够马上扭转过来。可惜不久他就去世了，一些错误的地方都没来得及改正。"

七

【原文】

侃去花间草，因曰："天地间何善难培，恶难去？"

先生曰："未培未去耳。"少间，曰："此等看善恶，皆从躯壳起念，便会错。"

侃未达。

曰："天地生意，花草一般。何曾有善恶之分？子欲观花，则以花为善，以草为恶。如欲用草时，复以草为善矣。此等善恶，皆由汝心好恶所生，故知是错。"

曰："然则无善无恶①乎？"

曰："无善无恶者理之静，有善有恶者气之动。不动于气即无善无恶，是谓至善。"

曰："佛氏亦无善无恶，何以异？"

曰："佛氏著在无善无恶上，便一切都不管，不可以治天下。圣人无善无恶，只是'无有作好'，'无有作恶'，不动于气。然'遵王之道'，'会其有极'，② 便自一循天理，便有个裁成辅相③。"

曰："草既非恶，即草不宜去矣。"

曰："如此却是佛、老意见。草若是碍，何妨汝去？"

曰："如此又是作好作恶。"

王阳明说，天地间一团生气，就像花和草一样，是没有善恶之分的。我们对善恶的区分，都是根据自身的喜好作出来的。

曰："不作好恶，非是全无好恶，却是无知觉的人。谓之不作者，只是好恶一循于理，不去又着一分意思。如此，即是不曾好恶一般。"

曰："去草如何是一循于理，不看意思？"

曰："草有妨碍，理亦宜去，去之而已；偶未即去，亦不累心。若着了一分意思，即心体便有贻累，便有许多动气处。"

曰："然则善恶全不在物？"

曰 "只在汝心。循理便是善，动气便是恶。"

曰："毕竟物无善恶？"

曰："在心如此，在物亦然。世儒惟不知此，舍心逐物，将格物之学看错了，终日驰求于外，只做得个'义袭而取'，终身行不著，习不察。"

曰："'如好好色，如恶恶臭'，则如何？"

曰："此正是一循于理，是天理合如此，本无私意作好作恶。"

曰："如好好色，如恶恶臭。安得非意？"

曰："却是诚意，不是私意。诚意只是循天理。虽是循天理，亦看不得一分意。故有所忿、好乐，则不得其正。须是廓然大公，方是心之本体。知此，即知未发之中。"

伯生④ 曰："先生云：'草有妨碍，理亦宜去。'缘何又是躯壳起念？"

曰："此须汝心自体当。汝要去草，是甚么心？周茂叔⑤ 窗前草不除，是什么心？"

【注释】

① 无善无恶：语出《坛经·行由第一》："惠能云：'不思善，不思恶。正与应时，那个是明上座本来面目。'" ② "无有作好" 等句：语出《尚书·洪范》。无有作好、无有作恶，意为没有自私的好恶。遵王之道，意为遵行王道、公道。会其有极，意为会归于法度、准则。③ 裁成辅相：语出《周易·泰卦·象传》。裁成，意为剪裁成适用的样子。辅相，意为辅助、帮助。④ 伯生：孟源，字伯生，王阳明弟子。⑤ 周茂叔：周敦颐（1017~1073），字茂叔，湖南道州营道（今道县）人。宋明理学创始人，程颐的教师。

【译文】

王阳明说，佛教执着于无善无恶，别的就全都置之不理，所以不能治理天下；圣人所说的无善无恶，是说不刻意为善，也不刻意为恶。

薛侃在锄花间杂草时，顺势问道："为什么天地间的善很难栽培，恶很难除去呢？"

先生说："因为人们还没有去培养善或者除去恶。"过了一会儿，先生又说："像你这样从表面上去看待善恶，就会出错。"薛侃没有理解。

先生又说："天地中一团生气，就像花草的生长，何曾有什么善恶之分？你想要赏花，便把花当作善，把花间的草作为恶。但是当你需要草的时候，你又会反过来把草当作善。这样的善恶之分，都是由你心中的喜好或讨厌生发出来的。所以说是错误的。"

薛侃说："这样说来，善恶之间没有分别了吗？"

先生说："无善无恶是天理的静止状态，而有善有恶是气的动态产生的。不因气而动，自然无善无恶了，这就是至善。"

薛侃说："佛教也有无善无恶的说法，与先生所说有何区别呢？"

先生说："佛教执著于无善无恶，便其余一切都置之不理，所以不能够治理天下。圣人讲的无善无恶，只是不刻意为善，不刻意为恶，不为气所动。这样，'遵循王道'，自然会归于法度天理。也就自然能'裁成天地之道，辅助天地之宜'。"

薛侃说："既然草并不是恶，那么就不应该把草去掉了。"

先生说："这样又是佛、道两家的主张了。既然草成了障碍，把它除掉又何妨呢？"

薛侃说："这样不又是在为善为恶了吗？"

先生说："不从私欲上为善为恶，并非全无好恶的区分，若是全无好恶之分，岂不成了没有知觉的人了？所谓不刻意为善为恶，只是说好恶须要遵循天理，不夹杂丝毫私心杂念。这样，就和不曾有好恶一样了。"

薛侃说："除草时怎样才能遵循天理，不带私欲呢？"

先生说："草对你有妨碍，依照天理就应当除去，除去就是；偶尔有没有及时除去的，也勿记挂心中。如果你有了一分记挂，心就会为它所累，便会有许多为气所动的地方了。"

薛侃说："那么善恶全然不在事物之上了？"

先生说："善恶只存在于你心中。遵循天理就是善，动气就是恶。"

薛侃说："那么事物到底有没有善恶之分？"

先生说："在心上是如此，在物也是如此。后世儒生们往往不明白这个道理，而舍弃本心去追求心外之物，把格物的学问搞错了，成天在心外寻求，最终只能做到'义袭而取'，终身'行不著，习不察'。"

薛侃说："那么'如好好色，如恶恶臭'这句话，应当如何理解呢？"

先生说："这正是一直遵循天理，天理本该如此，它本来没有私意去为善为恶。"

薛侃说："但是喜好美色，厌恶恶臭，怎会没有私意在其中呢？"

先生说："这是诚意，而非私欲。诚意只是遵循天理。虽然遵循天理，也不能掺杂丝毫私欲。因此，有一丝怨愤或喜乐，心就不能保持中正平和。豁然无私，才是心的本体。明白了这个，就明白'未发之中'了。"

孟源说："先生说：'草对你有妨碍，依照天理就应当除去。'为什么说这是从表面上产生的私念呢？"

先生说："这需要你自己的心去体会。你想除掉草，是什么心思？周敦颐不拔掉窗前的草，又是怀着什么心思？"

八

【原文】

先生谓学者曰："为学须得个头脑，功夫方有着落。纵未能无间，如舟之有舵，一提便醒。不然，虽从事于学，只做个'义袭而取'，只是'行不著，习不察'，非大本、达道也。"

又曰："见得时，横说竖说皆是。若于此处通，彼处不通，只是未见得。"

王阳明说，做学问要有个宗旨，就像船需要有舵一样。

【译文】

先生对学生说："做学问一定要有个宗旨，这样学问才有着落。虽然在其间不可能没有间断，但就像船有了舵，一提便明白了。不然的话，虽然是在做学问，也只能做个'义袭而取'，只会'行不著，习不察'，并非学习的主干大道。"

先生又说："有了宗旨，不管怎样说都是正确的。如果只是这里明白了，别处又不明白，那只是因为没有宗旨。"

九

【原文】

或问："为学以亲故，不免业举之累。"

先生曰："以亲之故而业举为累于学，则治田以养其亲者，亦有累于学乎？先正云：'惟患夺志。'[①] 但恐为学之志不真切耳。"

【注释】

① 惟患夺志：程颐语，语出《河南程氏外书》"故科举之事，不患妨功，惟患夺志"。意为不怕科举耽误、

妨碍学习，只怕因科举丧失了为学的志向。

王阳明说，为了父母而参加科举考试，并不会妨碍学习，怕就怕学习的志向不坚定。

【译文】

有人问：“做学问只是为了父母的缘故，难免会被科举拖累。”

先生说：“为了父母参加科举考试会妨碍学习，那么，为了侍奉父母去种田，也会妨碍学习。程颐先生说：‘惟患夺志。’怕只怕学习的志向不够坚定。”

十

【原文】

崇一[①]问：“寻常意思多忙，有事固忙，无事亦忙，何也？”

先生曰：“天地气机，元无一息之停。然有个主宰，故不先不后，不急不缓，虽千变万化而主宰常定，人得此而生。若主宰定时，与天运一般不息，虽酬酢万变，常是从容自在，所谓‘天君泰然，百体从令’[②]。若无主宰，便只是这气奔放，如何不忙？”

王阳明说，天地间的气息，本来就是从不停歇的，之所以不忙乱，是因为有主宰。人心也需要有主宰，不然就算没事也会忙乱。

【注释】

①崇一：欧阳德（1495~1554），字崇一，号南野，江西泰和人，王阳明的弟子。②天君泰然，百体从令：语出宋代范浚《香溪集》。

【译文】

欧阳崇一问：“平时里大多情况下思想意念都很忙乱，有事的时候固然会忙，但是没事的时候也忙，这是为什么呢？”

先生说：“天地间的气息，原来就没有一刻停止过。但它有一个主宰，即使千变万化，也会不先不后，不急不缓，因为主宰是恒定不变的。人就凭着这个主宰生存。如果人的主宰安定，即使像天地一样运行不止，日理万机，也能常常保持从容自在，所谓‘天君泰然，百体从令’。如果没有主宰，便会任由气奔腾放纵，怎么能不忙乱呢？”

十一

【原文】

先生曰：“为学大病在好名。”

侃曰：“从前岁自谓此病已轻，此来精察，乃知全未。岂必务外为人？只闻誉而喜，闻毁而闷，即是此病发来。”

曰：“最是。名与实对，务实之心重一分，则务名之心轻一分；全是务实之心，即全无务名之心。若务实之心如饥之求食、渴之求饮，安得更有功夫好名！”

又曰：“‘疾没世而名不称’①，‘称’字去声读，亦‘声闻过情，君子耻之’②之意。实不称名，生犹可补，没则无及矣。‘四十五十而无闻’③，是不闻道，非无声闻也。孔子云：‘是闻也，非达也。’④安肯以此忘人！”

王阳明对弟子说，做学问最大的弊病就是追求名声。

【注释】

①疾没世而名不称：语出《论语·卫灵公》：“子曰：‘君子疾没世而名不称焉。’”此句有二解，一为，到去世时名字不为人称道，君子引以为憾；二为，到去世时名声与自己的实际不相符，君子引以为憾。王阳明从第二种解释。②声闻过情，君子耻之：语出《孟子·离娄下》：“故声闻过情，君子耻之。”意为盛名之下，其实难副，君子以此为耻。③四十五十而无闻：语出《论语·子罕》。④是闻也，非达也：语出《论语·颜渊》。意为是有名声，而不是有作为。

王阳明说，人有了务实之心，就像饿了找食物，渴了找水一样，就不会有心思去追求名声了。

【译文】

先生说：“治学最大的弊病是好名。”

薛侃说：“从去年以来，我自以为我的这个毛病已经有所减轻，但近来仔细体会观察，才知道完全不是这样。难道好名只是想从别人那求得好的名声吗？只要听到赞誉便欣喜，听到诋毁便郁郁不乐，也是因为有好名的毛病。”

先生说：“正是这样。名和实相互对应，多一分务实的心，就会少一分求名的心；心全在务实上，便没有求名的心思了。我们知道饿了会到处寻找食物，渴了会找水，如果务实的心也是如此，哪里还有时间去好名？”

先生又说：“孔子所说的‘疾没世而名不称’，‘称’应该读第四声，就是‘名声超过了实情，君子感到羞耻’的意思。现实和名声不符，在活着的时候还能够挽回，死了就再也不行了。‘四十五十而无闻’中的‘闻’是没有听闻道，而不是没有名声。孔子说：‘是闻也，非达也。’他怎么会凭名气来看待别人呢？”

十二

【原文】

侃多悔。

先生曰："悔悟是去病之药，然以改之为贵。若留滞于中，则又因药发病。"

【译文】

薛侃时常会事后后悔。

先生说："悔悟是去除毛病的良药，但能让人有错便改才是它的效用之所在。如果仅仅将悔恨留滞在心里，就会因为用药而添病。"

十三

【原文】

德章[①]曰："闻先生以精金喻圣，以分两喻圣人之分量，以锻炼喻学者之功，最为深切。惟谓尧、舜为万镒，孔子为九千镒，疑未安。"

王阳明说，人们不懂得扩充自己本心的知识和能力，而去追求自己没有的知识和能力，就像计较纯金的分量，而看不到纯金的本质一样。

先生曰："此又是躯壳上起念，故替圣人争分两。若不从躯壳上起念，即尧、舜万镒不为多，孔子九千镒不为少。尧、舜万镒只是孔子的，孔子九千镒只是尧、舜的，原无彼我。所以谓之圣，只论'精一'，不论多寡。只要此心纯乎天理处同，便同谓之圣。若是力量气魄，如何尽同得？后儒只在分两上较量，所以流入功利。若除去了比较分两的心，各人尽着自己力量精神，只在此心纯天理上用功，即人人自有，个个圆成，便能大以成大，小以成小，不假外慕，无不具足[②]。此便是实实落落明善诚身的事。

"后儒不明圣学，不知就自己心地良知良能[③]上体认扩充，却去求知其所不知，求能其所不能，一味只是希高慕大，不知自己是桀、纣心地，动辄要做尧、舜事业，如何做得？终年碌碌，至于老死，竟不知成就了个什么，可哀也已！"

【注释】

①德章：姓刘，王阳明的学生。②具足：佛教名词，指佛教比丘和比丘尼所受戒律，与沙弥和沙弥尼所受十介戒相比，戒品具足，故称具足戒。这里是完备的意思。③良知良能：语出《孟子·尽心上》："孟子曰：'人之所以不学而能者，其良能也；所不虑而知者，其良知也。'"

【译文】

德章说："我听先生曾用纯金来比喻圣人，而以金的分量比喻圣人才力的大小，金的提炼比喻学者所下的修养功夫，很是深刻准确。只是您说尧、舜好比万镒重的金子，而只把孔子比作九千镒的金子，可能不太恰当。”

先生说：“你之所以会为圣人们争分量，是因为只在表面形式上着想了。如果不是从表面上着想，那么把尧、舜比作万镒的纯金不会觉得多，而把孔子比作九千镒的纯金也不觉得少。尧、舜的万镒也是孔子的，孔子的九千镒也是尧、舜的，原本没有你我之别。把他们称为圣人，是只考虑他们的质是否达到了‘精一’的境界，而不在于他们才力的大小。只要他们的心同样合乎天理，便一样把他们叫作圣人。谈到才智气魄，怎么可能会全然相同呢？后世儒生们只懂得在才力的大小上斤斤计较，所以才会陷入功利的泥潭当中。如果能够把这种计较才能大小的私心去除掉，各人只尽自己所能在存天理这方面下工夫，就会人人自然有所成就，功德圆满，能力大的人作出大成就，能力小的就作出小成就，不需要凭借外力就能完美纯粹。这就是实实在在、明善诚身的事情。

“后世儒生们不懂得圣人的学说，不知道扩充自己本心的知识和能力，以此追求那些没有认识的事情和不具备的能力，一味好高骛远，爱慕虚荣，不知道自己的心是桀纣的心，怎么能动不动就要去做尧舜的事业？直到终老死去，也只是终年碌碌无为，不知道究竟得了什么成就，真是可悲呀！”

十四

【原文】

侃问：“先儒以心之静为体，心之动为用，如何？”

先生曰：“心不可以动静为体用。动静，时也。即体而言用在体，即用而言体在用，是谓‘体用一源’。若说静可以见其体，动可以见其用，却不妨。”

【译文】

薛侃问：“先代儒生们认为静是心的本体，动是心的应用，这话对吗？”

先生说：“心不能够把动静当作它的本体和应用。动静只是在时间方面来说的，只是暂时的。就本体而言，用在体；就作用而言，体在用。这就是所谓的‘体用一源’。倘若说静时能够见到心的本体，动时能够见到心的作用，却也无妨。”

王阳明说，心的本体和应用在本源上是一样的，动和静只是表示心所处的不同时间罢了。

十五

【原文】

问："上智、下愚，如何不可移[①]？"

先生曰："不是不可移，只是不肯移。"

【注释】

① 上智、下愚，不可移：语出《论语·阳货》："子曰：'唯上智与下愚不移。'"一般认为孔子所说的不移是不可移。

【译文】

薛侃问："智慧和笨愚，为什么不能改变？"

先生说："不是不可改变，只是不愿意改变而已。"

十六

【原文】

问"子夏门人问交"[①]章。

先生曰："子夏是言小子之交，子张[②]是言成人之交。若善用之，亦俱是。"

【注释】

① 子夏门人问交：语出《论语·子张》。子夏，姓卜，名商，字子夏，春秋时晋国人，孔子的弟子。② 子张：姓颛孙，名师，春秋时陈国阳城人，孔子的弟子。

王阳明说，孩子之间有好坏之分，大人之间好坏都能容纳。

【译文】

薛侃请教先生"子夏门人问交"一章。

先生说："子夏说的是孩童间的交往，子张说的是大人间的交往。如果懂得应用，他们都是正确的。"

十七

【原文】

子仁[①]问："'学而时习之，不亦说乎？'[②]先儒以学为'效先觉之所为'[③]，如何？"

先生曰："'学'是学去人欲、存天理。从事于去人欲、存天理，则自正诸先觉，考诸古训，自下许多问辨、思索、存省、克治功夫。然不过欲去此心之人欲、存吾心之天理耳。若曰'效先觉之所为'，则只说得学中一件事，亦似专求诸外了。'时习'者，'坐如尸'，非专习坐也，坐时习此心也；'立如斋'，非专习立也，立时习此心也。'说'是'理义之说我心'之'说'，人心本自说理义，如目本说色，耳本说声。惟为人欲所蔽所累，始有不说。今人欲日去，则理义日洽浃。安得不说？"

【注释】

①子仁：冯恩，字子仁，号南江，王阳明的弟子。②学而时习之，不亦说乎：语出《论语·学而》。③效先觉之所为：语出朱熹《论语集注》"学之为言效也。人性皆善，而觉有先后。后觉者必效先觉之所为，乃可以明善而复其初也"。

【译文】

子仁问："'学而时习之，不亦说乎'里的'学'，朱熹认为是'效仿先觉的行为'，他这种说法对吗？"

先生说："'学'是指学习去人欲、存天理。一直在去人欲、存天理，那么自然会求正于先觉，考求于古训，自然会努力问辨、思考、存养、克制。然而终究也只是去人欲、存天理的功夫罢了。如果只说是'效法先觉者的行为'，就只说到了学习中的一件事，似乎是专门在心之外求取了。'时习'时'坐如尸'，并非专门练习端坐，而是说在端坐的时候修养身心；'立如斋'，也并非专门练习站立，而是在站立的时候去学着修习自己的心。'说'是'理义之说我心'中的'说'，是我心高兴的意思。人心原本就会因学习天理而高兴，就像是眼睛喜欢颜色，耳朵喜欢声音一样。只是因为私欲牵累了本心，才会不因天理而愉快。现在私欲一天天地去除，天理就会一天天滋养人心，怎么会不高兴呢？"

十八

【原文】

国英[①]问："曾子三省[②]虽切。恐是未闻一贯[③]时功夫？"

先生曰："一贯是夫子见曾子未得用功之要，故告之。学者果能忠恕上用功，岂不是一贯？'一'如树之根本，'贯'如树之枝叶。未种根，何枝叶之可得？体用一源，体未立，用安从生？谓'曾子于其用处，盖已随事精察而力行之。但未知其体之一'。此恐未尽。"

王阳明说，"一"与"贯"的关系，就像树根与枝叶一样，有根才有叶，有"一"才能"贯"。

【注释】

①国英：姓陈，名桀，字国英，福建莆田人，王阳明的学生。②三省：语出《论语·学而》："曾子曰：'吾日三省吾身：为人

谋而不忠乎？与朋友交而不信乎？传不习乎？'”曾子，即曾参，字子舆，鲁国人，孔子的得意弟子，孔子学说出色的传承人。③一贯：即一以贯之。语出《论语·里仁》。

【译文】

国英问：“曾子‘吾日三省吾身’，虽然真切，但恐怕他还没有到‘一以贯之’的境界。”

先生说：“孔子见曾子还没有领会到用功的要领，所以才告诉他‘一以贯之’的道理。学者要是真能在忠恕上用功，岂不就是‘一以贯之’吗？‘一’就像是树的根，‘贯’就像是树的枝叶。没有树根，枝叶从哪里来？体和用同源，不存在体的时候，用从何而来？’朱熹说‘曾子运用心，已经可以精确体察事情并且付诸实践了，只是他还不知道心的本体和作用是一体的’。这样说可能不全面吧。”

十九

【原文】

黄诚甫[①]问“汝与回也，孰愈”[②]章。

先生曰：“子贡[③]多学而识，在闻见上用功，颜子在心地上用功，故圣人问以启之。而子贡所对又只在知见上，故圣人叹惜之，非许之也。”

子贡只在学识上，而不在内心里下功夫，所以孔子对他感到叹惜。

【注释】

①黄诚甫：名宗贤，字诚甫，号致斋，宁波人，王阳明的学生。②汝与回也，孰愈：语出《论语·公冶长》。③子贡：姓端木，名赐，字子贡，亦作子赣，春秋卫国人，孔子的弟子。能言善辩，长于经商。

【译文】

黄诚甫向先生请教“汝与回也，孰愈”这一章。

先生说：“子贡知识渊博，把功夫用在见闻上。颜回在内心里下功夫，所以孔子用这一问题来启发他。但是子贡只在知识见闻上做了回答，所以孔子对此表示叹惜，而不是称赞他。”

二十

【原文】

“颜子不迁怒，不贰过[①]，亦是有‘未发之中’始能。”

【注释】

①颜子不迁怒，不贰过：语出《论语·雍也》。意为颜回不迁怒于别人，同样的错误不会犯两次。

【译文】

先生说："颜回不迁怒于别人，不会两次犯同样的错，也只有'未发之中'的人能做到这样。"

二十一

【原文】

"种树者必培其根，种德者必养其心。欲树之长，必于始生时删其繁枝；欲德之盛，必于始学时去夫外好。如外好诗文，则精神日渐漏泄在诗文上去。凡百外好皆然。"

又曰："我此论学，是无中生有的功夫。诸公须要信得及，只是立志。学者一念为善之志，如树之种，但勿助勿忘，只管培植将去，自然日夜滋长，生气日完，枝叶日茂。树初生时，便抽繁枝，亦须刊落，然后根干能大。初学时亦然，故立志贵专一。"

王阳明说，要让树长高，就要修剪掉多余的树枝，要让品德高尚，就要除去对外物的爱好。

【译文】

先生说："种树的人定会先栽培树根，培养德行的人定会先存养心性。想让树长高，一定会在开始的时候修剪掉多余的树枝；想让品德高尚，一定会在初学的时候除去对外物的爱好。比如爱好诗文，那么精神就会逐渐倾注到诗文上去。其余的爱好也都是这样。"

先生接着说："我这次讲学，讲的是无中生有的功夫。你们如果要相信，首先就要立志。学者的一点行善的念头，就好比种树，不拔苗助长，也不要把它忘记，只管去培育它，生长可任由它，这样自然会生机勃勃，枝叶也会日渐茂盛。树木刚开始生长的时候发出来的多余的枝，必须修剪，这样树的根和干才能粗壮。刚开始治学的时候也是这样，所以贵在立志专一。"

二十二

【原文】

因论先生之门，某人在涵养上用功，某人在识见上用功。

先生曰："专涵养者，日见其不足；专识见者，日见其有余。日不足者日有余矣，日有余者日不足矣。"

王阳明说，做学问要在身心修养上，而不是在知识见闻上下功夫，每天都要看到自己的不足，而不是自以为懂得很多。

【译文】

谈及先生的弟子，发现某人把功力下在修养

身心上，某人则在知识见闻上用功。

先生说："专于身心修养的，会每天都看到自己的不足；专在知识见闻上用功的，会一天比一天觉得自己懂的东西多到有余。每天觉得自己不足的人，最终会一天比一天提高。而每天感到自己知识有余的人，会一天比一天不足。"

二十三

【原文】

梁日孚[①]问："居敬、穷理是两事[②]，先生以为一事，何如？"

先生曰："天地间只有此一事，安有两事？若论万殊，'礼仪三百，威仪三千'[③]，又何止两？公且道居敬是如何？穷理是如何？"

曰："居敬是存养功夫，穷理是穷事物之理。"

曰："存养个甚？"

曰："是存养此心之天理。"

曰："如此，亦只是穷理矣。"

曰："且道如何穷事物之理？"

曰："如事亲便要穷孝之理，事君便要穷忠之理。"

曰："忠与孝之理在君、亲身上？在自己心上？若在自己心上，亦只是穷此心之理矣。且道如何是敬？"

曰："只是主一。"

曰："如何是主一？"

曰："如读书，便一心在读书上，接事，便一心在接事上。"

曰："如此，则饮酒便一心在饮酒上，好色便一心在好色上，却是逐物，成甚居敬功夫！"

日孚请问。

曰："一者，天理。主一是一心在天理上。若只知主一，不知一即是理，有事时便是逐物，无事时便是着空。惟其有事无事，一心皆在天理上用功，所以居敬亦即是穷理。就穷理专一处说，便谓之居敬；就居敬精密处说，便谓之穷理。却不是居敬了，别有个心穷理，穷理时，别有个心居敬。名虽不同，功夫只是一事。就如《易》言'敬以直内，义以方外'[④]。敬即是无事时义，义即是有事时敬，两句合说一件。如孔子言'修己以敬'，即不须言义。孟子言'集义'，即不须言敬。会得时，横说竖说，功夫总是一般。若泥文逐句，不识本领，即支离决裂，功夫都无下落。"

王阳明说，主一是一心一意在天理上，而不是在某一件事物上。一心读书与一心喝酒一样，都是把心放在了一件事物上了。

问："穷理何以即是尽性？"

曰："心之体，性也，性即理也。穷仁之理，真要仁极仁；穷义之理，真要义极义。仁、义只是吾性。故穷理即是尽性。如孟子说'充其恻隐之心，至仁不可胜用'，这便是穷理功夫。"

日孚曰："先儒谓'一草一木亦皆有理，不可不察'，何如？"

先生曰："'夫我则不暇。'公且先去理会自己性情，须能尽人之性，然后能尽物之性。"

日孚悚然有悟。

【注释】

①梁日孚：梁焯，字日孚，广东南海人。王阳明的弟子。②居敬：居心恭敬；穷理，通晓事物之理。③礼仪三百，威仪三千：语出《中庸》"礼仪三百，威仪三千，待其人而后行"。④敬以直内，义以方外：意为内心恭敬而正直，待人接物则要行为合乎正义。语出《周易·坤卦·文言》。

【译文】

梁日孚问："程朱学派把'居敬'与'穷理'当作两回事，而先生却把它们看成一件事，这是为什么呢？"

先生说："天地间仅仅就只有一件事，怎么会有两件事？如果谈到事物的千差万别，那么'礼仪三百，威仪三千'，又何止这两件事？你暂且说说认为的居敬是什么？穷理是什么？"

梁日孚说："居敬是存养内心的功夫，穷理是穷尽事物的道理。"

先生说："存养什么？"

梁日孚说："存养自己心中的天理。"

先生说："这样的话，也只是穷理罢了。"

先生接着说："再谈一谈如何去穷尽事物的道理？"

梁日孚说："例如，侍奉父母，就要穷尽孝道，供奉国君，就要穷尽忠的道理。"

先生说："是在国君、父母的身上有忠和孝的道理，还是在自己的心里？如果是在自己心里，那也只是要穷尽这种忠孝之心的道理。你再谈谈什么是敬吧。"

梁日孚说："敬，就是主一。"

先生问："什么是主一呢？"

梁日孚说："例如，读书便专心在读书上，碰到事情就便一心在处理事情上。"

先生说："照这种说法，喝酒便一心在喝酒上，好色就一心在好色上，也是所谓主一了。但这些只是在追逐物欲，算什么居敬的功夫呢？"

梁日孚向先生请教如何做到主一。

先生说："我们所说的一就是天理，主一即一心一意在天理上。如果只知道主一，却不知道一就是天理，那么碰到事情就会追逐物欲，没有事情就会着意于虚空。只有全心都在天理之上下工夫，不管有没有碰到事情，这样居敬也是穷理。就穷理的专一而言，穷理就是居敬；就居敬的精密而言，居敬就是穷理。并非居敬后，又有一个心去穷理，穷理时，又有一个心去居敬。名称虽然不同，功夫其实像《易经》中说的'敬以直内，义以方外'，都只是一回事。无事时敬就是义，有事时义就是敬，说的是同一回事。正如孔子所说'修己以敬’，就不必再说义了；孟子说‘集义’，就不必再说敬了。体会到了这个以后，横说竖说，功夫都是一样的。如果执着于文句，不了解根本，只会弄得支离破碎，使功夫都没有着落。”

梁日孚问：“为什么穷理就是尽性呢？”

先生说：“天性是心的本体，天性就是理。穷尽仁的道理，直到仁成为至仁；穷尽义的道理，直到义成为至义。仁与义，都是天性，所以穷理就是尽性。正如孟子所说‘充其恻隐之心，至仁不可胜用’，就是穷理的功夫。”

梁日孚说：“先儒说‘一草一木亦皆有理，不可不察’，这句话怎么样？”

先生说：“孔子说‘夫我则不暇’。您姑且先去修养自己的品性情操，只须穷尽了人之本性，然后就能够穷尽万物的本性。”

梁日孚因此警醒而有所感悟。

二十四

【原文】

惟乾问：“知如何是心之本体？”

先生曰：“知是理之灵处。就其主宰处说便谓之心，就其禀赋处说便谓之性。孩提之童，无不知爱其亲，无不知敬其兄①，只是这个灵能不为私欲遮隔，充拓得尽，便完完是他本体，便与天地合德。自圣人以下，不能无蔽，故须格物以致其知。”

【注释】

①孩提：指儿童。

王阳明说，一般人在孩提时都有敬爱之心，但是长大就被蒙蔽了。

【译文】

惟乾问：“为什么知是心的本体？”

先生说：“知是天理的灵妙之处。就它的主宰处来说，叫作心，从它的先天禀赋来说，叫作性。儿童还是小孩的时候，都懂得爱自己的父母、尊敬自己的兄长。只要这种天性不因为私欲而隔断，得到充分发挥，便完完全全是心的本体，就和天理合德了。圣人之下的普通人，没有不被私欲所蒙蔽的，所以需要格物来获取知识。”

二十五

【原文】

守衡问：“大学功夫只是诚意，诚意功夫只是格物，修、齐、治、平，只诚意尽矣，又有正心之功，‘有所忿懥好乐，则不得其正’，何也？”

先生曰："此要自思得之。知此则知未发之中矣。"

守衡再三请。

曰："为学功夫有浅深，初时若不着实用意去好善恶恶，如何能为善去恶？这着实用意便是诚意。然不知心之本体原无一物，一向着意去好善恶恶，便又多了这分意思，便不是廓然大公。《书》所谓'无有作好作恶'，方是本体。所以说'有所忿懥好乐，则不得其正'。正心只是诚意功夫里面体当自家心体，常要鉴空衡平[①]，这便是未发之中。"

王阳明告诉弟子，在开始做学问时，如果不用心去好善憎恶，就不能为善除恶。用心好善憎恶，就是诚意。

【注释】

① 鉴空衡平：语出朱熹《大学或问》"人之一心，湛然虚明，如鉴之空，如衡之平，以为一身之主者，固其真体之本然"。鉴，镜子。衡，秤杆。此语以镜之空、秤之平比喻心体的清明中正。

王阳明说，正心就是要从诚意工夫上体察内心，使之像镜子一样空明，像秤杆一样平衡。

【译文】

守衡问："《大学》中的功夫讲的是诚意，而诚意的功夫是格物，修身、齐家、治国、平天下，诚意到达就足够了。可是《大学》中又还有正心的功夫，说'如果有愤恨喜乐，心就不能中正'，这是为什么？"

先生说："这需要你自己思考才能明白。知道了这个你就懂得未发之中了。"

守衡再三地请教先生。

先生说："治学的功夫有深浅的区别，开头如果不用心去好善憎恶，如何能做到为善除恶呢？这里的用心就是诚意。但是如果不明白心的本体原本就是纯净无物的，一直执着地去刻意好善憎恶，便又会多了一份执着刻意，便不是廓然大公了。《尚书》中说'不故意去伪善作恶'，才是心的本体。所以说，'有所忿懥好乐，心就不能中正'。正心就是要经常使心像镜子一样空明，像秤杆一样平衡，从诚意功夫上体察它。这便是未发之中了。"

二十六

【原文】

正之[①]问曰："戒惧是己所不知时功夫，慎独是己所独知时功夫，此说如何？"

先生曰："只是一个功夫，无事时固是独知，有事时亦是独知。人若不知于此独知之地用力，只在人所共知处用功，便是作伪，便是‘见君子而后厌然’[②]。此独知处便是诚的萌芽。此处不论善念恶念，更无虚假，一是百是，一错百错。正是王霸、义利、诚伪、善恶界头。于此一立立定，便是端本澄源，便是立诚。古人许多诚身的功夫，精神命脉，全体只在此处，真是莫见莫显，无时无处，无终无始，只是此个功夫。今若又分戒惧为己所不知，即功夫便支离，亦有间断。既戒惧即是知。己若不知，是谁戒惧？如此见解，便要流入断灭禅定。”

曰：“不论善念恶念，更无虚假，则独知之地，更无无念时邪？”

曰：“戒惧亦是念。戒惧之念，无时可息。若戒惧之心稍有不存，不是昏聩，便已流入恶念。自朝至暮，自少至老，若要无念，即是己不知，此除是昏睡，除是槁木死灰。”

【注释】

①正之：黄弘纲（1492~1561），字正之，号洛村，江西人，官至刑部主事，王阳明的学生。②见君子而后厌然：意为见到君子后掩饰自己的恶行。语出《大学》：“小人闲居为不善，无所不至，见君子而后厌然，掩其不善而著其善。”

王阳明说，慎独和长怀戒惧之心一样，都是要学会独立思考。

【译文】

正之问：“戒惧是自己不知晓时的功夫，慎独是自己一个人思考时的功夫，这种说法您怎么看？”

先生说：“都只不过是一个功夫，没有遇到事情时固然是一个人知晓，遇到事情的时候也应当独立思考。人们如果只知道在人人都懂的地方用功，而不知道在应该独立思考的地方用功，便是做假，就好像是《大学》中所说的‘见君子而后厌然’。在独立思考的地方下工夫便是诚意的萌芽。这里没有一丝虚假的地方，不管是善念还是恶念，一对百对，一错百错。这就是王道与霸道、义与利、真诚与虚伪、善与恶的区别所在。能在此立住脚跟，便是正本清源，便是坚定诚意。古人许多诚身的功夫，精神命脉，全都只在这个地方，真是无处不显，无时不在，贯穿始终，只是这个功夫而已。现在又把‘戒惧’分出来，认为是自己不知道的功夫，就会使功夫支离破碎，中间也会有断隔。如果自己并不知道，那是谁在戒惧呢？戒惧也是自己知道知的功夫。这类见解，会沦入佛教的断灭禅定中去。”

王阳明告诉弟子，善念和恶念都是时时皆在的，所以要有戒惧之心。

正之说："不管善念恶念，都没有虚假，那么，自己独处时，就没有念的时候了吗？"

先生说："戒惧也是念。戒惧的念头，从来不会停止，如果不存在戒惧的念头，人就会变得糊涂，就会被恶念侵袭。从早上到晚上，从年少到老时，若是没有意念，就相当于没有知觉。这样，不是在昏睡中，就是形同槁木，心如死灰。"

二十七

【原文】

志道[①]问："荀子云'养心莫善于诚'[②]，先儒非之，何也？"

先生曰："此亦未可便以为非。'诚'字有以功夫说者。诚是心之本体，求复其本体，便是思诚的功夫。明道说'以诚敬存之'[③]，亦是此意。《大学》：'欲正其心，先诚其意。'荀子之言固多病，然不可一例吹毛求疵。大凡看人言语，若先有个意见，便有过当处。'为富不仁'之言，孟子有取于阳虎[④]，此便见圣贤大公之心。"

王阳明说，诚是心的本体，想要恢复心的本体，就要在诚上下功夫。

【注释】

①志道：姓管，字登之，号东溟，江苏太仓人，王阳明门人耿定的弟子。②养心莫善于诚：意为养心最好的办法是思诚。语出《荀子·不苟》。③以诚敬存之：语出《河南程氏遗书》"学者须先识仁。仁者浑然与物同体，义礼知信，皆仁也。识得此理，以诚敬存之而已。不须防检，不须穷索"。④孟子有取于阳虎：指孟子在谈话中引用阳虎的话。语出《孟子·滕文公上》"阳虎曰：'为富不仁矣，为仁不富矣。'"阳虎，春秋晚期鲁国人，正卿季氏的家臣，曾挟持季氏专政鲁国，后因失败而流亡。

【译文】

志道问："荀子说'养心莫善于诚'，程颐先生否定了他的说法，为什么呢？"

先生说："也不能就认为这句话是错的。'诚'字有从功夫上来说的。诚是心的本体，想要恢复心的本体，就是思诚的功夫。程颢先生说：'以诚敬养之'，也是这个意思。《大学》中也有'欲正其心，先诚其意'。荀子的话虽然有很多毛病，但也不能对他一味地吹毛求疵。如果看待别人的学说，事先有偏见存在，就会有不妥的地方。'为富不仁'这句话，是孟子引用的阳虎的原话，可见圣贤大公的心。"

二十八

【原文】

萧惠[①]问："己私难克，奈何？"

先生曰："将汝己私来替汝克[②]。"

又曰："人须有为己之心，方能克己，能克己，方能成己。"

萧惠曰："惠亦颇有为己之心，不知缘何不能克己？"

先生曰："且说汝有为己之心是如何？"

惠良久曰："惠亦一心要做好人，便自谓颇有为己之心。今思之，看来亦只是为得个躯壳的己，不曾为个真己。"

先生曰："真己何曾离着躯壳？恐汝连那躯壳的己也不曾为。且道汝所谓躯壳的己，岂不是耳、目、口、鼻、四肢？"

惠曰："正是为此。目便要色，耳便要声，口便要味，四肢便要逸乐，所以不能克。"

美色令人目盲，美声令人耳聋，美味令人口爽，驰骋田猎令人发狂。

王阳明说，心的本体就是天理，这才是真正的自我、躯壳的主宰。

先生曰："'美色令人目盲，美声令人耳聋，美味令人口爽，驰骋田猎令人发狂。'③这都是害汝耳、目、口、鼻、四肢的，岂得是为汝耳、目、口、鼻、四肢？若为着耳、目、口、鼻、四肢时，便须思量耳如何听，目如何视，口如何言，四肢如何动。必须非礼勿视、听、言、动④，方才成得个耳、目、口、鼻、四肢，这个才是为著耳、目、口、鼻、四肢。汝今终日向外驰求，为名、为利，这都是为着躯壳外面的物事。汝若为着耳、目、口、鼻、四肢，要非礼勿视、听、言、动时，岂是汝之耳、目、口、鼻、四肢自能勿视、听、言、动？须由汝心。这视、听、言、动皆是汝心。汝心之动发窍于目，汝心之听发窍于耳，汝心之言发窍于口，汝心之动发窍于四肢。若无汝心，便无耳、目、口、鼻、四肢。所谓汝心，亦不专是那一团血肉。若是那一团血肉，如今已死的人，那一团血肉还在，缘何不能视、听、言、动？所谓汝心，却是那能视、听、言、动的，这个便是性，便是天理。有这个性，才能生这性之生理，便谓之仁。这性之生理，发在目便会视，发在耳便会听，发在口便会言，发在四肢便会动，都只是那天理发生，以其主宰一身，故谓之心。这心之本体，原只是个天理，原无非礼。这个便是汝之真己，这个真己是躯壳的主宰。若无真己，便无躯壳。真是有之即生，无之即死。汝若真为那个躯壳的己，必须用着这个真己，便须常常保守着这个真己的本体，戒慎不睹，恐惧不闻，惟恐亏损了他一些。才有一毫非礼萌动，便如刀割，如针刺，忍耐不过，必须去了刀，拔了针。这才是有为己之心，力能克己。汝今正是认贼作子，缘何却说有为己之心不能克己？"

【注释】

①萧惠：王阳明的弟子，生平不详。②替汝克：据《景德传灯录》记载，禅宗二祖神光师从达摩老祖之初，曾对达摩说："我心未安，请师安心。"达摩说："将心来，与汝安。"③"美色令人目盲"四句：语出《老子》"五色令人目盲，五音令人耳聋，五味令人口爽，驰骋畋猎令人发狂"。意为过度的感官享受有损人的

健康。爽，败坏，在此指味觉有失误。④非礼勿视、听、言、动：语出《论语·颜渊》："子曰：'非礼勿视，非礼勿听，非礼勿言，非礼勿动。'"

【译文】

萧惠问："自己的私欲难以除去，该拿它怎么办？"

先生说："说出你的私欲来，我帮你把它除去。"接着说："人需有为自己考虑的心才能够克制自己，能够克制自己，才能让自己有所成就。"

萧惠说："我也很有为自己着想的心，但是不知为何总是不能克制自己，除去私欲？"

先生说："暂且说说你的为自己着想的心是什么样的？"

萧惠过了很久才说："我一心想要成为好人，就自以为很有为自己着想的心。现在看来，我并非为真正的自己着想，而只是为自己的空躯壳着想。"

先生说："真正的自己何时会离开人的躯壳？恐怕你为自己的躯壳都不曾着想过。你所说的自己的躯壳，岂不就是指耳朵、眼睛、嘴巴、鼻子、四肢吗？"

萧惠说："正是这些。眼睛需要美色，耳朵需要声音，嘴巴需要美味，四肢需要安逸，这些私欲无法克制。"

先生说："美色会让人眼睛盲目，美声会使人耳朵发溃，美味会败坏人的口味，骑马狩猎则会使人发狂。这些都是损害你的耳目口鼻和四肢的，哪里是为了它们着想？如果真是为耳目口鼻和四肢着想，就应该考虑耳朵该怎么听，眼睛该怎么看，嘴巴该吃什么，四肢该怎么运动。必须'非礼勿视，非礼勿听，非礼勿言，非礼勿动'，才能满足耳目口鼻和四肢的需要，才真正是为了自己的耳目口鼻和四肢着想。如今，你成天向外去寻求名、利，这些只是为了你躯体外面的东西。如果你只是为了耳目口鼻和四肢，便不看、不听、不说、不做违背礼仪的事情，难道你的耳目口鼻和四肢会自动不看、不听、不说、不做吗？必须是你的心决定。你的心用眼睛看，用耳朵听，用嘴巴说，用四肢运动而已。如果没有你的心，也就没有你的耳目口鼻和四肢。但是你的心，也不单指身体里的那一团血肉。如果单单是指那一团血肉，死去的人也还有那一团血肉在，为何他们却不能看、听、说、动呢？你的心，指的是那颗能指挥你看、听、说、动的心，就是天性，也就是天理。有了这个性，才有了这性生生不息的道理，也就是仁。这性的生生之理，在眼睛上表现出来就是看，在耳朵上表现出来就是听，在嘴巴上表现就是说，在四肢上表现就是运动，这些都只不过是天理发生作用。因为天理主宰着全部的身体，所以叫作心。这心的本体，原本只是一个天理，原本就不会违背天理。这就是你的真实的自己，这个真实的自己是躯壳的主宰。如果没有真正的自己，躯体也不存在。有了真实的自己就有了生命，没有真实的自己就会死掉。你如果真的为了自己的躯壳，就必须用这个真正的自己，时时刻刻都坚守这个自己的本体。做到戒慎于不视，恐惧于不闻，害怕对这个真我的本体有一丝损伤。违背礼仪的意念稍有萌动，就会像刀割针刺，自己不能忍受。必须去了刀、拔了针，这样才算是有为自己着想的心，才能克制私欲。你现在正是认贼为子，为什么要说成是有了替自己着想的心，却不能够克制自己呢？"

二十九

【原文】

有一学者病目，戚戚甚忧，先生曰：“尔乃贵目贱心。”

【译文】

有一个学者患了眼病，忧虑难当，先生说：“你这是珍视眼睛，轻视本心。”

三十

【原文】

萧惠好仙、释。

先生警之曰：“吾亦自幼笃志二氏，自谓既有所得，谓儒者为不足学。其后居夷三载，见得圣人之学若是其简易广大，始自叹悔错用了三十年气力。大抵二氏之学，其妙与圣人只有毫厘之间。汝今所学，乃其土苴，辄自信自好若此，真鸱鸮窃腐鼠耳。”

惠请问二氏之妙。

先生曰：“向汝说圣人之学简易广大，汝却不问我悟的，只问我悔的。”

惠惭谢，请问圣人之学。

先生曰：“汝今只是了人事问，待汝辨个真要求为圣人的心，来与汝说。”

惠再三请。

先生曰：“已与汝一句道尽，汝尚自不会！”

王阳明说，佛、道两家的精妙之处与圣人之学的毫厘之差，就在于圣人之学的简易广大。

【译文】

萧惠喜好道教和佛教。

先生告诫他说：“我也自幼深信在佛、道两教的学说，自以为颇有收获，觉得儒家学说根本就不值得学习。但在后来我在贵州的龙场待了三年，发现孔子的学问是如此的简易博大，这个时候才开始感叹，后悔枉花了自己三十年的功夫和时间。大致上来说，佛道两家的精妙之处和圣人的学说只有毫厘之差。你现在学习到的不过是佛道两家的糟粕，就已经自信、自我欣赏到这种地步，有点像猫头鹰逮到了一只腐鼠一样。”

萧惠便向先生请教佛道两家的精华所在。

先生说：“我刚跟你说了，圣人的学说简易广大，你却不问我领悟到的圣学，只问我觉得后悔的部分。”

萧惠惭愧地道了歉，并且再请教圣人的学说。

先生说：“你现在只是为了敷衍了事才问我的，等你真正有了求圣的心的时候，我再来告诉你。”

萧惠又再三请教先生。

先生说：“已经用一句话全都告诉过你了，你自己还不明白！”

三十一

【原文】

刘观时[1]问：“‘未发之中’是如何？”

先生曰：“汝但戒慎不睹，恐惧不闻，养得此心纯是天理，便自然见。”

观时请略示气象。

先生曰：“哑子吃苦瓜，与你说不得。你要知此苦，还须你自吃。”

时曰仁在傍，曰：“如此才是真知，即是行矣。”

一时在座诸友皆有省。

王阳明告诉刘观时，天理就像哑巴吃苦瓜，没法说出来，别人要知道，就得自己去吃。徐爱解释说，真正的认识在于实践，大家就都懂了。

【注释】

① 刘观时：湖南常德人，王阳明的弟子。

【译文】

刘观时问：“‘未发之中’指的是什么？”

先生说：“你只要戒慎不睹，恐惧不闻，存养本心纯然为天理，就自然能领会到。”

刘观时请先生大概讲一下“未发之中”的表象。

先生说：“哑巴吃苦瓜，跟你说不出。如果你想要品味这种苦味，还须你自己去吃才行。”

这时徐爱在旁边，说：“真正的认识就是这样的，同时也是实践。”

顿时在座的人都有所领悟。

三十二

【原文】

萧惠问死生之道。

先生曰：“知昼夜即知死生。”

问昼夜之道。

曰：“知昼则知夜。”

曰：“昼亦有所不知乎？”

先生曰：“汝能知昼？懵懵而兴，蠢蠢而食，行不着，习不察，终日昏昏，只是梦昼。惟‘息有养，瞬有存’[1]，此心惺惺明明，天理无一息间断，才是能知昼。这便是天德，便是通乎昼夜之道而知[2]，更有甚么死生？”

王阳明说，只有时时不忘存养的功夫，使心变得清醒明白，天理也没有片刻的中断，才能算是知道白天了。知道了白天也就知道了夜晚。

【注释】

①息有养，瞬有存：意为瞬息之间都不要间断存养的功夫。语出张载《张子全书》。

②“通乎”句：意为通晓了昼夜阴阳的变化规律就会明白天地宇宙的运动规律。语出《易经·系辞上》。

【译文】

萧惠向先生请教生死的道理。

先生说：“知道昼夜，就知道了生死。”

萧惠又请教昼夜的道理。

先生说：“懂得了白天，就懂得了黑夜。”

萧惠说：“还有人会不懂得白天吗？”

先生说：“你能知道白昼吗？迷迷糊糊地起床，傻傻地吃饭，不明白为什么开始，习惯后也不知道为什么会是这样，全天的昏昏沉沉，只是像在做白日梦。只有时时不忘存养的功夫，使心变得清醒明白，天理也没有片刻的中断，才能算是知道白天了。这就是天理，就是通晓了白天夜晚的道理，还会有什么生死之事弄不明白的呢？”

三十三

【原文】

马子莘[1]问：“‘修道之教’，旧说谓圣人品节吾性之固有[2]，以为法于天下，若礼、乐、刑、政之属。此意如何？”

先生曰：“道即性即命。本是完完全全，增减不得，不假修饰的。何须要圣人品节？却是不完全的物件。礼、乐、刑、政是治天下之法，固亦可谓之教，但不是子思本旨。若如先儒之说，下面由教人道的，缘何舍了圣人礼、乐、刑、政之教，别说出一段‘戒慎恐惧’功夫？却是圣人之教为虚设矣。”

子莘请问。

先生曰：“子思性、道、教皆从本原上说。天命于人，则命便谓之性；率性而行，则性便谓之道；修道而学，则道便谓之教。率性是‘诚者’事。所

王阳明说，道就是性，教就是领悟圣道，也就是让人性合乎天道，实际上也是道。

谓‘自诚明，谓之性’也。修道是‘诚之者’事。所谓“自明诚，谓之教’③也。圣人率性而行即是道。圣人以下未能率性，于道未免有过不及，故须修道。修道则贤知者不得而过，愚不肖者不得而不及，都要循着这个道，则道便是个教。此‘教’字与‘天道至教’④、‘风雨霜露，无非教也’⑤之‘教’同。‘修道’字与‘修道以仁’⑥同。人能修道，然后能不违于道，以复其性之本体，则亦是圣人率性之道矣。下面‘戒慎恐惧’便是修道的功夫，‘中和’便是复其性之本体。如《易》所谓‘穷理尽性以至于命’⑦，‘中和’‘位育’，便是尽性至命。”

王阳明说，圣人能按照自己的天性行动，而普通人则不能完全按照自己的天性行动。

【注释】

①马子莘：马明衡，字子莘，福建莆田人，官至御史，王阳明的弟子。②“旧说”句：指朱熹对“修道之教”的解释。语出朱熹《中庸集注》：“修，品节之也。性道虽同，而气禀或异，故不能无过、不及之差。圣人因人物之所当行者而品节之，以为法于天下，则谓之教，若礼、乐、刑、政之属也。”品节之，按素质而加以评价，并规定什么是人应该做的。③自诚明，谓之性；自明诚，谓之教：意为由于天生具有道德觉悟而有道德认识，这是圣人本性所固有的，是尽心知性；由于有了道德认识而产生道德觉悟，是贤人受教化的结果，是存心养性。语出《中庸》：“自诚明，谓之性。自明诚，谓之教。诚则明矣，明则诚矣。”④天道至教：意为天道就是至高无上的教化。语出《礼记·礼器》：“天道圣教，圣人至德。”⑤风雨霜露，无非教也：意为天象的变化都是教化。语出《礼记·孔子闲居》。⑥修道以仁：意为修养道德要依靠仁。语出《中庸》。⑦“穷理”句：意为《周易》可以穷究推理、通晓人性、渗透天命。语出《易经·说卦传》。

【译文】

马子莘问：“按着往日朱熹的说法，‘修道之教’，是圣人按照我们人性中固有的道作出评价和规定，以此让天下人效仿，就像礼、乐、刑、政等。这样认识对吗？”

先生说：“道就是性，就是命。原本就是完完整整，不能够有所增减，也无须修饰的。何需圣人来评价而节制？只有那些不完整的事物才需要评价和规定。礼、乐、刑、政是治理天下的法则，固然也可以叫作教，但并非子思所说的本意。按照朱熹先生的说法，那些中下资质的人通过教化领悟圣道，为何另外说出一段‘戒慎恐惧’的功夫来，而舍弃了圣人的礼、乐、刑、政等教化？难道只是把圣人的教化当作一种摆设了吗？”

子莘继续向先生请教。

先生说：“子思的性、道、教都是从本质上说的。天命体现在人身上，那么命就叫作性；跟随着人性去行动，那么性就叫作道；修养圣道而去学习，那么道就叫作教。率性而为，是‘诚意’的人做的事，就是《中庸》中所谓的‘自明诚，谓之性’。修养圣道也是那些‘诚意’的人的事，就是《中庸》中所谓的‘自明诚，谓之教’。圣人按照自己的天性行动就是修养圣道。而普通人不能完全依照自己的天性行动，在圣道上未免会有过分或欠缺的地方，因此必须修养圣道。贤明的人修养圣道就不会做过分，才智愚钝的人也不会有欠缺。这里的圣道便是教的意思。这个‘教’与‘天道至教’‘风雨霜露，无非教也’中的‘教’意思相同。‘修道’与‘修道以仁’中的‘修道’也相同。人能修养圣道，而后不违背圣道，以恢复天性的本体，也就同于圣人遵照天性行动。后面所说‘戒慎恐惧’就是修道的功夫，‘中和’就是恢复天性的本体。正如《易经》所说‘穷理尽性以至于命’，‘中和’‘位育’，就是尽性，充分发挥天性，全然照天命行事。”

三十四

【原文】

黄诚甫问：“先儒以孔子告颜渊为邦[①]之问，是立万世常行之道[②]，如何？”

先生曰：“颜子具体圣人，其于为邦的大本大原都已完备。夫子平日知之已深，到此都不必言，只就制度文为上说。此等处亦不可忽略。须要是如此方尽善。又不可因自己本领是当了，便于防范上疏阔，须是要‘放郑声，远佞人’。盖颜子是个克己向里、德上用心的人，孔子恐其外面末节或有疏略，故就他不足处帮补说。若在他人，须告以‘为政在人，取人以身，修身以道，修道以仁’，‘达道’，‘九经’及‘诚身’许多功夫，方始做得。这个方是万世常行之道。不然只去行了夏时，乘了殷辂，服了周冕，作了《韶》《武》，天下便治得？后人但见颜子是孔门第一人，又问个为邦，便把做天大事看了。”

王阳明认为，孔子对颜回说的治国之道，只是根据颜回的实际情况，对颜回容易疏忽的地方加以补充而已。

【注释】

① 孔子告颜渊为邦：典出《论语·卫灵公》：“颜渊问为邦。子曰：‘行夏之时，乘殷之辂，服周之冕，乐则《韶》《武》。放郑声，远佞人，郑声淫，佞人殆。’”朱熹认为，孔子所言，是从先王之礼中总结出来的万世常行之道。

② 万世常行之道：朱熹《论语集注》引程颐言“盖三代之制，皆因时损益。及其久也，不能无弊。周衰，圣人不作。故孔子斟酌先王之礼，立万世常行之道，发此以为之兆尔”。

王阳明说，颜回已经领悟了孔子学说的大概，几乎可以做圣人了。

【译文】

黄诚甫问：“朱熹把孔子教导颜回治国的方法当作是后代万世治国的根本原则，这个看法对吗？”

先生说：“颜回领悟了孔子学说的大概，几乎具备了圣人的条件。他对治国的方针策略都已经掌握。平日里孔子对他了解很深，所以这些方面没有必要多说，只需在典章制度上谈一谈。因为这方面也不能忽略。必须讲到这些才能算完善。不能因为自己的本领已经到了恰当的地方，便疏忽了防范克制，仍须‘杜绝郑国的靡靡之音，远离奉承的小人’。颜回可能是一个在内心严于律己、注意在德行上用功的人，孔子只怕他忽略了外面的细枝末节，所以就在他容易疏忽的地方加以补充。如果是对其他人，孔子定会教他‘为政在人，取人以道，修身以道，修道以仁’，‘达道’‘九经’以及‘诚身’等才能治理好国家。因为这些才是万代常行的治国原则。要不然只是去推行夏朝历法，乘坐商朝辂车，穿上周朝服饰，听了《韶》《武》等礼乐，天下怎么可能就会治理好？”后人们只看到了颜回是孔子的第一门生，又问了个治国安邦的问题，便把孔子的这个回答当作天大的准则看待了。”

三十五

【原文】

蔡希渊问：“文公《大学》新本，先‘格致’而后‘诚意’功夫，似与首章次第相合。①若如先生从旧本之说，即‘诚意’反在‘格致’之前，于此尚未释然。”

先生曰：“《大学》功夫即是‘明明德’，‘明明德’只是个‘诚意’，‘诚意’的功夫只是‘格物’‘致知’。若以‘诚意’为主，去用‘格物致知’的功夫，即功夫始有下落。即为善去恶，无非是‘诚意’的事。如新本先去穷格事物之理，即茫茫荡荡，都无着落处，须用添个‘敬’字，方才牵扯得向身心上来，然终是没根源。若须用添个‘敬’字，缘何孔门倒将一个最紧要的字落了，直待千余年后要人来补出？正谓以‘诚意’为主，即不须添‘敬’字。所以提出个‘诚意’来说，正是学问的大头脑处。于此不察，真所谓毫厘之差，千里之谬。大抵《中庸》功夫只是‘诚身’，‘诚身’之极便是‘至诚’；《大学》功夫只是‘诚意’，‘诚意’之极便是‘至善’。功夫总是一般。今说这里补个‘敬’字，那里补个‘诚’字，未免画蛇添足。”

【注释】

①“《大学》新本”三句：朱熹所著《大学章句》中，“诚意”在“格物致知”之后。

【译文】

蔡希渊问：“朱熹修订的《大学》新本，将‘格物致知’放在‘诚意’功夫的前面，这似乎和《大学》第一章里的次序相符。但是先生遵从旧本的观点，反而将‘诚意’放在‘格物致知’的前面，所以，对于这点我还不完全理解。”

先生说：“《大学》的功夫就是‘明明德’，‘明明德’只是一个‘诚意’，而‘诚意’的功夫也只是‘格物’‘致知’。以‘诚

王阳明告诉蔡希渊，要先诚意，“格物致知”才能有着落。

意'为中心，去下'格物致知'的功夫，这样功夫才会有着落。行善去恶也无非是'诚意'的功夫。如果像朱熹先生新本中所说，先去推究事物的道理，功夫就会茫茫荡荡，都没有落脚的地方，必须添加一个'敬'字，才能联系到身心上来，然而这始终是缺乏根源的。如果是需要添加一个'敬'字的，那么为什么孔子的门生们把这么一个关键的字遗漏了，直等到千年之后才让后人补充出来呢？这刚好可以说明'诚意'乃是根本，不需要添加什么'敬'字。提出一个'诚意'来说，才是学问的关键。如果这点没有了解透彻，就真的会差之毫厘，失之千里了。总的说来，《中庸》里讲的功夫就是'诚身'，'至诚'是'诚身'的最高境界；《大学》的功夫就是'诚意'，'诚意'的最高境界就是'至善'。这些功夫都是一样的。现在说这里需要加个'敬'字，那里需要补个'诚'字，就未免会画蛇添足。"

王阳明认为，《大学》里所说的做学问的功夫，就在于诚意，诚意达到了最高境界，就是至善了。

卷中

钱德洪序

【原文】

德洪曰：昔南元善[1]刻《传习录》于越，凡二册。下册摘录先师手书，凡八篇。其答徐成之[2]二书，吾师自谓："天下是朱非陆，论定既久，一旦反之为难，二书姑为调停两可之说，使人自思得之。"[3]故元善录为下册之首者，意亦以是欤！今朱、陆之辨明于天下久矣。洪刻先师《文录》，置二书于《外集》者，示未全也，故今不复录。

德洪讲谈《传习录》的内容。

其余指知行之本体，莫详于答人论学[4]与答周道通、陆清伯、欧阳崇一四书。而谓格物为学者用力日可见之地，莫详于答罗整庵[5]一书。平生冒天下之非诋推陷，万死一生，遑遑然不忘讲学，惟恐吾人不闻斯道，流于功利机智，以日堕于夷狄禽兽，而不觉其一体同物之心，终身，至于毙而后已。此孔、孟以来贤圣苦心，虽门人子弟未足以慰其情也。是情也，莫详于答聂文蔚[6]之第一书。此皆仍元善所录之旧。而揭"必有事焉"即"致良知"功夫，明白简切，使人言下即得入手，此又莫详于答文蔚之第二书，故增录之。

王阳明认为，一定要专注于领悟天理这件事情上，即"必有事焉"。这就是培养良知的功夫。

元善当时汹汹，乃能以身明斯道，卒至遭奸被斥，油油然惟以此生得闻斯学为庆，而绝无有纤芥愠郁不平之气。斯录之刻，人见其有功于同志甚大，而不知其虎时之甚艰也。今所去取，裁之时义则然，非忍有所加损于其间也。

【注释】

① 南元善（1487~1541）：名大吉，字元善，号瑞泉，陕西渭南人。官至户部郎中、知府，王阳明的学生，曾刊刻《传习录》。因支持王学被罢官后，归陕讲学，致力于王学的传播。② 徐成之：人名，余不详。

③"吾师自谓"两句：语出《王阳明全集》卷二十一《答徐成之》。南宋淳熙二年（1175），在信州（今江西上饶）鹅湖寺，朱熹与陆九渊进行了一次学术辩论，陆讥朱为支离，朱讥陆为空渺。朱陆门户之争历数百年，阳明之前，朱派一直占上风。④答人论学：即《答顾东桥书》。顾东桥，字华玉，号东桥，江苏江宁人，进士，官至南京刑部尚书，王阳明友人。少有才，工诗文。⑤罗整庵：名钦顺，字允升，号整庵，江西泰和人，进士，官至南京吏部尚书，后辞官归家，潜心学问。早年笃信佛学，后崇举儒学，著有《困知记》等。⑥聂文蔚：名豹，字文蔚，号双江，江西永丰人，进士，官至太子太保，曾会晤王阳明，后以王门弟子自称，著有《困辩录》等。

【译文】

德洪说：过去，南元善在浙江绍兴刻录《传习录》，共上下两册，下册是先生的八封书信。其中《答徐成之》有两篇，我们先生自己说："世人褒朱熹而贬陆九渊的定论已经许久了，一旦要把这种定论推翻过来十分困难，这两封信可以说是能够调停两家的说法，使得人们思考，从而得出准确的结果。"所以下册的开头就是这两封信，南元善的用意也是这个！到今天，人们对于朱、陆两家的争辩已经很熟悉了。我对先生的《文录》进行刻录的时候，在《外集》中放了这两封书信，意图是想表明书信并不能完全反映先生的观点，所以在这里便没有再收录了。

其余，谈到知行的本体，没有比《答顾东桥书》与《答周道通书》《答陆清伯书》《答欧阳崇书》这四封书信更详尽的了。而论述格物应为学者日常所做的功夫，最详细的是《答罗整庵》这封信。先生平生冒着世人的否定、诋毁和诬陷，万死一生，虽遑然无定，但仍时刻不忘讲学，只怕我们这些人不懂得他的学说，而流于为追逐功名利禄而巧用心智，最后有一天堕落到和夷狄禽兽一般，而不能发现先生一辈子都在兢兢业业追求与天地万物同心，至死方休。这也是孔、孟以来圣贤们的苦心，虽然门人子弟们并不能够宽慰他们的至情。这种至情，在《答聂文蔚》的一信中写得最详尽。这些都是南元善以前刻录过的信。而详尽揭示孟子所说的"必有事焉"就是"致良知"的信，则莫过于先生的《答聂文蔚》的第二封信，它明白简易，使人听了就能入门，所以我也把它增录了进来。

南元善当时激昂慷慨，能够以身犯险，讲授阳明学说，以至遭到奸邪排斥，但他仍旧欣然因平生能学到王阳明先生的学说而庆幸，在心中全没有丝毫郁闷不平。他刻录《传习录》，世人只看见了这本书对大家有很大的作用，而不知道他当时处境的艰难。现在我对《传习录》进行增删，并非忍心对他的刻录有所损害，而只是出于对目前情况的考虑。

答顾东桥书

一

【原文】

来书云："近时学者，务外遗内，博而寡要。故先生特倡'诚意'一义[①]，针砭膏肓，诚大惠也！"

吾子洞见时弊如此矣，亦将同以救之乎？然则鄙人之心，吾子固已一句道尽，复何言哉？复何言哉！若“诚意”之说，自是圣门教人用功第一义，但近世学者乃作第二义看，故稍与提掇紧要出来，非鄙人所能特倡也。

王阳明认为，圣人之学中，诚意是首要的，世人却认为是次要的。

【注释】

①“故先生”一句：王阳明早期曾强调“诚意”的重要性，他所著的《大学古本序》第一句就是“《大学》之要，诚意而已也矣”。

【译文】

来信写道：“近代的学者，注重外在的知识积累而忽视了内在本心的存养，知识广博却遗漏了关键所在。所以先生特意提倡‘诚意’，以针砭时弊，这实在是很大的恩德呀！”

你对时弊洞若观火，那你又打算如何去拯救呢？我的思想观点，你的几句话都已经把它说明白了，我能再说什么？我能说什么呢！“诚意”的学说，原本是孔门教人用功的第一要义，但近代学者却把它当作次要看待，所以并非是我本人的首倡，我只是稍稍把它的重要性提示出来。

二

【原文】

来书云：“但恐立说太高，用功太捷，后生师传，影响谬误，未免坠于佛氏明心见性①、定慧顿悟②之机，无怪闻者见疑。”

区区格、致、诚、正之说，是就学者本心日用事为间，体究践履，实地用功，是多少次第、多少积累在！正与空虚顿悟之说相反。闻者本无求为圣人之志，又未尝讲究其详，遂以见疑，亦无足怪。若吾子之高明，自当一语之下便了然矣，乃亦谓“立说太高，用功太捷”，何邪？

顾东桥在给王阳明的信中说，王阳明的学说立论高，但需要下的功夫却很简单，后人在理解上容易产生谬误，所以招致了怀疑。

【注释】

①明心见性：佛教禅宗的主张，意为让自己心底清澈明亮，待看见自己的真性，就可以成佛，而无须于文字上抠求。②定慧顿悟：定慧，佛教的修养功夫，指禅定与智慧。除去心中的杂念为定，明了事物的道理为慧。顿悟，意为突然之间明白了困惑已久的佛理，一悟成佛。与儒家的“困知”相对。

【译文】

你来信说：“担心先生的学说立论太高，而学生们用功时又过于简单，难免会产生谬误，就容易陷入佛教中的明心见性、定慧顿悟，这就难怪世人会对先生的学说产生怀疑。”

王阳明说，人的本心要在日常事物中体察、探究、实践、落实，要实实在在地用功，这实际上并不简单。

这些格物、致知、诚意、正心的学说，是就学者的本心而言，学者的本心需在日常事物中体察、探究、实践、落实，实实在在用功，这其间分很多阶段、也有很多积累！它和佛教的定慧顿悟的说法正好相反。听到我的学说的人自己可能没有圣人的志向，加上又没有详细研究过我的学说，所以有些疑惑，也不足为怪。但是凭你的聪明，对我的学说应该是一点就明，为什么也要说“立说太高，用功太捷”呢？

三

【原文】

来书云：“所喻知行并进，不宜分别前后，即《中庸》‘尊德性而道问学’之功交养互发，内外本末一以贯之之道。然功夫次第，不能无先后之差，如知食乃食，知汤乃饮，知衣乃服，知路乃行。未有不见是物先有是事。此亦毫厘倏忽之间，非谓截然有等，今日知之而明日乃行也。”

王阳明认为，人对事物的认知与实践是同时进行的，吃饭、喝汤、走路、穿衣这些事都是这样的。

既云“交养互发，内外本末一以贯之”，则知行并进之说无复可疑矣，又云“功夫次第，不能无先后之差”，无乃自相矛盾已乎？“知食乃食”等说，此尤明白易见。但吾子为近闻[①]障蔽，自不察耳。夫人必有欲食之心，然后知食，欲食之心即是意，即是行之始矣。食味之美恶，必待入口而后知，岂有不待入口而已先知食味之美恶者邪？必有欲行之心，然后知路，欲行之心即是意，即是行之始矣。路岐之险夷，必待身亲履历而后知，岂有不待身亲履历而已先知路岐之险夷者邪？“知汤乃饮，知衣乃服”，以此例之，皆无可疑。若如吾子之喻，是乃所谓“不见是物而先有是事”者矣。吾子又谓“此亦毫厘倏忽之间，非谓截然有等，今日知之而明日乃行也”，是亦察之尚有未精。然就如吾子之说，则知行之为合一并进，亦自断无可疑矣。

【注释】

① 近闻：指朱熹的知先行后的观点。

【译文】

你来信说："你说知行应该同时进行，不应该区分先后，也就是《中庸》中的'尊德行而道问学'，两种功夫互相存养，互相促进，内外本末，不能分割，只能一以贯之。但是修行功夫不可能没有先后阶段的区别，就像知道是食物才吃，知道是汤水才喝，知道是衣服才穿，知道是路才在上面走。不可能还没见到是什么东西就先行事的。当然，在先后的顺序间也只是瞬间，并非有截然的区分，不会是今天知道了这件事，明天才去行事。"

王阳明认为，人要有了要走路的心思，才会认识路，所以在走路这一实践行为的过程中，人已经认识了路了。

你既然已经说"交养互发，内外本末一以贯之"了，就应知道知行并举的说法，根本就不用再去怀疑了又还说"功夫次第，不能无先后之差"，这不是已经自相矛盾吗？"知食乃食"等说法，尤其明白易见。但是你被朱熹先生的观点所蒙蔽，自己还没有察觉而已。人一定是先有想吃东西的心，之后才会去认识食物，想吃食物的心就是意，也是行动的开端。而食物味道的好坏，必须等到入口才能知道，难道在还没有进口之前就会预先知道食物味道的好坏的吗？必定是先有走路的想法，之后才会去认识路，想走路的心就是意，也就是走路的开端。而路途的坦荡或是险峻，也须等亲自去经历过之后才会知道，难道在还没有亲自走过就预先已经知道路途是坦荡或险峻的吗？"知汤乃饮，知衣乃服"，也跟吃食、行路一样，没有什么可以怀疑的。如果像你所说的，就是所谓的"不见是物而先有事"了。你又说"此亦毫厘倏忽之间，非谓截然有等，今日知之而明日乃行也"，也只是因为你洞察得还不够精确罢了。但是，即使像你所说的那样，知行并举也是完全没有什么可以怀疑的了。

四

【原文】

来书云："真知即所以为行，不行不足谓之知。此为学者吃紧立教，俾务躬行则可。若真谓行即是知，恐其专求本心，遂遗物理，必有暗而不达之处，抑岂圣门知行并进之成法哉？"

知之真切笃实处即是行，行之明觉精察处即是知。知行功夫本不可离，只为后世学者分作两截用功，先却知行本体，故有合一并进之说。真知即所以为行，不行不足谓之知。即如来书所云"知食乃食"等说可见，前已略言之矣。此虽吃紧救弊而发，然知行之体本来如是，非以己意抑扬其间，姑为是说，以苟一时之效者也。

专求本心，遂遗物理，此盖失其本心者也。夫物理不外于吾心，外吾心而求物理，无物理矣；遗物理而求吾心，吾心又何物邪？心之体，性也，性即理也。故有孝亲之心即有孝之理，无孝亲之心即无孝之理矣；有忠君之心，即有忠之理，无忠君之心，即无忠之理矣。理岂外于吾心邪？晦庵谓“人之所以为学者，心与理而已，心虽主乎一身而实管乎天下之理，理虽散在万事而实不外乎一人之心”，是其一分一合之间，而未免已启学者心、理为二之弊。此后世所以有“专求本心遂遗物理”之患。正由不知心即理耳。夫外心以求物理，是以有暗而不达之处，此告子义外之说①，孟子所以谓之不知义也。心一而已，以其全体恻怛而言谓之仁，以其得宜而言谓之义，以其条理而言谓之理。不可外心以求仁，不可外心以求义，独可外心以求理乎？外心以求理，此知、行之所以二也。求理于吾心，此圣门知行合一之教，吾子又何疑乎？

王阳明说，人的本心只有一个，就它对所有人的恻隐而言就是“仁”，就它的合理而言就是“义”，就它的条理清晰而言就是“理”。

【注释】

① 告子义外之说：语出《孟子·告子上》：“告子曰：‘仁，内也，非外也；义，外也，非内也。’”孟子的评论见《孟子·公孙丑上》：“我故曰：‘告子未尝知义，以其外之也。’”

【译文】

你来信道：“真正的理论是能够指导实践的，而不实践就不足以称为认识。向学者指出的切实的方法，让学者们务必躬身实行，这样说是可以的。但是如果真的把实践当作认识，恐怕人们只会专门追求存养本心，而遗漏了万物之理，也肯定会有偏颇不通的地方，难道这是圣学关于知行并举的方法吗？”

认知确切之后付诸行动就是实践，行事实践之后明确的体察就是认识。知行的功夫本来不能分离，只是后世学者要把它们分开作为两部分来用功，反而丢失了知行的本体，所以之后才会有知行并举的说法。真识是能够指导实践的，不实践就不足以称为认识。像你的来信信中所说“知食乃食”等，已经能够明白了，前面也已经大略说过了。这虽然是因为拯救时弊才说出来的，但是知行的本体就是这样的，并非是我为了追求一时的效用，而按照自己有所褒贬的意思提出来的。

专门追求存养本心，便抛弃了万物之理，大概这是失去本心的一种表现。万物之理并不存在于心外，在心外探求万物之理，就是没有万物之理；遗漏万物之理而追求存养自己的本心，那么本心又是何物呢？心的本体就是性，性即是理。所以拥有孝心就是有孝顺父母的道理，没有孝心也不存在孝顺父母的道理了；有忠心就有侍奉君王的道理，没有忠心也就没有

王阳明认为，心的本体就是理，有了孝心，就是有了顺父母的理了。

侍奉君王的道理了。理难道是在我们的本心之外的吗？朱熹先生说“人之所以为学者，心与理而已，心虽主乎一身而实管乎天下之理，理虽散在万事而实不外乎一人之心”，像他这样把心和理先分开之后再结合起来，未免就会产生让学者们把心与理分开看待的弊端。后人有“专求本心，遂遗物理”的忧患，就是因为他们不明白心就是理。在心外寻求万物之理，实际上是告子的“义外”观点，会有偏颇不通的地方，孟子也因此批判告子不懂得义。心，唯有一个，就它对所有人的恻隐而言就是“仁”，就它的合理而言就是“义”，就它的条理清晰而言就是“理”。不能在心外求仁、也不能在心外求义，难道就独独可以在心外求理吗？在心外求理，是把知行当作两件事了。在我们的心里寻求理，这才是圣学知行合一的教诲，你还有什么可以怀疑的呢？

五

【原文】

来书云：“所释《大学》古本，谓致其本体之知，此固孟子尽心之旨。朱子亦以虚灵知觉为此心之量①。然尽心由于知性，致知在于格物。”

“尽心由于知性，致知在于格物”，此语然矣。然而推本吾子之意，则其所以为是语者，尚有未明也。朱子以“尽心、知性、知天”为格物、致知。以“存心、养性、事天”为诚意、正心、修身，以“夭寿不贰，修身以俟”为知至、仁尽，圣人之事。若鄙人之见，则与朱子正相反矣。未“尽心、知性、知天”者，生知安行，圣人之事也；“存心、养性、事天”者，学知利行，贤人之事也；“夭寿不贰，修身以俟”者，困知勉行，学者之事也。岂可专以“尽心知性”为知，“存心养性”为行乎？吾子骤闻此言，必又以为大骇矣。然其间实无可疑者，一为吾子言之。

王阳明认为，尽心、知性、知天就是生来就懂，所以只要顺从内心去实践，这是圣人才能做到的。

夫心之体，性也；性之原，天也。能尽其心，是能尽其性矣。《中庸》云：“惟天下至诚。为能尽其性。”又云：“知天地之化育，质诸鬼神而无疑，知天也。”此惟圣人而后能然。故曰：此“生知安行”，圣人之事也。存其心者，未能尽其心者也，故须加存之之功；必存之既久，不待于存而自无不存，然后可以进而言尽。盖“知天”之“知”，如“知州”“知县”之知。知州则一州之事皆己事也，知县则一县之事皆己事也，是与天为一者也。“事天”则如子之事父，臣之事君，犹与天为二也。天之所以命于我者，心也，性也，吾但存之而不敢失，养之而不敢害，如“父母全而生之，子全而归之”②者也。故曰：此“学知利行”，贤人之事也。至于“夭寿不贰”，则与存其心者又有间矣。存其心者虽未能尽其心，固已一心于为善，时有不存则存之而已。今使之“夭寿不贰”，是犹以夭寿二其心者也。犹以夭寿二其心，是其为善之心犹未能一也，存之尚有所未可，而何尽之可云乎？今且使之不以夭寿二其为善之心，若曰死生夭寿皆有定命，吾但一心于为善，修吾之身以俟天命而已，是其平日尚未知有天命也。事天虽与天为二，然已真知天命之所在，但惟恭敬奉承之而已耳。若俟之云者，则尚未能真知天命之所在，犹有所俟者也，故曰：所以立命。立者"创立"之"立"，如"立德""立言""立功""立名"之类③。凡言"立"者，皆是昔未尝有而今始建立之谓，孔子所谓"不知命，无以为君子"者也。故曰：此"困知勉行"，学者之事也。

王阳明认为，将长寿和夭折一分为二，就会因为寿命的长短而分心，那样为善之心就不能始终如一了。

今以"尽心、知性、知天"为格物致知，使初学之士尚未能不二其心者，而遽责之以圣人生知安行之事，如捕风捉影，茫然莫知所措其心，几何而不至于"率天下而路④"也？今世致知格物之弊，亦居然可见矣。吾子所谓"务外遗内，博而寡要"者，无乃亦是过欤？此学问最紧要处，于此而差，将无往而不差矣。此鄙人之所以冒天下之非笑，忘其身之陷于罪戮，呶呶其言，其不容已者也。

【注释】

①"朱子"句：语出《中庸章句序》"心之虚灵知觉，一而已"。②父母全而生之，子全而归之：语出《礼记·祭仪》"父母全而生之，子全而归之，可谓孝"。意为父母把子女完好地生下来，子女要好好地保全身体发肤，等到死时完完整整地归还给父母，这才是孝。③"立德"句：语出《左传·襄公二十四年》。讲做人的几种境界。④率天下而路：语出《孟子·滕文公上》"且一人之身，而百功之所为备。如必自为而后用之，是率天下而路也"。意为对一个人来说，各种工匠的产品对他都是不可缺少的，如果每件东西都要自己制造出来才能用，这是率领天下的人疲于奔命。

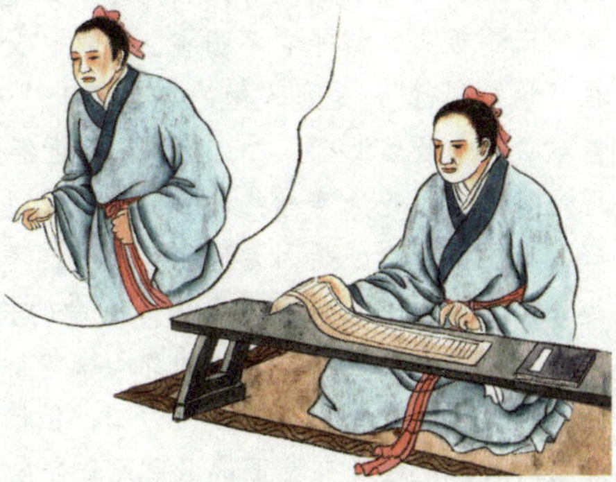

王阳明说，初学者还不能做到一心一意追求天理，所以不能像圣人一样认识和实践天理。

【译文】

你来信说："先生注释的《大学》旧本提到对心的本体的认识是致知，孟子'尽心'的宗旨与此是相同的。而朱熹先生也用虚灵知觉当作是心的本体。但是因为认识的天性才会尽心，致知要依靠格物。"

"尽心由于知性，致知在于格物"，这话是正确的。但是我看你说这话，大概是因为还有不明白的地方。朱熹先生把"尽心、知性、知天"当作格物、致知，把"存心、养性、事天"当作是诚意、正心、修身，而把"夭寿不贰，修身以俟"当作是认识的最高境界、仁爱的顶峰，是圣人做的事。但在我看来，正好相反了。“尽心、知性、知天”，即所谓的天生就知道，天生就能够实践，是圣人才能够做得到的；而“存心、养性、事天”，学习就能够知道，并且顺利实践，是贤人能够做到的事；“夭寿不贰，修身以俟”，获得知识很艰难，实践起来也很勉强，便是学者们的事。怎么能简单地把“尽心知性”当作为识，而把“存心养性”当作行呢？你听到我这话，一定又会为此非常惊奇了。然而这实在是没有什么可以怀疑的，我一一给你解释。

王阳明说，等待天命降临，是因为还没有认识到天命存在于何处。

心的本体就是性；人的本原就是理。能尽其心，就是能够尽其天性。《中庸》中说：“只有天下最真诚的人，才能够充分发挥他的天性。”又说：“知道万物的生化孕育，崇拜鬼神，而没有产生疑问，这是知天。”只有圣人才能做到这些，所以我说：圣人才能做到先生就知道和实践。存养本心，说明还不能够做到尽心，还必须加上个存养的功夫；存养心性很久之后，到了不需要特地去存养而时刻都在存养的境界，才能进一步到达尽心的境界。“知天”中的“知”，就像“知州”“知府”中的“知”意思一样，知州、知县把管理一州、一县当作是自己的事情，“知天”，就是与天合而为一体。“事天”则像儿子孝顺父亲，大臣侍奉君王，还没有达到与天合而为一的地步。上天给予我们的，是心、是性，我们只需存起它而不丢失，修养它不损害，就像“父母全而生之，子全而归之”一样。所以我说：这种“学知利行”，是贤人做的事。至于“夭寿不贰”，则和存养本心的人又还有些差距。存养本心的人虽然没有尽心，但本来就已经是一心为善，失去了本心的时候再存养它就行了。现今要求人不论夭寿始终如一，这依然是将夭寿一分为二。仍旧将夭寿一分为二，因为寿命的长短而分心，是因为他为善之心还不能始终如一，尚且不可能存养它，尽心更从何说起呢？现在暂且让人们不再因为生命的长短而改变向善的心，好比说生死夭寿都有定数，我们只需一心向善，修养我的身心来等待天命的安排，主要是因为他平日还不知道有天命呢。事天虽然是将天与人分而为二，但已经知道恭恭敬敬地去承受天命了。那些等待天命降临的人，是还没有真正认识到天命存在于何处，仍旧只是在等待天命，所以孟子说：“所以立命。”“立”，即“创立”的“立”，就像“立德”“立言”“立功”“立名”中的“立”。凡是说到“立”，都是指以前从未有过而如今开始建立的意思，也就是孔子所说“不知命，无以为君子”的人。所以说：这种“困知勉行”，属于学者的事情。

现在把“尽心、知性、知天”当作格物、致知，当初学者尚不能做到一心一意时，就拿他不能像圣人那样天生就认识和实践来指责，这简直是无中生有，让人摸不着头脑，使得人们疲于奔命。如今世上格物、致知的弊病已经明显可见了。你说注重外在的学习，而忽略掉内心的存养，博学但又没有学到要领，这不也是它的弊病之一吗？在做学问最关键的地方出了差错，就会无处不出差错了。这也是我之所以冒着天下人的否定、嘲笑，不顾身陷罗网，仍喋喋不休的原因。

六

【原文】

来书云："闻语学者，乃谓'即物穷理[①]之说亦是玩物丧志'，又取其'厌繁就约''涵养本原'数说标示学者，指为晚年定论[②]，此亦恐非。"

朱子所谓格物云者，在即物而穷其理也。即物穷理是就事事物物上求其所谓定理者也，是以吾心而求理于事事物物之中，析心与理为二矣。夫求理于事事物物者，如求孝之理于其亲之谓也。求孝之理于其亲，则孝之理其果在于吾之心邪？抑果在于亲之身邪？假而果在于亲之身，则亲没之后，吾心遂无孝之理欤？见孺子之入井，必有恻隐之理，是恻隐之理果在于孺子之身欤？抑在于吾心之良知欤？其或不可以从之于井欤？其或可以手而援之欤？是皆所谓理也。是果在于孺子之身欤？抑果出于吾心之良知欤？以是例之，万事万物之理莫不皆然，是可以知析心与理为二之非矣。夫析心与理而为二，此告子义外之说，孟子之所深辟也。"务外遗内，博而寡要"，吾子既已知之矣，是果何谓而然哉？谓之玩物丧志，尚犹以为不可欤？

王阳明认为，朱熹晚年改变了自己的观点，提出了"厌繁就约""存养本源"等论点。

若鄙人所谓致知格物者，致吾心之良知于事事物物也。吾心之良知即所谓天理也，致吾心良知之天理于事事物物，则事事物物皆得其理矣。致吾心之良知者，致知也。事事物物皆得其理者，格物也。是合心与理而为一者也。合心与理而为一，则凡区区前之所云，与朱子晚年之论，皆可以不言而喻矣。

【注释】

①即物穷理：意为通过接触事物来研究事物的道理。语出朱熹《大学章句》："所谓致知在格物者，言欲致吾之知，在即物而穷其理也。"②晚年定论：王阳明作《朱子晚年定论》，收录朱熹一些包含"厌繁就约""涵养本原"等论点的书信，认为朱熹晚年改变了观点，与陆九渊的观点接近。此说遭到后世的非议。

【译文】

你来信说："听说您教导学生'即物穷理就是玩物丧志'，还拿了朱熹晚年一些关于'厌繁就约''涵养本原'等学说的书信给学生参看，我认为这可能有些不对。"

王阳明认为，孝敬之理存在于我们自己心中，而不是父母的身上，对孩子的恻隐之心，也是存在于我们自己心中，而不是孩子身上。

朱熹所说的格物，是指在事物上去穷究万物之理。即用心在万事万物上探求到它们所谓的原本的理，这样就将心和理分而为二了。在万事万物上探求道理，就和在父母身上寻求孝敬是一个道理。在父母的身上寻求孝敬的道理，那么这个孝敬的道理到底是在父母的身上，还是在我们的心中呢？如果是在父母身上，那么当父母逝世之后，我们就不需要孝敬，心中就没有孝敬的道理了吗？遇见小孩子掉到水井里，肯定会产生恻隐之心，那么这个道理是在孩子身上还是在我们自己的心上呢？或许不能跟着孩子跳入井中，或许可以伸手援救小孩，这都是所说的理。以此类推，万事万物的道理无一不是如此，由此就能够知道将心与理分而为二是错误的了。把心与理分而为二，就是孟子曾深刻批判过的告子的“义外”学说了。“务外遗内，博而寡要”，既然你已经知道这不对，那为何还要这样说呢？我说它是玩物丧志，难道你认为不可以吗？

像我所说的格物致知，是将我们心里面的良知应用到万事万物上去。我们心中的良知就是天理，把我们心中良知应用到万事万物上，万事万物就都能得到天理了。求得我们内心中的良知就是致知的功夫。而万事万物都得到天理便是格物的功夫。这才是把心与理合而为一。把心与理合而为一，那么我前面所说的，还有我对于朱熹先生晚年学说的说法，便都能够不言而喻了。

七

【原文】

来书云：“人之心体，本无不明，而气拘物蔽，鲜有不昏。非学、问、思、辨以明天下之理，则善恶之机、真妄之辨不能自觉，任情恣意，其害有不可胜言者矣。”

此段大略似是而非。盖承沿旧说之弊，不可以不辨也。夫学、问、思、辨、行皆所以为学，未有学而不行者也。如言学孝，则必服劳奉养，躬行孝道，然后谓之学。岂徒悬空口耳讲说，而遂可以谓之学孝乎？学射则必张弓挟矢，引满中的；学书则必伸纸执笔，操觚染翰①。尽天下之学，无有不行而可以言学者，则学之始固已即是行矣。笃者，敦实笃厚之意。已行矣，而敦笃其行，不息其功之谓尔。盖学之不能以无疑，则有问，问即学也，即行也；又不能无疑，则有思，思即学也，即行也；又不能无疑，则有辨，辨即学也，即行也。辨既明矣，思既慎矣，问既审矣，学既能矣，又从而不息其功焉，斯之谓笃行，非谓学问思辨之后而始措之于行也。是故以求能其事而言谓之学，以求解其惑而言谓之问，以求通其说而言谓之思，以求精其察而言谓之辨，以求履其实而言谓之行。盖析其功而言则有五，合其事而言则一而已。此区区心、理合一之体，知、

王阳明说，要学会射箭，就必须拿起弓箭去练习，眼睛看不明白，就要敷药条理。这就是他所说的心、理合一，知、行并进。

行并进之功，所以异于后世之说者，正在于是。

今吾子特举学、问、思、辨以穷天下之理，而不及笃行，是专以学、问、思、辨为知，而谓穷理为无行也已。天下岂有不行而学者邪？岂有不行而遂可谓之穷理者邪？明道云："只穷理，便尽性至命。"故必仁极仁而后谓之能穷仁之理，义极义而后谓之能穷义之理。仁极仁则尽仁之性矣，义极义则尽义之性矣。学至于穷理至矣，而尚未措之于行，天下宁有是邪？是故知不行之不可以为学，则知不行之不可以为穷理矣；知不行之不可以为穷理，则知知行之合一并进，而不可以分为两节事矣。

夫万事万物之理不外于吾心，而必曰穷天下之理，是殆以吾心之良知为未足，而必外求于天下之广，以裨补增益之。是犹析心与理而为二也。夫学、问、思、辨、笃行之功，虽其困勉至于人一己百[2]，而扩充之极至于尽性知天，亦不过致吾心之良知而已。良知之外，岂复有加于毫末乎？今必曰穷天下之理，而不知反求诸其心，则凡所谓善恶之机、真妄之辨者，舍吾心之良知，亦将何所致其体察乎？吾子所谓"气拘物蔽"者，拘此蔽此而已。今欲去此之蔽，不知致力于此，而欲以外求，是犹目之不明者，不务服药调理以治其目，而徒伥伥然求明于其外，明岂可以自外而得哉？任情恣意之害，亦以不能精察天理于此心之良知而已。此诚毫厘千里之谬者，不容于不辨。吾子毋谓其论之太刻也。

【注释】

①操觚染翰：意为提笔作文。觚，古人书写时用的竹简。翰，笔。②人一己百：语出《中庸》"人一能之己百之，人十能之己千之。果能此道矣，虽愚必明，虽柔必强"。

王阳明说，学、问、思、辨、行都是在穷理，只是功用不同而已。

【译文】

来信说："人的心体原本没有不清明的，但受到了气的拘束和物欲的蒙蔽，就很少有不模糊的。如果不通过学习、询问、思考、辨析来明晰天下的道理，那么就不能自然觉察善恶的原因、真假的区别，而纵情恣意，会产生不可言尽的危害。"

你的这段话，大体上是似是而非的。大概是沿袭了朱熹学说的弊端，我不能不把它分辨清楚。学、问、思、辨、行，都是所谓的学，从不会有习而不行的。比如说学"孝"，必须辛苦地服侍奉养父母，亲自实践孝道，才能称之为在学习孝道。难道仅仅是悬口空言，就能够说他在学习孝道吗？学习射箭就必须自己张弓拉箭，拉满弓以命中目标；学习书法就必须执笔掭墨。所有天下的

王阳明说，学"孝"就要服侍奉养父母，学习书法就必须执笔掭墨。

学习，没有能够不实践就算作学习的，因而学习的开始，本身就已经是实践了。笃，敦实笃厚的意思。已经去“行”了，就是指敦实笃厚地行，而且是切实地连续地下功夫。学习不可能没有疑问，便需要问，询问就是学习，就是行；之后又不会没有疑惑了，所以便需要思，思考就是学习，就是行；思考了还有疑问，便需要辨，辨析也是学习，也是行。辨析明白了，思考谨慎了，询问也很清楚了，学习也有收获了，加上不断地努力，这才叫笃行，而并非是在学问思辨之后，才开始去实践。所以学习是指追求做某事的能力，询问是指解除疑惑，思是指通达自己的学问，辨是指精密地审察，行就是具体地实践。从分析它们的功用的角度可以分成这五个方面，但是把它们综合起来则实际上只有一个。我的心、理合一成为本体，知、行并举的方法，之所以不同于朱熹先生的学说，原因就是在这个地方。

现在你特别举出学、问、思、辨来穷尽天下之道，却不提及切身实践。这样做，是专门把学、问、思、辨看成知，又不把穷理当作行。天下哪有不行而学的道理？哪有不行便可以叫作穷理的道理？程颢先生说：“只穷理，便尽性至命。”所以必须行仁达到仁的最高境界，才能说是穷尽了仁爱的道理，在行义达到了义的最高境界，才能说是穷尽了义的道理。达到最高境界，就充分发挥了天性。学习也是这样，它达到了穷尽事理的最高境界，却还没有在行的方面下手，天下哪有这样的事情呢？所以知而不行就不是学习，知而不行就不能够穷尽事物的道理；知道了不去行便无法穷尽事物的道理，就知道知行必须合一，不能够把他们分开做两件事。

万事万物的道理并不在我们心外，如果一定要说穷尽天下之理，可能是因为心中的良知还不足够，而必须向天下众多事物中寻求道理，以求弥补增加。这仍旧是把心与理分而为二了。学、问、思、辨、行的功夫，那些天资愚笨的人付出了相对于别人而言百倍的努力，最后到了极点能够充分发挥天性而知道天命，这也不过是我们心里的良知到达最高境界，得到圆满而已。难道良知之外还需再有一丝一毫其他东西吗？现在一定要执着于穷尽天下之理，却不懂得反过来向我们的内心寻求。舍弃我们心中的良知，那些善恶的原因、真假的区别，将怎么去体察辨明呢？你说“气拘物蔽”，是受了这些说法的拘束和影响。现在想要改正这一弊端，但不在本心上用功，却要往心外寻求。就好像得眼疾的人，不吃药调理、治疗，只是徒劳地去外面寻找光明，光明难道是能从眼睛之外求得的吗？不能从我们的内心上去探究天理，就会有任意放纵的危险。这些确实是差之毫厘，谬以千里的事情，不能不去进行详细的分辨。你不要认为我讲得太严厉，太苛刻了。

八

【原文】

来书云：“教人以致知、明德，而戒其即物穷理，试使昏暗之士深居端坐，不闻教告，遂能至于知致而德明乎？纵令静而有觉，稍悟本性，则亦定慧无用之见，果能知古今、达事变而致用于天下国家之实否乎？其曰：‘知者意之体，物者意之用’，‘格物如格君心之非之格’。语虽超悟独得，不踵陈见，抑恐于道未相吻合？”

区区论致知格物，正所以穷理，未尝戒人穷理，使之深居端坐而一无所事也。若谓即物穷理，如前所云务外而遗内者，则有所不可耳。昏暗之士，果能随事随物精察此心之天理，以致其本然之良知，则“虽愚必明，虽柔必强”。大本立而达道行，九经[①]之属可一以贯之而无遗矣，尚何患其无致用之实乎？彼顽空虚静之徒，正惟不能随事随物精察此心之天理，以致其本然之良知，而遗弃伦理，寂灭虚无以为常，是以“要之不可以治家国天下”。孰谓圣人穷理尽性之学，而亦有是弊哉？

王阳明说，“格物”的“格”也有“正”的意思，就像用礼乐教化顽固的苗族人一样，这样才能“致知”。

心者，身之主也，而心之虚灵明觉，即所谓本然之良知也。其虚灵明觉之良知应感而动者，谓之意。有知而后有意，无知则无意矣。知非意之体乎？意之所用必有其物，物即事也。如意用于事亲，即事亲为一物；意用于治民，即治民为一物；意用于读书，即读书为一物；意用于听讼，即听讼为一物。凡意之所用，无有无物者。有是意即有是物，无是意即无是物矣，物非意之用乎？

“格”字之义，有以“至”字之训者，如“格于文祖”[②]、“有苗来格”[③]，是以“至”训得也。然“格于文祖”，必纯孝诚敬，幽明之间无一不得其理，而后谓之“格”。有苗之顽，实以文德诞敷而后“格”，则亦兼有“正”字之义在其间，未可专以“至”字尽之也。如“格其非心”“大臣格君心之非”之类，是则一皆“正其不正以归于正”之义，而不可以“至”字为训矣。且《大学》“格物”之训，又安知其不以“正”字为训，而必以“至”字为义乎？如以“至”字为义者，必曰“穷至事物之理”，而后其说始通。是其用功之要全在一“穷”字，用力之地全在一“理”字也。若上去一“穷”、下去一“理”字，而直曰“致知在至物”，其可通乎？夫“穷理尽性”，圣人之成训，见于《系辞》者也。苟格物之说而果即穷理之义，则圣人何不直曰“致知在穷理”，而必为此转折不完之语，以启后世之弊邪？

盖《大学》“格物”之说，自与《系辞》“穷理”大旨虽同，而微有分辨。穷理者，兼格、致、诚、正而为功也。故言穷理则格、致、诚、正之功皆在其中，言格物则必兼举致知、诚意、正心，而后其功始备而密。今偏举格物而遂谓之穷理，此所以专以穷理属知，而谓格物未常有行，非惟不得格物之旨，并穷理之义而失之矣。此后世之学所以析知、行为先后两截，日以支离决裂，

王阳明说，格物致知，就是为了穷尽事物，只要能在万事万物之上发现心中的天理、良知，就能变得聪明、刚强。

而圣学益以残晦者，其端实始于此。吾子盖亦未免承沿积习，则见以为于道未相吻合，不为过矣。

【注释】

① 九经：语出《中庸》"凡为天下国家有九经，曰：修身也，尊贤也，亲亲也，敬大臣也，子庶民也，来百功也，柔远人也，怀诸侯也"。② 格于文祖：语出《尚书·舜典》"归，格于艺典"。注曰："归，告至文祖之庙，艺，文也。"格，至、到。文祖，尧的庙。③ 有苗来格：意为有苗族人到来。语出《尚书·大禹谟》："七旬，有苗格。"

【译文】

你来信道："先生教人致知、明德，却又阻止他们即物就理，从事物上寻求天理。假若让懵懂昏沉的人深居端坐，不听教导和劝诫，就能够达到有了知识，德行清明的境界吗？纵然他们静坐时有所觉悟，对本性稍有领悟，那也是定慧之类的佛家的无用见识，难道果真可以通晓古今、通达事变，对治理国家有实际作用吗？你说：'知者意之体，物者意之用'，'格物如格君心之非之格'。这些话虽然显得高超而独到，不墨守陈见，但恐怕和圣道不大吻合吧？"

我所讲的格物致知，正是为了穷尽事物，我未曾禁止人们穷尽事理，让他们深居静坐，无所事事。如果把即物穷理讲成是前面所说的重视外在知识，忽略内心修养，那也是错误的。糊涂的人，如果能够在万物之上精察心中的天理，发现原有的良知，那么即使愚蠢也定能变得聪明，即使柔弱定能变得刚强。最后就能够行达道、立大本，九经之类的书也能一以贯之没有纰漏，难道还需担心他会没有经世致用的实际才干吗？那些只谈空虚寂静的佛、道弟子，恰恰是不能在万事万物上精察心中的天理，发现其心中本有的良知，以致抛弃人间伦常，把寂灭虚无当作是正常现象，所以他们才不能够齐家、治国、平天下。谁说圣人穷理尽性的学说也会有这样的弊病呢？

王阳明说，只要是意念起作用的地方，就有事物存在。比如，意念在侍奉双亲上起作用，侍奉双亲就是一件事。

身体的主宰是心，心的虚灵明觉就是人原本的良知。虚灵明觉的良知因感应发生作用，就是意念。有识即是有意，无识即无意。怎么能说认识不是意念的本体？意念的运用，一定会有相应的东西，就是事。如果意念在侍奉双亲上起作用，那么，侍奉双亲便是一件事；意念在治理百姓上起作用，治理百姓便是一件事；意念在读书上起作用，那么读书就是一件事；意念在听讼上起作用，听讼也就是一件事。只要是意念起作用的地方，就有事物存在。有这个意就有这个物，没有这个意也就没有这个物，事物难道不是意念的运用吗？

"格"的含义，有用"至"字来训释的，如"格于文祖""有苗来格"里的"格"，都是"至"来解释的。然而"格于文祖"，必定诚心诚意地纯然至孝，对于人间和阴间的道理都无一不晓，之后才能叫作“格”。苗族人十分顽固，只有通过礼乐把他们教化之后才能“格”，所以这个“格”也有“正”的意思，不能够仅仅用“至”字就能完全解释它的含义。如“格其非心”“大臣格君心之非”中的“格”，都是“纠正不正以达到正”的意思，不能用“至”字来训释。那么《大学》中“格物”的解释，怎么知道它不是用“正”字而须用“至”字来解释呢？如果用“至”字来训释，就必须用“穷至事物之理”才说得通。用功的要领全在一个“穷”字，用功的对象全在一个“理”字上。如果在前面把“穷”字去掉，后面把“理”字去掉，而直接说成“致知在至物”，这说得通吗？“穷理尽性”是圣人既定的教诲，在《易经》里已经有了记载。如果格物的含义真的就是穷理，那么圣人为什么不直接说“致知在穷理”，却一定要让语意有了转折且不完整，说这种话，造成后世的弊病呢？

《大学》里的“格物”和《易经》里的“穷理”，意思只有一些细微的区别，含义基本上是一样的。穷理里包括格物、致知、诚意、正心等功夫。所以谈到穷理，格物、致知、诚意、正心等功夫就已经都包含在其中了。谈到格物，就必然一同有致知、诚意、正心，这样，格物的功夫才能够是完整的。现在说到格物便说成是穷理，就只是把穷理当作一种认识，而不认为格物里还包括实践了。这样，不但没有把握到格物的宗旨，就连穷理的本义也是一并丢掉了的。这就是后世的学者们，把认识、实践分而为二，并且让它日益支离破碎，圣学日渐残缺晦涩的原因所在。你承袭旧来的观点也在所难免，而觉得我的学说与圣道不符，这也不算什么。

九

【原文】

来书云：“谓致知之功，将如何为温、如何为奉养即是诚意，非别有所谓格物，此亦恐非。”

王阳明说，保证父母的冬暖夏凉，奉养父母不是格物致知，要身体力行才是格物，在这一过程中，知道怎么才能做好，才是致知。

此乃吾子自以己意揣度鄙见而为是说，非鄙人之所以告吾子者矣。若果如吾子之言，宁复有可通乎？盖鄙人之见，则谓：意欲温、意欲奉养者，所谓意也，而未可谓之诚意；必实行其温奉养之意，务求自慊而无自欺，然后谓之诚意。知如何而为温之节、知如何而为奉养之宜者，所谓知也，而未可谓之致知；必致其知如何为温之节者之知，而实以之温，致其知如何为奉养之宜者之知，而实以之奉养，然后谓之致知。温之事，奉养之事，所谓物也，而未可谓之格物；必其于温之事也，一如其良知之所知当如何为温之节者而为之，无一毫之不尽，于奉养之事也，一如其良知之所知当如何为奉养之宜者而为之，无一毫之不尽，然后谓之格物。温之物格，然后知温之良知始致；奉养之物格，然后知奉养之良知始致。

故曰："物格而后知至。"[①]致其知温之良知，而后温之意始诚；致其知奉养之良知，而后奉养之意始诚。故曰"知至而后意诚"。此区区诚意、致知、格物之说盖如此。吾子更熟思之，将亦无可疑者矣。

【注释】

① 物格而后知至：语出《大学》"物格而后知至，知至而后意诚，意诚而后心正，心正而后身修，身修而后家齐，家齐而后国治，国治而后天下平"。

【译文】

你信中说："先生您所说的致知的功夫，是要保证父母的冬暖夏凉，怎样去奉养父母的诚意，而并非另有个什么格物，我想这恐怕不对吧。"

你按照自己的想法来揣度我的观点才这样说的，并不是我这样跟你说过。如果真像你说的那样，难道还有能讲得通的地方吗？我的看法是这样的：想让父母冬暖夏凉、想要侍奉父母，这只是所谓的意，而并不能把它当作诚意；一定是要笃行了让父母冬暖夏凉、侍奉他们的愿望，务必是自己在做的时候感到满意，没有违心，这样才能叫作诚意。知道如何让父母冬暖夏凉的礼节、知道怎样适宜地侍奉父母，只是所谓的知，而不能说已经是致知；必须知道了，并且切实完成所知道的礼节，才能称做致知。使父母冬暖夏凉的事，对父母奉养适宜的事，都只能算作事物，而不能算作格物；在父母冬暖夏凉和侍奉适宜的事情上，必须遵循自己的良知去做，而没有丝毫不到的地方，才叫作格物。父母冬暖夏凉的物"格"了，使父母冬暖夏凉的良知才是"致"了；奉养父母适宜的物"格"了，很好地侍奉父母的良知才算是"致"了。

所以《大学》里说："物格而后知至。"有了让父母冬暖夏凉的良知，才能产生使父母冬暖夏凉的真诚的意念；有了适宜奉养的良知，才能产生奉养适宜的真诚的意念。所以《大学》说"知至而后意诚"。我说的诚意、致知、格物的学说大概就是这样。你再好好思考一下这个问题，也就没有什么可以怀疑的了。

十

【原文】

来书云："道之大端易于明白，所谓'良知良能，愚夫愚妇可与及者'[①]。至于节目时变之详，毫厘千里之谬，必待学而后知。今语孝于温定省，孰不知之？至于舜之不告而娶，武之不葬而兴师，养志、养口[②]，小杖、大杖[③]，割股[④]、庐墓[⑤]等事，处常处变、过与不及之间，必须讨论是非，以为制事之本。然后心体无蔽，临事无失。"

"道之大端易于明白"，此语诚然。顾后之学者忽其易于明白者而弗由，而求其难于明白者以为学，此其所以"道在迩而求诸远，事在易而求诸难"[⑥]也。孟子云："夫道若大路然，岂难知哉？人病不由耳。"良知良能，愚夫愚妇与圣人同。但惟圣人能致其良知，而愚夫愚妇不能致，此圣愚之所由分也。

"节目时变"，圣人夫岂不知？但不专以此为学。而其所谓学者，正惟致其真知，以精审此心之天理，而与后世之学不同耳。吾子未暇真知之致，而汲汲焉顾是之忧，此正求其难于明白者以为学之蔽也。夫良知之于节目时变，犹规矩尺度之于方圆长短也。节目时变之不可预定，犹方圆长短之不可胜穷也。故规矩诚立，则不可欺以方圆，而天下之方圆不可胜用矣；尺度诚陈，则不可欺以长短，而天下之长短不可胜用矣；良知诚致，则不可欺以节目时变，而天下之节目时变不可胜应矣。毫厘千里之谬，不于吾心真知一念之微而察之，亦将何所用其学乎？是不以规矩而欲定天下之方圆，不以尺哽而欲尽天下之长短。吾见其乖张谬戾，日劳而无成也已。

王阳明说，有了规矩尺度，方圆长短就一目了然了，达到了致良知的境界，对细节的变化也就能应付自如了。

吾子谓“语孝于温定省，孰不知之”，然而能致其知者鲜矣。若谓粗知温定省之仪节，而遂谓之能致其知，则凡知君之当仁者，皆可谓之能致其仁之知；知臣之当忠者，皆可谓之能致其忠之知，则天下孰非致知者邪？以是而言可以知，“致知”之必在于行，而不行之不可以为“致知”也，明矣。知行合一之体，不益较然矣乎？

大舜之不告而娶，岂舜之前已有不告而娶者为之准则，故舜得以考之何典、问诸何人而为此邪？抑亦求诸其心一念之良知，权轻重之宜，不得已而为此邪？武之不葬而兴师，岂武之前已有不葬而兴师者为之准则，故武得以考之何典、问诸何人，而为此邪？抑亦求诸其心一念之良知，权轻重之宜，不得已而为此邪？使舜之心而非诚于为无后[⑦]，武之心而非诚于为救民，则其不告而娶与不葬而兴师，乃不孝不忠之大者。而后之人不务致其良知，以精察义理于此心感应酬酢之间，顾欲悬空讨论此等变常之事，执之以为制事之本，以求临事之无失，其亦远矣。其余数端，皆可类推，则古人致知之学从可知矣。

【注释】

①愚夫愚妇可与及者：语出《中庸》“君子之道费而稳。夫妇之愚，可以与知焉；及其至也，虽圣人亦有所不知焉”。②养志、养口：典出《孟子·离娄上》。③小杖、大杖：典出《孔子家语·六本》。曾子在瓜地锄草时，锄掉了瓜苗。其父大怒，用大杖将其打昏在地。曾子醒来后，先向父亲请安，又回到屋里弹琴，使父亲知道自己安然无恙。孔子知道后很生气，教育曾子应像大舜侍奉父亲那样，父亲用小杖打时则坦然承受，用大杖打时就逃跑，以免使自己身体受伤，使父亲背上不义的罪名。④割股：春秋时期，晋文公重耳流亡时，介子推曾割大腿上的肉给文公吃。后以割股治疗父母之病为至孝。⑤庐墓：古时，父母亡故后，孝子在墓旁搭建草棚，一般要住三年，以表达对父母的哀思怀念之

王阳明说，世间万物的细节随时间的变化就像方圆长短一样，是无穷无尽的，所以要有个标准进行观察，就像用一个尺度进行测量一样。

情。⑥“道在迩”二句：语出《孟子·离娄上》。⑦为无后：语出《孟子·离娄上》“不孝有三，无后为大。舜不告而娶，为无后也，君子以为犹告也”。

【译文】

你来信写道：“圣道的宗旨很容易明白，就像先生说的‘良知良能，愚夫愚妇可与及者’。至于具体的细节，随着时间的变化，往往差之毫厘、谬以千里，这需要学习之后才能明白。谈论孝道就是温凊定省这些礼节，现在谁不明白？至于舜不请示父母就娶妻，武王还没有安葬文王便兴师伐纣，曾子养志而曾元养口，小杖承受而大杖逃跑，割股疗亲，为亲人守墓三年等事情，可能正常，可能不正常，这是处于过分与不足之间。必须讨论个是非曲直，作为处事的原则。然后人的心体没有遮蔽，这样临事才能没有过失。”

王阳明说，圣道本来很简单，而学者们却去追求那些很难明白的东西。

“圣道的宗旨很容易明白”，这句话是对的。只是后世的学者们往往忽略那些简单明白的道理不去遵循，却去追求那些很难明白的东西，这正是“道在迩而求诸远，事在易而求诸难”。孟子说：“圣道像大路一样，难道很难明白吗？人们的毛病在于不去遵循罢了。”愚夫愚妇和圣人是同样拥有良知良能的。只是圣人能够意识并保存自己的良知，而愚夫愚妇则不能，这就是二者的区别。

王阳明说，致知必须实践，知道仁爱百姓，而不在行动上实践的国君，以及知道应当忠诚，而不在行动上实践的臣子，都不能算是致知的。

“节目时变”，圣人对此岂有不知的？只是不一味地在这上面做文章罢了。圣人的学问，与后世所说的学问不同，它只是意识并保存自己的良知，以精确体察心中的天理。你不去保存自己的良知，而是念念不忘这些细节，这正是将那些难于理解的东西当作学问的弊病了。良知对于随着时间变化的具体细节，就像规矩尺度对于方圆长短一样。方圆长短的变化是无穷无尽的，具体细节随时间变化也不能够事先预测。因此，规矩尺度一旦确立，那么方圆长短就能够一目了然了，而天下的方圆长短也就用不完了。确实已经达到了致良知的境界，那么具体细节随时间的变化也就一览无余，天下不断变化的细节就能应付自如了。差之毫厘、谬以千里，不在我们本心的良知上的细微处去体察，那你怎么去应用你所学的东西呢？这是不依照规矩尺度想去确定天下的方圆长短。这种狂妄的说法，只会每天徒劳而一无所成。

你说“语孝于温凊定省，孰不知之”，然而真正知道的人很少。如果说简单地知道一些温凊定省的礼节，便能认为他已经做到了致孝的良知。那么凡是那些知道应当仁爱百姓的国君，都能认为他能够致仁爱的良知；凡是知道应当忠诚的臣子，都能认为他能致忠诚的良知，那么天下哪个不是能够致良知的人呢？由此便明显可见，“致知”必须实践，没有实践便不能够称他能够“致知”。这样知行合一的概念，不是更加清楚了吗？

舜不告知父母而娶妻，难道是在舜之前便已经有了不告而娶的准则，所以舜能够考证某部经典或者询问于某人才这样做的吗？还是他依照心中的良知，权衡利弊轻重，不得已才这样做？周武王没有安葬文王便兴师伐纣，难道是武王之前便已经有了不葬而兴师的准则，所以武王能够考证某部经典或者询问某人才这样做的吗？抑或是他依照自己心中的良知，权衡利弊，不得已才这样做？如果舜并非担心没有后代，武王并非急于拯救百姓，那么，舜不禀报父母而娶妻，武王不葬文王而兴师，便是最大的不孝和不忠。后世的人不努力致其良知，不在处理事情上精细地体察天理，只顾空口谈论这中间时常变化的事物，并执着于此作为处理事情的准则，以求得遇事时没有过失，这也差得太远了。其余几件事也能够依此类推，那么古人致良知的学问就可以明白了。

十一

【原文】

来书云：“谓《大学》格物之说，专求本心，犹可牵合。至于《六经》《四书》所载‘多闻多见’[①]、‘前言往行’[②]、‘好古敏求’[③]、‘博学审问’‘温故知新’‘博学详说’[④]、‘好问好察’[⑤]，是皆明白求于事为之际，资于论说之间者，用功节目固不容紊矣。”

子贡好高骛远，以多闻多见当作学问，而不能认真存养本心。孔子告诉他，应该专心修习良知。

格物之义，前已详悉，牵合之疑，想已不俟复解矣。至于“多闻多见”，乃孔子因子张之务外好高，徒欲以多闻多见为学，而不能求诸其心，以阙疑殆，此其言行所以不免于尤悔，而所谓见闻者，适以资其务外好高而已。盖所以救子张多闻多见之病，而非以是教之为学也。夫子尝曰：“盖有不知而作之者，我无是也。”[⑥]是犹孟子“是非之心人皆有之”之义也。此言正所以明德性之良知，非由于闻见耳。若曰“多闻，择其善者而从之，多见而识之”，则是专求诸见闻之末，而已落在第二义矣，故曰“知之次也”。夫以见闻之知为次，则所谓知之上者果安所指乎？是可以窥圣门致知用力之地矣。夫子谓子贡曰：“赐也，汝以予为多学而识之者欤？非也，予一以贯之。”使诚在于多学而识，则夫子胡乃谬为是说以欺子贡者邪？一以贯之，非致其良知而何？《易》曰：“君子多识前言往行以畜其德。”夫以畜其德为心，则凡多识前言往行者，孰非畜德之事？此正知行合一之功矣。

“好古敏求”者，好古人之学，而敏求此心之理耳。心即理也，学者学此心也，求者求此心也。孟子云：“学问之道无他，求其放心而已矣。”非若后世广记博诵古人之言词以为好古，而汲汲然惟以求功名利达之具于外者也。“博学审问”，前言已尽。“温故知新”，朱子亦以温故属之尊德性矣。德性岂可以外求哉？惟夫知新必由于温故，而温故乃所以知新，则亦可以验知行之非两节矣。“博学而详说之”者，将“以反说约也”。若无反约之云，则“博学详说”者果何事邪？舜之“好问好察”，惟以用中而致其精一于道心耳。道心者，良知之谓也。君子之学，何尝离去事为而废论说？但其从事于事为论说者，要皆知行合一之功，正所以致其本心之良知，而非若世之徒事口耳谈说以为知者，分知行为两事，而果有节目先后之可言也。

王阳明说，好古并不是广泛地背诵记忆古人的言辞，而是从中探求自己的本心。

【注释】

①多闻多见：意为通过多闻多见增长知识。语出《论语·为政》。②前言往行：语出《周易·大畜》卦辞“君子以多识前言往行，以畜其德”。意为君子应该多了解古代前贤的言行，以积蓄自己的德性。③好古敏求：意为喜欢古学而勉力追求。语出《论语·述而》。④博学详说：语出《孟子·离娄下》“博学而详说之，将以反说约也”。意为广泛地学习并详细地解说，等到融会贯通之后，再回头来简略地叙述其精髓大义。⑤好问好察：意为喜欢请教别人，并且喜欢体察人们日常生活中的言谈，以便能了解民意。语出《中庸》。⑥“盖有”二句：语出《论语·述而》：“子曰：‘盖有不知而作之者，我无是也。多闻，择其善者而从之；多见而识之，知之次也。’”

广泛地学习并详细地解说，等到融会贯通之后，再回头来简略地叙述其精髓大义。

【译文】

你来信中说：“您说《大学》里格物的学说，唯指寻求本心，还勉强说得通。至于《六经》《四书》记载的‘多闻多见’‘前言往行’‘好古敏求’‘博学审问’‘温故知新’‘博学详说’‘好问好察’等，都是指在处事和辩论之中得到的，用功的内容和次序是不能弄乱和改变的。”

格物的含义，之前我都已经详细地谈过，你仍觉牵强，想必也不需要我再多加解释了。至于“多闻多见”，是孔子针对子张说的。子张好高骛远，只以多闻多见当作学问，而不能认真存养本心，所以心存疑惑，语言和行为里便难免有埋怨和悔恨，而他所谓的见闻，又恰恰滋长了他好高骛远的心性。所以孔子大概是为了纠正他多闻多见的毛病，而并非把多闻多见当作做学问。孔子曾说：“盖有不知而作之者，我无是也。”就像孟子所说的“是非之心人皆有之”意思差不多。这话正好说明明德行的良知并不是从见闻中来的。孔子所说的“多闻，择其善者而从之，多见而识之”，则是专门从见闻的细枝末节中探求，是第二位的事情罢了，所以他又说“知之次也”。把见闻的知识当作是次要的学问，那么学问之首是指什么呢？从此处，对圣人致知用功的地方我们可以完全窥见了。孔子对子贡说：“赐也，汝以予为多学而识之者欤？非也，予一以贯之。”如果果真在于多闻多见，那么孔子为何说这种话来欺骗子贡呢？一以贯之，不是致良知是什么？《易经》中说：“君子多识前言往行以畜其德。”以积蓄德性为主，而更多地了解前人言行的人，不也是在做积蓄德性的事吗？这正是知行合一的功夫。

“好古求敏”，就是热衷于古人的学说并且勤奋敏捷地探求心中的理。心即是理，学习就是学习本心，探求就是探求本心。孟子说：“学问之道无他，求其放心而已矣。”好古并不是像后世那样，广泛地背诵记忆古人的言辞，心中却念念不忘追求功名利禄等外在的东西。“博学审问”，前面也提及过。“温故知新”，朱熹也把它当作是尊德性的范畴。德性难道能从心外求得吗？知新必经由温故，温故才可知新，这又可作为知行并非两回事的有力证据。“博学而详说之”，是为了再返回至简约，如果不是为了返回至简约，那么“博学详说”到底是什么呢？舜好问好察，仅仅是中正平和地达到至精至纯合乎道心的境界。道心就是良知。君子的学问，什么时候离开过实践、废弃过辩说呢？但是实践和辩说的时候，都要知道知行合一的功夫，这正是致其本心的良知，而不是像后世学者那样只在口耳里空谈便当作认识了，把知行分而为二，才会产生用功有先后区分的说法。

十二

【原文】

来书云：“杨、墨之为仁义[①]，乡原[②]之乱忠信，尧、舜、子之之禅让[③]，汤、武、楚项之放伐[④]，周公、莽、操之摄辅[⑤]，谩无印证，又焉适从？且于古今事变、礼乐名物未常考识，使国家欲兴明堂，建辟雍，制历律，草封禅，又将何所致其用乎？故《论语》曰‘生而知之’者，‘义理耳。若夫礼乐，名物，古今事变，亦必待学而后有以验其行事之实’。此则可谓定论矣。”

所喻杨、墨、乡愿、尧、舜、子之、汤、武、楚项、周公、莽、操之辨，与前舜、武之论，大略可以类推。古今事变之疑，前于良知之说已有规矩尺度之喻，当亦无俟多赘矣。

至于明堂、辟雍诸事，似尚未容于无言者。然其说甚长，姑就吾子之言而取正焉，则吾子之惑将亦可以少释矣。夫明堂、辟雍之制，始见于《吕氏》之《月令》、汉儒之训疏。六经、四书之中，未尝详及也。岂吕氏、汉儒之知，乃贤于三代之贤圣乎？齐宣之时，明堂尚有未毁，则幽、厉之世，周之明堂皆无恙也。尧、舜茅茨土阶，明堂之制未必备，而不害其为治。幽、厉之明堂，固犹文、武、成、康之旧，而无救于其乱。何邪？岂能以不忍人之心，而行不忍人之政，则虽茅茨土阶，固亦明堂也；以幽、厉之心，而行幽、厉之政，则虽明堂，亦暴政所自出之地邪？武帝肇讲于汉，而武后盛作于唐[⑥]，其治乱何如邪？天子之学曰辟雍，

王阳明说，尧、舜时代只有茅草屋，却天下大治，幽王、厉王时代，虽然有明堂，却仍然动乱，原因就在于有没有实行仁政。

诸侯之学曰泮宫[7]，皆象地形而为之名耳。然三代之学，其要皆所以明人伦，非以辟不辟、泮不泮为重轻也。

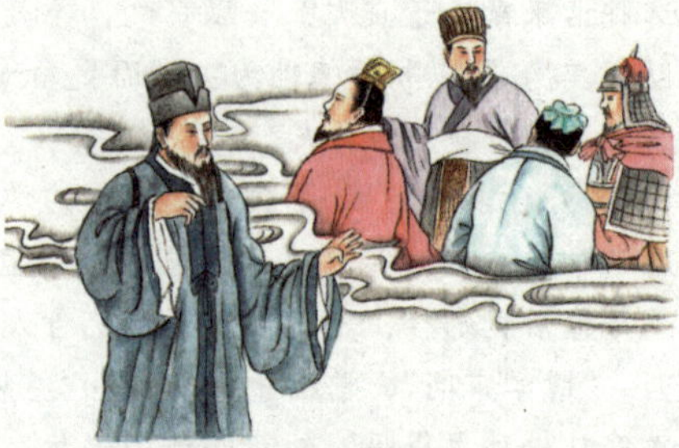

王阳明说，杨朱、墨子的仁与义，乡愿的破坏忠信，项羽的放逐与杀戮，都是他们依照心中的良知，权衡利弊轻重，不得已而做出来的。

【注释】

①杨、墨之为仁义：杨，即杨朱，字子居，又称阳生，战国时魏人，主张为我，近似于义。墨，即墨翟，战国时鲁人，墨家的创始人，提倡兼爱、非攻，反对儒家"爱有差等"，近似于仁。②乡原：指不讲原则、八面玲珑的好好先生。③尧、舜、子之之禅让：古代部落首领的职位传贤不传子，尧禅让于舜，舜禅让于禹。子之为战国时燕王哙的相国，后哙让位于子之，事见《史记·燕召公世家》。④汤、武、楚项之放伐：商汤放逐夏桀于南巢，周武王讨伐商纣于牧野，项羽杀义帝而自立为西楚霸王。⑤周公、莽、操之摄辅：周公在周成王年幼时摄政，待成王成年后还政于成王，为后世典范，事见《史记·周本纪》。王莽以外戚居大司马，杀汉平帝，立孺子婴，自摄其政，后篡位，改国号新，事见《汉书·王莽传》。曹操讨伐董卓，迎立汉献帝，自任丞相，挟天子以令诸侯，其子曹丕废献帝，建魏国，事见《三国志·魏志》。⑥武帝肇讲于汉，而武后盛作于唐：汉武帝时曾与大臣们议论立明堂之事，武则天曾毁乾元殿而立明堂。⑦泮宫：西周时诸侯设立的学校。

王阳明认为，尧能做到禅让，而曹操却摄政，其实只是按照天理的尺度，在不同条件下的不同做法。

【译文】

你来信说："杨朱、墨子的仁与义，乡愿的破坏忠信，尧、舜、子之的禅让，商汤、周武王、项羽的放逐与杀戮，周公、王莽、曹操的摄政，这些事情都无从考证，我们将从何去听信呢？而且对于古今事变、礼乐名物还未考察识别，假如国家想要兴建明堂、建立学校、制定历律、操办封禅大典，又将发挥什么作用呢？所以《论语》中说'生而知之者'，'义理耳，若夫礼乐，名物，古今事变，亦必待学而后有以验其行事之实也'。这可以被当作定论了。"

你提到的杨朱、墨翟、乡愿、尧、舜、子之、商汤、武王、项羽、周公、王莽、曹操等人之间的区别，就跟前面所说的舜和武王的情况大致相同，可以类推。古今事变的问题，前面在谈到良知的学说时，已经有了规矩尺度作为比喻，因此也无须多说了。

至于兴建明堂、建立学校等事，似乎不谈一谈还不行。但是说来话长，姑且就你提到的这些事情来加以辨析吧，你的困惑也能够稍微减少一点。明堂、学校的制度，最早在《吕氏春秋》的《月令》篇和汉代儒生的注释中出现，六经、四书里没有详细提到。难道吕不韦、汉代儒生的知识比三代圣贤的知道还要好吗？齐宣王时期，明堂尚且存留有未被毁掉的，那么幽王、厉王时，周王朝的明堂都应该是安然无恙的。尧舜时以茅草盖屋，以土为台阶，明堂之制还没有完备，但并不妨碍他们治理天下。幽王、厉王时的明堂，沿袭了文王、武王、成王、康王时期的旧制，但对于乱世也无补于世。为什么呢？这不是正好可以说明，能用怜恤他人的仁德之心来实施怜恤他人的仁政，即使是茅屋和土台阶，也仍旧是明堂，用幽王、厉王的心来行幽王、厉王的暴政，虽然有明堂的设立，也不过是他们施行暴政的地方？汉武帝重新探讨过立明堂的事，武则天也曾大建明堂，他们治理天下的情况又是怎样的呢？天子的学校叫辟雍，诸侯的学校叫泮宫，都以地形来命名。然而夏商周三代时的学校，都是以教育伦理纲常为主要目的，而不是看它的外表像不像璧环或者它是不是建造在水边。

十三

【原文】

孔子云："人而不仁，如礼何？人而不仁，如乐何？"制礼作乐，必具中和之德，声为律而身为度[①]者，然后可以语此。若夫器数之末，乐工之事，祝史之守。故曾子曰："君子所贵乎道者三……笾豆之事，则有司存也。"[②]尧"命羲、和，钦若昊天，历象日月星辰"，其重在于"敬授人时"也。[③]舜"在璇玑玉衡"，其重在于"以齐七政"[④]也。是皆汲汲然以仁民之心而行其养民之政。治历明时之本，固在于此也。羲和历数之学，皋、契未必能之也，禹、稷未必能之也；"尧、舜之知而不遍物"，虽尧、舜亦未必能之也。然至于今，循羲和之法而世修之，虽曲知小慧之人，星术浅陋之士，亦能推步占候[⑤]而无所忒。则是后世曲知小慧之人反贤于禹、稷、尧、舜者邪？

王阳明说，尧命羲、和观察并推算日月星辰的运行情况，是为了制定历法，说到底是为了用仁爱百姓之心推行养育百姓的仁政。

封禅之说，尤为不经，是乃后世佞人谀士所以求媚于其上，倡为夸侈以荡君心而靡国费。盖欺天罔人，无耻之大者，君子之所不道，司马相如之所以见讥于天下后世也。吾子乃以是为儒者所宜学，殆亦未之思邪？

夫圣人之所以为圣者，以其生而知之也。而释《论语》者曰："生而知之者，义理耳。若夫礼乐名物、古今事变，亦必待学而后有以验其行事之实。"夫礼乐名物之类，果有关于作圣之功也，而圣人亦必待学而后能知焉，则是圣人亦不可以谓之生知矣。谓圣人为生知者，专指义理而言，而不以礼乐名物之类。则是礼乐名物之类无关于作圣之功矣。圣人之所以谓之生知者，专指义理而不以礼乐名物之类，则是学而知之者亦惟当学知此义理而已，困而知之者亦惟当困知此义理而已。今学者之学圣人，于圣人之所能知者，未能学而知之，而顾汲汲焉求知圣人之所不能知者以为学，无乃失其所以希圣之方欤？凡此皆就吾子之听惑者而稍为之分释，未及乎拔本塞源[⑥]之论也。

【注释】

王阳明说，圣人的生而知之，是专指懂得义理，而不是现在的学者所学习的作为、学问。

①声为律而身为度：意为大禹是标准的完人，他的声音是音律的标准，身长是尺度的标准。语出《史记·夏本纪》。②“君子所贵”三句：语出《论语·泰伯》：“曾子言曰：‘君子所贵乎道者三：动容貌，斯远暴慢矣；正颜色，斯近信矣；出辞气，斯远鄙倍矣。笾豆之事，则有司存。’”笾为竹制器皿，豆为木制器皿，笾豆之事指祭祀礼仪中的具体小事。存，此指掌管、安排。③“命羲、和”四句：意为尧命令羲氏与和氏，恭敬谨慎地遵循上天的意旨行事，观察推算日月星辰的运行情况，目的是制定和颁行历法。语出《尚书·尧典》。④“在璇玑玉衡”二句：语出《尚书·舜典》“在璇玑玉衡，以齐七政”。意为舜观测北斗星的运行，以排列七件政事。天璇、天玑、玉衡，北斗七星中的三颗。七政，指日、月、金、木、水、火、土。《尚书·大传》则认为“七政者，谓春、夏、秋、冬、天文、地理、人道”。⑤推步占候：推算历法，占卜天象。推步，推算天文历法。占候，观察天象变化以测吉凶。⑥拔本塞源：意为拔除树根，堵塞水源，比喻从根本上破坏。语出《左传·昭公九年》。

【译文】

孔子说：“人而不仁，如礼何？人而不仁，如乐何？”制定礼乐，必须具备中和的品德，他的声音能够作为音律、身高可以作为尺度，然后才有能力制定礼乐。至于器具等细节，那是乐功和祝史们的工作。所以曾子说：“君子所贵乎道者三……笾豆之事则有司存也。”尧“命羲和，钦若昊天，历象日月星辰”，他的目的在于“敬授人时”；舜“在璇玑玉衡”，他的目的在于“以齐七政”。他们都念念不忘地用仁爱百姓之心推行养育百姓的仁政。制定历法、掌握时令，根本目的还是在于此。羲氏、和氏的历法和数学的学问，皋陶和契不一定能比得上，大禹和后稷也未必能比得上；正如孟子所说“尧、舜之知而不遍物”，即使尧舜也未必全知全能。然而发展到现在，后人世世代代遵循羲、和二人的方法，即使是一知半解有点小聪明的人，星术浅薄的相士，也能够推算历法、占卜天象，不出差错。难道是一知半解稍有智慧的人会倒会比大禹、后稷、尧舜还要贤德吗？

封禅之说，更是荒诞不经，全是后世奸佞、阿谀奉承的小人用这种方法向皇帝献媚，夸大其辞，鼓荡君心，浪费国家财物。都是欺天骗人，无耻之极的，君子是不屑谈论的，这也就是司马相如之所以为天下后人所耻笑的原因。而你却以为这是儒生们应该学习的，恐怕也是没有经过深思熟虑吧？

圣人之所以是圣人，全因他们“生而知之”。然而朱熹在解释《论语》时说：“‘生而知之’者，义理耳。若夫礼乐名物、古今事变，亦必待学而后有以验其行事之实。”礼乐名物等功夫，果真和圣人有关，圣人也须学习之后才能知晓，那么圣人也不能称得上是生而知之了。称圣人生而知之，是专门就义理而言的，并不是指礼乐名物这些东西，礼乐名物这些和成为圣人无关。之所以说圣人是生而知之的，专指义理而并非礼乐名物，学而知之的人，也应该只是学这个义理罢了；困而知之的人，也应该只是在困难中学这个义理罢了。

现在的学者学习圣人，对于圣人所知道的不去好好学习，却反过来念念不忘地去学习圣人所不知道的作为学问，这难道不是将成为圣人的方向迷失了吗？我说的这些都是针对你感到困惑的地方稍加解释，还没有在拔去病根、堵塞病源上去澄清问题。

十四

【原文】

夫拔本塞源之论不明于天下，则天下之学圣人者，将日繁日难，斯人沦于禽兽夷狄而犹自以为圣人之学。吾之说虽或暂明于一时，终将冻解于西而冰坚于东，雾释于前而云于后，呶呶焉危困以死，而卒无救于天下之分毫也已。

夫圣人之心以天地万物为一体，其视天下之人，无外内远近，凡有血气，皆其昆弟赤子之亲，莫不欲安全而教养之，以遂其万物一体之念。天下之人心，其始亦非有异于圣人也，特其间于有我之私，隔于物欲之蔽，大者以小，通者以塞，人各有心，至有视其父、子、兄、弟如仇雠者。圣人有忧之，是以推其天地万物一体之仁以教天下，使之皆有以克其私、去其蔽，以复其心体之同然。其教之大端，则尧、舜、禹之相授受，所谓“道心惟微，惟精惟一，允执厥中”；而其节目，则舜之命契，所谓“父子有亲，君臣有义，夫妇有别，长幼有序，朋友有信”五者而已。[①]唐、虞、三代之世，教者惟以此为教，而学者惟以此为学。当是之时，人无异见，家无异习，安此者谓之圣，勉此者谓之贤，而背此者虽其启明如朱[②]，亦谓之不肖。下至闾井田野，农、工、商、贾之贱，莫不皆有是学，而惟以成其德行为务。何者？无有闻见之杂，记诵之烦，辞章之靡滥，功利之驰逐，而但使孝其亲，弟其长，信其朋友，以复其心体之同然。是盖性分之所固有，而非有假于外者，则人亦孰不能之乎？

王阳明说，人的才能是有差异的，有的人擅长礼乐，有的人擅长政治教化，有的人擅长水利农事，要依据他们的德行来培养他们的才能。

学校之中惟以成德为事，而才能之异，或有长于礼乐、长于政教、长于水土播植者，则就其成德，而因使益精其能于学校之中。迨夫举德而任，则使之终身居其职而不易。用之者惟知同心一德，以共安天下之民，视才之称否，而不以崇卑为轻重，劳逸为美恶。效用者亦惟知同心一德，以共安天下之民，苟当其能，则终身处于烦剧而不以为劳，安于卑琐而不以为贱。当是之时，天下之人熙熙，皆相视如一家之亲。其才质之下者，则安其农、功、商、贾之分，各勤其业以相生相养，而无有乎希高慕外之心。其才能之异，若皋、夔、稷、契者，则出而各效其能。若一家之务，或营其衣食，或通其有无，或偏其器用，集谋并力，以求遂其仰事俯育[③]之愿，惟恐当其事者之或怠而重己之累也。故稷勤其稼而不耻其不知教，视契之善教即己之善教也；夔司其乐而不耻于不明礼，视夷之通礼即己之通礼也。盖其心学纯明，而有以全其万物一体之仁，故其精神流贯，志气通达，而无有乎人己之分，物我之间。譬之一人之身，目视、耳听、手持、足行，以济一身之用，目不耻其无聪，而耳之所涉，目必营焉；足不耻其无执，而手之所探，足必前焉。盖其元气充周，血脉条畅，是以痒呼吸，感触神应，有不言而喻之妙。此圣人之学斫以至易至简，易知易从，学易能而才易成者，正以大端惟在复心体之同然，而知识技能非所与论也。

王阳明说，圣人的心和天地万物是一体的，他看待天下所有人，都没有内外远近的区分。

【注释】

①"舜之命契"六句：语出《孟子·滕文公上》"圣人有忧之，使契可为司徒，教以人伦：父子有亲，君臣有义，夫妇有别，长幼有序，朋友有信"。②启明如朱：语出《尚书·尧典》："放齐曰：'胤子朱，启明。'帝曰：'吁，嚚讼，可乎？'"③仰事俯育：语出《孟子·梁惠王上》"是故明君制民之产，必使仰足以事父母，俯足以畜妻子"。

【译文】

拔去病根，堵塞病源的学说没有在天下大白，那么天下人学习圣人，将会一天比一天感到烦琐艰难，最后沦落为禽兽夷狄还自以为学的是圣人的学说。我的学说虽然可能暂时让圣道明于一时，但终将是松了西边的冻，冰又在东边冻上了，前面的雾散开了后面的云又涌了出来，我就是喋喋不休地在危困中将我的学说宣扬至死，但对拯救天下也丝毫起不到作用。

王阳明说，不同人之间的才能不同，就像人的眼、耳、手、足有不同的功能一样，没什么好在意的。

圣人的心和天地万物是一体的，他看待天下所有人，没有内外远近的区分，凡是有血有呼吸的都是兄弟儿女般至亲之人，无一不想给他们安全感，并且教养他们，以实现他与天地万物为一体的心愿。天下人的心，起初也不会不同于圣人，只是后来在其间夹杂了为自己的私心，被物欲所蒙蔽，为天下的大心变成了为自己的小心，通达的心被堵塞，人人都各有私心，甚至还有把自己的父亲、儿子、兄弟像仇人一样看待的人。圣人对此深感忧虑，因此推广他的天地万物为一体的仁爱学说来教化世人，使他们都克制私欲、去除物欲的蒙蔽，以恢复他们原本相同的本心。这就是圣人教化的主旨，就是尧、舜、禹三代所沿袭的"道心惟微，惟精惟一，允执厥中"；它的具体内容，就是舜命令契的所谓"父子有亲，君臣有义，夫妇有别，长幼有序，朋友有信"。唐尧、虞舜与夏、商、周三代，所教

王阳明强调，人事要顺应天理，应如五官四肢各司其职，各安本分，才是正道。

所学唯有这些。在那个时候，人人都没有不同的意见，家家都没有不同的习惯，安于这些的就是圣人，通过勉励自己能做到的就是贤人，而违背这些做法的人，即使有丹朱一样的聪明，也会被当作不肖之徒。下至田野市井里从事农、工、商、贾的人，都会纷纷学习这些，而且仅仅把修养德行当作首务。为什么？因为那个时候大家没有旁杂的见闻，没有繁复的记诵，没有泛滥芜杂的诗词章句，不用追逐功名利禄，只是孝敬父母，尊敬兄长，信任朋友，以恢复心体所固有的。这些是人性中本来就存在的，而不是需要从外边假借的，哪个人会做不到呢？

学校以培养人的品德为任务。而人的才能有差异，有的人擅长礼乐，有的人擅长政治教化，有的人擅长水利农事，这就需要依据他们所成就的德行，在学校中进一步培养各自的才能。依据德行让他任职，才能让他在自己的职位上终生不会更改。用人者只知同心同德，使天下百姓共同安定，只注重他的才能是否与职位相称，而不因为身份的高低分轻重，不以职业的种类分贵贱。被任用的人也只知道同心同德，让天下百姓安居乐业，如果自己的职位符合自己的才能，那么即使是一生从事繁重的工作也不觉得辛苦，安于卑微琐碎的工作而不会感到低贱。在那个时候，天下人都高高兴兴，互相当作一家人看待。那些才智低下的人，就安于农、工、商、贾的本分，兢兢业业，互相为对方提供生活必需品，也不会有攀比、虚荣的心思。那些有超群才能的人，比如皋陶、夔、后稷、契，便出仕为官，各自发挥自己的才能。整个天下就像一个大家庭，有的人经营衣服、食物，有的人经商互通有无，有的人制造器具，大家团结合作，齐心协力，来完成供养父母、教养子女的意愿，深恐自己在做某一件事时有所怠慢，因而特别重视自己的职责。所以后稷勤于稼穑而不因为自己不知道教化别人感到羞耻，而是把契的善于教化当作自己的善于教化；夔专于音乐而不因为自己不知道礼仪而感到羞耻，而是把伯夷的通晓礼仪当作自己的通晓礼仪。大概他们的心纯净明亮，具有与天下万物为一体的仁爱之心，所以他们的精神、志气通畅顺达，没有你我的区分，人和物的区别。就像一个人的身体，眼睛看、耳朵听、用手拿、用脚走，都是为了满足自身的需要。眼睛不因自己听不见觉得羞耻，当耳朵听到声音的时候，眼睛一定会辅佐耳朵；脚不会因为不能拿而感到羞耻，当手去拿东西的时候，脚也一定会向前迈。由于人身元气周流，血液畅通，即使是小病和呼吸，感官也能感觉到，并有神奇的反应，其间有不可言喻的神妙。圣人的学问极容易极简单，容易通晓和实践，容易学习容易成才，正是因为它的主旨在于恢复心体所共有的东西，而没有涉及知识技能。

十五

【原文】

三代之衰，王道熄而霸术昌；孔孟既没，圣学晦而邪说横。教者不复以此为教，而学者不复以此为学。霸者之徒，窃取先王之近似者，假之于外以内济其私己之欲，天下靡然而宗之，圣人之道遂以芜塞。相仿相效，日求所以富强之说、倾诈之谋、攻伐之计，一切欺天罔人，苟一时之得以猎取声利之术，若管、商、苏、张①之属者，至不可名数。既其久也，斗争劫夺，不胜其祸，斯人沦于禽兽夷狄，而霸术亦有所不能行矣。

三代之衰，王道熄而霸术昌；孔孟既没，圣学晦而邪说横。

世之儒者慨然悲伤，搜猎先圣王之典章法制，而掇拾修补于煨烬之余，盖其为心，良亦欲以挽回先王之道。圣学既远，霸术之传积渍已深，虽在贤知皆不免于习染，其所以讲明修饰，以求宣畅光复于世者，仅足以增霸者之藩篱，而圣学之门墙遂不复可睹。于是乎有训诂之学，而传之以为名；有记诵之学，而言之以为博；有辞章之学，而侈之以为丽。若是者纷纷籍籍，群起角立于天下，又不知其几家，万径千蹊，莫知所适，世之学者如入百戏之场，欢谑跳踉、骋奇斗巧、献笑争妍者，四面而竞出，前瞻后盼，应接不遑，而耳目眩瞀，精神恍惑，日夜遨游淹息其间，如病狂丧心之人，莫自知其家业之所归。时君世主亦皆昏迷颠倒于其说，而终身从事于无用之虚文，莫自知其所谓。间有觉其空疏谬妄、支离牵滞，而卓然自奋，欲以见诸行事之实者，极其所抵，亦不过为富强功利五霸②之事业而止。

圣人之学日远日晦，而功利之习愈趋愈下。其间虽尝瞽惑于佛老，而佛老之说卒亦未能有以胜其功利之心；虽又尝折衷于群儒，而群儒之论终亦未能有以破其功利之见。盖至于今，功利之毒沦浃于人之心髓而习以成性也，几千年矣。相矜以知，相轧以势，相争以利，相高以技能，相取以声誉。其出而仕也，理钱谷者则欲兼夫兵刑，典礼乐者又欲与于铨轴③，处郡县则思藩臬④之高，居台谏⑤则望宰执⑥之要。故不能其事则不得以兼其官，不通其说则不可以要其誉。记诵之广，适以长其敖也；知识之多，适以行其恶也；闻见之博，适以肆其辨也；辞章之富，适以饰其伪也。是以皋、夔、稷、契所不能兼之事，而今之初学小生皆欲通其说，究其术。其称名僭号未尝不曰“吾欲以共成天下之务”，而其诚心实意之所在，以为不知是则无以济其私而满其欲也。

呜呼！以若是之积染，以若是之心志，而又讲之以若是之学术，宜其闻吾圣人之教，而视之以为赘疣枘凿；则其以良知为未是，而谓圣人之学为无所用，亦其势有所必至矣！

呜呼！士生斯世而尚同以求圣人之学乎？尚同以论圣人之学乎？士生斯世而欲以为学者，不亦劳苦而繁难乎？不亦拘滞而险艰乎？呜呼，可悲也已！所幸天理之在人心，终有所不可泯，而良知之明，万古一日，则其闻吾拔本塞源之论，必有恻然而悲，戚然而痛，忿然而起，沛然若决江河而有所不可御者矣。非夫豪杰之士，无所待而兴起者，吾谁与望乎！

【注释】

①管、商、苏、张：管，即管仲，名夷吾，春秋时人，帮助齐桓公成为第一个霸主。商，即商鞅，公孙氏，名鞅，卫国人，亦称卫鞅。在秦国实行变法，使秦国国力大增。苏，即苏秦，战国时洛阳人，游说六国合纵拒秦，一度身佩六国相印。张，即张仪，战国时魏人，任秦惠王相，以连横之说策动六国与秦交好，分化瓦解六国的团结，以便各个击破。这四人均有杰出的治国才能。②五霸：春秋时五个称霸的诸侯，指齐桓公、晋文公、宋襄公、秦穆公、楚庄王。一说指齐桓公、晋文公、楚庄王、吴王阖闾、越王勾践。③铨轴：吏部要职。④藩臬：指藩司和臬司。藩司，明清时置提刑按察司，主管一省的司法。⑤台谏：御史台与谏议大夫。⑥宰执：唐朝时以中书省长官中书令及门下省长官侍中任宰相，为真宰相。其他官任宰相的，则加同中书门下三品、中书门下平章事、参知政事等名，统称为宰执。宋代则以同平章事为宰相，其他如参知政事、左右丞及枢密使、副使则称执政官，合称宰执。

【译文】

自夏、商、周三代之后，王道衰微而霸术昌盛；孔子、孟子死了之后，圣学晦暗而邪说横行。教者、学者不再以圣学为重。施行霸道的人，偷取与先王相似的东西，借助外在的知识来掩盖自己的私欲，天下的人都糊里糊涂地尊崇他们，圣道便被荒废阻塞了。世人相互效仿，整日妄求富国强兵的学说、倾轧诈骗的谋术、攻打讨伐的计策，以及一切欺天罔人，能够在一时之间借以获得功名利禄的手段。像管仲、商鞅、苏秦、张仪等这类的人，多得不可计数。长此以往的斗争掠夺，祸害无穷，这些人沦落为夷狄禽兽，就连霸道权术也无法再推行了。

王阳明感叹圣人的学说日渐遥远晦暗，追名逐利的习气却越来越严重。

世间的儒士们感慨悲伤，搜寻圣王留下的典章制度，在焚书的灰烬中拾掇修补，他们的用心，是想挽回先王的圣道。然而圣学已经很久远了，霸术的流传已经积淀很深，即使是贤明睿智的人，都不免被霸术所沾染，他们为求得圣学的发扬光大，对圣学做出的讲解修饰，也仅仅能够增强霸道的力量，而圣学则再也寻不到痕迹了。于是解释古书的训诂学，给霸术的虚名传播名誉；记诵圣学的学问，所记言论显示霸术的博学；辞章的学问，语言奢靡华丽为它求得文采。

王阳明认为，群儒的论说根本无法攻破人们追逐功利的想法。

像这样的人纷纷扰扰，竞相争斗，不知有多少。众多的旁门左道，不知何所适从。天下的学者好像进入了百戏同演的剧场，嬉戏跳跃、竞奇斗巧、争妍献笑之人，都从四面八方涌出，令人前瞻后盼，应接不暇，以至耳聋目眩，精神恍惚，日夜遨游其中，就像是丧心病狂的人，不知道从哪里回到自己的家了。那时君王们也都在这些学问里神迷颠倒，终生致力于无用的虚文，其实根本不知道说了些什么。间或有意识到这类学问的空洞浅薄荒谬虚妄、支离破碎，便想发奋自强，想要用实际行动做些事情的人，全身心地投入，尽他所能，也只不过是为争取富强功利的霸业罢了。

圣人的学说日渐遥远晦暗，追逐功利的习气，却越来越严重。其间虽然曾经有被佛道两家的学说所迷惑的人，但佛、道的学说最终也没能战胜世人追逐名利的心；虽然有人曾拿群儒的观点来折中，但是群儒的论说最后也无法攻破人们追逐功利的想法。大概到了今天，追逐功利的流毒已经侵入骨髓，积习成性，有数千年之久了。人们在知识上互相夸耀，在权势上互相倾轧，在利益上互相争夺，在技术上互相攀比，在名声上互相竞争。那些出仕为官的，管理了钱粮便还想兼管军事和司法；管礼乐的人又想占据吏部要职；郡县里做官的人想到省里任主管大官；位居御史台和谏议大夫的官员又眼巴巴地盯着宰相的要职。原本没有某方面才能便不能任某职；不通晓某方面是学说便不能取得相应的声誉。但是广泛的记忆恰好助长了他们的傲慢无知；知识丰富正好使他们能够行恶；见闻的广博正好使他们肆意诡辩；文采的华丽正好掩饰他们的虚伪。因此，原本皋陶、夔、后稷、契都不能做到的事情，现在却是初学的小孩子都想要通晓它的理论、研究它的方法。他们树立的名义招牌何尝不是“我想成就天下人共同的事业”，然而究其本意，就是用这个做幌子来满足他们的私欲，实现他们的私心。

呜呼！凭着这样的积习熏染，凭着像这样的心态，又讲求着这样的学问，所以当他们听到圣人的教化时，自然视之为累赘包袱；他们把良知看做是不完美的，而把圣人的学说当作是无用的东西，也是势所必然的！

唉！儒生们生在这种世道，怎么去追求圣学呢？怎么去谈论圣学呢？生活在这样的时代想要成为学者，不也是太过劳苦繁重了吗？不也太过困难艰险了吗？唉，可悲呀！所幸的是天理存在于人的内心，终究是不可泯灭的，良知重见光明，终有一日，听了我正本清源的学说的人，一定会慨叹悲伤，愤然而起，就像决堤的江河一样势不可挡。如果没有英雄豪杰，不能期待他们愤然兴起，我还能指望谁呢！

答周道通书

一

【原文】

吴、曾两生至，备道道通[①]恳切为道之意，殊慰相念。若道通，真可谓笃信好学者矣。忧病中会，不能与两生细论，然两生亦自有志向肯用功者，每见辄觉有进。在区区诚不能无负于两生之远来，在两生则亦庶几无负其远来之意矣。临别以此册致道通意，请书数语。

荒愦无可言者，辄以道通来书中所问数节，略下转语奉酬。草草殊不详细，两生当亦自能口悉也。

吴、曾两人来访问王阳明，详细讲述了周道通恳切求道的意向。

来书云：“日用功夫只是立志，近来于先生诲言时时体验，愈益明白。然于朋友不能一时相离，若得朋友讲习，则此志才精健阔大，才有生意。若三五日不得朋友相讲，便觉微弱，遇事便会困，亦时会忘。乃今无朋友相讲之日，还只静坐，或看书，或游衍经行，凡寓目措身，悉取以培养此志，颇觉意思和适。然终不如朋友讲聚，精神流动，生意更多也。离群索居之人，当更有何法以处之？”

此段足验道通日用功夫所得。功夫大略亦只是如此用，只要无间断，到得纯熟后，意思又自不同矣。大抵吾人为学，紧要大头脑，只是立志。所谓困、忘之病，亦只是志欠真切。今好色之人，未尝病于困忘，只是一真切耳。自家痛痒自家须会知得，自家须会搔摩得，既自知得痛痒，自家须不能不搔摩得，佛家谓之“方便法门”。须是自家调停斟酌，他人总难与力，亦更无别法可设也。

【注释】

① 道通：名冲，字道通，号静庵，江苏宜兴人。先师从王阳明，后师从湛若水，能够协调王、湛两家的学说。

王阳明说，做学问只要志向真切，就能像好色的人不会忘记美色一样不会有困惑和遗忘，这要靠自己，就像自己的痛痒要自己才能搔一样。

【译文】

吴、曾两位年轻人到我这里，跟我详细备至地说了你恳切向道的心意，我深感欣慰和挂念。像你这样，真的可以称得上是笃信好学的人了。只可惜我正在为家父守丧期间，心情忧伤，未能和他们两个细谈，然而，他们两个极有志向，每次见面就会觉得他们有所进步。从我的角度而言，我实在不能辜负他们的远道而来的用意，对他们来说，也没有辜负远道而来的用意。临走时，我写了这封信表达对你的问候。在这个糊涂思绪不明的时候，只就你的来信里问到的几个问题，做个简单解释，算是交代。草草几句不太详细，他们两位应该自会向你口头转达的。

你来信中说：“平日功夫仅仅是立志，近来时时体察检验先生的教导，更觉得明白了。但是我时时都离不开朋友，如果朋友们互相讲习，我的志向才会精健阔大，充满生机。但是如果有三五天我没有和朋友互相讲习，志向便变得微弱，遇事就会产生困惑，并且时时会忘掉。现在我没有朋友一起讲习的时候，便只是静坐着，或者看书，或者随便走走，举目投足之间，我都是为了培育这个志，觉得心舒意适。然而终究还是不如朋友聚在一起讲习的时候那样精神振奋，更有生机。离群隐居的人，有什么更好的方法来帮助立志呢？”

这段话足以证明你平日里用功时所得到的收获。立志的功夫大概只是这样，只要每天坚持，没有不间断，等到功夫纯正熟练后，感觉自然会有所不同。一般来说我们做学问，最关键的只是立志。有困惑、遗忘的毛病，也只是因为志向不够真切。好色的人从来不会有困惑和遗忘的时候，只是因为他好色的欲望更真切罢了。自己的痛痒自己应当会知道，应当会自己搔痒按摩，既然知道了痛痒，自己也就不得不搔痒按摩了，佛教把这叫作“方便之门”。必须自己调整斟酌，别人总是很难帮忙的，也再没有别的方法可以借鉴的了。

二

【原文】

来书云：“上蔡[①]常问‘天下何思何虑’，伊川云：‘有此理，只是发得太早。’[②]在学者功夫，固是‘必有事焉而勿忘’，然亦须识得‘何思何虑’的气象，一并看为是。若不识得这气象，便有正与助长之病；若认得‘何思何虑’，而忘‘必有事焉’功夫，恐又堕于无也。须是不滞于有，不堕于无。然乎否也？”

所论亦相去不远矣，只是契悟未尽。上蔡之问与伊川之答，亦只是上蔡、伊川之意，与孔子《系辞》原旨稍有不同。《系》言“何思何虑”，是言所思所虑只是一个天理，更无别思别虑耳，非谓无思无虑也。故曰：“同归而殊途，一致而百虑，天下何思何虑？”云“殊途”，云“百虑”，则岂谓“无思无虑”邪？心之本体即是天理，天理只是一个，更有何可思虑得？天理原自寂然不动，原自感而遂通。学者用功，虽千思万虑，只是要复他本来体用而已，不是以私意去安排思索出来。故明道云：“君子之学，莫若廓然而大公，物来而顺应。”若以私意去安排思索，便是用智自私矣。“何思何虑”正是功夫，在圣人分上便是自然的，在学者分上便是勉然的。尹川却是把作效验看了，所以有“发得太早”之说。既而云“却好用功”，则已自觉其前言之有未尽矣。濂溪主静之论亦是此意。今道通之言，虽已不为无见，然亦未免尚有两事也。

王阳明认为，天理只要自己感应了就能通达，所以不需要思虑。这说的是为学的功夫，而程颐在回答谢良佐的问题时，把它当作了效应。

【注释】

① 上蔡：谢良佐（1050~1103），字显道，河南上蔡人，世称上蔡先生，进士，为程门四大弟子之一。

② “伊川云”句：《河南程氏外书·上蔡语录》记载谢氏与程颐的对话：“二十年往见伊川。伊川曰：‘近日事如何？’某对曰：‘天下何思何虑？’伊川曰：‘是则是有此理，却发得太早。’”

【译文】

王阳明说，学者用功，即使有百思千虑，也只是恢复他心的本体和作用而已。

来信中曾说：“谢良佐先生曾经问‘天下何思何虑’，程颐先生说：‘有此理，只是发得太早。’从学者的功夫来说，固然是‘必有事焉而勿忘’，但也应当明白‘何思何虑’的气象，放在一块综合起来看才对。若没有看清楚这种气象，就会滋生期望过高与助长的弊病；如果明白了‘何思何虑’，但忘‘必有事焉’的功夫，恐怕又会掉入虚无的误区里。应该既不为有所牵滞，又不堕入虚无。是这样吗？”

你所说的也差不多正确，只是还没有领悟透彻。谢良佐先生与程颐先生的回答，实际上只是他们两个人的意思，与孔子《系辞》中的原意本就稍有出入。《系辞传》所讲的“何思何虑”，是指所思虑的只是一个天理，之外再没有别的思虑，而并不是说完全没有什么思虑。所以说“同归而殊途，一致而百虑，天下何思何虑？”说“殊途”，说“百虑”，难道也是“无思无虑”吗？心的本体就是天理，而天理只有一个，除此之外还有别的什么可以思虑的呢？天理原本是寂静不动的，原本就是自己感应了之后就能通达的。学者用功，即使有百思千虑，也只是恢复他心的本体和作用而已，而并非用自己的私愿能安排思索出来的。所以程颢先生说：“君子之学，莫若廓然而大公，物来而顺应。”如果凭着私愿去安排思索，便是在私欲上用才智。“何思何虑”正是做学问的功夫，在圣人是自然而然的，但是在学者就必须勉强才能做到。程颐先生却把它当作作功夫的效果看待了，所以才会有“发得太早”的说法，接着又说“却好用功”，则是他自己觉察到前面所说的话还有欠缺。周敦颐先生主静的观点也是这个意思。现在你的看法，虽然不能说不是你自己的见地，但还是把功夫当两回事来看待了。

三

【原文】

来书云：“凡学者才晓得做功夫，便要识认得圣人气象[①]。盖认得圣人气象，把做准的，乃就实地做功夫去，才不会差，才是作圣功夫。未知是否？”

先认圣人气象，昔人尝有是言矣，然亦欠有头脑，圣人气象自是圣人的，我从何处识认？若不就自己良知上真切体认，如以无星之秤而权轻重，未开之镜而照妍媸，真所谓以小人之腹而度君子之心矣。圣人气象何由认得？自己良知原与圣人一般，若体认得自己良知明白，即圣人气象不在圣人而在我矣。程子尝云：“觑著尧，学他行事，无他许多聪明睿智，安能如彼之动容周旋中礼？”[②]又云：“心通于道，然后能辨是非。”[③]今且说“通于道”在何处？“聪明睿智”从何处出来？

【注释】

①圣人气象：程颐语，出自《河南程氏遗书》卷二十二："凡看文字，非只是要理会语言，要识圣贤气象。"②"觑著尧"四句：语出《河南程氏遗书》卷十八。意为看着尧，学习他如何做事，但没有他的聪明睿智，怎么能像他那样一举一动都符合礼仪呢？③心通于道，然后能辨是非：意为只有心与天理相通，然后才能明辨是非。语出《河南程氏遗书》卷五。

王阳明说，如果不从自己的良知上体认天理，而去体认圣人的气象，就像用没有准星的秤去称重一样，是不会有收获的。

【译文】

来信中写道："但凡学者刚刚开始懂得做功夫，就应当认识圣人的气象。大概认识了圣人的气象，把它当作准则，真切实际地去下功夫，才不会有差错出现，才是作圣人的功夫。不知道是不是这样？"

先认识圣人气象，过去的人有这样说过的，然而也是欠缺要领，圣人的气象自然是圣人的，我们从何处能够体认到呢？如果不在自己的良知上真切体认，就像是用没有准星的秤去称轻重，用没有打磨过的铜镜去照美丑。真是所谓的以小人之心度君子之腹了。圣人的气象从何去体认得到呢？自身的良知原本就同圣人是一样，如果把自己的良知体认清楚了，那么圣人的气象不在圣人身上而在我们自己身上了。程颐先生曾说："觑著尧，学他行事，无他许多聪明睿智，安能如彼之动容周旋中礼？"又说："心通于道，然后能辨是非。"现在你姑且说说哪里可以与天理相通？而"聪明睿智"又从哪里得来？

四

【原文】

来书云："'事上磨炼'，一日之内，不管有事无事，只一意培养本原。若遇事来感，或自己有感，心上既有觉，安可谓无事？但因事凝心一会，大段觉得事理当如此，只如无事处之，尽吾心而已。然仍有处得善与未善，何也？又或事来得多，须要次第与处，每因才力不足，辄为所困，虽极力扶起而精神已觉衰弱。遇此未免要十分退省[①]，宁不了事，不可不加培养。如何？"

所说功夫，就道通分上也只是如此用，然未免有出入在。凡人为学，终身只为这一事，自少至老，自朝至暮，不论有事无事，只是做得这一件，所谓"必有事焉"者也。若说"宁不了事，不可不加培养"，却是尚为两事也。"必有事焉而勿忘勿助"，事物之来，但

王阳明说，做事与培养本体是一件事，其根本在于致良知。

尽吾心之良知以应之，所谓“忠恕违道不远”[②]矣。凡处得有善有未善，及有困顿失次之患者，皆是牵于毁誉得丧，不能实致其良知耳。若能实致其良知，然后见得平日所谓善者未必是善，所谓未善者，却恐正是牵于毁誉得丧，自贼其良知者也。

【注释】

①退省：意为退下来反省。语出《论语·为政》：“吾与回言终日，不违如愚，退而省其私，亦足以发。回也不愚。”②忠恕违道不远：语出《中庸》：“忠恕违道不远，施诸己而不愿，亦勿施于人。”

【译文】

信中写道：“先生所说‘事上磨炼’，一天之内，不管有事没事，只一心培养心体的本原。如果遇到事情有了感触，或自己有了感解，心中已经感觉到了，怎么能认为是无事呢？但是大致上觉得事理应当是因为此事聚精会神地思考一会儿。而就像什么事也没有发生一样处理，则是尽我们的本心罢了。但是仍然会有事情处理得好或不好的区别，为什么呢？又或者事情发生得很多，需要分出先后顺序来依次处理，但是因为我才智不足，总会为事情所困扰，即使是极力坚持，精神也会觉得疲惫不堪。遇到这种情况，未免需要退下来自己反省，宁肯不完成事情，也不能不存养本心。这样做对吗？”

所说的功夫，按照你的天分，也就只能是这样，但是仍旧还有些出入。一般人做学问，终身只为了这一件事，从少到老，从早到晚，不管有事没事，只要能够做到这一件事就行了，所谓“必有事焉”。如果说“宁肯不做事，也不能不培养本体”，就是还把做事与培养本体当作两件事看待了。“必有事焉而勿忘勿助”，事情发生的时候，只需尽我们本心的良知去应付，所谓“忠恕违道不远”。处理事情有好有不好的区别，以及有困扰和混乱的担心，都是由于在意毁誉得失，不能真正地做到致良知罢了。如果能真切地致良知，然后就会明白平日所说的好未必就是真的好的，所谓不好的，恐怕正是为毁誉得失所牵累，而自己损害了自己良知罢了！

五

【原文】

来书云：“致知之说，春间再承诲益，已颇知用力，觉得比旧尤为简易。但鄙心则谓与初学言之，还须带格物意思，使之知下手处。本来致知格物一并下，但在初学未知下手用功，还说与格物，方晓得致知。”云云。

格物是致知功夫，知得致知便已知得格物。若是未知格物，则是致知功夫亦未尝知也。近有一书与友人，论此颇悉，今往一通，细观之当自见矣。

王阳明说，格物是致知的功夫，懂得致知就是已经知道了格物。

【译文】

来信中说："春天承蒙您再次教诲致知的学说，我已经深知如何用功，觉得比以前尤为简单了。但是我心中认为，对于初学者而言，还应当再带上格物的意思，使他们知道入门的地方。本来致知格物是一起用功的，但在初学者还不知道从何处下手的时候，先说格物，这样才能懂得致知。"等等。

格物是致知的功夫，懂得致知就是已经知道了格物。如果还不知道格物，那么就是致知的功夫还不曾弄明白。我先前有一封信给朋友，讨论了这个问题，很是详细，相信认真读后，就会明白。

六

【原文】

来书云："今之为朱、陆之辨者尚未已。每对朋友言，正学不明已久，且不须枉费心力为朱、陆争是非。只依先生'立志'二字点化人，若其人果能辨得此志来，决意要知此学，已是大段明白了。朱、陆虽不辨，彼自能觉得。又尝见朋友中见有人议先生之言者，辄为动气。昔在朱、陆二先生所以遗后世纷纷之议者，亦见二先生功夫有未纯熟，分明亦有动气之病。若明道则无此矣。观其与吴涉礼论介甫[①]之学云：'为我尽达诸介甫，不有益于他，必有益于我也。'[②]气象何等从容！尝见先生与人书[③]中亦引此言，愿朋友皆如此，如何？"

王阳明说，只懂得讨论朱熹、陆九渊的是非，而不能身体力行去实践天理，实际上就是在自己诽谤自己。

此节议论得极是极是。愿道通遍以告于同志，各自且论自己是非，莫论朱、陆是非也。以言语谤人，其谤浅；若自己不能身体实践，而徒入耳出口，呶呶度日，是以身谤也，其谤深矣。凡今天下之论议我者，苟能取以为善，皆是砥砺切磋我也，则在我无非警惕修省进德之地矣。昔人谓"攻吾之短者是吾师"[④]，师又可恶乎？

【注释】

①介甫：王安石（1021~1086），字介甫，号半山，江西临川人，进士，北宋文学家，政治家，神宗时为相，曾推行变法。②"为我"三句：意为请替我向介甫先生转达我的全部观点，如果对他没有益处，则一定对我有益。语出《河南程氏遗书》卷一。③与人书：指《答汪石潭内翰书》，见《王阳明全集》卷四。④攻吾之短者是吾师：语出《荀子·修身篇》"故非我而学者，吾师也；是我而当者，吾友也；谄谀我者，吾贼也"。

【译文】

你信中说："现在为朱熹、陆九渊争辩的还大有人在，未曾停止。我每每对朋友说，圣学已经很久不得昌明了，姑且不必再枉费心机去为朱熹、陆九渊争辩谁是谁非了。只依据先生的'立志'来点化人，假若此人真能辨别出这个志向，决意要把圣学弄明白，那么他已经基本上明白了。朱、陆二人谁是谁非，即使不去辨别，他自己也会自然感觉到了。曾经看到朋友中有非议先生学说的，就觉得很生气。以前朱、陆两位先生给后世留下了这众多的争议，也可以看出二位先生的功夫有不纯熟的地方，明显有意气用事的弊病。程颢先生就没有这种毛病。他同吴涉礼讨论王安石的学说的时候说：'为我尽达诸介甫，不有益于他，必有益于我也。'是何等从容的气度啊！我曾经看到先生给别人的信中也引述了这句话，希望朋友们都能做到这样，是吗？"

这段议论说得很对很对。希望你告诉所有志同道合的人，各人暂且各自反省自己的是非，而不要去谈论朱、陆二人的是与非。用言语诽谤别人，这种诽谤是很肤浅的；如果自己不能身体力行去实践，而仅仅是从耳朵听进去又马上从嘴巴吐出来，成天夸夸其谈，实际上就是在自己诽谤自己，而这种诽谤是很厉害的。但凡现在天下议论我的人，如果能从中获益，那么，都是在与我砥砺切磋，对我来说，无非是更加警惕反省自己、修养品德。荀子说"攻吾之短者是吾师"，老师会有可恶的吗？

七

【原文】

来书云："有引程子'人生而静，以上不容说，才说性便已不是性'①。何故不容说？何故不是性？晦庵答云：'不容说者，未有性之可言；不是性者，已不能无气质之杂矣。'二先生之言皆未能晓，每看书至此，辄为一惑，请问。"

学生的问题是看书时不能明白程颐所说"人生而静，以上不容说，才说性便已不是性"与朱熹所说"不容说者，未有性之可言；不是性者，已不能无气质之杂矣"两句话的道理。

"生之谓性"②，"生"字即是"气"字，犹言气即是性也。气即是性，人生而静以上不容说，才说"气即是性"，即已落在一边，不是性之本原矣。孟子"性善"是从本原上说。然性善之端，须在气上始见得，若无气亦无可见矣。恻隐、羞恶、辞让、是非即是气。程子谓"论性不论气，不备；论气不论性，不明"，亦是为学者各认一边，只得如此说。若见得自性明白时，气即是性，性即是气，原无性气之可分也。

【注释】

①"人生而静"三句：程颢语出自《河南程氏遗书》卷一。向朱熹问这话的是严时亨。人生而静，语出《礼记·乐记》："人生而静，天之性也；感于物而动，性之欲也。"②生之谓性：语出《孟子·告子上》：

"告子曰：'生之谓性。'孟子曰：'知之谓性也，犹白之谓白与？'曰：'然。'"

王阳明回答说，性是本体，气是表象，能够说出来的必然不能完全地表达性的含义。而且性与气本质相同，区分开来说只是为了能够向学者申明而已。

【译文】

来信中说："严时亨引用程颐先生的'人生而静，以上不容说，才说性便已不是性'，问朱熹为什么不能说，为什么不是性，朱熹回答说：'不容说者，未有性之可言；不是性者，已不能无气质之杂矣。'两位先生的话我都看不明白，每次看书看到了这里，就会有疑惑，因此向先生请教。"

"生之谓性"，"生"字就是"气"字，也就是说气质就是天性。"气"就是"性"，人生而静以上是不容说的，才说"气就是性"，性就已经偏向一边了，就已经不再是天性的本原了。孟子的"性善"是从本原上说的。然而人性善的发端必须在气上才能看见，如果没有气也就无处可见。恻隐、羞恶、辞让、是非就是气。程颐先生说："论性不论气，不备；论气不论性，不明。"这也是因为学者们各执一词，只能这样说。如果能很明白地看见自己的天性，那么气就是性，性就是气，原本是没有性和气之区分的。

答陆原静书（一）

一

【原文】

来书云："下手功夫，觉此心无时宁静，妄心固动也，照心亦动也。心既恒动，则无刻暂停也。"

是有意于求宁静，是以愈不宁静耳。夫妄心则动也，照心非动也。恒照则恒动恒静，天地之所以恒久而不已也。照心固照也，妄心亦照也。"其为物不二，则其生物不息。"① 有刻暂停则息矣，非至诚无息② 之学矣。

刻意追求宁静，就更加不宁静。还是回归本来的恒照之心。

【注释】

① 其为物不二，则其生物不息：语出《中庸》"天地之道，可一言而尽也：其为物不二，则其生物不测"。② 至诚无息：语出《中庸》"故至诚无息。不息则久，久则徵"。

【译文】

你信中说："着手用功的时候，感觉自己心中没有一刻是宁静的，虚妄的心固然是在活动，澄亮的照心也在活动。既然心是恒久运动的，那么就不会有片刻的停息了。"

因为你是在刻意追求宁静，就更加不宁静了。虚妄的心是活动的，而照心则是不动的。恒照就能恒动恒静，这就是天地万物永久地不停歇的原因。照心本来就是明亮的，妄心也是明亮的。《中庸》说："其为物不二，则其生物不息。"有片刻的暂停就会熄灭，就不是至诚而不停息的学问。

二

【原文】

来书云："良知亦有起处。"云云。

此或听之未审。良知者心之本体，即前所谓恒照者也。心之本体无起无不起。虽妄念之发，而良知未尝不在，但人不知存，则有时而或放耳。虽昏塞之极，而良知未尝不明，但人不知察，则有时而或蔽耳。虽有时而或放，其体实未尝不在也，存之而已耳。虽有时而或蔽，其体实未尝不明也，察之而已耳。若谓良知亦有起处，则是有时而不在也，非其本体之谓矣。

【译文】

来信中说道："良知也有其发端的地方。"等等。

良知是恒照而恒明的，只要能体察到良知就可以了。

说这句话也许是因为你听得不仔细。良知是心的本体，也就是前面所讲的"恒照"。心的本体无所谓有无开端。即使是妄念产生的时候，良知并非不存在，只是人们没有察觉到良知的存养，所以有时便会把良知放弃掉了。即使昏庸闭塞到了极点，他的良知仍旧是明亮的，只是没能体察它，便有时会遭到蒙蔽了。虽然有时放弃了良知，但它的本体依然是存在的，存养它就行了；虽然有时遭到了蒙蔽，它的本体未曾变得不明亮，体察它就行了。如果说良知也有发端的地方，那么就是认为它有时存在有时不存在，这样，良知就不是心的本体了。

三

【原文】

来书云："前日'精一'之论，即作圣之功否？"

"精一"之"精"以理言，"精神"之"精"以气言。理者，气之条理，气者理之运用。

无条理则不能运用，无运用则亦无以见其所谓条理者矣。精则精，精则明，精则一，精则神，精则诚；一则精，一则明，一则神，一则诚，原非有二事也。但后世儒者之说与养生之说各滞于一偏，是以不相为用。前日“精一”之论，虽为原静爱养精神而发，然而作圣之功，实亦不外是矣。

王阳明主张精一为一体。掌握了精，就能精，能明，能一，能奇，能诚；做到了一，也就能精，能明，能一，能神，能诚。

【译文】

来信道：“先前您关于‘精一’的论说，是不是就是做圣人的功夫呢？”

“精一”的“精”，是从理上说的，“精神”的“精”，则是从“气”上说的。理是气的条理，气是理的运用。没有条理就不能运用，没有运用也无法看见所谓的条理。掌握了精，就能精，能明，能一，能奇，能诚；做到了一，也就能精，能明，能一，能神，能诚。精和一原本就不是两回事。但是后世儒生的学说和道家的养生的学说却各自偏执于其中一方面，不能彼此取长补短。先前关于“精一”的论说，虽然是为了你能爱护保养精神才说的，然而做圣人的功夫，其实也不外乎这些。

四

【原文】

来书云：“元神、元气、元精[①]，必各有寄藏发生之处。又有真阴之精，真阳之气。”云云。

夫良知一也，以其妙用而言谓之神，以其流行而言谓之气，以其凝聚而言谓之精，安可以形象方所求哉？真阴之精，即真阳之气之母；真阳之气，即真阴之精之父。阴根阳，阳根阴[②]，亦非有二也。苟吾良知之说明，即凡若此类，皆可以不言而喻。不然，则如来书所云三关[③]、七返[④]、九还[⑤]之属，尚有无穷可疑者也。

王阳明主张良知仅有一个，就它的妙用而言叫作“神”，就它的运行而言叫作“气”，就它的凝聚而言叫作“精”。那么元神、元气、元精并无必要分开来探讨。

【注释】

①元神、元气、元精：道教名词，合称三元。②阴根阳，阳根阴：语出周敦颐《太极图说》“无极而太极。太极动而生阳，动极而静。静而生阴，静极复动。一动一静，互为其根”。③三关：道家以口为天关，足为地关，手为人关，合称三关。《淮南子·主术》谓耳、

目、口为三关。另有说法认为三关为人身的三个穴位，是炼丹的道路。④七返：道教以七代火，心属火，降心火于丹田下，养得肾中真气，复返于心田，即为七返之功。一说为七返灵砂，道教所说的仙药，服之可以还魂，因在炼制过程中要经过七次转化，故称七返。⑤九还：道教以九代金，情属金，摄情归性，养得性光圆明，以还先天真性，即为九还之功。一说为九还丹，道教所说的仙药，服之可以长生不老。炼制过程中丹砂变成水银，经多次变化又成丹砂，故名九还。

【译文】

信中说："元神、元气、元精，必定各有寄托发生的地方。又有所谓的真阴之精，真阳之气。"等等。

良知仅有一个，就它的妙用而言叫作"神"，就它的运行而言叫作"气"，就它的凝聚而言叫作"精"，怎么能够从它的形象、方位上求得呢？真阴之精，是真阳之气的母体；真阳之气，是真阴之精的父体。阴生于阳，阳生于阴，阴阳并非分而为二的两件事。假如我的关于良知的学说昌明了，那么这一类的问题也就都能不言而喻了。否则的话，就会像你信中所说的三关、七返、九还等，还有无穷无尽的疑问。

答陆原静书（二）

一

【原文】

来书云："良知，心之本体，即所谓'性善'也，'未发之中'也，'寂然不动'之体也，'廓然大公'也，何常人皆不能而必待于学邪？中也，寂也，公也，既以属心之体，则良知是矣。今验之于心，知无不良，而中、寂、大公实未有也，岂良知复超然于体用之外乎？"

性无不善，故知无不良。真知即是未发之中，即是廓然大公，寂然不动之本体，人人之所同具者也。但不能不昏蔽于物欲，故须学以去其昏蔽。然于良知之本体，初不能有加损于毫末也。知无不良，而中、寂、大公未能全者，是昏蔽之未尽去，而存之未纯耳。体即良知之体，用即良知之用，宁复有超然于体用之外者乎？

王阳明主张良知就是"未发之中"，就是"廓然大公""寂静不动"的本体，是人人具备的。但是良知不可能不被物欲所蒙蔽，所以必须学习清除物欲的蒙蔽。

【译文】

来信中说："良知，是心的本体，也就是所谓的'性善''未发之中''寂然不动'的本体，就是'廓然大公'，为什么一般人都不能持守，需要学习呢？中和、寂静、大公，既然也是心的本体，那么就是良知了。那么现今只需在心中体察，就应该是知无不良，然而中和、寂静、廓然大公实际上却没有，莫非良知还超然于体用之外吗？”

性无不善，所以知无不良。良知就是“未发之中”，就是“廓然大公”“寂静不动”的本体，是人人具备的。但是良知不可能不被物欲所蒙蔽，所以必须学习清除物欲的蒙蔽。然而这对良知的本体，也不会有丝毫的损害。知无不良，如果中和、寂静、大公不能完全呈现，那是因为私欲的蒙蔽未能尽然去除，而良知的存养也还不够纯正。体就是良知的本体，用就是良知的运用，又怎么会有超然于体用之外的良知呢？

二

【原文】

来书云：“周子曰‘主静’[1]，程子曰‘动亦定，静亦定’，先生曰‘定者，心之本体’，是静、定也，决非不睹不闻、无思无为之谓。必常知、常存、常主于理之谓也。夫常知、常存、常主于理，明是动也，已发也，何以谓之静？何以谓之本体？岂是静、定也，又有以贯乎心之动静者邪？”

理无动者也。常知、常存、常主于理，即不睹不闻、无思无为之谓也。不睹不闻、无思无为，非槁木死灰之谓也。睹闻思为一于理，而未尝有所睹闻思为，即是动而未尝动也。所谓“动亦定，静亦定”，体用一原者也。

王阳明主张“静”“定”“动”的统一，所谓“体用一源”。

【注释】

① 主静：语出周敦颐《周子全书·太极图说》“五性感动而善恶分，万事出矣。圣人定之以中正仁义而主静”。

【译文】

信中说：“周敦颐先生说‘主静’，程颐先生说‘动亦定，静亦定’，先生说‘定者，心之本体’，这个‘静’和‘定’，并不是说不闻不看、不想不做。是指一定要保持认知、经常存养、保持遵循天理。然而保持认知、经常存养、保持遵循天理，明显是动的，属于已经发动，为何要称它为静呢？为何要说它

具体地说，就是看、听、想、做与理合而为一，而没有另外的看、听、想、做。

是心的本体呢？这个静和定难道是贯通于心的动静吗？”

理是静止不动的。保持认知、经常存养、常常遵循天理，即不看不闻、不想不做的意思。但是不看不闻、不想不做，与槁木死灰是不同的。看、听、想、做与理合而为一，而没有另外的看、听、想、做，这就是动而不动。即程颐先生所说“动亦定，静亦定”，也就是指体用一源。

三

【原文】

来书云：“此心‘未发’之体，其在‘已发’之前乎？其在‘已发’之中而为之主乎？其无前后、内外而浑然之体者乎？今谓心之动静者，其主有事无事而言乎？其主寂然、感通而言乎？其主循理、从欲而言乎？若以循理为静，从欲为动，则于所谓‘动中有静，静中有动’[1]，‘动极而静，静极而动’[2]者，不可通矣。若以有事而感通为动，无事而寂然为静，则于所谓‘动而无动，静而无静’者，不可通矣。若谓‘未发’在‘已发’之先，静而生动，是至诚有息也，圣人有复[3]也，又不可矣。若谓‘未发’在‘已发’之中，则不知‘未发’，‘已发’俱当主静乎？抑‘未发’为静而‘已发’为动乎？抑‘未发’‘已发’俱无动无静乎？俱有动有静乎？幸教。”

王阳明说，春夏秋冬变化无穷，都可以说是阳和动，春夏秋冬的本体永恒不变，都可以称作阴与静。

王阳明说，心的本体原是没有动静之分的，就其妙用无穷而言就叫作动，就其永恒不变而言就是静。

“未发之中”即良知也，无前后、内外而浑然一体者也。有事、无事可以言动、静，而良知无分于有事、无事也。寂然、感通可以言动、静，而良知无分于寂然、感通也。动、静者所遇之时，心之本体固无分于动、静也。理无动者也，动即为欲。循理则虽酬酢万变而未尝动也；从欲则虽槁心一念，而未尝静也。“动中有静，静中有动”，又何疑乎？有事而感通固可以言动，然而寂然者未尝有增也；无事而寂然固可以言静，然而感通者未尝有减也。“动而无动，静而无静”，又何疑乎？无前后、内外而浑然一体，则至诚有息之疑不待解矣。“未发”在“已发”之中，而“已发”之中未尝别有“未发”者在；“已发”在“未发”之中，而“未发”之中未尝别有“已发”者存。是未尝无动、静，而不可以动、静分者也。

凡观古人言语，在以意逆志而得其大旨，若必拘滞于文义，则“靡有孑遗”者[4]，是周果无遗民也。周子“静极而动”之说，苟不善观，亦未免有病。盖其意从“太极动而生阳，静而生阴”说来。太极生生之理，妙用无息，而常体不易。太极之生生即阴阳之生生，就其生生之中，指其妙用无息者而谓之动，谓之阳之生，非谓动而后生阳也；就其生生之中，指其常体不易者而谓之静，谓之阴之生，非谓静而后生阴也。若果静而后生阴，动而后生阳，则是阴阳、动静截然各自为一物矣。阴阳一气也，一气屈伸而为阴阳；动静一理也，一理隐显而为动静。春夏可以为阳为动，而未尝无阴与静也；秋冬可以为阴为静，而未尝无阳与动也。春夏此不息，秋冬此不息，皆可谓之阳，谓之动也。春夏此常体，秋冬此常体，皆可谓之阴，谓之静也。自元、会、运、世⑤、岁、月、日、时以至刻、秒、忽、微，莫不皆然。所谓"动静无端，阴阳无始"，在知道者默而识之，非可以言语穷也。若只牵文泥句，比拟仿像，则所谓"心从《法华》转，非是转《法华》"⑥矣。

【注释】

①动中有静，静中有动：语出《河南程氏遗书》"静中便有动，动中自有静"。②动极而静，静极而动：语出周敦颐《太极图说》"太极动而生阳，动极而静；静而生阴，静极而动"。③圣人有复：语出周敦颐《通书》"性焉安焉之谓圣，复焉执焉之谓贤"。④"以意逆志"三句：语出《孟子·万章上》"故说《诗》者，不以文害辞，不以辞害志，是为得之。如以辞而已矣，《云汉》之诗曰：'周馀黎民，靡有孑遗。'信斯言也，是周无遗民也"。以意逆志，意为用自己的心思去猜测他人的心思。《云汉》，《诗经·大雅》的篇名。⑤元、会、运、世：一世三十年，一运十二世，一会三十运，一元十二会。⑥"心从《法华》转"二句：意为迷者拘泥于《法华经》的文句，悟者则能支配运用《法华经》的文句。语出《六祖法宝坛经·机缘品》："心迷《法华》转，心悟转《法华》。"

【译文】

来信中说："此心'未发'的本体，具体是在已发之前，还是在已发之中并主宰着已发呢？或者是根本不分前后、内外，而浑然一体？现在所讲的心的动、静，主要是从有事无事来说，还是主要从寂然不动、感应相通上来说呢？抑或是从遵循天理、顺从欲望上来说的？如果将遵循天理当作是静，顺从欲望当作是动，那么那些所谓的'动中有静，静中有动'，'动极而静，静极而动'，便不能够说得通了。如果把有事而感应相通当作动，无事而寂然不动当作静，那么那些所谓的'动而无动，静而无静'，也不能说得通了。如果说成是未发在已发之前，静而生动，那么，至诚就会有停息，圣人也需要复归本性了，这又说不通了。如果说成是'未发'在'已发'之中，那么不知道是'未发''已发'都主宰'静'还是'未发'主宰静，而'已发'主宰动？抑或是'未发''已发'都是无动无静，有动有静？希望先生您就这些问题有所指教。"

"未发之中"，就是良知罢了，没有前后、内外之分，是浑然一体的。有事、无事可以说成是动或者静，但是良知本身不会有有事或无事的区分。寂然不动、感应相通可以说动或者静，但是良知本身是没有寂然、感通之分。动静是因时而异的。但心的本体，原本就没有动静之分。理是寂然不动的，如果动了便是私欲产生。即使是千变万化，只需遵循天理，也不会动；顺从了私欲，即使心中只有一个念想，也不是静。"动中有静，静中有动"，又有什么可以怀疑的呢？有事而感应相通固然可以称作是动，然而，寂然不动者未曾有什么增加；无事而寂然不动固然可以称作是静，但是感应相通者也不曾减少什么。"动而无动，静而无静"，又有什么可以怀疑的呢？良知没有前后、内外之分，浑然一体，那么"至诚有息"就无须再多加解释了。"未发"在"已发"之中，而"已发"之中，未尝另有一个

“未发”存在。“已发”在“未发”之中，而“未发”之中，未尝另有一个“已发”存在。所以这里边未曾没有动、静，只是不能用动、静来区分罢了。

但凡观察古人的言论，需用心去斟酌古人的心思，从而得到他们文章的主旨，假若一定要拘泥停留在字面意义上，那么“靡有孑遗”这样的句子，难道意思就是周朝果真没有遗民了吗？周敦颐先生“静极而动”的学说，如果不善于观察，就未免会有差错出现。因为他的意思大概是从“太极动而生阳，静而生阴”来说的。太极的生生之理，妙用无穷而永恒不变。太极的生生就是阴阳的生生，在生生之中，就妙用无穷而言就叫作动，就是阳的产生，而并非动之后才有阳产生；在生生之中，就它本体的永恒不变而言就是静，就是阴的产生，也并非是在静之后才产生阴。如果真的是静止之后才产生阴，动之后才产生阳，那么阴阳、动静就是截然分开的不同的事物。阴阳都是气，气的伸缩产生了阴阳；动静是理，理的隐藏显现就产生了动静。春夏是阳、是动，但也照样有阴与静；秋冬可以说是阴与静，但也未尝没有阳与动。春夏秋冬变化无穷，都可以说是阳和动。春夏秋冬的本体永恒不变，都可以称作阴与静。从元、会、运、世、岁、月、日、时以至到刻、秒、忽、微，都是这样的。所谓的“动静无端，阴阳无始”，明理的人默默体会就能认识到，言语并不能表达完整。如果只拘泥于字面意义，比拟模仿，就是所谓“心从《法华》转，非是转《法华》”了。

四

【原文】

来书云：“尝试于心，喜、怒、忧、惧之感发也，虽动气之极，而吾心良知一觉，即罔然消阻，或遏于初，或制于中，或悔于后。然则良知常若居优闲无事之地而为之主，于喜、怒、忧、惧若不与焉者，何欤？”

知此，则知“未发之中”“寂然不动”之体，而有发而中节之和、感而遂通之妙矣。然谓“良知常若居于优闲无事之地”，语尚有病。盖良知虽不滞于喜、怒、忧、惧，而喜、怒、忧、惧亦不外于良知也。

王阳明认为，喜怒忧惧也是由良知主宰的。

【译文】

信中说：“我曾经在心中试验过，喜怒忧惧等感情产生时，哪怕是生气到了极点，只要我心中的良知觉察到了，就会慢慢把它消解阻止，或者在刚开始产生时把它遏止，或者在发作的过程中把它制止，或者在发生后悔悟。然而良知似乎经常是在悠闲无事的时候能主宰着人的感情，与喜怒忧惧好像没有什么关系，为什么呢？”

明白了这一点，你就能明白“未发之中”“寂然不动”的本体，并能体会到发而中节之和，有感而遂通的奇妙了。但是你所说的“良知常若居于优闲无事之地”这句话，它本身就有毛病。虽然良知不会滞留在喜怒忧惧的感情上面，但是喜怒忧惧也不会存在于良知之外。

五

【原文】

来书云："夫子昨以良知为照心。窃谓良知，心之本体也；照心，人所用功，乃戒慎恐惧之心也，犹思也。而遂以戒慎恐惧为良知，何欤？"

能戒慎恐惧者，是良知也。

【译文】

来信说："昨天先生说良知就是照心。但我私下里觉得良知是心的本体；而照心，则是人所下的工夫，就是时时不忘检点、警戒自己的心，和'思'相类似。而先生您却把戒慎恐惧当作是良知，为什么？"

能够让人戒慎恐惧，就是良知。

六

【原文】

来书云："先生又曰：'照心非动也'，岂以其循理而谓之静欤？'妄心亦照也'，岂以其良知未尝不在于其中、未尝不明于其中，而视听言动之不过则者，皆天理欤？且既曰妄心，则在妄心可谓之照，而在照心则谓之妄矣。妄与息何异？今假妄之照以续至诚之无息，窃所未明，幸再启蒙。"

王阳明说，照心、妄心都是发自于心体自然的明觉，只不过是对其动与不动的区分罢了，实际上是一致的。

"照心非动"者，以其发于本体明觉之自然，而未尝有所动也；有所动即妄矣。"妄心亦照"者，以其本体明觉之自然者，未尝不在于其中，但有所动耳；无所动即照矣。无妄、无照，非以妄为照，以照为妄也。照心为照，妄心为妄，是犹有妄、有照也。有妄、有照则犹二也，二则息矣。无妄、无照则不二，不二则不息矣。

【译文】

信中说："先生说：'照心非动也'，难道说它是静的，是因为它遵循天理吗？'妄心亦照也'，这难道是因为良知也在妄心当中，在妄心当中又未曾没有明细体察，而人的视听言动符合准则的全是天理呢？既然说是妄心，良知对于妄心来说也是'照'，而对于照心来说反倒是'妄'了。那么妄与息又有什么区别呢？现在把妄心之照与至诚无息联系起来考虑，我便不明白了，请先生再指导我一下。"

“照心非动”，是因为它发自于心体自然的明觉，所以不曾有动；如果有所动，便成为妄了。“妄心亦照”，是因为本体的天然明觉，未曾不在妄心之中，只是它是有所动的罢了；如果无所动，便是照了。所谓“无妄无照”，并不是把妄心当作照，把照心当作妄。把照心当作照，把妄心当作妄，就还是认为有妄心和照心相对存在。认为有妄有照，就是把妄心和照心看作两个心，把一心分为二，良知便停息了。认为无妄无照，才不会把心分而为二，这样，良知就不停息了。

七

【原文】

来书云：“养生以清心寡欲为要。夫清心寡欲，作圣之功毕矣。然欲寡则心自清，清心非舍弃人事而独居求静之谓也，盖欲使此心纯乎天理而无一毫人欲之私耳。今欲为此之功，而随人欲生而克之，则病根常在，未免灭于东而生于西。若欲刊剥洗荡于众欲未萌之先，则又无所用其力，徒使此心之不清。且欲未萌而搜剔以求去之，是犹引犬上堂而逐之也①，愈不可矣。”

学生苦于心中的欲望无法在尚未萌发之前去除，因为这就像把狗带到正屋里再把它驱逐出去一样。

必欲此心纯乎天理而无一毫人欲之私，此作圣之功也。必欲此心纯乎天理而无一毫人欲之私，非防于未萌之先而克于方萌之际不能也。防于未萌之先而克于方萌之际，此正《中庸》“戒慎恐惧”、《大学》“致知格物”之功，舍此之外无别功矣。夫谓“灭于东而生于西”“引犬上堂而逐之”者，是自私自利、将迎意必②之为累，而非克治洗荡之为患也。今曰“养生以清心寡欲为要”，只“养生”二字便是自私自利、将迎意必之根。有此病根潜伏于中，宜其有“灭于东而生于西”“引犬上堂而逐之”之患也。

王阳明告诉学生，去除私欲的功夫在于戒慎恐惧与格物致知。

【注释】

①“引犬”句：语出《河南程氏遗书》卷二。②将迎意必：将迎，送迎，意为有意安排，是以私心处事。语出《庄子·知北游》：“无有所将，无有所迎。”意必，语出《论语·子罕》：“子绝四：毋意，毋必，毋固，毋我。”意，主观臆断。必，绝对肯定。

【译文】

信中说："谈到养生，关键是要清心寡欲。而能够做到清心寡欲，做圣人的功夫便算是完成了。然而私欲减少则自然心会清净，心的清净并不是说要隐居山林舍弃人事以求得宁静，而是想要让本心纯然合乎天理，没有一丝一毫的私欲。现在要做这样的功夫，在私欲产生时便把它克制住，但如果它的病根没有清除，未免会克制了东边的私欲西边的又生出来了。如果想在各种私欲还未萌芽之前便把它们都一一清除，就完全没有用功的地方了，只能徒劳地让自己的心不清净。况且私欲未萌芽之前就去搜寻并清除它，就好像是把狗带到正屋里再把它驱逐出去，更行不通。"

想要使心纯然合乎天理而没有一毫的个人私欲存在，这是成为圣人的功夫。想要做到这个，就非要在私欲产生之前便多加防范，并在私欲萌芽时克制它不可。在私欲产生前防范它并在萌芽之时便克制它，这正是《中庸》中"戒慎恐惧"和《大学》中"格物致知"的功夫，除此之外，再没有别的功夫了。你说的"灭于东而生于西""引犬上堂而逐之"等情况，是为自私自利、刻意求成所累，而不是克制扫荡私欲本身的问题。现在你说"养生以清心寡欲为要"，"养生"两个字就是自私自利、刻意追求的病根。有这一病根潜伏在当中，当然就会产生"灭于东而生于西""引犬上堂而逐之"等弊病了。

八

【原文】

来书云："佛氏于'不思善，不思恶时认本来面目'[①]，于吾儒'随物而格'之功不同。吾若于不思善、不思恶时用致知之功，则已涉于思善矣。欲善恶不思而心之良知清静自在，惟有寐而方醒之时耳，斯正孟子'夜气'之说。但于斯光景不能久，倏忽之际，思虑已生。不知用功久者，其常寐初醒而思未起之时否乎？今澄欲求宁静，愈不宁静；欲念无生，则念愈生。如之何而能使此心前念易灭，后念不生，良知独显而与造物者游[②]乎？"

学生的问题是：心中的良知处于清净自在的状态，只有在睡觉刚醒的时候可以达到，这与佛家"不思善、不思恶时认本来面目"的功夫又怎么区别呢？

"不思善、不思恶时认本来面目"，此佛氏为未识本来面目者设此方便。本来面目即吾圣门所谓良知。今既认得良知明白，即已不消如此说矣。"随物而格"，是致知之功，即佛氏之"常惺惺"[③]，亦是常存他本来面目耳。体段功夫大略相似。但佛氏有个自私自利之心，所以便有不同耳。今"欲善恶不思而心之良知清静自在"，此便有自私自利、将迎意必之心，所以有"不思善、不思恶时用致知之功，则已涉于思善"之患。孟子说"夜气"，亦只是为失其良心之人指出个良心萌动处，使他从此培养将去。今已知得良知明白，常用致知之功，即已不消说"夜气"，却是得兔后不知守兔而仍去守株，兔将复失之矣。"欲求宁静”，“欲念无生”，此正是自私自利、将迎意必之病，是以念愈生而愈不宁静。良知只是一个良知，而善恶自辨，更有何善何恶可思？良知之体本自宁静，今却又添一个求宁静；本自生生，今却又添一个欲无生，非独圣门致知之功不如此，虽佛氏之学亦未如此将迎意必也。只是一念良知，彻头彻尾，无始无终，即是前念不灭，后念不生，今却欲前念易灭，而后念不生，是佛氏所谓“断灭种性”④，人于槁木死灰之谓矣。

王阳明回答说：不思善、不思恶时认识本来面目，这是佛家为那些还没有认识到本来面目的人设的简便方法，但佛家还是有自私的成分。如果一个人已经懂得良知的含义，再去刻意追求良知，就好像守株待兔的人得到了兔子之后不懂得去守住兔子。良知澄明，善恶自然能得到分辨。

【注释】

①“不思善”二句：意为在心态平和自然的状态下体认心的本体，不有意趋善，也不有意避恶。语出《六祖法宝坛经·行由品》。②与造物者游：意为与天理大道默契相合。语出《庄子·天下》。③常惺惺：禅语，意为经常保持清醒状态。④断灭种性：佛家语，意为心灵处于死寂状态。语出玄奘《成唯识论》卷五。

【译文】

来信中说道：“佛家‘不思善、不思恶时认识本来面目’的主张，同我们儒家依‘随物而格’的功夫不同。如果我在不思善、不思恶时下致知功夫的时候，便已经想到善了。如果想要不思善恶，心中的良知便能自然处于清净自在的状态，只有在睡觉刚醒的时候可以达到，就是孟子的‘夜气’说法。但是这种时间不能持续很久，转眼之间，思虑就已经产生了。不懂得常用的人，能常常像刚睡醒而思虑还未产生时那样吗？现在我想清除私欲求得宁静，却更加无以宁静了；想要不产生杂念，杂念却更加产生了。如果要使此心前念易灭而后念不生，有良知显露，与天理大道相合造物者同样，又该怎么做呢？”

“不思善、不思恶时认识本来面目”，这是佛家为那些还没有认识到本来面目的人设的简便方法。“本来面目”就是圣学里所说的良知。现在已经清楚地认识了良知，也就不需要像佛家那样说了。“随物而格”，是致知的功夫，也是佛家所说的“常惺惺”，也是经常存养本来面目罢了。由此可知，儒佛两家的功夫大略是相似的，只是佛家有一个自私自利的心，所以就和儒家有所不同了。说“欲善恶不思而心之良知清静自在”，便是有了一个自私自利、刻意追求的心，所以才会有“不思善、不思恶时用致知之功，就是已经涉于思善”的忧患。孟子所说的“夜气”，也只是为失去良知的人指明了良知萌生的地方，使他们从这里去培养良知。现在已经清楚地认识了良知，又经常用致知的功夫，便不需再说什么“夜气”了，否则的话就会像守株待兔的人，得到了兔子之后不懂得去守住兔子，而是依旧守住那个树桩，那么已经得手的兔子也会再失去的。“欲求宁静”，“欲念无生”，这正是自私自利、刻意追求的一方面，因此才会私念产生得更加厉害，心里更加无法宁静。良知只有一个，善恶自然能得到分辨，还有什么善恶是需要思考再去分辨的呢？良知的本体本来就是宁静的，现在却又添了一个追求宁静；良知的本体原本就生生不息，现在却又添上一个不生私欲，并非单单是圣学的致知功夫不会这样的，佛教也不会这样刻意追求。只要念头全在良知上，彻头彻尾，无始无终，也就自然会前念不灭，后念不生。现在你却想要前念易灭，后念不生，就成佛教所说的“断灭种性”，就进入了槁木死灰的状态了。

学生的问题是：人心常为私欲所昏乱，如果不增加戒惧克制的功夫，恐怕私欲也无法完全清除，如果增加戒惧克制的功夫，又失于刻意追求，那么到底应该怎样做才能达到本来面目呢？

九

【原文】

来书云：“佛氏人有‘常提念头’之说，其犹孟子所谓‘必有事’、夫子所谓‘致良知’之说乎？其即‘常惺惺’、常记得、常知得、常存得者乎？于此念头提在之时，而事至物来，应之必有其道。但恐此念头提起时少，放下时多，则功夫间断耳。且念头放失，多因私欲客气[①]之动而始，忽然惊醒而后提。其放而未提之间，心之昏杂多不自觉。今欲日精日明，常提不放，以何道乎？只此常提不放即全功乎？抑于常提不放之中，更宜加省克之功乎？虽曰常提不放，而不加戒惧克治之功，恐私欲不去；若加戒惧克治之功焉，又为‘思善’之事，而于本来面目又未达一间也。如之何则可？”

戒惧克治即是“常提不放”之功，即是“必有事焉”，岂有两事邪？此节所问，前一段已自说得分晓，末后却是自生迷惑，说得支离，及有“本来面目未达一间”之疑，都是自私自利、将迎意必之为病。去此病，自无此疑矣。

王阳明回答说，戒惧克制自己的私欲而尊崇圣道就是功夫。不能克制自己的私欲，那么良知良能便无从谈起。

【注释】

① 客气：宋儒把心作为人性的本体，把产生于血气的生理之性称为客气。

【译文】

信中说：“佛家有‘常提念头’的说法，它就像孟子所说的‘必有事’，先生您所说的‘致良知’吗？也就是‘常惺惺’、常记得、常知得、常存得吗？当这个念头被提起的时候，许多事物纷至沓来，也定会有恰当的方法去应付。但只怕当这个念头提起的时候很少，反倒放弃的时候很多，那样功夫便间断了。况且这个念头的放弃，多是因为私欲客气产生才开始的，而受到突然惊醒后才会重新提起来。在放弃了又还没有提起来的过程中间，人心昏暗杂乱，常常无法自己察觉。现在想要日益精纯明亮，常提不放，用什么方法呢？只是常提不放便是全部的功夫了吗？或者在常提不放的过程中，还应该增加反省克制的功夫？或者做到了常提不放，但是不增加戒惧克治的功夫，恐怕私欲也无法完全清除；如果增加戒惧克制的功夫，又成了‘思善’的事情了，这和本来面目又不相符了。所以到底应该怎样做才算行了呢？”

戒惧克制就是“常提不放”的功夫，也就是“必有事焉”，难道这些会是两回事吗？你这一节里所提到的问题，我在前面已经说得十分明白了，只是后来你自己又产生了困惑，说得支离破碎，以至有了“本来面目未达一间”的疑惑，这都是自私自利、刻意追求产生的弊端。去除了这个弊端，就不会再有疑惑了。

学生的问题是：古代的英才比如张良、董仲舒、黄宪、诸葛亮、王通、韩琦、范仲淹等人难道不是通晓圣道的人吗？王阳明回答说：这些英才与天道的许多地方都巧妙暗合，他们的学问离圣道已然不远了。如果他们完全明了圣道，就将成为如伊尹、傅说、周公、召公一样的人了。

十

【原文】

来书云：“‘质美者明得尽，渣滓便浑化。’[①] 如何谓‘明得尽’？如何而能‘便浑化’？”

良知本来自明。气质不美者，渣滓多，障蔽厚，不易开明。质美者，渣滓原少，无多障蔽，略加致知之功，此良知便自莹彻。些少渣滓如汤中浮雪，如何能作障蔽？此本不甚难晓，原静所以致疑于此，想是因一“明”字不明白，亦是稍有欲速之心。向曾面论“明善”之义，“明则诚矣”，非若后儒所谓“明善”之浅也。

【注释】

①“质美者”二句：意为本质美好的人善德尽显，缺点也都融化消失了。程颢语，出自《河南程氏遗书》卷十一。

【译文】

来信中说：“‘质美者明得尽，渣滓便浑化。’究竟什么叫‘明得尽’？要怎么样才能做到‘便浑化’呢？”

良知本来就是自然光明的。气质差的人，缺点很多，遮蔽也厚，良知不容易呈现出光明。而气质好的人，身上的缺点少，也没有很多的遮蔽，只需略微增加一点致知的功夫，良知便自然会晶莹透彻。少许的缺点就好像是热水里的一点点浮雪，如何能构成遮蔽？这本来不难理解，你对此会产生疑惑，想必是因为不明白“明”字的意思，其间也有你求速的心思。以前我们曾经当面讨论过“明善”的含义，“明则诚矣”，这并非朱熹解释“明善”时所说的那么肤浅。

十一

【原文】

来书云："聪明睿知，果质乎？仁义礼智，果性乎？喜怒哀乐，果情乎？私欲客气，果一物乎？二物乎？古之英才，若子房①、仲舒②、叔度③、孔明、文中、韩、范④诸公，德业表著，皆良知中所发也，而不得谓之闻道者，果何在乎？苟曰此特生质之美耳，则生知安行者不愈于学知、困勉者乎？愚意窃云，谓诸公见道偏则可，谓全无闻，则恐后儒崇尚记诵训诂之过也。然乎？否乎？"

王阳明认为，天性是唯一的，而良知自在人心。知行就是到达良知良能之境的方法。

性一而已。仁、义、礼、知，性之性也；聪、明、睿、知，性之质也；喜、怒、哀、乐，性之情也。私欲、客气，性之蔽也。质有清浊，故情有过、不及，而蔽有浅深也。私欲、客气，一病两痛，非二物也。张、黄、诸葛及韩、范诸公，皆天质之美，自多暗合道妙，虽未可尽谓之知学，尽谓之闻道，然亦自其有学违道不远者也。使其闻学知道，即伊⑤、傅⑥、周、召⑦矣。若文中子则又不可谓之不知学者，其书虽多出于其徒，亦多有未是处，然其大略则亦居然可见，但今相去辽远，无有的然凭证，不可悬断其所至矣。

夫良知即是道。良知之在人心，不但圣贤，虽常人亦无不如此。若无有物欲牵蔽，但循着真知发用流行将去，即无不是道。但在常人多为物欲牵蔽，不能循得良知。如数公者，天质既自清明，自少物欲为之牵蔽，则其良知之发用流行处，自然是多，自然违道不远。学者学循此良知而已。谓之知学，只是知得专在学循良知。数公虽未知专在良知上用功，而或泛滥于多岐，疑迷于影响，是以或离或合而未纯；若知得时，便是圣人矣。后儒尝以数子者尚皆是气质用事，未免于行不著，习不察，此亦未为过论。但后儒之所谓著、察者，亦是狃于闻见之狭，蔽于沿习之非，而依拟仿像于影响形迹之间，尚非圣门之所谓著、察者也。则亦安得以己之昏昏，而求人之昭昭也乎？所谓生知安行，"知行"二字亦是就用功上说。若是知行本体即是良知良能，虽在困勉之人，亦皆可谓之生知安行矣。"知行"二字更宜精察。

【注释】

①子房：张良，字子房，传为城父（今安徽亳州东南）人。汉初三杰之一，曾辅佐刘邦得天下，被封为留侯。②仲舒：董仲舒，今河北省枣强人。西汉哲学家，今文经学大师，提出"罢黜百家，独尊儒术"的观点，被汉武帝采纳，对后世影响极大。③叔度：黄宪，字叔度，东汉汝南慎阳（今河南平御县）人，自幼家贫，德行彪炳当世，有颜回之称，终生不仕。④韩、范：韩琦，字雅圭，相州安阳（今属河南）人，北宋名臣。范仲淹，字希文，苏州吾县人，宋真宗大中祥符进士，官至枢密副使、参知政事，北宋政治家、文学家。韩琦、范仲淹出将入相，共保北宋太平，世称韩、范。⑤伊：伊尹，商初重臣，出身奴隶，辅佐

商汤灭夏。⑥傅：傅说，商王武丁时贤相，传说原为傅岩地方从事建筑的奴隶。⑦召：召公，文王的儿子。因封地在召，故称召公。与周公共同辅佐成王。

【译文】

来信中说："聪明睿智，真的是人天生的资质吗？仁义礼智，真的是人的本性吗？喜怒哀乐，真的是人原本就有的性情吗？私欲和客气，究竟是一回事，还是两回事？古代的英才，比如张良、董仲舒、黄宪、诸葛亮、王通、韩琦、范仲淹等，他们功德卓著，都是由良知生发出来的，后人却不认为他们是通晓圣道的人，这是为何呢？如果说这是因为他们的资质天生便是优良的，那么那些安行圣道的人岂不是还不如那些学知利行、困知勉行的人吗？我自己私下里觉得，认为他们对道的认识不全面还可以，但是如果说他们完全不识圣道，就恐怕是后世儒生崇尚背诵训诂，对他们产生了偏见。这样说对不对呢？"

天性仅有一个而已。仁、义、礼、智，是天性的本质；聪、明、睿、智，是天性的资质；喜、怒、哀、乐，是天性的情感。私欲、客气是天性障碍。本质有清和浊的区分，所以情感会有过分或者不足，而障碍则有深有浅。私欲、客气是一种病的两个痛处，并非两件事情。张良、黄宪、诸葛亮以及韩琦、范仲淹等人，都拥有美好的天资，虽不能说他们完全知晓圣学，完全明白圣道，但他们自然与天道的许多地方都巧妙暗合，他们的学问离圣道已然不远了。假使他们完全闻道知学了，便成了伊尹、傅说、周公、召公了。至于文中子王通，也不能说他不知学，虽然他的书大多出自徒弟们的记载，中间也有很多不对的地方，但他学问的大概轮廓还是可以看出来的。只是现在年代相隔很远，没有确切的凭据，不能凭空臆断他的学问究竟到了什么程度。

良知即是道。不论是圣贤还是平常人，良知都自在人心。只要遵循良知并将其发扬流传，去除物欲的牵累蒙蔽，便都是圣道。只是平常人大多为物欲所牵累蒙蔽，不能够遵循良知。就像前面几位先生，他们天质已经是清明的了，自然很少被物欲所牵累蒙蔽，所以他们的良知产生作用的地方自然会多一些，自然离道较近。学者只需学习去遵循良知就行了。所谓"知学"，只是要学习专门用功在遵循良知上。前面几位先生虽然没有学会专门在遵循良知上用功，有的在岔路上徘徊，为别的东西所影响和迷惑，所以他们对道，时离时合，未能达到纯粹；如果他们学会了遵循良知，就是圣人了。后世儒生们曾经认为几位先生成就事业都仅是凭天资，评价他们是"行不著""习不察"，恐怕一点都不会过分。但是后世儒生眼里的"著""察"，也是受了狭隘的见闻和旧时习惯的蒙蔽的，只仿拟圣人的影响和事迹，也并不是圣学里所说的"著察"。以自己的昏迷糊涂，如何能使得别人明白呢？所谓生知安行，"知行"二字也是就用功说的。这知行的本体，就是良知良能。即使是困知勉行的人，也可以说他是生知安行的。"知行"这两个字，还值得精心体察。

十二

【原文】

来书云："昔周茂叔每令伯淳寻仲尼、颜子乐处。敢问是乐也，与七情之乐同乎？否乎？若同，则常人之一遂所欲，皆能乐矣，何必圣贤？若别有真乐，则圣贤之遇大忧、大怒、大惊、大惧之事，此乐亦在否乎？且君子之心常存戒惧，是盖终身之忧也①，恶得乐？澄平生多闷，未尝见真乐之趣，今切愿寻之。”

乐是心之本体，虽不同于七情之乐，而亦不外于七情之乐。虽则圣贤别有真乐，而亦常人之所同有，但常人有之而不自知，反自求许多忧苦，自加迷弃。虽在忧苦迷弃之中，而此乐又未尝不存，但一念开明，反身而诚②，则即此而在矣。每与原静论，无非此意，而原静尚有何道可得之问，是犹未免于骑驴觅驴之蔽也。

学生的问题是圣贤的快乐属不属于人的七情，如果属于，人为什么还要做圣贤。王阳明回答说，圣贤的快乐也是普通人所共有的，只是普通人因为自己的迷乱而丢弃了真正的快乐，所以要学做圣贤。

【注释】

① 是盖终身之忧也：语出《孟子·离娄下》“是故君子有终身之忧，无一朝之患也”。② 反身而诚：语出《孟子·尽心上》：“孟子曰：‘万物皆备于我矣。反身而诚，乐莫大焉。强恕而行，求仁莫近焉。’”

【译文】

来信说：“过去周敦颐先生每每要求程颢先生去寻求孔子与颜回的快乐之处。我想问他所说的‘乐’与七情六欲里的‘乐’是一样的吗？如果一样，那么平常人一旦心意顺遂，也都能够快乐，又何必成为圣贤呢？如果除此之外还有什么真正的快乐，那么当圣贤们遭遇到忧、怒、惊、惧等情况，这个真正的快乐还存在吗？而且君子心中常存戒惧，这大概是终生的忧虑，怎么可能得到快乐呢？我平生有许多烦恼，还未曾体会过真正的乐趣，现在我真切地希望能够找到这真正的快乐。”

乐是心的本体，它虽然与七情之乐不尽相同，但也不在七情六欲里的乐之外。圣贤们虽然另有真正的快乐，然而这种快乐也是一般人也共有的，只是一般人自己不知道这种快乐，反而给自己找来了许多的忧愁苦闷，自己迷乱地丢弃了真正的快乐。虽然在忧苦迷茫中丢弃了，但真正的快乐并非就不存在了，只需念头一旦明朗了，回头在自己身上求得，便能真正感觉到这种快乐。我和你每次谈论，无非是这个意思，而你还要问能够用什么方法可以得到这种乐，这难免有点骑驴找驴的感觉了。

十三

【原文】

来书云：“《大学》以心有好乐、忿、忧患、恐惧为不得其正，而程子亦谓‘圣人情顺万事而无情①’。所谓有者，《传习录》中以病疟譬之，极精切矣。若程子之言，则是圣人之情不生于心而生于物也，何谓耶？且事感而情应，则是是非非可以就格。事或未感时，谓之有则未形也，谓之无则病根在。有无之间，何以致吾知乎？学务无情，累虽轻，而出儒入佛矣，可乎？”

圣人致知之功，至诚无息。其良知之体，如明镜，略无纤翳，妍媸之来，随物见形，而明镜曾无留染，所谓“情顺万事而无情”也。“无所住而生其心”②，佛氏曾有是言，未为非也。明镜之应物，妍者妍，媸者媸，一照而皆真，即是“生其心”处。妍者妍，媸者媸，一过而不留，即是“无所住”处。病疟之喻，既已见其精切，则此节所问可以释然。病疟之人，疟虽未发，而病根自在，则亦安可以其疟之未发，而遂忘其服药调理之功乎？若必待疟发而后服药调理，则既晚矣。致知之功，无间于有事无事，而岂论于病之已发未发邪？大抵原静所疑，前后虽若不一，然皆起于自私自利、将迎意必之为祟。此根一去，则前后所疑，自将冰消雾释，有不待于问辨者矣。

学生认为随着遇到的事而产生了相应的情才能格物，因而对王阳明“圣人情顺万事而无情”之说产生了疑惑。

王阳明认为圣人的良知像明镜一样皎洁，美丑必现，所谓无情只是不去刻意追求。

【注释】

① 圣人情顺万事而无情：意为圣人的情感顺应事物而生发，当喜则喜，当怒则怒，不以自己的主观意志为转移。语出《河南程氏文集·答横渠张子厚先生书》。② 无所住而心生其心：意为不执着，让心境处于自然的状态。语出《金刚经》：“不应住色生心，不应住声、香、味、触、法生心，应无所住而生其心。”

【译文】

来信中说：“《大学》中认为，心中有好乐、愤怒、忧患、恐惧等情感，便不能达到中正。程颢先生也说：‘圣人情顺万事而无情。’所谓有情，《传习录》里用疟疾来比喻它，十分精辟。如果像程颢先生所说，圣人的情感便是不从心里产生而是在事物上产生，为什么这么说呢？如果随着遇到的事而产生了相应的情，那么，其中的是非对错可以去格了。没有感觉到事物的时候，说它有情呢，情又还没有显现；要说它没有情呢，情根又是潜在的。在这有无之间，它怎么来致知呢？如果学习务必要无情，虽然牵累少了，却又进入了佛家的学说了，这样行吗？”

圣人致知的功夫是至诚不息的。圣人的良知，像明镜一样皎洁，没有丝毫的纤尘沾染，在镜子里，美丑自现，而明镜则不曾丝毫沾染，这就是所谓的“情顺万事而无情”。“无所住而生其心”，佛家曾经这样说，这句话并没有错。明镜照物，美就美，丑就丑，一照便能看出真实面目，也就是“生其心”。美就美，丑就丑，过后在镜子里没有留下什么，这就是“无所住”。既然你已经看到了疟疾的比喻的精辟，那么这里的问题也就容易解决了。得了疟疾的人，虽然暂时没有发病，但是病根还是在的，怎么能安于暂时没有发病的状态，便忘了吃药调理呢？如果一定等到疟疾复发才开始吃药调理，那就晚了。致知的功夫，不分有事无事，怎么能和病是否发作相比较呢？大概你的疑问，前后虽然不统一，但都起源于自私自利、刻意追求这一弊端。除掉了这一弊端，那你的疑惑，自然会冰消云散，再也不用去问辨了。

十四

【原文】

德洪曰：答原静书出，读者皆喜澄善问，师善答，皆得闻所未闻。师曰："原静所问只是知解上转，不得已与之逐节分疏。若信得良知，只在良知上用功，虽千经万典无不吻合，异端典学一勘尽破矣，何必如此节节分解？佛家有'扑人逐块'之喻，见块扑人则得人矣，见块逐块于块奚得哉？"在座诸友闻之，惕然皆有惺悟。此学贵反求，非知解可人也。

王阳明以狗看到石块去扑人作比喻，意指学生只是在认知的具体问题上纠缠，未能从根本上理解良知的含义。

【译文】

德洪说：答陆原静的书信公开之后，读者们都很喜欢陆澄的好提问和先生精彩的回答，都看到了以前从未听说过的东西。先生说："原静的提问，只在认知上纠缠，我不得已替他逐段做出了疏解。如果真的已经懂得了良知，只在良知上下工夫，千万经典都会与此吻合，而异端的典学则会一触尽破，又何必如此节节分解？佛家中有'扑人逐块'的比喻，狗看到石块去扑人，才能咬住人；见到石块便追逐石块，从石头那里能得到什么呢？"在座的朋友们听了，都立马有所醒悟。先生的学问贵在反省，并不是能够从认知上获得的。

答欧阳崇一

一

【原文】

崇一[①]来书云："师云：'德性之良知，非由于闻见，若曰多闻择其善者而从之，多见而识之，则是专求之见闻之末，而已落在第二义。'窃意良知虽不由见闻而有，然学者之知，未尝不由见闻而发。滞于见闻固非，而见闻亦良知之用也。今曰'落在第二义'，恐为专以见闻为学者而言，若致其良知而求之见闻，似亦知行合一之功矣。如何？"

良知不由见闻而有，而见闻莫非良知之用。故良知不滞于见闻，而亦不离于见闻。孔子云："吾有知乎哉？无知也。"② 良知之外别无知矣。故致良知是学问大头脑，是圣人教人第一义。今云专求之见闻之末，则是失却头脑，而已落在第二义矣。近时同志中，盖已莫不知有致良知之说，然其功夫尚多鹘突者，正是欠此一问。

学生认为良知也是可以从见闻中产生的。王阳明回答说：良知不是见闻产生的，但是见闻无一不是良知的运用。所以良知不会停滞在见闻上，也不会与见闻分离开来。

大抵学问功夫只要注意头脑是当。若主意头脑专以致良知为事，则凡多闻多见，莫非致良知之功。盖日用之间，见闻酬酢，虽千头万绪，莫非良知之发用流行；除却见闻酬酢，亦无良知可致矣，故只是一事。若曰致其良知而求之见闻，则语意之间未免为二。此与专求见闻之末者虽稍不同，其为未得精一之旨，则一而已。"多闻，择其善者而从之，多见而识之。"既云"择"，又云"识"，其真知亦未尝不行于其间，但其用意乃专在多闻多见上去择、识，则已失却头脑矣。崇一于此等处见得当已分晓，今日之问，正为发明此学，于同志中极有益。但语意未莹，则毫厘千里，亦不容不精察之也。

【注释】

① 崇一：欧阳德（1495~1554），字崇一，号南野，江西泰和人，王阳明的弟子，进士，官至礼部尚书。

② 吾有知乎哉？无知也：语出《论语·子罕》"吾有知乎哉？无知也。有鄙夫问于我，空空如也，我叩其两端而竭焉"。

【译文】

欧阳崇一来信说："先生曾说：'德性之良知，非由于闻见，若曰多闻择其善者而从之，多见而识之，则是专求之见闻之末，而已落在第二义。'我自己私下以为，良知虽然不是由见闻生出来的，但是学者的知识，未尝不是由见闻中产生的。局限于见闻的层面上固然错误，但是见闻也是良知的作用。您说'落在第二义'，恐怕是对那些专门把见闻当作学问的学者说的，如果是为了致良知而在见闻上探求，似乎也是知行合一的功夫。这样理解怎么样？"

良知不是见闻产生的，但是见闻无一不是良知的运用。所以良知不会停滞在见闻上，也不会与见闻分离开来。孔子说："吾有知乎哉？无知也。"在良知之外再没有其他的知识了。所以致良知是学问的关键，是圣人教育人的第一要义。现在如果专门在见闻的细枝末节上探求，就是丢弃了关键，寻求的只是次要的东西了。最近大家大概没有不知道致良知的学说了，但是他们的功夫里还有许多糊涂的地方，正好是缺你这一问了。

大致说来，在学问上下工夫首先就需恰当地把握住关键。如果把致良知当作关键，那么多闻多见，也无一不是致良知的功夫。日常生活之中，见闻应酬，虽然千头万绪，也无非是良知的发挥和流传；去掉那些见闻应酬，也就没有良知可以致了，所以这些只是一件事罢了。如果说致良知是从见闻上求得的，那么它的意思就是把致良知和见闻分而为二，当作两回事了。这虽然和专门在见闻的细枝末节上探寻知识有所区别，但也同样没有领会精一的宗旨。“多闻，择其善者而从之，多见而识之”，既然说“择”和“识”，可见良知也在其间产生了很大的作用了，但是它的用意还是专门在多闻多见上去选择和认识，就已经失去了关键了。你对这个地方已经认识得十分清楚，今天的这个问题，正是为了阐明致良知的学说，对同学有很大的益处。只是语意表达不大清楚，难免会出现差之毫厘、谬以千里的问题，所以不得不精心体察。

二

【原文】

来书云：“师云：‘《系》言“何思何虑”，是言所思所虑只是天理，更无别思别虑耳，非谓无思无虑也。心之本体即是天理，有何可思虑得？学者用功，虽千思万虑，只是要复他本体，不是以私意去安排思索出来。若安排思索，便是自私用智矣。’学者之蔽，大率非沉空守寂，则安排思索。德辛壬之岁著前一病，近又著后一病。但思索亦是良知发用，其与私意安排者何所取别？恐认贼作子，惑而不知也。”

学生的困惑是：思索也是良知的运用，它和私意安排又有何区别呢？

“思曰睿，睿作圣。”[①]“心之官则思，思则得之。”[②]思其可少乎？沉空守寂与安排思索，正是自私用智，其为丧失良知，一也。良知是天理之昭明灵觉处，故良知即是天理，思是良知之发用。若是良知发用之思，则所思莫非天理矣。良知发用之思，自然明白简易，良知亦自能知得。若是私意安排之思，自是纷纭劳扰，良知亦自会分别得。盖思之是非邪正，良知无有不自知者。所以认贼作子，正为致知之学不明，不知在良知上体认之耳。

王阳明回答说：良知是天理昭然灵觉之所在，所以良知即是天理，思索是良知的运用。

【注释】

① 思曰睿，睿作圣：意为思维要深远通达，身远通达就达到了圣人的境界。语出《尚书·洪范》。② 心之官则思，思则得之：语出《孟子·告子上》“心之官则思，思则得之，不思则不得也”。意为心的功能是思考，思考就能体认天道和人性，不思考则难以认识天理。

【译文】

来信说：“先生曾说：‘《系辞》中说“何思何虑”，是指所思所虑只有天理，而没有其他的思虑，并不是说没有什么思虑。心的本体就是天理，有什么能够思虑得到呢？学者下工夫，虽然千思万虑，也只是要恢复他的本体，并非用私意去安排、思索天理。如果安排、思索，就属于自私耍小聪明了。’学者的弊病，大概不是陷入空洞枯燥，就是去安排、思索天理。我在辛巳到壬午期间（明正德十六年到嘉靖元年，即 1521 ~ 1522 年），犯过前一个错误，近来又犯了后一个错误。只是，思索也是良知的运用，它和私意安排又有何区别呢？我担心自己认了贼做儿子，受了其间的迷惑还不明白它们的区分呢！”

“思曰睿，睿作圣。”“心之官则思，思则得之。”岂能缺少了思考？死守沉寂与安排思索，正是自私耍小聪明，也是丧失了自己心中的良知。良知是天理昭然灵觉之所在，所以良知即是天理，思索是良知的运用。如果是良知运用时的思索，那么思索的就只有天理。良知运用的思索，自然明白简单，良知自然也能够知道。如果是凭私意安排的思索，自然是纷纷扰扰，千头万绪，但良知也自然能够分辨。思索的是非正邪，良知没有不知道的。会出现认贼作子的情况，正是因为还没有弄明白致良知的学问，不知道在良知上体察认知罢了。

三

【原文】

来书又云：“师云：‘为学终身只是一事，不论有事无事，只是这一件。若说宁不了事，不可不加培养，却是分为两事也。’窃意觉精力衰弱，不足以终事者，良知也。宁不了事，且加休养，致知也。如何却为两事？若事变之来，有事势不容不了，而精力虽衰，稍鼓舞亦能支持，则持志以帅气可矣①。然言动终无气力，毕事则困惫已甚，不几于暴其气已乎？此其轻重缓急，良知固未尝不知，然或迫于事势，安能顾精力？或困于精力，安能顾事势？如之何则可？”

王阳明告诉学生，君子酬酢万变，当行便行，当止便止，当生便生，当死便死，这样斟酌协调，无非都是致良知，以求自我满足罢了。

“宁不了事，不可不加培养”之意，且与初学如此说亦不为无益。但作两事看了，便有病痛在。孟子言“必有事焉”，则君子之学终身只是“集义”一事。义者宜也，心得其宜之谓义。能致良知则心得其宜矣，故“集义”亦只是致良知。君子之酬酢万变，当行则行，当止则止，当生则生，当死则死，斟酌调停，无非是致其良知，以求自慊而已。故“君子素其位而行”，“思不出其位”。凡谋其力之所不及而强其知之所不能者，皆不得为致良知。而凡“劳其筋骨，饿其体肤，空乏其身，行拂乱其所为，动心忍性以增益其所不能”者，皆所以致其良知也。若云“宁不了事，不可不加培养”者，亦是先有功利之心，计较成败利钝而爱憎取舍于其间，是以将了事自作一事，而培养又别作一事，此便有是内非外之意，便是“自私用智”，便是“义外”，便有“不得于心，勿求于气”之病，便不是致良知以求自慊之功矣。

所云“鼓舞支持，毕事则困惫已甚”，又云“迫于事势，困于精力”，皆是把作两事做了，所以有此。凡学问之功，一则诚，二则伪。凡此皆是致良知之意，欠诚一真切之故。《大学》言：“诚其意者，如恶恶臭，如好好色，此之谓自慊。”曾见有恶恶臭、好好色而须鼓舞支持者乎？曾见毕事则困惫已甚者乎？曾有迫于事势困于精力者乎？此可以知其受病之所从来矣。

学生把做事情与存养良知当作两件事来看，所以会被形势逼迫，或受困于精力不足。

【注释】

①持志以帅气可矣：语出《孟子·公孙丑上》“夫志，气之帅也；气，体之充也。夫志，至焉；气，次焉。故曰：持其志，无暴其气”。

【译文】

来信又说：“先生您曾经说：‘为学，终生只是一件事，不管有事没事，也只是这一件事。如果说宁愿做不完事情，也不能不培养良知，就是把致良知和做学问当成两回事了。’我私下以为，当感到精力衰弱，不能完成事情，就是良知。而宁愿不做事，也要修养本心，就是致良知了。怎么就成了两回事了呢？如果遇到了事情发生，不能不处理，即使精力衰弱，只需稍加勉励，也是能坚持下来的。由此可知，意志还是统领着气力的。但是，这个时候，言行始终是没有气力的，等事情完成了就会十分疲惫，这和滥用气力不是几乎相当吗？良知固然不会不明白这其中的轻重缓急，但是有时为形势所迫，怎么能再顾及得到精力？有时则筋疲力尽，又怎么能顾及得到形势？这究竟怎么办呢？”

宁可不去处理事情，也不可不去培养本源，对初学的人这样说，也不无好处。但是把做事情与存养良知分而为二了，本身就有毛病。孟子说“必有事焉”，那么“集义”，就成了君子终身做学问要做的唯一的一件事了。义，就是宜，心做到它应该做的就是义。能致良知，心便能做到它应该做的事，所以“集义”也只是致良知。君子酬酢万变，当行便行，当止便止，当生便生，当死便死，这样斟酌协调，也无非都是致良知，为了求得自我满足罢了。所以“君子素其位而行”，“思不出其位”。凡是谋求自己力所不能及的东西，强迫自己懂得自己才智不能懂的事情，都不是致良知。但凡“劳其筋骨，饿其体肤，空乏其身，行拂乱其所为，动心忍性以增益其所不能”的人，都是为了致良知。如果说“宁不了事，不可不加培养”，也是因为先有了一份功利的心思，计较其中的得失成败，从而做出爱憎取舍。因此把做事情当成了一回事，把存养良知又当作另一件事，这样就有了是非内外的区分，就是自私耍小聪明了，就是把义当作是外在的东西。于是就有了“不得于心，勿求于气”的弊病，就不再是致良知以求得自己内心满足的功夫了。

你所说的“鼓舞支持，毕事则困惫已甚”，又说“迫于形势，困于精力”，都是把做事情和存养良知当作两件事看了，因此才会有这样的情况出现。凡是做学问的功夫，一心一意就是真诚，三心二意就是虚伪。你所说的情况，都是致良知的心欠缺真切的缘故。《大学》中说："诚其意者，如恶恶臭，如好好色，此之谓自慊。"你什么时候见过讨厌恶臭、喜欢美色还需要鼓舞支持的？你见过做完这些事情之后会觉得疲惫不堪吗？何曾会有被事势所逼而精力不够用的人？由此，你就可以知道病根从何而来了。

四

【原文】

来书又有云："人情机诈百出，御之以不疑，往往为所欺，觉则自入于逆、臆[①]。夫逆诈，即诈也；臆不信，即非信也；为人欺，又非觉也。不逆不臆而常先觉，其惟良知莹彻乎？然而出入毫忽之间，背觉合诈者多矣。"

不逆不臆而先觉，此孔子因当时人专以逆诈、臆不信为心，而自陷于诈与不信；又有不逆、不臆者，然不知致良知之功，而往往又为人所欺诈，故有是言。非教人以是存心，而专欲先觉人之诈与不信也。以是存心，即是后世猜忌险薄者之事。而只此一念，已不可与入尧、舜之道矣。不逆、不臆而为人所欺者，尚亦不失为善，但不如能致其良知，而自然先觉者之尤为贤耳。崇一谓"其惟良知莹彻"者，盖已得其旨矣，然亦颖悟所及，恐未实际也。

王阳明告诉学生，只要良知觉悟、澄澈，如同高悬的明镜，万物在它面前就原形毕露了。它不欺诈而诚信，也就不能容忍不诚信，所以一遇到不诚信就能察觉。

盖良知之在人心，亘万古、塞宇宙而无不同。"不虑而知"，"恒易以知险"，"不学而能"，"恒简以知阻"，"先天而天不违。天且不违，而况于人乎？况于鬼神乎？"[②]夫谓"背觉合诈"者，是虽不逆人，而或未能自欺也；虽不臆人，而或未能果自信也。是或常有先觉之心，而未能常自觉也。常有求先觉之心，即已流于逆、臆而足以自蔽其良知矣。此背觉合诈之所以未免也。

君子学以为己[③]，未尝虞人之欺己也，恒不自欺其良知而已；未尝虑人之不信己也，恒自信其良知而已；未尝求先觉人之诈与不信也，恒务自觉其良知而已。是故不欺则良知无所伪而诚，"诚则明"矣；自信则良知无所惑而明，"明则诚"矣。明、诚相生，是故良知常觉、常照。常觉、常照则如明镜之悬，而物之来者自不能遁其妍媸矣。何者？不欺而诚，则无所容其欺，苟有欺焉而觉矣；自信而明，则无所容其不信，苟不信焉而觉矣。是谓"易以知险，简以知阻"，子思所谓"至诚如神，可以前知"者也。然子思谓"如神"，谓"可以前知"，犹二而言之，是盖推言思诚者之功效，是犹为不能先觉者说也。若就至诚而言，则至诚之妙用即谓之"神"，不必言"如神"；至诚则无知而无不知，不必言"可以前知"矣。

【注释】

学生以为至诚像神明一样，可以在事前觉察别人要欺骗它。

①逆、臆：语出《论语·宪问》：“子曰：‘不逆诈，不臆不信，抑亦先觉者，是贤乎！’”逆诈，预先怀疑别人欺诈。臆不信，猜想别人不诚信。②“先天而不违”四句：语出《周易·乾卦·文言》：“夫大人者……先天而天弗违，后天而奉天时。天且弗违，而况于人乎？况于鬼神乎？”意为掌握了天道的人，在天象出现之前行事，天不会违背他；在天象出现之后行事，则能够遵奉天时。天尚且不违背他，何况人和鬼神呢？③君子学以为己：语出《论语·宪问》“古之学者为己，今之学者为人”。为己，意为是为了提高自己的修养；为人，意为想获得别人的好感。

【译文】

信中说：“人情诡诈无穷，如果用诚信来对待它，往往会被它欺骗。要想觉察人情的诡诈，自己就会事先猜度别人会欺诈我，就会臆想别人不相信我。猜度别人会欺诈就是欺诈；臆想别人不相信自己就是不诚信；而被别人欺骗了，又是不觉悟。不怀疑别人的欺诈和不诚实，却能够事先察觉，恐怕只有那些良知晶莹透彻的人才做到。但是这其间的差别看起来很小，背离知觉而暗合欺诈的人太多了。”

不事先猜度别人的欺诈和不诚信，而能够事先察觉，是孔子在当时的社会中，针砭时弊说出来的。当时人们专门把欺诈，不诚信当作自己的本心，而自己深陷进欺诈和不诚信的境地。还有不欺诈、诚信的人，他们因为不知道致良知的功夫，而常常被别人欺诈。孔子并非是教人们事先存这样的心去发现别人的欺诈和不诚信。专门留心别人，是后世刻薄、猜忌、险恶的人做的事。只要有了这样的念头，就已经和尧舜的圣道相背离了。不事先猜测别人的欺诈和不诚信而被别人欺骗的人，虽然还没有丧失他的善良，但还是不如那些能致其良知的人，先知先觉的人更加贤明。你说只有那些良知晶莹透彻的人才能做到，可知你已经领悟到孔子的宗旨了。但也可以知道你的聪颖所领悟到的，恐怕还没有落实到实践当中。

良知在人心里，横通万古、充塞宇宙，无不相同。正是古人所谓的“不虑而知”，“恒易以知险”，“不学而能”，“恒简以知阻”，“先天而不违。天且不违，而况于人乎？况于鬼神乎？”那些“背觉合诈”的人，虽然不猜度别人，但他恐怕不无自欺；虽然不臆不信，但却不能做到自信。他们虽然常常有寻求先觉的心，却不能常常做到自觉。常常希望能够先觉，这样就已陷入了逆诈和不臆信，已足能蒙蔽他的良知了。这正是他不免背离知觉而暗合欺诈的原因。这就是背离合诈不能避免的缘故。

君子学习是为了修养自己，未曾会担心别人欺骗自己，只是永远不欺骗自己的良知罢了；未曾担心别人不相信自己，只是永远相信自己的良知罢了；不曾希望可以事先察觉到别人的欺诈和不诚信，只是永远地体察自己的良知罢了。所以，君子不欺骗，良知就没有虚伪而真诚，真诚则良知晶莹明亮了；君子自己相信自己，良知就没有迷惑而明彻，良心晶莹明亮这就真诚了。明彻和真诚相互促进，所以良知能经常觉悟、经常澄澈。经常觉悟、经常澄澈的良知就像高高悬挂的明镜，万事万物在它面前自然不能隐藏美丑的原形。为什么呢？因为良知不欺诈而诚信，也就不能容忍欺骗，遇到欺骗就能觉察。良知自信明澈，也就不能容忍不诚信，遇到不诚信，马上就能察觉。所谓“易以知险，简以知阻”，子思说“至诚如神，可以前知”。然而子思说的“如神”“可以前知”，还是分成两件事来说了。因为他是从推究思诚的功效上来说的，也是对那些不能觉悟的人说的。就至诚而言，至诚的妙用就叫作“神”，不用说“如神”；至诚就能无知而又无所不知，所以不必说“可以前知”了。

答罗整庵①少宰书

一

【原文】

某顿首启：昨承教及《大学》，发舟匆匆，未能奉答。晓来江行稍暇，复取手教而读之。恐至赣后人事复纷沓，先具其略以请。

来教云：“见道固难，而体道尤难。道诚未易明，而学诚不可不讲。恐未可安于所见而遂以为极则也。”

幸甚幸甚！何以得闻斯言乎？其敢自以为极则而安之乎？正思就天下之道以讲明之耳。而数年以来，闻其说而非笑之者有矣，诟訾之者有矣，置之不足较量辨议之者有矣，其肯遂以教我乎？其肯遂以教我而反复晓喻，恻然惟恐不及救正之乎？然则天下之爱我者，固莫有如执事之心深且至矣，感激当何如哉！夫“德之不修，学之不讲”②，孔子以为忧，而世之学者稍能传习训诂，即皆自以为知学，不复有所谓讲学之求，可悲矣！夫道必体而后见，非已见道而后加体道之功也；道必学而后明，非外讲学而复有所谓明道之事也。然世之讲学者有二，有讲之以身心者，有讲之以口耳者。讲之以口耳，揣摸测度，求之影响者也；讲之以身心，行著习察，实有诸己者也。知此，则知孔门之学矣。

王阳明认为，圣道必须体悟后才能认识，必须学习之后才能明白。

【注释】

①罗整庵：罗钦顺（1465~1547），字允升，号整庵，江西泰和人。进士，官至吏部尚书，明代著名理学家，对陆王、程朱均有所批评。少宰，次长，明清时侍郎一职的别称。正德十五年（1520）夏，罗整庵请假住在老家，听说时任江西巡抚的王阳明将溯赣江至赣州，就写了《与王阳明书》，在阳明经过泰和时交给

他。此信即是阳明对该信的答复。② 德之不修，学之不讲：意为不修养品德，不讲求学问。语出《论语·述而》："子曰：'德之不修，学之不讲，闻义不能徙，不善不能改，是吾忧也。'"

王阳明说，用口耳来讲学，讲的是捕风捉影的东西，用身心讲学，讲的才是是确确实实求诸于自己的良知。

【译文】

阳明顿首谨启：昨天幸蒙您关于《大学》的教诲，因匆忙上船，未能一一作答。今早我趁着在船上的空闲时间，又把您的信取出来拜读了一遍。我怕到江西之后，各种人事繁杂，纷至沓来，先简略地回复您，请您教正。

您在信中说道："认识圣道固然很难，而体悟圣道则更难了。圣道确实不容易弄明白，但是学问也不能不讲。恐怕不能安于自己已有的见识，把它当作学问的最高标准吧？"

不胜荣幸！在哪里我还能听到这种教诲呢？我岂敢自以为见识已经达到了顶点而安于自己的见识呢？我正想要借助天下的有学之士来阐明圣道呢。然而多年来，听到我的学说的，嘲笑的有，非议的有，谩骂的有，置之不理、认为不屑一顾的也有，他们岂肯教导我呢？又岂肯为了教导我而反复设喻、心存忧虑恐怕来不能纠正我呢？所以，天下关爱我的人中，原本就没有谁会像您这样执着而深切，我该多么感激您啊！"德之不修，学之不讲"，孔子为此深感忧虑，而后世学者稍微能够传习经文训诂经典，便都以为自己已经懂得了学问，不再讲求探究学问，真是可悲呀！圣道必须体悟后才能认识，而并非认识了圣道之后才下体悟圣道的功夫；圣道必须学习之后才能明白，并非在讲学之外还有明道之事。然而世间讲学的人有两类，一类用身心讲学，还有一类用口耳来讲学。用口耳来讲学的，揣测估摸，讲的是捕风捉影的东西；而用身心讲学的，言与行，学习与观察，都是确确实实求诸于自己的良知。明白了这一点，就懂得了孔子的学说。

二

【原文】

来教谓某"《大学》古本之复，以人之为学但当求之于内，而程、朱格物之说不免求之于外，遂去朱子之分章，而削其所补之传"。

非敢然也。学岂有内外乎？《大学》古本乃孔门相传旧本耳，朱子疑其有所脱误而改正补缉之，在某则谓其本无脱误，悉从其旧而已矣。失在于过信孔子则有之，非故去朱子之分章而削其传也。夫学贵得之心，求之于心而非也，虽其言之出于孔子，不敢以为是也，而况

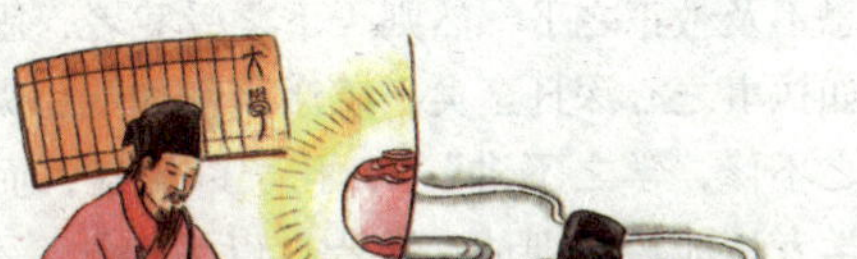

王阳明说，他废弃了朱熹分章的做法，并且删除了朱熹增补的传注，是因为相信孔子，而不是故意要这么做。

其未及孔子者乎？求之于心而是也，虽其言之出于庸常，不敢以为非也，而况其出于孔子者乎？且旧本之传数千载矣，今读其文词，即明白而可通，论其功夫，又易简而可入。亦何所按据而断其此段之必在于彼，彼段之必在于此，与此之如何而缺，彼之如何而误，而遂改正补缉之？无乃重于背朱而轻于叛孔已乎？

【译文】

你的来信中说我，“《大学》的旧本的恢复，是因为我提倡做学问只需在心内探求，而程朱的格物学说却不免会向心外探求，于是我便废弃了朱熹分章的做法，并且删除了他增补的传注”。

我不敢这样。学习难道还会有内外的区分吗？《大学》古本是孔门流传下来的旧本，朱熹怀疑这其中有遗漏和错误的地方，便加以改正补充。而要我说，旧本里本来就没有遗漏和错误的地方，所以尽悉遵从旧本，仅此而已。我的过失在于过分相信孔子，而不是故意去废弃朱熹的分章且删掉他所作的传注。做学问，贵在用心体悟。即使是孔子所说的话，用心体会了，觉得不对，也不敢就把它当作是正确的，更何况对那些不如孔子的人所说的话呢？用心体会后认为正确，那么即使普通人说出来的话，也不敢认为是错误的，更何况是孔子说的话呢？而且《大学》旧本流传了几千年，我如今来阅读它的词语句子，仍觉得明白通顺，而其中的功夫，既简易又可行。又有什么依据能断定这段一定是在这里，那段一定是在那里，这里怎么有了缺漏，那里怎么有了错误，于是对它加以改正增补？这难道不是把背离朱熹看得过重，而把违逆孔子看得过轻了吗？

三

【原文】

来教谓：“如必以学不资于外求，但当反观内省以为务，则‘正心’‘诚意’四字亦何不尽之有？何必于入门之际，便困以‘格物’一段功夫也？”

王阳明说，“正心”“诚意”“致知”“格物”，都是用来“修身”的。他的学说是用天理一以贯之的，这正是其与朱熹学说的不同之处。

诚然诚然！若语其要，则“修身”二字亦足矣，何必又言“正心”？“正心”二字亦足矣，何必又言“诚意”？“诚意”二字亦足矣，何必又言“致知”，又言“格物”？惟其功夫之详密，而要之只是一事，此所以为“精一”之学，此正不可不思者也。夫理无内外，性无内外，故学无内外。讲习讨论，未尝非内也；反观内省，未尝遗外也。夫谓学必资于外求，是以己性为有外也，是“义外”也，“用智”者也；谓反观内省为求之于内，是以己性为有内也，是“有我”也，“自私”者也，是皆不知性之无内外也。故曰“精义入神以致用也，利用安身，以崇德也”①；“性之德也，合内外之道也”②。此可以知“格物”之学矣。

“格物”者,《大学》之实下手处,彻首彻尾,自始学至圣人,只此功夫而已,非但入门之际有此一段也。夫“正心”“诚意”“致知”“格物”,皆所以“修身”,而“格物”者,其所用力日可见之地。故“格物”者,格其心之物也,格其意之物也,格其知之物也;“正心”者,正其物之心也;“诚意”者,诚其物之意也;“致知”者,致其物之知也。此岂有内外彼此之分哉?理一而已。以其理之凝聚而言则谓之性,以其凝聚之主宰而言则谓之心,以其主宰之发动而言则谓之意,以其发动之明觉而言则谓之知,以其明觉之感应而言则谓之物。故就物而言谓之格,就知而言谓之致,就意而言谓之诚,就心而言谓之正。正者,正此也;诚者,诚此也;致者,致此也;格者,格此也。皆所谓穷理以尽性也。天下无性外之理,无性外之物。学之不明,皆由世之儒者认理为外,认物为外,而不知“义外”之说,孟子盖尝辟之,力至袭陷其内而不觉,岂非亦有似是而难明者欤?不可以不察也。

王阳明说,天理只有一个,就其不同方面而言,就有了不同的称呼。

凡执事所以致疑于“格物”之说者,必谓其是内而非外也;必谓其专事于反观内省之为,而遗弃其讲习讨论之功也;必谓其一意于纲领本原之约,而脱略于支条节目之详也;必谓其沉溺于枯槁虚寂之偏,而不尽于物理人事之变也。审如是,岂但获罪于圣门,获罪于朱子?是邪说诬民,叛道乱正,人得而诛之也,而况于执事之正直哉?审如是,世之稍明训诂、闻先哲之绪论者,皆知其非也,而况执事之高明哉?凡某之所谓“格物”,其于朱子九条[3]之说,皆包罗统括于其中。但为之有要,作用不同,正所谓毫厘之差耳。然毫厘之差而千里之缪,实起于此,不可不辨。

【注释】

①“精义入神”四句:语出《周易·系辞下》“精义入神,以致用也。利用安身,以崇德也”。意为精研义理达到神妙的境界,便可以运用;运用所学而安身,可以提高品德修养。②性之德也,合内外之道也:意为这是天赋的德性,内则成己,外则成物,是综合内外的规律。语出《中庸》“诚者非自成己而已也,所以成物也。成己,仁也;成物,知也。性之德也,合内外之道也,故时措之宜也”。③朱子九条:朱熹在《大学或问》中提出的关于格物致知功夫的九条方法。

【译文】

您的来信中说:“如果觉得学问不需要去心外求得,需要专心致力在自己身上反省体察,那么‘正心’‘诚意’这四个字,还有什么没说尽的呢?何必在入门的时候,便用‘格物’的功夫来使人困惑呢?”

很有道理!如果说到学问的关键,“修身”两个字便已经足够了,何必再说“正心”呢?“正心”两个字也已经足够了,何必又说个“诚意”呢?“诚意”两个字也已经足够了,何必又说了“致知”和“格物”?之所以会这样,只是因为做学问的功夫详细周密,然而,概括起来也只是一件事，这才是所谓的“精一”的学问，这里正是我们不能不认真思索的地方。天理、人性都没有内外之分，因此学问也不分内外。讲习讨论，未曾不是内；反观自省，未尝就把外遗弃了。如果以为学问一定要在心外求得，那就是认为人性也有外的部分，就是“义外”“用智”；如果认为反观内省是在自己的心内寻求，那就是认为人性还有内的部分了，就是“有我”“自私”，这些都是不明白人性是不会有内外之分的。所以说“精研义理到了神妙的境界，便可以运用来安身，来修养品德”；“性之德，合内外之道也”。从这里，就可以知道“格物”的学说了。

“格物”，是《大学》指出的切实的下手的地方，自头至尾，从初学到成为圣人，都只是这个功夫，而不是仅仅在刚入门的阶段有“格物”的功夫。“正心”“诚意”“致知”“格物”，都是用来“修身”的，而“格物”，则是所用的功夫里能看得见的地方。所以“格物”，就是格心中的物，格意念中的物，格见识中的物；“正心”，则是让待物之心得到纠正；“诚意”，就是使待物之心精诚；“致知”，就是得到待物的知识。这难道有内外彼此的区分吗？天理唯有一个，就天理的凝聚而言，叫作性，就天理凝聚的主宰而言，就是心，就天理主宰的发动而言，叫作意，从天理发动时的明澈感悟而言，就是知，从天理的明澈感悟的感应对象而言，便是物。所以从物上来说天理需格，从知上来说天理需致，从意上来说天理需诚，从心上来说，天理需正。正，就是正天理；诚，就是诚天理；致，就是致天理；格，就是格天理，全是所谓的穷尽天理以尽性。天下没有本性之外的理，也没有本性之外的物。圣学不能昌明于天下，都是由于后世儒生把天理与事物当作本性之外的东西，而不知道孟子曾经批判过“义外”的学说，以至重蹈了覆重辙而没有觉悟，这里不是也有似是而非，难以弄明白的地方吗？所以不能不体察呀！

总观您之所以对我的格物学说有些怀疑，一定是因为觉得我肯定内心而否定向外寻求；一定是因为我放弃了讲习讨论的功夫，而专心在反观内省上用功；一定认为我执意在简洁的纲领本原上，而忽视了细枝末节的详细内容；一定是认为我沉溺在偏执的枯槁虚寂中，而不能够穷尽物理人事的变化。若果真如此，我怎会仅仅是对圣门、对朱熹先生犯了错误？这是用异端邪说来欺骗百姓，离经叛道，人人都能够得而诛之了，更何况是您这样正直的人呢？若果真如此，世上略懂训诂的人、知道一点先哲学说的人，都会知道我的错误，更何况像您这样高明的人呢？我所讲的“格物”学说，已经将朱熹的九条学说全都统括了。只是我的格物学说有一以贯之的中心，与朱熹先生的九条学说相比，作用不同，正是所谓的毫厘之差。然而差之毫厘，谬以千里，所以不能不辨明。

四

【原文】

孟子辟杨、墨，至于“无父无君”。二子亦当时之贤者，使与孟子并世而生，未必不以之为贤。墨子“兼爱”，行仁而过耳，杨子“为我”，行义而过耳。此其为说，亦岂灭理乱常之甚而足以眩天下哉？而其流之弊，孟子则比于禽兽、夷狄，所谓以学术杀天下后世也。

今世学术之弊，其谓之学仁而过者乎？谓之学义而过者乎？抑谓之学不仁、不义而过者乎？吾不知其于洪水、猛兽何如也！孟子云：“予岂好辩哉？予不得已也。”杨、墨之道塞天下。孟子之时，天下之尊信杨、墨，当不下于今日之崇尚朱之说。而孟子独以一人呶呶于其间。噫，可哀矣！韩氏云："佛、老之害，甚于杨、墨。"韩愈之贤不及孟子，孟子不能救之于未坏之先，而韩愈乃欲全之于已坏之后，其亦不量其力，且见其身之危莫之救以死也。呜呼！若某者，其尤不量其力，果见其身之危莫之救以死也矣！夫众方嘻嘻之中，而独出涕嗟若；举世恬然以趋，而独疾首蹙额以为忧。此其非病狂丧心，殆必诚有大苦者隐于其中，而非天下之至仁，其孰能察之？

王阳明说，墨子、杨朱、朱熹都可以算是贤人，只是在圣道的某个方面过了分。

其为《朱子晚年定论》，盖亦不得已而然。中间年岁早晚，诚有所未考，虽不必尽出于晚年，固多出于晚年者矣。然大意在委曲调停，以明此学为重。平生于朱子之说，如神明蓍龟，一旦与之背驰，心诚有所未忍，故不得已而为此。"知我者，谓我心忧；不知我者，谓我何求？"①盖不忍牾朱子者，其本心也；不得已而与牾者，道固如是，"不直则道不见"②也。执事所谓"决与朱子异"者，仆敢自欺其心哉？夫道，天下之公道也；学，天下之公学也；非朱子可得而私也，非孔子可得而私也。天下之公也，公言之而已矣。故言之而是，虽异于己，乃益于己也；言之而非，虽同于己，适损于己也。益于己者，己必喜之；损于己者，己必恶之。然则某今日之论，虽或于朱子异，未必非其所喜也。"君子之过，如日月之食，其更也，人皆仰之"，③而"小人之过也必文"。某虽不肖，固不敢以小人之心事朱子也。

【注释】

①"知我者"两句：语出《诗经·王风·黍离》。意为了解我的人明白我是在担忧，不了解我的人还以为我有什么个人目的。②不直则道不见：语出《孟子·滕文公上》。意为不说直话，真理就不能显现。③"君子之过"句：语出《论语·子张》"君子之过，如日月之食焉。过也，人皆见之；更也，人皆仰之"。

【译文】

孟子指责杨朱、墨子为"无父无君"。这两个人也是当时的贤明之士，假使他们和孟子是同一个时代出生的话，孟子未必不会把他们当作圣贤。墨子主张"兼爱"，是施行仁政过了分；而杨朱的"为我"思想，则是行义过了分。这样的学说，难道是泯灭天理扰乱纲常，甚至能够让天下人都迷惑的吗？然而孟子却把他们学说的弊病，比作禽兽、夷狄，所谓用学术杀害天下后世。

现今学术的弊端，能说是学仁太过分了吗？能说是学义太过分了吗？还是学不仁、不义太过分了？我不知道它们和洪水猛兽相比会怎么样！孟子说："难道我是爱好与别人辩论吗？我也是不得已。"孟子所处的时代，杨朱、墨子的学问在天下盛行，杨、墨的学说被天下人推崇的程度，应当不亚于当下人们推崇朱熹的学说的程度。然而孟子仍旧凭着独自一人在他们中间辩论。哎，可悲呀！韩愈说："佛、道的学说，其危害远远胜过了杨朱、墨子的学说。"韩愈的贤明比不上孟子，孟子尚且不能够在世道被败坏之前挽救它，而韩愈却想在世道人性败坏之后恢复它，他也是自不量力，我们只看到了他身陷危境，而没有人救他以至于他死去了。唉！像我这样的人，便更加是自不量力，真正看到自己的危险，却没有人救我以致于死去！大家正值欣喜嬉戏的时候，我却暗自泪流嗟叹；举世都心安理得，按部就班的时候，而我则独自痛心疾首、皱眉深虑。这并非我神经错乱、丧失理智，而是我真正的有极大的痛苦隐藏在心里，如果不是天下至仁，谁能体察得到呢？

我著写《朱子晚年定论》，其实也是迫不得已，书上年代的早晚，的确有些没有经过考证，虽然不一定全都出自于他的晚年，但很多都是晚年所做。我的本意是调停世上关于朱熹和陆九渊的纷争，用以昌明圣学。我一生对待朱熹先生的学说，都把它奉若神明，一旦与它背道而驰，心中真是不忍，只是不得已才这样做。“知我者，谓我心忧；不知我者，谓我何求？”不抵触朱熹先生的学说，这是我的本心。而又不得已这样，是因为圣道本来就是如此，“不直则道不见”！你所说的“决与朱子异”，我岂敢欺骗自己呢？圣道，是天下的公道，圣学，是天下共有的学，并非朱熹或是孔子能够私自有的。对天下公有的东西，只能秉公而论。如果说对了，虽然与自己的见解不同，对自己也是有益的；说错了，即便是与自己的见解相同的，也是在害自己。于自己有益的，自己定会喜爱；而于自己有害的，自己一定厌恶。所以我现在的论说，和朱熹的学说虽然不同，但未必不会是他喜欢的。“君子之过，如日月之食，其更也，人皆仰之”，而“小人之过也必文”。我虽然不够贤明，但也不敢以小人的心态对待朱熹先生。

五

【原文】

执事所以教，反复数百言，皆以未悉鄙人“格物”之说。若鄙说一明，则此数百言皆可以不待辨说而释然无滞。故今不敢缕缕，以滋琐屑之渎，然鄙说非面陈口析，断亦未能了了于纸笔间也。嗟乎！执事所以开导启迪于我者，可谓恳到详切矣，人之爱我，宁有如执事者乎！仆虽甚愚下，宁不知所感刻佩服？然而不敢遽舍其中心之诚然而姑以听受云者，正不敢有负于深爱，亦思有以报之耳。秋尽东还，必求一面，以卒所请，千万终教。

王阳明希望在秋后能与罗钦顺再见一面，当面探讨自己的学说。

【译文】

您给我的教诲，反复数百字，都是因为您还没有完全理解我的格物学说。一旦您明白了我的学说，那么不需要辩论这数百字，问题也会迎刃而解的。所以现在我不再细说，以免琐碎累赘，而且我的学说如果不当面陈述分析，写信也绝对说不清楚，唉！你对我的开导启迪，可以说是详尽恳切，别人哪会像您这样关爱我！我虽然愚钝，也不会不知道对您感激佩服。只是我不敢就此放弃心中真切的想法而接受您的说法，正因为不敢辜负您的厚爱，也想以此来报答您。待秋天过后我回来时，定会登门求访，当面向您请教，请您千万不吝赐教。

答聂文蔚①（一）

一

【原文】

王阳明说，子思、孟子、周敦颐等人并没有想过传名千载，他们即使不被肯定也不会感到烦闷。

春间远劳迂途枉顾，问证惓惓。此情何可当也？已期二三同志，更处静地，扳留旬日，少效其鄙见，以求切之益，而公期俗绊，势有不能。别去极怏怏，如有所失。忽承笺惠，反复千余言，读之无任浣慰。中间推许太过，盖亦奖掖之盛心，而规砺真切，思欲纳之于贤圣之域，又托诸崇一以致其勤勤恳恳之怀。此非深交笃爱，何以及是？知感知愧，且惧其无以堪之也。虽然，仆亦何敢不自鞭勉，而徒以感愧辞让为乎哉？其谓"思、孟、周、程无意相遭于千载之下，与其尽信于天下，不若真信于一人。道固自在，学亦自在，天下信之不为多，一人信之不为少"者，斯固君子"不见是而无闷"②之心。岂世之谫谫屑屑者知足以及之乎？乃仆之情，则有大不得已者存乎其间，而非以计人之信与不信也。

【注释】

①聂文蔚：聂豹，字文蔚，号双江，江西永丰人，王阳明的弟子。进士，官至兵部尚书。聂豹于嘉靖五年（1526）春因公赴闽，途径杭州，时王阳明在绍兴讲学，豹不顾别人劝阻，前往就教。②不见是而无闷：意为不被肯定有不烦闷。语出《周易·乾卦·文言》："遁世无闷，不见是而无闷。"

【译文】

春天劳烦您绕远道来光临寒舍，不知疲倦地问辩求证。此情耿耿，我哪里敢当？我已经与两三个志同道合的朋友约好了时间，再找一个安静的地方，逗留十来天，稍微探讨一下我的观点，以便在互相切磋的过程中能够获益，但是你正好公务缠身，势必不能来到。你离开之后，我心中郁郁，怅然似有所失。突然得到你的来信，前后数千字，读了之后我心中感到特别欣慰。信上你对我推许和赞赏太过了，大概也是你的鼓舞提携之情，当中的砥砺与规劝如此真切，想让我慢慢达到圣贤的境界。另外，你又让崇一转达你对我的殷切关怀。如果不深交厚爱，怎么会做到这样？我既感动又羞愧，生怕会承受不了你的厚爱。像这样，我岂敢不自加勉励，而仅仅是感激、羞愧、推辞呢？你说，"子思、孟子、周敦颐、程颢不会期望能够传名千载，与其被天下人都相信，倒不如让一个人真正地理解自己。圣道固然会自然存在，圣学也固然会自然存在，即天下人全都相信，也不会算多，而只有一个人理解，也不会算少”。这就是所谓的君子的“不见是而无闷”。但是世上琐碎浅薄的人又怎么会理解这个呢？在我看来，是将许多迫不得已存留在心里，并不是要去斤斤计较别人是否相信自己。

二

【原文】

夫人者，天地之心，天地万物本吾一体者也。生民之困苦荼毒，孰非疾痛之切于吾身者乎？不知吾身之疾痛，无是非之心者也。是非之心，不虑而知，不学而能，所谓良知也。良知之在人心，无间于圣愚，天下古今之所同也。世之君子，惟务致其良知，则自能公是非，同好恶，视人犹己，视国犹家，而以天地万物为一体，求天下无治不可得矣。古之人所以能见善不啻若己出，见恶不啻若己入，视民之饥溺犹己之饥溺，而一夫不获若己推而纳诸沟中者①，非故为是而以蕲天下之信己也，务致其良知求自慊而已矣。尧、舜、三王之圣，言而民莫不信者，致其良知而言之也；行而民莫不悦者，致其真知而行之也。是以其民熙熙，杀之不怨，利之不庸②。施及蛮貊，而凡有血气者莫不尊亲，为其良知之同也。呜呼！圣人之治天下，何其简且易哉！

王阳明说，尧、舜、周武王这些圣明的君主，治理天下很简单，只是一心致其良知以求自己内心的满足罢了。

【注释】

①“一夫不获”句：指伊尹认为如果有一个人生活没有着落，就好像是自己把他推到了沟中去似的。
②“杀之不怨”二句：语出《孟子·尽心上》“王者之民，皞皞如也。杀之而不怨，利之而不庸，民日迁善而不知为之者”。意为圣王的百姓心情舒畅，被杀了也不怨恨，得到好处也不认为应该酬谢，天天向好的方面发展也不知道谁使他如此。

【译文】

人，是天地的心，天地万物，原本就与我是同为一体的。百姓生活困苦、遭到残害，哪一件不是我自己身上的切肤之痛？不了解自己的痛苦，是没有是非之心的人。是非之心，不用思考就会感知到，不用学习就会具备，它就是所谓的良知。不论是圣人和傻瓜，从古到今，良知都自然存在人的心里。世上的君子，只要致力于良知之上，便自然能判别是非与好恶，待人如待己，爱国如爱家，与天地万物融为一体，这样的话，想不让国家得到好的治理都不可能。古人看见善事或者坏事，就好像是自己做的；看到百姓饥饿痛苦，就像自己也饥

王阳明说，人是天地万物的心，与天地万物是一体的。

饿痛苦；有一个人还没有安顿好，就像是自己把他推进了沟里，他们这样做不是为了获得天下人的信任，而是一心致其良知以求自己内心的满足罢了。尧、舜、禹、汤、周文王、周武王，他们说的话天下百姓没有不相信的，因为那是他们致良知之后才说的话；他们做的事百姓没有不高兴的，因为他们是致自己的良知之后才做的事。因此他们的百姓和平安乐，即使被处死也不会怨恨，他们得到好处，圣人们也不会邀功。把这些推及到了蛮荒之地，凡是有血气的人无不孝敬父母，因为他们的良知都是一样的。唉！圣人治理天下，多么简单容易呀！

三

【原文】

后世良知之学不明，天下之人用其私智以相比轧，是以人各有心，而偏琐僻陋之见，狡伪阴邪之术，至于不可胜说。外假仁义之名，而内以行其自私自利之实；诡辞以阿俗，矫行以干誉；掩人之善而袭以为己长；讦人之私而窃以为己直；忿以相胜而犹谓之徇义；险以相倾而犹谓之疾恶；妒贤忌能而犹自以为公是非；恣情纵欲而犹自以为同好恶。相陵相贼，自其一家骨肉之亲，已不能无尔我胜负之意、彼此藩篱之形，而况于天下之大，民物之众，又何能一体而视之？则无怪于纷纷籍籍而祸乱相寻于无穷矣。

现在的人却泯灭了良知，互相争夺倾轧，嫉妒陷害，或是阿谀谄媚，所以天下纷纷扰扰、祸乱四起。

【译文】

后世，良知的学说不再昌明，天下的人用自己的私心巧智来彼此倾轧，各人都有自己的私心，于是各种偏执浅陋、琐碎繁杂的见解，狡诈阴邪的手段数不胜数。他们假借着仁义的名号，实际上却在做自私自利的事情；他们用诡辩辞令来迎合世俗，用虚伪的行为来获取名誉；他们把别人的善良抄袭了，当作是自己的长处；攻讦别人的隐私，还自以为正直；为泄私愤去与别人争斗却自以为是为正义献身；邪恶地互相倾轧却号称疾恶如仇；妒疾贤能之士却以为自己是在主持公道；恣意放纵情欲却还认为自己与百姓同好恶。互相欺凌侵害，即使是手足亲人，也互相有争个胜负高低的心思、相互间有很深的隔膜，更何况天地之大，百姓事物之多，又如何能把他们与自己当作一体看待呢？无怪乎天下纷纷扰扰、祸乱四起了。

四

【原文】

仆诚赖天之灵，偶有见于良知之学，以为必由此而后天下可得而治。是以每念斯民之陷溺，则为之戚然痛心，忘其身之不肖，而思以此救之，亦不自知其量者。天下之人见其若是，遂相与非笑而诋斥之，以为是病狂丧心之人耳。呜呼，是奚足恤哉！吾方疾痛之切体，而暇计人之非笑乎？人固有见其父子兄弟之坠溺于深渊者，呼号匍匐，裸跣颠顿，扳悬崖壁而下拯之。士之见者，方相与揖让谈笑于其旁，以为是弃其礼貌衣冠而呼号颠顿若此，是病狂丧心者也。故夫揖让谈笑于溺人之旁而不知救，此惟行路之人，无亲戚骨肉之情者能之，然已谓之“无恻隐之心，非人矣”。若夫在父子兄弟之爱者，则固未有不痛心疾首，狂奔尽气，匍匐而拯之。彼将陷溺于祸有不顾，而况于病狂丧心之讥乎？而又况于蕲人信与不信乎？呜呼！今之人虽谓仆为病狂丧心之人，亦无不可矣。天下之人心，皆吾之心也。天下之人犹有病狂者矣，吾安得而非病狂乎？犹有丧心者矣，吾安得而非丧心乎？

王阳明指斥当今士人缺少对世人的怜悯之心，就像看见别人奋不顾身去拯救溺水的亲人，自己却在旁边打躬作揖、谈笑风生一样。

【译文】

真的是托上天洪福，我偶然发现了良知的学说，认为只有通过致良知，天下才能得到治理。因此我每每想到百姓的困苦，便会忧愁心痛，想用致良知来拯救他们，而忽略了自身的才智疏浅，真是自不量力。别人看到我这个样子，就争相嘲讽非难或者斥责我，认为我只是一个精神错乱的人罢了。唉，这又何足挂心呢！我正有着切肤的疼痛，哪有工夫去计较别人的非难嘲讽？人们看见自己的父子兄弟坠落进深渊，固然会匍匐呼叫，全然不顾丢掉鞋子帽子，奋不顾身地下去拯救。士人们遇到这种事情，便只会在旁边打躬作揖、谈笑风生，认为这样不顾衣冠，号啕大哭，失了礼节，是个丧心病狂的人。看到有人落水，依然礼让谈笑，不去救落水之人，这只有没有亲戚骨肉之情的人才做得出来，孟子曾经说过“无恻隐之心，非人矣”。如果是在乎父子兄弟亲情的人，一定不会不痛心疾首，倾尽全力，前去拯救的。他们连溺水的危险都不怕，又怎会顾及到会被讥讽为丧心病狂？又怎么期望别人的信或不信呢？唉！现在的人虽然称我是丧心病狂的人，也没什么不可以。天下人的心，都是我的心。人们当中尚还有丧心病狂的，我怎会不丧心病狂呢？

五

【原文】

昔者孔子之在当时，有议其为谄者，有讥其为佞者，有毁其未贤，诋其为“不知礼”，而侮之以为“东家丘”者，[①]有嫉而沮之者[②]，有恶而欲杀之者[③]。晨门、荷蒉之徒，皆当时之贤士，且曰：“是知其不可而为之者欤？”[④]“鄙哉！硁硁乎！莫己知也，斯已而已矣。”[⑤]虽子路在升堂之列，尚不能无疑于其所见，不悦于其所欲往，而且以之为迂[⑥]。则当时之不信夫子者，岂特十之二三而已乎？然而夫子汲汲遑遑，若求亡子于道路，而不暇于暖席者，宁以蕲人之知我、信我而已哉？盖其天地万物一体之仁，疾痛迫切，虽欲已之而自有所不容已，故其言曰："吾非斯人之徒与而谁与？"⑦"欲洁其身而乱大伦。""果哉，末之难矣！"⑧呜呼！此非诚以天地万物为一体者，孰能以知夫子之心乎？若其"遁世无闷"，"乐天知命"者，则固"无人而不自得"，"道并行而不相悖"也。

孔子虽遭受了讥讽、诋毁、侮辱、陷害，但仍然矢志不渝，并不是为了让别人相信、理解自己，而是因为他有一份仁爱之心。

【注释】

① 不知礼、东家丘：据《论语·八佾》载，孔子进入太庙，什么都问，有人就说孔子不知礼。东家丘：《孔子家语》云，孔子西邻有愚人，不知道孔子是圣人，称他为东家丘。② 有嫉而沮之者：《史记·孔子世家》云，孔子任鲁国大司寇和代理宰相时，齐国害怕鲁国因此强大起来："孔子为政必霸，霸则吾地近焉，我之为先并矣。盍致地焉？"黎鉏说："请尝先沮之，沮之而不可则致地。"齐人就送女乐给鲁国国君和当权者季孙氏，使鲁国国政荒废，孔子便离开鲁国。沮，同阻。③ 有恶而欲杀之者：据《论语·述而》载，孔子周游列国，经过宋国时，有人想杀他。④ 是知其不可而为之者欤：意为是那位知道自己做不到但还是一定要去做的人吗？语出《论语·宪问》。⑤ "鄙哉"四句：意为固执地敲击磬，真可鄙呀！既然没有人理解自己，就算了呗。语出《论语·宪问》。⑥ "子路"四句：孔子到卫国去见名声不好的卫灵公夫人南子，子路很不高兴。孔子去卫国之前，子路曾问孔子，如果卫君让他执政，他首先做什么，孔子说先正名，子路笑话他竟然迂到这种地步。⑦ 吾非斯人之徒与而谁与：意为我不跟天下的人在一起又跟谁在一起呢？语出《论语·微子》。⑧ 果哉，末之难矣：意为隐者遁世如此坚决，没办法说服他了。语出《论语·宪问》。

【译文】

孔子在世的时候，有的人评议他是谄媚之人，有的人讥笑他是奸佞的小人，有人诋毁他不够贤明，有人诽谤他不知礼仪，有人侮辱他是东家的孔丘，有人因嫉妒而败坏他的名声，有人憎恶并且欲图杀了他。即使像当时的晨门、荷蒉等贤士也会说："是知其不可而为之者欤？""鄙哉！硁硁乎！莫己知也，斯已而已矣。"虽然子路是孔子的门徒，仍旧不免会怀疑孔子的见识，对孔子的所作所为有不满，并且还认为孔子迂腐。当时不相信孔子的人，难道仅仅是十之二三吗？然而孔子仍旧是兢兢业业，就像是在路上寻找丢失的儿子一样，坐不暖席，匆匆忙忙，难道只是为了让别人相信、理解自己吗？是因为他有一份与天地万物同体的仁爱之心，迫切地感到了切肤之痛，即使想停也身不由己了。因此他说："吾非斯人之徒与而谁与？""欲洁其身而乱大伦。""果哉，末之难矣！"哎！如果不是

子路虽然是孔子的门徒，但仍旧不免怀疑孔子的见识，对孔子的所作所为有不满，并且还认为孔子迂腐。

真真正正与天地万物一体的人，谁会能明白孔子的心意呢？至于那些“遁世无闷”，“乐天知命”的人，自然会“无人而不自得”，“道并行而不相悖”了。

六

【原文】

仆之不肖，何敢以夫子之道为己任？顾其心亦已稍加疾痛之在身，是以彷徨四顾，将求其有助于我者，相与讲去其病耳。今诚得豪杰同志之士，扶持匡翼，共明良知之学于天下，使天下之人皆知自致其良知，以相安相养，去其自私自利之蔽，一洗谗妒胜忿之习，以济于大同①，则仆之狂病固将脱然以愈，而终免于丧心之患矣。岂不快哉！

王阳明希望遇到与自己有着共同志向的豪杰，共同让良知在天下得以昌明，让天下得以大同。

嗟乎！今诚欲求豪杰同志之士于天下，非如吾文蔚者而谁望之乎？如吾文蔚之才与志，诚足以援天下之溺者，今又既知其具之在我，而无假于外求矣，循是而充，若决河注海，孰得而御哉？文蔚所谓“一人信之不为少”，其又能逊以委之何人乎？

【注释】

① 大同：古代儒家所推崇的理想社会。语出《礼记·礼运》：“大道之行也，天下为公，选贤与能，讲信修睦。故人不独亲其亲，不独子其子。使老有所终，壮有所用，幼有所长，鳏寡孤独废疾者，皆有所养。男有分，女有归。货恶其弃于地也，不必藏于己；力恶其不出于身也，不必为己。是故谋闭而不兴，盗窃乱贼而不作，故外户而不闭，是谓大同。”

【译文】

鄙人才疏学浅，怎么敢声称以孔子的圣道作为己任？我心里也已经稍微明白了自身的毛病，因此心下彷徨，四处寻找能够对我有帮助的人，共同讲习，以除去我身上的毛病。现在真的能够得到你们这些有着共同志向的豪杰来提携匡正我，共同让良知在天下得以昌明，让天下的人都知道致自己的良知，彼此安抚、启发，去除自私自利的毛病，清除谄媚、嫉妒、好胜和易怒的习惯，让天下得以大同，那么我的狂病自然会立刻痊愈，而最终免除丧心病狂的忧患。岂不是痛快！

哎！现在真的想要寻求志同道合的豪杰，除了文蔚你，我还能够指望谁呢？以你的才智与理想，确实足以拯救天下于困苦之中的了，现在既然已经知道良知就在自己心中，无须向外寻求，那么遵循着这个，加以扩充，就会像是决堤大河奔入大海，谁能抵御？你说“一人相信不算少”，又怎么能谦逊地委托给其他人呢？

七

【原文】

会稽素号山水之区。深林长谷，信步皆是；寒暑晦明，无时不宜；安居饱食，尘嚣无扰；良朋四集，道义日新；优哉游哉，天地之间宁复有乐于是者！孔子云：“不怨天，不尤人，下学而上达。”[1]仆与二三同志方将请事斯语，奚暇外慕？独其切肤之痛，乃有未能恝然者，辄复云云尔。咳疾暑毒，书札绝懒，盛使远来，迟留经月，临歧执笔，又不觉累纸。盖于相知之深，虽已缕缕至此，殊觉有所未能尽也。

王阳明与两三个志同道合的朋友在会稽一同探讨良知之学。

【注释】

①“不怨天”三句：语出《论语·宪问》：“不怨天，不尤人。下学而上达。知我者其天乎！”意为不怨恨上天，不责怪别人，学习知识，通晓天理。

【译文】

会稽（南宋以后会稽名绍兴）处于有山有水的地方，茂密的树林、幽长的山谷，比比皆是；春夏秋冬，气候适宜；安静而远离尘俗；好友们从四方云集于此，对于道义日日都有新的见解；真是逍遥自在，天地间哪还会有这样的快乐！孔子说：“不怨天，不尤人，下学而上达。”我和两三个志同道合的朋友正想要遵循孔子的这句话去做，哪还有其他时间思慕心外之物？只是这切肤之痛，却不能无动于衷，于是回复了这封信。我因咳嗽加上暑热，懒得写信。你盛意拳拳地派人远道而来，迟迟逗留有大概一个月了，临行执笔，不知不觉又写了这么多。大概因为我们相知甚深，虽然已经如此详尽了，仍会觉得有许多话没有说完。

答聂文蔚（二）[1]

一

【原文】

得书，见近来所学之骤进，喜慰不可言。谛视数过，其间虽亦有一二未莹彻处，却是致良知之功尚未纯熟，到纯熟时自无此矣。譬之驱车，既已由于康庄大道[2]之中，或时横斜迂曲者，乃马性未调、衔勒不齐之故，然已只在康庄大道中，决不赚入旁蹊曲径矣。近时海内同志，到此地位者曾未多见，喜慰不可言，斯道之幸也！

贱躯旧有咳嗽畏热之病，近入炎方，辄复大作。主上圣明洞察，责付甚重，不敢遽辞。地方军务冗沓，皆舆疾从事。今却幸已平定，已具本乞回养病，得在林下稍就清凉，或可

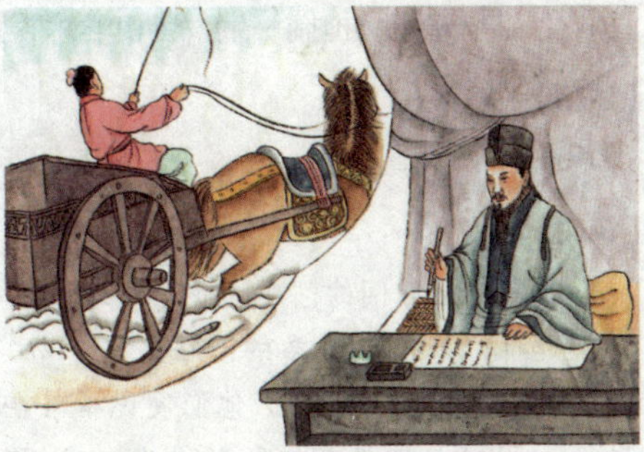

王阳明指导学生说，他致良知的功夫还不够纯熟，就好比已经在康庄大道上了，虽然还有各种驾驶问题，但绝不会再误入旁门左道。

廖耳。人还，伏枕草草，不尽倾企。外惟浚[3]一简，幸达致之。

【注释】

①这一封信是王阳明的绝笔信，嘉靖七年（1528年）十月写于广西。②康庄大道：语出《尔雅·释宫》"五达谓之康，六达谓之庄"。意为四通八达的大道。③惟浚：陈九川（1495~1562），字惟浚，号明水，江西临川人，官至礼部郎中，王阳明的弟子。

【译文】

看到了你的信，发现你近来学问大有进步，我不胜欣慰。我已经把你的信仔细地看过了好几遍，中间虽然也有一两个地方还不是很清楚，但都是因为致良知的功夫还不够纯熟，等到真正纯熟了，自然就不会有这样的毛病了。就好比驾车，虽然已经在康庄大道上了，有时出现歪斜迂回的情况，是因为马性没调养好，或者缰绳没有勒齐的缘故，然而只要已经在康庄大道上了，就绝不会再误入旁门左路。近来海内同志能够达到你这种地步的人未曾多见，我简直无法诉说我心中的欣慰，圣道的幸运啊！

我身体原有咳嗽怕热的毛病，到了炎热的南方，便复发得更严重了。皇上洞察圣明，托付的责任很重大，因此不敢就此辞去。地方上军务繁杂，我都带病处理。所幸现在叛乱已经平定，我已经奏请皇上乞求还乡养病，假如能够在家乡稍消炎暑，或许就可以痊愈了。我即将返乡，伏枕写信，诉不尽倾慕和企盼。另外，给九川的信要麻烦你转交给他。

二

【原文】

来书所询，草草奉复一二。

近岁来山中讲学者，往往多说勿忘勿助功夫甚难。问之，则云才著意便是助，才不著意便是忘，所以甚难。区区因问之云："忘是忘个甚么？助是助个甚么？"其人默然无对，始请问。区区因与说，我此间讲学，却只说个"必有事焉"，不说"勿忘勿助"。"必有事焉"者，只是时时去"集义"。若时时去用"必有事"的功夫，而或有时间断，此便是忘了，即须"勿忘"；时时去用"必有事"的功夫，而或有时欲速求效，此便是助了，即须"勿助"。其功夫全在"必有事焉"上用；"勿忘勿助"，只就其间提撕警觉而已。若是功夫原不间断，即不须更说勿忘；原不欲速求效，即不须更说勿助。此其功夫何等明白简易！何等洒脱自在！今却不去"必有事"上用功，而乃悬空守着一个"勿忘勿助"。此正如烧锅煮饭，锅内不曾渍水下米，而乃专去添柴放火，不知毕竟煮出个甚么物来？吾恐火候未及调停，而锅已先破裂矣。近日一种专在勿忘勿助上用功者，其病正是如此。终日悬空去做个勿忘，又悬空去做个勿助，奔奔荡荡，全无实落下手处。究竟功夫只做得个沉空守寂，学成一个痴骏[1]汉，才遇些子事来，即便牵滞纷扰，不复能经纶宰制。此皆有志之士，而乃使之劳苦缠缚，担搁一生，皆由学术误人之故，甚可悯矣！

【注释】

① 痴骙（sì）：痴愚。

【译文】

就来信里你问的问题，我草略地做了一些回答。

近年，来山上讲学的人往往说“勿忘勿助”的功夫很难。问为什么，他们便说稍略在意就是助，一不用心就是忘，所以很难。我便问：“忘是忘了什么？助是助了什么？”他们都沉默着回答不出来，便向我请教。我告诉他们，我在这里讲学，只说个“必有事焉”，从没有“勿忘勿助”的说法。“必有事焉”，就是时时刻刻要“集义”。时时刻刻都在用“必有事”的功夫，如果有时有了中断，那就是“忘”，那就需要做到“勿忘”；时时刻刻在用“必有事”的功夫，而如果有时想要快速见效，那就是“助”了，那就需要“勿助”。所以功夫都用在“必有事焉”上；“勿忘勿助”，只能在其间有个提醒警觉的作用而已。如果功夫原本就是不间断的，就不需要说“勿忘”了；如果下功夫原本就不求速效，也就不需要说“勿助”了。这其中的功夫是何等简单易懂呀！何等洒脱自在呀！如今却不在“必有事”上用功，而是空谈一个“勿忘勿助”。就像是架锅煮饭，还不曾往锅里添水下米呢，就先去添柴烧火，真不知道能够煮出个什么东西来？恐怕火候还来得及调好，锅就已经先被烧裂了。现在有一种专门在“勿忘勿助”上用功的人，他们的错误就在这里。成天空谈什么“勿忘勿助”，四处奔波，却全然没有下手的地方。到头来也只落得个死守空寂，成为一个痴呆汉。碰到一点事，便被牵滞得心绪烦乱，无法妥善应付。这些都是有志之士，却因此劳苦困扰，耽误一生，都是错误的学术误人啊，真是可惜！

王阳明解释勿忘勿助说，勿忘勿助的前提是要有“集义”的意识，不然就会像做饭不添水下米，只顾添柴烧火了。

三

【原文】

夫“必有事焉”只是“集义”，“集义”只是致良知。说“集义”则一时未见头脑，说致良知即当下便有实地步可用功。故区区专说致良知。随时就事上致其良知，便是“格物”；著实去致良知，便是“诚意”；著实致其良知，而无一毫意必固我，便是“正心”。著实致良知，则自无忘之病；无一毫意必固我，则自无助之病。故说格、致、诚、正，则不必更说个忘助。孟子说忘助，亦就告子得病处立方。告子强制其心，是助的病痛，故孟子专说助长之害。告子助长，亦是他以义为外，不知就自心上“集义”，在“必有事焉”上用功，是以如此。若时时刻刻就自心上“集义”，则良知之体洞然明白，自然是是非非，纤毫莫遁，又焉有“不得于言，勿求于心；不得于心，勿求于气”之弊乎？孟子“集义”“养气”之说，固大有功于后学，然亦是因病立方，说得大段，不若《大学》格、致、诚、正之功，尤极精一简易，为彻上彻下，万世无弊者也。

王阳明强调集义是为了致良知。

【译文】

“必有事焉”，其实只是“集义”，“集义”，则只是致良知。说“集义”，一时还抓不住关键，而说致良知，当下便就有切实的地方可以着手用功。所以我只说致良知。随时在事上致良知，便是“格物”；实实在在地致良知，便是“诚意”；实实在在地致良知，而没有一丝一毫的意、必、固、我，就是“正心”。实实在在地致良知，就自然不会有“忘”和“助”的毛病了。所以说了格物、致知、诚意、正心，就不用再说“勿忘勿助”。孟子说“勿忘勿助”，也是针对告子的毛病所开的处方。告子主张强制人心，犯了“助”的毛病，所以孟子专门解说“助”的危害。告子会犯“助”的错误，也是因为他把义当作心外之物，不懂得在心中“集义”，在“必有事焉”上用功。如果时时刻刻在心上“集义”，那么良知的本体自然会洞然开朗，自然是非毕露，又怎会有“不得于言，勿求于心；不得于心，勿求于气”的弊病呢？孟子的“集义”“养气”的学说，固然对后世学者大有功劳，然而因为也只是对症下药，只说了个大概，不如《大学》里格物、致知、诚意、正心的功夫，尤其精一简单，上下贯通，永无弊病。

四

【原文】

圣贤论学，多是随时就事，虽言若人殊，而要其功夫头脑，若合符节。缘天地之间，原只有此性，只有此理，只有此良知，只有此一件事耳。故凡就古人论学处说功夫，更不必搀和兼搭而说，自然无不吻合贯通者。才须搀和兼搭而说，即是自己功夫未明彻也。

近时有谓“集义”之功，必须兼搭个致良知而后备者，则是“集义”之功尚未了彻也。“集义”之功尚未了彻，适足以为致良知之累而已矣。谓致良知之功，必须兼搭一个“勿忘勿助”而后明者，则是致良知之功尚未了彻也。致良知之功尚未了彻，适足以为“勿忘勿助”之累而已矣。若此者，皆是就文义上解释牵附，以求混融凑泊，而不曾就自己实功夫上体验，是以论之愈精，而去之愈远。

文蔚之论，其于“大本达道”既已沛然无疑，至于“致知”“穷理”及“忘助”等说，时亦有搀和兼搭处，却是区区所谓康庄大道之中，或时横斜迂曲者，到得功夫熟后，自将释然矣。

【译文】

圣人们讲学，往往就事论事，虽然说法好像不尽相同，但他们的宗旨，都是相符合的。

因为天地之间，原本就只有一个人性，只有一个天理，只有一个良知，只是这一件事而已。所以凡是就古人论学方面讲的功夫，根本不需要掺杂搭配地讲解，自然会吻合贯通。如果有人认为需要掺杂搭配来讲说，便是他自己的功夫还不够明彻。

近来，有人认为“集义”的功夫，必须掺杂着致良知的功夫才会完备，那是因为他的“集义”的功夫还不明彻罢了。“集义”的功夫尚未明澈，便刚好成为了致良知的阻碍。而认为致良知的功夫必须搭配“勿忘勿助”的功夫才能完备，也是因为致良知的功夫尚未透彻。致良知的功夫尚未透彻，便恰恰成为了“勿忘勿助”的牵累。像这样，都只是在字义上牵强附会，以求融会贯通，还未曾就自己实在的工夫上体悟，所以说得越细致，就会相差得越远。

你的论述，在“大本达道”上已经没有什么问题了，但是对“致知”“穷理”以及“勿忘勿助”等学说，还时时会有掺杂搭配的地方，这就是我所说的已经在康庄大道上了，但有时会有歪斜曲折的情况，等你的功夫纯熟后，自然就会没有了。

五

【原文】

文蔚谓“致知之说，求之事亲、从兄之间，便觉有所持循”者，此段最见近来真切笃实之功。但以此自为不妨，自有得力处；以此遂为定说教人，却未免又有因药发病之患，亦不可不一讲也。

盖良知只是一个天理。自然明觉发见处，只是一个真诚恻怛便是他本体。故致此良知之真诚恻怛以事亲便是孝，致此真知之真诚恻怛以从兄便是弟，致此真知之真诚恻怛以事君便是忠。只是一个良知，一个真诚恻怛。若是从兄的良知不能致其真诚恻怛，即是事亲的良知不能致其真诚恻怛矣；事君的良知不能致其真诚恻怛矣，即是从兄的真知不能致其真诚恻怛矣。故致得事君的良知，便是致却从兄的良知；致得从兄的良知，便是致却事亲的良知。不是事君的良知不能致，却须又从事亲的良知上去扩充将来。如此，又是脱却本原，著在支节上求了。良知只是一个，随他发见流行处，当下具足，更无去来，不须假借。然其发见流行处，却自有轻重厚薄毫发不容增减者，所谓“天然自有之中”也。虽则轻重厚薄毫发不容增减，而原又只是一个。虽则只是一个，而其间轻重厚薄又毫发不容增减。若可得增减，若须假借，即已非其真诚恻怛之本体矣。此良知之妙用，所以无方体，无穷尽，“语大天下莫能载，语小天下莫能破”[①] 者也。

良知是天理，它自然明觉地表现出来真诚恻隐。

【注释】

①“语大”二句：语出《中庸》“故君子语大，天下莫能载焉；语小，天下莫能破焉”。意为君子讲到道的广大，即使是天地无边无际也装载不了它；讲到道的精微，天下任何东西也破碎不了它。

【译文】

你说“致知之说，求之事亲、从兄之间，便觉有所持循”，这句话最能看出你近来所下的真切笃实的功夫。你自己无妨从这里用功，自然会有感觉得力的地方；但如果用这些作为定论去教导别人，就难免会有用药不当反而得病的担心，所以在这里我不能不提一提。

王阳明认为，孝顺父母、辅佐君王的良知为一体，不可分割。辅佐君王的良知必须从侍奉父母的良知上去扩充得来。

良知只是一个天理。它自然明觉的显现处，只是一个真诚恻隐，便是良知的本体。所以致良知的真诚恻隐来关爱父母就是孝，致良知的真诚恻隐来尊敬兄长就是悌，致良知的真诚恻隐来辅佐君王便是忠。这里只有一个良知，一个真诚恻隐。如果尊敬兄长的良知不能致其真诚恻隐，也就是侍奉父母的良知不能致其真诚恻隐；如果辅佐君王的良知不能致其真诚恻隐，也就是尊敬兄长的良知不能致其真诚恻隐。所以致辅佐君王的良知，就是致尊敬兄长的良知；致尊敬兄长的良知，就是致侍奉父母的良知。不是说辅佐君王的良知不能致，却必须从侍奉父母的良知上去扩充得来。如果这样，就又是脱离了本原，只在细枝末节上探求了。良知只有一个，随着良知的呈现和流传，自然就会完美，不用再去寻求，也不需假借于外。但是它呈现流传的地方，自然就会轻重厚薄，丝毫不容增减，即所谓的“天然自有之中”。虽然它的轻重厚薄，丝毫不容增减，但它的本原也只是一个。虽然良知只是一个，它的轻重厚薄又是丝毫不容增减的。如果可以增减，如果需要向外假借，便不会再是真诚恻隐的本体了。之所以良知的妙用没有固形，没有穷尽，“语大天下莫能载，语小天下莫能破”，原因就在此。

六

【原文】

孟氏“尧舜之道，孝弟而已”者，是就人之良知发见得最真切笃厚、不容蔽昧处提省人，使人于事君、处友、仁民、爱物，与凡动静语默间，皆只是致他那一念事亲从兄真诚恻怛的良知，即自然无不是道。盖天下之事虽千变万化，至于不可穷诘，而但惟致此事亲从兄一念真诚恻怛之良知以应之，则更无有遗缺渗漏者，正谓其只有此一个良知故也。事亲从兄一念良知之外，更无有良知可致得者，故曰：“尧舜之道，孝弟而已矣。”此所以为“惟精惟一”之学，放之四海而皆准，“施诸后世而无朝夕”[①]者也。

文蔚云：“欲于事亲从兄之间，而求所谓良知之学。”就自己用功得力处如此说，亦无不可。若曰“致其良知之真诚恻怛，以求尽夫事亲从兄之道焉”，亦无不可也。明道云：“行仁自孝弟始，孝弟是仁之一事，谓之行仁之本则可，谓是仁之本则不可。[②]”其说是矣。

【注释】

① 施诸后世而无朝夕：意为后世要一直施行它，一朝一夕都不可以例外。语出《礼记·祭义》。② 谓之行仁之本则可，谓是仁之本则不可：此段是程颐所言，见《河南程氏遗书》卷十八。意为孝悌是行仁的根本，

但不能说它是仁的根本。

【译文】

孟子说："尧舜之道，孝弟而已。"它是就人的良知显现发挥最真切笃实、不被蒙蔽的地方提醒人，使人在侍奉君王、结交朋友、仁爱百姓、关爱万物，以至一切行动、静止、说话、沉默时，都只是在致他那一心侍奉父母、尊敬兄长的真诚恻隐的良知，那样的话，就自然无处不是圣道了。天下的事情虽然千变万化，无法穷尽，但只需用侍奉父母、尊敬兄长的真诚恻隐的良知去应付，就再不会有什么遗漏缺失，正是因为这当中只有一个良知的缘故。除了一心侍奉父母、尊敬兄长的良知之外，再没有其他的良知可以致了，所以孟子才说："尧舜之道，孝弟而已矣。"这正是"惟精惟一"的学说，放之四海而皆准，"施诸后世而无朝夕"。

王阳明认为，天下的事情虽然千变万化，无法穷尽，但只需用侍奉父母、尊敬兄长的真诚恻隐的良知去应付，就再不会有什么遗漏缺失。

你说："想通过侍奉父母、尊敬兄长的事情，求得所谓致良知的学问。"从自己着手用功这方面说，没有什么不可以。如果说"用良知的真诚恻隐，来探求侍奉父母、尊敬兄长的道理"，也没什么不可以。程颐先生说："从孝悌开始施行仁义，孝悌是仁义中的一件事情，说它是行仁的根本是可以的，但说它是仁的根本就不对了。"这很对。

七

【原文】

"臆""逆""先觉"之说，文蔚谓"诚则旁行曲防，皆良知之用"。甚善甚善！间有搀搭处，则前已言之矣。惟浚之言亦未为不是。在文蔚须有取于惟浚之言而后尽，在惟浚又须有取于文蔚之言而后明。不然，则亦未免各有倚著之病也。舜察迩言而询刍荛[①]，非是以迩言当察、刍尧当询而后如此。乃良知之发见流行，光明圆莹，更无碍遮隔处。此所以谓之大知。才有执著意必，其知便小矣。讲学中自有去取分辨，然就心地上着实用功夫，却须如此方是。

【注释】

① 刍荛：刍，草；荛，柴草。引申为打柴的人。

【译文】

诸如"不臆不信""不逆诈""先觉"等论说，你说"诚则旁行曲防，皆良知之用"。这种观点很正确！偶尔会有掺杂搭配的地方，我前面已经谈到过了。惟浚的说法也并不是不对。你需要采纳惟浚的说法才能够做到详尽，而惟浚则需要采纳你的说法之后才能更明白。否则的话，你们都难免会有一些偏颇。舜喜欢体察浅近的话，并且向打柴的人请教，并不是浅近的话应当去思考，而是舜认为应当向樵夫请教，所以他才请教。良知的呈现流传，光明透彻，没有任何障碍蒙蔽的地方。这就是所谓的大智。如果有了执着和意、必，他的智就变小了。讲学时自然会有一些取舍分辨，但是在心里切实地用功，就必须这样才行。

八

【原文】

“尽心”三节，区区曾有生知、学知、困知之说，颇已明白，无可疑者。盖尽心、知性、知天者，不必说存心、养性、事天，不必说“夭寿不贰、修身以俟”。而存心、养性与“修身以俟”之功，已在其中矣。存心、养性、事天者，虽未到得尽心、知天的地位，然已是在那里做个求到尽心、知天的功夫，更不必说“夭寿不贰、修身以俟”，而“夭寿不贰、修身以俟”之功，已在其中矣。

譬之行路，尽心、知天者，如年力壮健之人，既能奔走往来于数千里之间者也；存心、事天者，如童稚之年，使之学习步趋于庭除之间者也；“夭寿不贰、修身以俟”者，如襁褓之孩，方使之扶墙傍壁，而渐学起立移步者也。既已能奔走往来于数千里之间者，则不必更使之于庭除之间而学步趋，而步趋于庭除之间自无弗能矣；既已能步趋于庭除之间，则不必更使之扶墙傍壁而学起立移步，而起立移步自无弗能矣。然学起立移步，便是学步趋庭除之始；学步趋庭除，便是学奔走往来于数千里之基。固非有二事，但其功夫之难易，则相去悬绝矣。

心也，性也，天也，一也。故及其知之成功则一。然而三者人品力量自有阶级，不可躐等而能也。细观文蔚之论，其意以恐尽心、知天者，废却存心、修身之功，而反为尽心、知天之病。是盖为圣人忧功夫之或间断，而不知为自己忧功夫之未真切也。吾侪[①]用功，却须专心致志在“夭寿不贰、修身以俟”上做，只此便是做尽心、知天功夫之始。正如学起立移步，便是学奔走千里之始。吾方自虑其不能起立移步，而岂遽其不能奔走千里？又况为奔走千里者，而虑其或遗忘于起立移步之习哉？

文蔚识见本自超绝迈往，而所论云然者，亦是未能脱去旧时解说文义之习，是为此三段书分疏比合，以求融会贯通，而自添许多意见缠绕，反使用功不专一也。近时悬空去做勿忘勿助者，其意见正有此病，最能耽误人，不可不涤除耳。

【注释】

① 侪：同辈，同类的人。

【译文】

关于“尽心”的三个层次，我曾经用“生而知之”“学而知之”“困而知之”来说明，已是非常明白的了，应该没有能怀疑的地方了。大概对于尽心、知性、知天的人，就不必再说存心、养性、事天了，也不必再说“夭寿不贰，修身以俟”。因为存心、养性与“修身以俟”的功夫，都已经包含在尽

存心、事天的人，就像是一个稚嫩的儿童，只能让他在庭院里学习走路；而“夭寿不贰，修身以俟”的人，就像还在襁褓里的婴儿，让他们依傍着墙壁，他们才能慢慢学习站立，缓缓移动。

心、知性、知天当中了。而对于存心、养性、事天的人，虽然他们还能到得尽心、知天的境界，但已经是在探求尽心、知天的功夫了，也无须说“夭寿不贰、修身以俟”的功夫，因为“夭寿不贰、修身以俟”的功夫，也已经包括其中了。

王阳明说，心、性、天，本质是一样的，尽心就是达致天理了。

以走路作比喻，尽心、知天的人，就像年轻壮健的人，本来就能够在数千里的路途当中来回奔走；存心、事天的人，就像是一个稚嫩的儿童，只能让他在庭院里学习走路；而“夭寿不贰，修身以俟”的人，就像还在襁褓里的婴儿，让他们依傍着墙壁，他们才能慢慢学习站立，缓缓移动。既然已经能够在数千里的路途当中来回奔走了，就不必再让他在院子里学习走路了，因为在院子里走路对他来说是不可能不会的；既然已经能够在院子里走路了，那也就不必再让他靠着墙壁学习站立了，因为他站立自然对他们来说是没有问题的。然而在庭院里学习走路，是从学习站立开始的；而在庭院里学着走路，又是能在几千里的路上往来奔跑的基础。这本来就不是两回事，只是功夫的难易程度相差得很悬殊罢了。

心、性、天，其本质是一样的。所以等到致良知成功之后，效果是相同的。然而这三种人的人品、才智有各自不同的等级，他们不能够逾越各自的等级而行动。我仔细考虑了你的观点，你是害怕尽心、知天的人，废弃了存心、修身的功夫，而反过来成为了尽心、知天的障碍。这大概是替圣人担忧，怕他们的功夫有时会间断，却不去为自己担心功夫是不是已经真切了。我们用功，只需专心致志地在“夭寿不贰，修身以俟”上用功，这才是做尽心、知天的功夫的开始。就像学习站立，是为了学习奔走千里。如今，我忧虑的是不能站立移步，怎会去忧虑不能奔走千里呢？又怎么会为奔走千里的人，担心他们会有时忘记了站立的本领？

你原本已经见识出众，而你所说的话，又表明，你也还没有清除以往专门讲求字面意义的习惯，所以你才会分出知天、事天、夭寿不贰三个层次，进行分析、综合、比较，以求融会贯通，却给自己添加了许多纠缠不清的观点，反倒让自己不能用功专一。近来那些凭空去做“勿忘勿助”的功夫的人，也恰恰有了这个毛病，它最能耽误人，不能不清除干净。

九

【原文】

所谓“兼德性而道问学”一节，至当归一，更无可疑。此便是文蔚曾著实用功，然后能为此言。此本不是险僻难见的道理，人或意见不同者，还是良知尚有纤翳潜伏。若除去此纤翳，即自无不洞然矣。

【译文】

你所说的“尊德性而道问学”这一节，“尊德性”和“道问学”应当统一，这没有什么可怀疑的。你能说这句话，说明这是你踏实用功了。这本来就不是生僻难懂的道理。有的人会有不同的意见，是因为他们的良知里还隐藏着纤尘。如果清除了这些纤尘，就自然会豁然开朗。

十

【原文】

已作书后，移卧檐间，偶遇无事，遂复答此。文蔚之学既已得其大者，此等处久当释然自解，本不必屑屑如此分疏。但承相爱之厚，千里差人远及，谆谆下问，而竟虚来意，又自不能已于言也。然直戆[①]烦缕已甚，恃在信爱，当不为罪。惟浚处及谦之[②]、崇一处，各得转录一通寄视之，尤承一体之好也。

【注释】

①戆：愚直。②谦之：邹守益（1491~1562），字谦之，号东郭，江西安福人；王阳明的弟子。

王阳明在信的最后表达了对学生千里派人来请教的尊重。

【译文】

写好信之后，我躺到屋檐下面，正好无事可做，便又写了以下几句。你的学问既然已经把握到了关键所在，这些问题时间长了之后自然就会明白，原本不需要我这样分析讲解。但是承蒙你的厚爱，千里派人前来请教，为了不辜负你的一片诚意，我又不得不说这些。但是我又太过率直、琐碎，想你凭着对我的信任与关爱，应当不会怪罪于我吧。还请你把这封信分抄几份，寄给惟浚、谦之、崇一等人，让他们同承你情同手足的好意。

训蒙大意示教读刘伯颂等[①]

【原文】

古之教者，教以人伦。后世记诵辞章之习起，而先王之教亡。今教童子，惟当以孝、弟、忠、信、礼、义、廉、耻为专务。其栽培涵养之方，则宜诱之歌诗以发其志意，导之习礼以肃其威仪，讽之读书以开其知觉。今人往往以歌诗、习礼为不切时务，此皆末俗庸鄙之见，乌足以知古人立教之意哉？

大抵童子之情，乐嬉游而惮拘检，如草木之始萌芽，舒畅之则条达，摧挠之则衰痿。今教童子，必使其趋向鼓舞，中心喜悦，则其进自不能已。譬之时雨春风，沾被卉木，莫不萌动发越，自然日长月化。若冰霜剥落，则生意萧索，日就枯槁矣。故凡诱之歌诗者，非但发其志意而已，亦所以泄其跳号呼啸于咏歌，宣其幽抑结滞于音节也。导之习礼者，非但肃其威仪而已，亦所以周旋揖让而动荡其血脉，拜起屈伸而固束其筋骸也。讽之读书者，非但开其知觉而已，亦所以沉潜反复而存其心，抑扬讽诵以宣其志也。凡此皆所以顺导其志意，调理其性情，潜消其鄙吝，默化其粗顽，日使之渐于礼义而不苦其难，入于中和而不知其故。是盖先王立教之微意也。

若近世之训蒙稚者，日惟督以句读课仿，责其检束而不知导之以礼，求其聪明而不知养之以善，鞭挞绳缚，若待拘囚。彼视学舍如图狱而不肯入，视师长如寇仇而不欲见，窥避掩覆以遂其嬉游，设诈饰诡以肆其顽鄙，偷薄庸劣，日趋下流。是盖驱之于恶而求其为善也，何可得乎？

凡吾所以教，其意实在于此。恐时俗不察，视以为迂，且吾亦将去，故特叮咛以告。尔诸教读，其务体吾意，永以为训，毋辄因时俗之言，改废其绳墨，庶成“蒙以养正”[②]之功矣，念之念之！

【注释】

①明正德十三年（1518），王阳明任南赣巡抚，在赣南各地订立乡约，兴办社学并颁布此文晓谕他们。训蒙大意，儿童教育的基本原则。教读，社学的教师，刘伯颂应为教读之一。②蒙以养正：语出《周易·蒙卦·彖传》“蒙以养正，圣功也。”意为应当培养儿童纯正无邪的品质。

王阳明认为教育小孩子必要让他们顺从自己的喜好，就像草木刚萌芽的时候，让它舒展地生长，便很快就能够枝条发达，而如果受到了摧压就很快会枯萎。

【译文】

古代的教育者，教的是人伦纲常。而自从后世背诵辞章的风气兴起，先王的教育就灭亡了。现在教育小孩子，应当只把孝、悌、忠、信、礼、义、廉、耻作为唯一的内容。而教育的具体方法，则应当诱导他们吟唱诗歌以激发起志趣；引导他们学习礼仪以使他们仪表严肃威严；指导他们读书以开发他们的智慧。如今，人们往往觉得吟唱诗歌、学习礼仪有些不合时宜，这都是庸俗鄙薄的看法，他们怎么能够知晓古人推行教育的本意呢？

一般来说，小孩子们喜好嬉戏游玩而讨厌约束，就像草木刚萌芽的时候，让它舒展地生长，便很快就能够枝条发达，而如果受到了摧压就很快会枯萎。如今教育小孩子，必要让他们顺从自己的喜好，欢欣鼓舞，心中喜悦，那么他们的进步自然不会停止。就好像春天的和风细雨，花木得到了滋养，无不发芽抽枝，自然而然日新月异。但是如果冰霜来袭，花木就会萧索，日益枯萎。所以孩子们得到诗歌吟唱的引导，不仅仅可能引发他们的志趣，而且能够在吟唱诗歌的过程中消耗他们跳蹿呼号的精力，在音律中宣泄他们心里的郁结。引导他们学习礼仪，不但能使他们仪表威严，而且还能在打躬作揖中活动他们的血脉，强筋健骨。指导他们读书，不但可能开发他们的智慧，而且也能在反复的思索中存养他们的本心，在抑扬顿挫的朗诵中宣扬他们的志趣。所有这些都是顺从他们的心意，调理他们的性情，消磨他们的鄙陋吝啬和粗浅愚顽，日渐使他们合乎礼仪而不感到很难接受，在不知不觉中达到了中正平和。这些才是先王推行教育的本意。

当代教导启蒙儿童的人，只是每天督促他们的句读功夫，严求他们自我约束而不知道用礼仪来引导他们，仅仅要求他们聪明却不知道用善良来培养他们，像对待囚犯一样对待学生们，用鞭子打用绳子捆。小孩子们把学校看做是监狱而不愿意进入，把老师看作强盗仇人而不想和他们见面，于是他们借机窥探、逃避、掩饰、覆盖，以便能嬉戏游乐，撒谎作假，肆意顽劣，日益变得层次低下。这是驱使他们作恶却又想要他们向善，怎么可能达到呢？

所以我的教育，本意就在这里。就怕世俗无法体察，以为我很迂腐，况且我将要离开了，所以特别叮咛嘱咐。你们这些为人师表的人，务必要体察我的心意，并以此为训诫，不要因为世俗言论而废弃了我的规矩，也许还可以成就“蒙以养正”的功效吧。切记切记！

教约

【原文】

每日清晨，诸生参揖毕，教读以次偏询诸生：在家所以爱亲敬长之心，得无懈忽未能真切否？温定省之仪，得无亏缺未能实践否？往来街衢步趋礼节，得无放荡未能谨饬否？一应言行心术，得无欺妄非僻未能忠信笃敬[①]否？诸童子务要各以实对，有则改之，无则加勉。教读复随时就事，曲加诲谕开发，然后各退，就席肄业。

每天清晨，学生们拜见行拱手礼完毕，教师应当依次询问各个学生：在家里时，热爱父母尊敬兄长的心，是没有懈怠呢还是有失真切？温清定省的礼节上，是没有能够身体力行还是无所欠缺？在街上往来行走时，是否步履谨慎而没有放荡不羁？一切言行心术，是否忠实笃信而没有欺妄？每个学生务必如实应答，有则改之，无则加勉。老师要随时随地对学生给以委婉的教导和启发，然后让他们各自退回座位上去学习。

凡歌诗，须要整容定气，清朗其声音，均审其节调，毋躁而急，毋荡而嚣，毋馁而慑，久则精神宣畅，心气和平矣。每学量童生多寡，分为四班。每日轮一班歌诗，其余皆就席，敛容肃听。每五日则总四班递歌于本学。每朔望集各学会歌于书院。

凡习礼，需要澄心肃虑，审其仪节，度其容止，毋忽而惰，毋沮而怍，毋径而野，从容而不失之迂缓，修谨而不矢之拘局。久则礼貌习熟，德性坚定矣。童生班次皆如歌诗，每间一日则轮一班习礼，其余皆就席敛容肃观。习礼之日，免其课仿。每十日则总四班递习于本学，每朔望则集各学会习于书院。

凡授书不在徒多，但贵精熟。量其资禀，能二百字者止可授以一百字，常使精神力量有余，则无厌苦之患，而有自得之美。讽诵之际，务令专心一志，口诵心惟，字字句句，细绎反复，抑扬其音节，宽虚其心意。久则义礼浃洽，聪明日开矣。

每日功夫，先考德，次背书诵书，次习礼或作课仿，次复诵书讲书，次歌诗。凡习礼歌诗之数，皆所以常存童子之心，使其乐习不倦，而无瑕及于邪僻。教者如此，则知所施矣。虽然，此其大略也。“神而明之，则存乎其人。”②

【注释】

① 忠信笃敬：语出《论语·卫灵公》“言忠信，行笃敬，虽蛮貊之邦，行矣”。② 神而明之，则存乎其人：语出《周易·系辞上》“神而明之，存乎其人”。意为只有人的运用，才能使圣道发挥神妙作用。

【译文】

学习礼仪要心思澄澈，肃除杂虑；学书不在数量的多少，而贵在精熟。

每天清晨，学生们拜见行拱手礼完毕，教师应当依次询问各个学生：在家里时，热爱父母尊敬兄长的心，是没有懈怠呢还是有失真切？温凊定省的礼节上，是没有能够身体力行还是无所欠缺？在街上往来行走时，是否步履谨慎而没有放荡不羁？一切言行心术，是否忠实笃信而没有欺妄？每个学生务必要如实应答，有则改之，无则加勉。老师要随时随地对学生给以委婉的教导和启发，然后让他们各自退回座位上去学习。

凡是吟唱诗词，必须仪容整洁，心气安定，声音要清朗，节奏需均衡，不急不躁，不因艰难而气馁，久而久之，自然会精神宣畅，心气平和。每个学校依据学生数量分四个班，每天轮流一个班吟唱诗词，而其余的学生便表情严肃、认真坐在席位上听他们诵读。每五天便让四个班在学校依次吟唱诗歌，每月初一、十五，集合各学校到书院里一起吟唱诗歌。

凡是学习礼仪，必须心思澄澈，肃除杂虑。老师要认真观察他们的礼仪细节、容貌举止，不因懒惰而疏忽，也不沮丧害羞，不粗野，从容自如而不迂缓，谨慎而不拘束紧张。久而久之，礼仪就会熟练，而德性也就坚定了。学生的班次像吟唱诗歌时一样，每隔一天便轮一个班学习礼仪，其余的班级表情严肃、认真地坐着观察。练习礼仪的当天，可以免除其他的功课。每十天就集合四个班在本校练习礼仪。每月的初一、十五集合各学校到书院一起练习礼仪。

老师教书不仅仅在乎数量的多少，贵在精熟。根据学生的天资禀性，能识二百字的人只教他们一百字，让学生的精力常常会有富余，就不会担心他们因辛苦而厌烦学习，相反会因为有所收获而愿意继续学习。诵读的时候，务必要让他们专心致志，口读心想，字字句句都反复体会，音节要抑扬顿挫，而心胸要宽广虚静。久而久之，自然会礼仪得当，更加聪明了。

每天的功课，先考察德性，然后是育书、背书，之后是学习习礼仪或练习功课，最后再是反复读书、讲课、吟唱诗词。但凡练习礼仪、吟唱诗歌，都是为了常常存养小孩子们的本心，使他们喜爱学习孜孜不倦，没有闲暇工夫花在歪门邪道的事情上。教师们明白了这些，就知道如何施行了。虽然这里只大概说了一些。但“神而明之，则存乎其人”，各人去努力吧。

◎卷下◎

陈九川录

一

【原文】

正德乙亥，九川初见先生于龙江。先生与甘泉①先生论“格物”之说。甘泉持旧说。先生曰：“是求之于外了。”甘泉曰：“若以格物理为外，是自小其心也。”九川甚喜旧说之是。先生又论“尽心”一章，九川一闻却遂无疑。

后家居，复以“格物”遗质。先生答云：“但能实地用功，久当自释。”山间乃自录《大学》旧本读之，觉朱子“格物”之说非是，然亦疑先生以意之所在为物，“物”字未明。

陈九川向王阳明请教格物、致知、诚意的学问。

己卯，归自京师，再见先生于洪都②。先生兵务倥偬，乘隙讲授。首问：“近年用功何如？”

九川曰：“近年体验得‘明明德’功夫只是‘诚意’。自‘明明德于天下’，步步推入根源，到‘诚意’上再去不得，如何以前又有格致功夫？后又体验，觉得意之诚伪，必先知觉乃可，以颜子‘有不善未尝知之，知之未尝复行’为证，豁然若无疑，却又多了格物功夫。又思来，吾心之灵何有不知意之善恶？只是物欲蔽了，须格去物欲，始能如颜子未尝不知耳。又自疑功夫颠倒，与‘诚意’不成片段。后问希颜。希颜曰：‘先生谓“格物”“致知”是“诚意”功夫，极好。’九川曰：‘如何是“诚意”功夫？’希颜令再思体看。九川终不悟，请问。”

先生曰：“惜哉！此可一言而悟！惟浚所举颜子事便是了。只要知身、心、意、知、物是一件。”

九川疑曰：“物在外，如何与身、心、意、知是一件？”

先生曰：“耳、目、口、鼻、四肢，身也，非心安能视、听、言、动？心欲视、听、言、动，无耳、目、口、鼻、四肢亦不能。故无心则无身，无身则无心。但指其充塞处言之谓之身，指其主宰处言之谓之心，指心之发动处谓之意，指意之灵明处谓之知，指意之涉着处谓之物，只是一件。意未有悬空的，必着事物，故欲'诚意'，则随意所在某事而格之，去其人欲而归于理，则良知之在此事者，无蔽而得致矣。此便是'诚意'的功夫。"

格物就像是求道，也就是随处体察、明白天理。

九川乃释然破数年之疑。

又问："甘泉近亦信用《大学》古本，谓'格物'犹言'造道'，又谓穷如穷其巢穴之穷，以身至之也，故'格物'亦只是随处体认天理。似与先生之说渐同。"

先生曰："甘泉用功，所以转得来。当时与说'亲民'字不须改，他亦不信。今论'格物'亦近，但不须换'物'字作'理'字，只还他一'物'字便是。"

后有人问九川曰："今何不疑'物'字？"曰："《中庸》曰'不诚无物'，程子曰'物来顺应'，又如'物各付物''胸中无物'③之类，皆古人常用字也。"他日先生亦云然。

【注释】

①甘泉：湛若水（1466~1560），字元明，号甘泉，广西增城人，历任礼部、吏部、兵部尚书，著有《湛甘泉集》。②洪都：地名，今江西南昌。③胸中无物：语出《河南程氏外书》卷十一"尧夫胸中无事如此"。邵雍，字尧夫，共城（今河南辉县）人，北宋哲学家，与周敦颐、张载、二程合称北宋五子，著有《皇极经世编》《伊川击壤集》等。

【译文】

正德十年（1515），九川在龙江第一次看到了先生。先生正与甘泉先生谈论"格物"的学说，而甘泉先生一再坚持朱熹先生的见解。先生说："这是在心外寻求了。"甘泉先生则说："如果以格物之理为外，那就把自心看小了。"九川心里十分赞同朱熹的说法。先生又谈到了《孟子》"尽心"一章，九川听了之后，马上对先生的"格物"学说不再有怀疑了。

后来九川闲居在家，又以"格物"的学说向先生求教。先生答说："只要能够切切实实地用功，时间长了，自然就会明白。"到了山间，又自己抄录了《大学》旧本来阅读，更感觉朱熹的"格物"学说不正确，但是也还怀疑先生把"意"的所在当作物，因为这个"物"字，我还觉得不太明朗。

正德十四年，九川从京师回来，在洪都（今江西南昌）又见到了先生。当时先生军务繁重，只能抓紧空闲时间，给我讲课。首先便问："近年来用的功夫怎么样？"

九川说："近年来体会到了'明明德'的功夫只是'诚意'。从'明明德于天下'，逐步追溯本源，但到'诚意'上就再追溯不下去了。怎么'诚意'的前面还有一个'格物致知'的功夫呢？后来又仔细体会，感觉到意的真诚虚伪，须先要有知觉，颜回曾说'有不善未尝知之，知之未尝复行'，这能当作证据，我由此豁然开朗，确信无疑，但是心里又多了一个‘格物’的功夫。细细思考，凭着本心的灵明，又怎么会不明白意的善恶呢？只不过是被物欲所蒙蔽，需要格除物欲，才能做到像颜回那样，善恶尽知。我又想是不是自己把功夫用颠倒了，以致‘格物’和‘诚意’的功夫联系不到一起。后来我问希颜，希颜说：‘先生所说“格物”“致知”，都是“诚意”的功夫，我认为真的是这样的。’我又问：‘为什么是“诚意”的功夫呢？’希颜让我再自个儿用心去体察。但我最终还是没能领悟到这其中的缘由，所以现在向先生您求教。”

先生说：“真是可惜！原来这是可以一言而喻的！你所举的颜回的例子就能够把问题讲明白了。总之你只要懂得，身、心、意、知、物，全都是一件事就行了。”

九川不解地问：“物在心外，怎会和身、心、意、知是同一件事呢？”

先生说：“耳、目、口、鼻以及四肢，皆是人体的部分，心如果没有通过它们，怎么能够看、听、说、动呢？心想要看、要听、要说、要动，没有耳、目、口、鼻及四肢就不能够。所以说，没有心就没有身体，没有身体也就没有心，它们是统一的。只是从充塞空间上来说是身，而从主宰作用上来说它就叫作心，而从心的发动上来说就是意，从意的灵明上来说就是知，从意的涉及上来说就是物，这些都是统一的。意不会凭空存在，必须依附事物而存在。所以，想要‘诚意’，就必须在意所涉及的事物上去‘格’，就必须去除私欲遵循天理，这样，良知于此就不会再受到蒙蔽，并且能够‘致知’了。‘诚意’的功夫就在这里。”

听了先生这番话，九川终于消除了积存在心中多年的疑虑。

九川又问：“甘泉先生近来比较偏向于《大学》的旧本，以为‘格物’就像是求道，认为穷理的穷，就是‘穷其巢穴’的穷，需要自己到巢穴中去走一趟。所以‘格物’，也就是随处体察、明白天理，这和先生的学说有些相近了。”

先生又说：“他下了工夫了，所以他能够转过弯来。当初我跟他说，‘亲民’不能改作‘新民’，他还不相信呢。现在他对‘格物’的看法跟我的观点也有些接近了，只是‘物’字还是不改成‘理’字，这也可以。”

格物是诚意的功夫，想要“诚意”就必须“格物。”

后来有人问：“为什么现在就不怀疑这个‘物’字了？”我说：“《中庸》里有说‘不诚无物’，程颢则说‘物来顺应’，‘物各付物’‘胸中无物’等，这些都是古人常用的字。”后来先生也这样说。

二

【原文】

九川问：“近年因厌泛滥之学，每要静坐，求屏息念虑，非惟不能，愈觉扰扰。如何？”

先生曰：“念如何可息？只是要正。”

曰："当自有无念时否？"

先生曰："实无无念时。"

曰："如此却如何言静？"

曰："静未尝不动，动未尝不静。戒谨恐惧即是念，何分动静？"

曰："周子何以言'定之以中正仁义而主静'①？"

曰："无欲故静，是'静亦定，动亦定'的'定'字。'主'，其本体也。戒惧之念是活泼泼地，此是天机不息处，所谓'维天之命，于穆不已'②。一息便是死，非本体之念即是私念。"

学生问道，想要静心却愈觉心中烦扰怎么办？王阳明说，没有欲望就能宁静，意念静中有动，动中有静。

【注释】

① 定之以中正仁义而主静：语出周敦颐《太极图说》"五性感动而善恶分，万事出矣。圣人定之以中正仁义而主静，立人极焉"。② "维天之命"二句：语出《诗经·周颂·维天之命》。

【译文】

九川问："近年我因厌恶泛览博观，每每想要静坐安神，以求屏息各种思虑念头。但是，我非但不能静心，反而更加感觉到思绪纷扰，这是为何呢？"

先生说："思虑念头怎么可能停止呢？只能让它归于纯正。"

九川问："会有自然没有念头的时候？"

先生说："实在是不会有没有念头的时候。"

王阳明进一步解释说，意念亦动亦静，只要定之以戒慎恐惧就好。

九川问："这样的话，该怎么解释'静'呢？"

先生说："静中未尝会没有动，动中也未尝会没有静。戒慎恐惧即是念头，怎么分动静呢？"

九川说："周敦颐为什么又说'定之以中正仁义而主静'呢？"

先生说："没有欲望所以宁静，这个'定'字也就是程颢所说'静亦定，动亦静'中的'定'。'主'，即本体。戒慎恐惧的念头是活泼的，正是天机运动不息的表现，所谓'维天之命，于穆不已'。一旦停止便是死亡，不是心的本体的意念都是私念。"

三

【原文】

又问："用功收心时，有声、色在前，如常闻见，恐不是专一。"

曰："如何欲不闻见？除是槁木死灰，耳聋目盲则可。只是虽闻见而不流去便是。"

曰："昔有人静坐，其子隔壁读书，不知其勤惰。程子称其甚敬[①]。何如？"

曰："伊川恐亦是讥他。"

【注释】

①程子称其甚敬：语出《河南程氏遗书》卷二："许渤与其子隔一窗而寝，乃不闻其子读书与不读书。先生谓：'此人持敬如此。'"

欲念人人有，只是能做到用功的时候心不跟着分散就可以了。

【译文】

九川问："专心用功的时候，声、色在眼前出现，如果还像往常那样去看去听，恐怕就不能专一了。"

先生说："怎么能不想去听不想去看呢？除非是槁木死灰的人或者耳聋眼瞎的人。只是虽然听见或看见了，心却不跟着它分散了也就是了。"

九川说："从前有人静坐，他的儿子在隔壁读书，他都不知道儿子是勤劳或懒惰。程颐称赞他很能持静。这又是为何呢？"

先生说："程颐先生恐怕也是在讽刺他罢了。"

四

【原文】

又问："静坐用功，颇觉此心收敛。遇事又断了，旋起个念头，去事上省察。事过又寻旧功，还觉有内外，打不作一片。"

先生曰："此'格物'之说未透。心何尝有内外？即如惟浚今在此讲论，又岂有一心在内照管？这听讲说时专敬，即是那静坐时心。功夫一贯，何须更起念头？人须在事上磨练，做功夫乃有益。若只好静，遇事便乱，终无长进。那静时功夫亦差似收敛，而实放溺也。"

王阳明告诉学生，心是没有内外之分的，做功夫也不应该分内外，只要不离心的本体就行了。

后在洪都，复与于中[①]、国裳[②]论内外之说[③]，渠皆云："物自有内外，但要内外并着功夫，不可有间耳。"以质先生。

曰："功夫不离本体，本体原无内外。只为后来做功夫的分了内外，先其本体了，如今正要讲明功夫不要有内外，乃是本体功夫。”

是日俱有省。

学生静坐用功时，感到本心是收敛着的，但遇到事情就会中断，于是认为心是有内外之分的。

【注释】

① 于中：陈荣捷先生认为“于中”是“子中”之误。夏良胜，字子中，与陈九川交往密切。② 国裳：舒芬（1487~1527），字国裳，号梓桐，江西进贤人，丁丑（1517）状元，授翰林修撰。与陈九川一同上疏谏武宗南巡，被贬，后复原职，又上疏大礼之议，并同谏者哭于武庙，遭廷杖。③ 内外之说：宋明理学，往往把静坐省察与躬行实践视为内外不同的功夫，而且以前为重，轻视后者。王阳明则认为本体不分内外。省察可以指导实践，实践可以深化省察，所以它们是一体的。王阳明还认为本体和功夫是统一不可分的。

【译文】

九川又问：“静坐用功，很能感觉到本心是收敛着的。但遇到事情就会中断，马上就生起一个念头，到具体的事情上去省察。事情完成之后，再去寻找原来的功夫。所以我仍然觉得有心有内外之分，不能融合成一处。”

先生说：“这是你对‘格物’的学说还不够明白。心怎么会有内外之分呢？就像你现在在这里讨论，岂会另有一个心在里边照管着？这个专心听讲和说话的心，就是静坐时的心。功夫是一以贯之的，何须再另起一个念头？人做功夫必须在具体的事情上磨炼，那才会有益处。如果仅仅是喜欢安静，那么遇到事情便会忙乱，最终也没有长进。而静坐时的功夫，也仅仅是表面看似乎收敛，而实际上却是放纵沉溺。”

后来在洪都时，九川又与于中、国裳讨论‘内外’的学说。于中、国裳都说：“事物本就有内外之分，要在内外并行用功，不能有所间断。”因此九川又问了先生这个问题。

先生说：“功夫离不开本体，本体本来就是不分内外的。只是后来做功夫的人把功夫分出了内外，但已经丧失它的本体了。现在只要讲明，功夫不要有内外之分，那才是本体的功夫。”

这一天大家都有所心得。

五

【原文】

又问：“陆子之学何如？”

先生曰：“濂溪、明道之后，还是象山，只是粗些。”

九川曰：“看他论学，篇篇说出骨髓，句句似针膏肓，却不见他粗。”

先生曰：“然，他心上用过功夫，与揣摹依仿、求之文义自不同。但细看有粗处，用功久当见之。”

【译文】

九川又问："陆象山先生的学说怎么样？"

先生说："在周敦颐先生、程颢先生以后，就是陆象山先生了，只是稍显粗疏。"

九川说："我看他探讨学问，篇篇都能指出精髓所在，句句都能针砭膏肓，没有发现他有粗疏的地方。"

先生说："对的，他在心上用过功夫，自然和那些仅仅在字面上揣测模仿、寻求字面含义的人不相同。但是仔细察看能发现，他的学说有粗糙的地方，用功时间长了自然就能发现了。"

王阳明与学生谈论陆象山的学说。

六

【原文】

庚辰往虔州，再见先生，问："近来功夫虽若稍知头脑，然难寻个稳当快乐处。"

先生曰："尔却去心上寻个天理，此正所谓理障[①]。此间有个诀窍。"

曰："请问如何？"

曰："只是'致知'。"

曰："如何致？"

曰："尔那一点良知，是尔自家底准则。尔意念着处，他是便知是，非便知非，更瞒他一些不得。尔只不要欺他，实实落落依着他做去，善便存，恶便去，他这里何等稳当快乐！此便是'格物'的真诀、'致知'的实功。若不靠着这些真机，如何去'格物'？我亦近年体贴出来如此分明，初犹疑只依他恐有不足，精细看，无些小欠缺。"

学生向王阳明请教"致知"的方法。

【注释】

① 理障：佛教用语，即知障。意为把理看死了，理也会成为认识真理的障碍。《圆觉经》云："若诸众生永舍贪欲，先除事障，未断理障，但能悟入声闻缘觉，未能显住菩萨境界。"

【译文】

正德十五年（1520），九川再次看到了先生，问："最近我的功夫虽然能够掌握一些关键地方，但仍旧很难找到一个稳当快乐的所在。"

先生说："你正是要到心上去寻找天理，这便是所谓的'理障'。这里边有一个诀窍。"

九川问："是什么诀窍？"

先生说："只是一个'致知'。"

九川问："怎么去致呢？"

先生说："你心里的那一点良知，便是你自己的准则。你的意念所在之处，正确的就知道正确，错误的就知道错误，对它一丝一毫都隐瞒不得。你只需不去欺骗良知，切切实实地顺从良知去做，善便存养，恶便去除，这样何等稳当快乐！这就是'格物'的真正秘诀、'致知'的实在功夫。如果不凭借这些真机，如何去'格物'？我也是近几年才清楚明白地体会到这些，刚开始，我还怀疑，仅凭良知恐怕会有不足，但精细地看，就会发现并没有什么缺陷。"

王阳明强调，如果要到心上刻意去寻找天理，反而会成为致知的障碍，心中的天理良知本来就能明辨对错。

七

【原文】

在虔与于中、谦之同侍。先生曰："人胸中各有个圣人，只自信不及，都自埋倒了。"因顾于中曰："尔胸中原是圣人。"

于中起，不敢当。

先生曰："此是尔自家有的，如何要推？"

于中又曰："不敢。"

先生曰："众人皆有之，况在于中？却何故谦起来？谦亦不得。"

于中乃笑受。

又论："良知在人，随你如何不能泯灭，虽盗贼亦自知不当为盗，唤他作贼，他还忸怩。"

于中曰："只是物欲遮蔽，良心在内，自不会失。如云自蔽日，日何尝失了？"

先生曰："于中如此聪明，他人见不及此。"

【译文】

在虔州的时候，九川与于中、谦之一同陪伴在先生左右。先生说："人的心里自然各有一个圣人存在，只是因为不够自信，便自己把圣人埋没了。"回头看着于中便说："你的心里原本也是圣人。"

于中连忙站起来说道："不敢当，不敢当。"

良知在人的心里不会消失，只是为物欲所蒙蔽，就好比乌云遮蔽了太阳，但太阳何曾消失过？人人皆可为圣人，盗贼心中也有良知。

先生说：“这是你本来就有的，为什么要推却？”

于中又说：“不敢当。”

先生说：“每个人都有，更何况你于中呢？可你为什么居然要谦让？谦让也是不对的。”

于中便笑着接受了。

先生又说：“良知在人的心里，无论如何，都无法泯灭。即便是盗贼，他们也自己明白偷窃是不应该的，喊他是贼，他也会惭愧的。”

于中说：“只是良知为物欲所蒙蔽，良知在人的心里，自然不会消失。就好比乌云遮蔽了太阳，但太阳何曾消失过？”

先生说：“于中如此聪明，别人的见识可比不上他。”

八

【原文】

先生曰：“这些子看得透彻，随他千言万语，是非诚伪，到前便明。合得的便是，合不得的便非，如佛家说心印[①]相似。真是个试金石，指南针。”

王阳明说，把致良知的道理理解透彻了，就能达到如佛教所说的“心印”相似境界。

【注释】

①心印：佛教禅宗语。谓不用语言文字，直接以心相印证，以期顿悟。

【译文】

先生说：“把这些道理都理解透彻了，随便他万语千言，是非真伪，到眼前一看便会明白了。这和佛教所说的‘心印’相似，符合的就正确，不符合的就错误，真是个试金石、指南针。”

九

【原文】

先生曰：“人若知这良心诀窍，随他多少邪思枉念，这里一觉，都自消融。真个是灵丹一粒，点铁成金[①]。”

王阳明说，人只要遵照自己的良知做事，任何歪思邪念都可以消融。

【注释】

①“灵丹”二句：语出《景德传灯录》“灵丹一粒，点铁成金；至理一言，点凡成圣”。

【译文】

先生说：“如果人熟知这良知的诀窍，

无论多少歪思邪念，良知一旦察觉，自然会把它们消融掉。就像是一颗灵丹，能够点铁成金。”

十

【原文】

崇一曰：“先生致知之旨发尽精蕴，看来这里再去不得。”

先生曰：“何言之易也！再用功半年看如何？又用功一年看如何？功夫愈久，愈觉不同。此难口说。”

王阳明说，致良知的功夫下得时间越长，感觉就会越发不同。

【译文】

欧阳崇一说：“先生已经把致良知的宗旨解说得淋漓尽致，看来在这个问题上，无法再进一步阐发。”

先生说：“怎么说得这么随便？你再用半年的功夫，看看会怎么样？再用一年的功夫，看看又会如何？功夫用的时间越长，就越会感觉不相同。这种感觉难以言表！”

十一

【原文】

先生问：“九川于‘致知’之说，体验如何？”

九川曰：“自觉不同。往时操持常不得个恰好处，此乃是恰好处。”

先生曰：“可知是体来与听讲不同。我初与讲时，知尔只是忽易，未有滋味。只这个要妙，再体到深处，日见不同，是无穷尽的。”

又曰：“此‘致知’二字，真是个千古圣传之秘，见到这里，‘百世以俟圣人而不惑’。”

王阳明强调，致良知的学问要悉心体会，才能把握到恰到好处的境界。再往深处体会，自然会日新月异。

【译文】

先生说：“对于致知的学说，九川你体会得怎么样了？”

九川说：“自己感觉与以往有所不同了。以往时常把握不到恰到好处的地方，而现在就能感觉到恰当的地方了。”

先生说：“由此可见，体会得来的与听讲听到的就会有所不同。我最初给你讲解的时候，就知道你只是糊里糊涂的，没有真正体会到其中滋味。只要从这个恰到好处，再往深处体会，自然会有日新月异，那是没有止境的。”

先生又说：“这‘致知’两字，真是个圣贤们千古流传的诀窍，理解了这个‘致知’，就能够‘百世以俟圣人而不惑’。”

十二

【原文】

九川问曰：“伊川说到‘体用一原，显微无间’处，门人已说是泄天机①。先生‘致知’之说，莫亦泄天机太甚否？”

先生曰：“圣人已指以示人，只为后人掩匿，我发明耳，何故说泄？此是人人自有的，觉来甚不打紧一般。然与不用实功人说，亦甚轻忽，可惜彼此无益。与实用功而不得其要者，提撕之，甚沛然得力。”

又曰：“知来本无知，觉来本无觉，然不知则遂沦埋。”

【注释】

①“伊川”三句：语出《河南程氏外书》卷十二：“和靖尝以《易传序》请问，曰：‘至微者，理也。至著者，象也。体用一源，显微无间。莫不泄露天机否？’伊川曰：‘如此分明说破，犹自人不解语。’”

王阳明说，良知是人人生来就具有的，只是觉察到了也觉得无关紧要。因此并没有什么泄露天机可言。

【译文】

九川问：“当程颐先生说到‘体用一源，显微无间’的时候，这个弟子就已经说他是泄露天机了。那先生‘致知’的学说，岂不是泄露了太多的天机了吗？”

先生说：“圣人早就已经把致良知的学说告诉世人了，只是被后人遮蔽了，我只不过是让它重新显现出来罢了，怎么能说是泄露天机呢？良知是人人生来就具有的，只是觉察到了也觉得无关紧要。但如果我和那些不切实用功的人说这个，他们也只会轻视这个，这样对彼此都没有什么好处。如果和那些切实用功但还把握不住要领的人谈‘致知’，他们就会感到受益匪浅。”

先生又说：“知道了原本不知道的，觉察到了原本没有觉察到的。但是如果不知道，良知就随时会被淹埋。”

十三

【原文】

先生曰：“大凡朋友，须箴规指摘处少，诱掖奖劝意多，方是。”

后又戒九川云："与朋友论学，须委曲谦下，宽以居之[①]。"

【注释】

① 宽以居之：意为以宽厚的态度待人接物。语出《周易·乾卦·文言》："君子学以聚之，问以辩之，宽以居之，仁以行之。"

【译文】

先生又说："大凡朋友们相处，应该少一些规劝指摘，多一些奖励鼓舞，这样才对。"

后来先生又训诫九川说："与朋友讨论学问，应当委婉谦让，宽厚待人。"

十四

【原文】

九川卧病虔州。

先生云："病物亦难格，觉得如何？"

对曰："功夫甚难。"

先生曰："常快活，便是功夫。"

王阳明对病中的学生说，能长保有快活的心态也是功夫。

【译文】

九川在虔州病倒了。

先生说："疾病作为一个'物'，很难去'格'，你觉得呢？"

九川说："这个功夫实在很难。"

先生说："常常有快活的心态，那就是功夫。"

十五

【原文】

九川问："自省念虑，或涉邪妄，或预料理天下事，思到极处，井井有味，便缱绻难屏。觉得早则易，觉迟则难，用力克治，愈觉格。惟稍迁念他事，则随两忘。如此廓清亦似无害。"

先生曰："何须如此？只要在良知上著功夫。"

九川曰："正谓那一时不知。"

先生曰："我这里自有功夫，何缘得他来？只为尔功夫断了，便蔽其知。既断了，则继续旧功便是，何必如此？"

九川曰："直是难鏖。虽知，丢他不去。"

先生曰："须是勇。用功久，自有勇，故曰'是集义所生者'[①]。胜得容易，便是大贤。"

九川问："此功夫却于心上体验明白，只解书不通。"

先生曰："只要解心。心明白，书自然融会。若心上不通，只要书上文义通，却自生意见。"

王阳明强调致良知的功夫要在心中体会而不能拘泥于书本。

【注释】

① 是集义所生者：意为浩然正气是积累正义行为所产生的。语出《孟子·公孙丑上》："其为气也，至大至刚……配义与道……是集义所生者，非义袭而取之也。"

【译文】

九川问："我反省了自己的各种思虑，有时会涉及邪念妄想，有时又会想到治理天下的大事。思考到最高状态的时候，会津津有味，到了难以摒弃的地步。这种情况发现得早，克服还比较容易，发觉晚了就会难以克制了。如果一定要刻意去克制，就更会觉得格格不入了。只有稍微把心思转移到其他事情上，才会把它忘掉。这样来理清思虑，也好像没什么坏处。"

先生说："何苦这样？你只要在良知上下功夫就好了。"

九川说："我说的就是还不懂得致良知时的情况。"

先生说："自己本身就会有致良知的功夫，怎会有不知道良知的情况呢？只是因为你的功夫间断了，蒙蔽了你的良知。既然有了间断，那么继续原来的功夫就好了，何必这样？"

九川说："那几乎就像是一场恶战，虽然明白了，但还是避免不了。"

先生说："那必须有勇气。用功久了，自然有勇气了。因此孟子说'是集义所生者'。能够轻易胜利，那就是大圣大贤的人了。"

九川问："这功夫需要在心里才能体会明白，只在文句上解释是不够的。"

先生说："只用在心上体会。心里明白了，文句自然能贯通体会到了。否则，仅仅通晓了书上的文句，反倒会生出自己错误的见识。"

十六

【原文】

有一属官，因久听讲先生之学，曰："此学甚好，只是簿书讼狱繁难，不得为学。"

王阳明强调在具体的事务中做学问，比如，当官的就应该在在处理文件、案件的过程中做学问。

先生闻之曰："我何尝教尔离了簿书讼狱，悬空去讲学？尔既有官司之事，便从官司的事上为学，才是真'格物'。如问一词讼，不可因其应付无状，起个怒心；不可因他言语圆转，生个喜心；不可恶其嘱托，加意治之；不可因其请求，屈意从之；不可因自己事务烦冗，随意苟且断之；不可因旁人谮毁罗织，随人意思处之。这许多意思皆私，只尔自知，须精细省察克治，惟恐此心有一毫偏倚，枉人是非。这便是‘格物’‘致知’。簿书讼狱之间，无非实学。若离了事物为学，却是着空。”

王阳明说，离开具体的事物去做学问，就会成了空中楼阁。

【译文】

有一位下属官员，因为听了先生讲学很长时间，便说：“先生的学说非常精彩，只是我要处理的文件、案件特别繁杂，因此不能好好做学问。”

先生听了之后说：“我何曾教你离开文件案件去空谈学问呢？你既然有公事需要去处理，就在公事上做学问，这才是真正做到了‘格物’。比如，你问讼词的时候，不可以因为对方的回答很无礼而恼怒；不可以因为对方言语圆滑周密而高兴；不可以因为厌恶对方的说情而故意整治；不可以因为对方的哀求就有意宽容他；不能因为自己事务繁忙就随意结案；不可以因为旁人的诋毁诽谤就顺从别人的意愿去处理。这些念头都是私欲，只有你自己知道，需要你精细地反省克治，唯恐因为心中有一丝一毫偏颇，便冤枉了别人的是非，这就是‘格物’‘致知’。处理文件与审理案件之中，无一不是切实的学问。如果离开了具体的事物去做学问，就会成了空中楼阁。”

十七

【原文】

虔州将归，有诗别先生云：“良知何事系多闻？妙合当时已种根。好恶从之为圣学，将迎无处是乾元①。”

先生曰：“若未来讲此学，不知说‘好恶从之’从个甚么。”

敷英②在座曰：“诚然。尝读先生《大学古本序》，不知所说何事。及来听讲许时，乃稍知大意。”

王阳明与学生讨论九川离别时留下的诗，说“好恶从之”，从的是心中的良知。

【注释】

①乾元：指万物产生的根源。语出《周易·乾卦·彖传》：“大哉乾元，万物资始。”②敷英：阳明弟子，其余不详。

【译文】

九川快回家了，便写了一首诗向先生告别：“良知何事系多闻？妙合当时已种根。好恶从之为圣学，将迎无处是乾元。”

先生说：“如果你没有来过这里探讨学问，就会不知道‘好恶从之’到底从的是什么了。”

在旁坐着的敷英说：“是呀。我曾经读了先生的《大学古本序》，全然不明白说的是什么。等来到这里，听了一段时间后，才稍稍明白了大致含义。”

十八

【原文】

于中、国裳辈同侍食。

先生曰：“凡饮食只是要养我身，食了要消化。若徒蓄积在肚里，便成痞了，加何长得肌肤？后世学者博闻多识，留滞胸中，皆伤食之病也。”

王阳明对学生说，学知识要会消化，不然就像吃了东西却都积蓄在肚子里，成了痞病，也就不能长身体了。

【译文】

于中、国裳等人一同陪先生吃饭。

先生说：“但凡吃饭，只是为了滋养我的身体，吃了需要消化。如果仅仅是把食物都积蓄在肚子里，就成了痞病，这怎么能长身体呢？后世的学者博学多识，把学问都滞留在肚子里，都是患了痞病。”

十九

【原文】

先生曰：“圣人亦是‘学知’，众人亦是‘生知’。”

问曰：“何如？”

曰：“这良知人人皆有。圣人只是保全无些障蔽，兢兢业业，亹亹翼翼，自然不息，便也是学。只是生的分数多，所谓之‘生知安行’。众人自孩提之童，莫不完具此知，只是障蔽多，然本体之知，自难泯息，虽问学克治，也只凭他。只是学的分数多，所以谓之‘学知利行’。”

王阳明说，良知人人有，圣人为了保全良知不受蒙蔽，日夜用功自省，也是在学习，但是因为圣人生而知之的成分多，所以人们便以为圣人是生知安行；普通人本有良知，但是后来受私欲遮蔽太多，他们生而知之的成分少，靠后天学习克制、学而知之的成分多，所以是学知利行。

【译文】

先生说：“圣人也是‘学而知之’，普通人也是‘生而知之’。”

九川问："怎么解释？"

先生答说："良知人人都有。圣人只是保全了良知，让它们不受蒙蔽，兢兢业业，勤勤恳恳，良知自然不会停止，所以这也是学习。只是'生而知之'的成分很多，所以便以为圣人是'生知安行'的了。一般人从孩提时候开始，就全都具备了这种良知，只是后来私欲的遮蔽太多了，然而本体的良知自然是很难泯灭的，即便是学习克制，也都只是在依靠良知罢了。只是他们'学而知之'的成分多，所以说他们是'学知利行'。"

黄直①录

一

【原文】

黄以方问："先生格致之说，随时格物以致其知，则知是一节之知，非全体之知也。何以到得'溥博如天，渊泉如渊'②地位？"

先生曰："人心是天、渊。心之本体，无所不该，原是一个天。只为私欲障碍，则天之本体失了。心之理无穷尽，原是一个渊，只为私欲窒塞，则渊之本体失了。如今念念致良知，将此障碍窒塞一齐去尽，则本体已复，便是天、渊了。"

乃指天以示之曰："比如面前见天，是昭昭之天；四外见天，也只是昭昭之天，只为许多房子墙壁遮蔽，便不见天之全体，若撤去房子墙壁，总是一个天矣。不可道眼前天是昭昭之天，外面又不是昭昭之天也。于此便见一节之知即全体之知，全体之知即一节之知，总是一个本体。"

王阳明对学生说，心中的理是无穷无尽的，只是因为被私欲阻塞而迷失了，就像是光明晴朗的天被许多房子和墙壁遮挡住了一样。

【注释】

① 黄直：字以方，江西金溪人，进士，王阳明弟子，曾以抗疏论救下狱，出狱后安贫乐道。② 溥博如天，渊泉如渊：语出《中庸》："夫焉有所倚？肫肫其仁，渊渊其渊，浩浩其天！"

【译文】

黄以方问先生："关于先生'格物致知'的学说，是随时格物来致良知，那么这个良知就只是良知的一部分，而不是良知的全体，这怎么能够达到'溥博如天，渊泉如渊'的地步呢？"

先生说："人心是天，是深渊。心的本体，无所不包，原本就是一个天，只是因为被私欲蒙蔽，天的本来面目就迷失了。心中的理是无穷无尽的，原本就是一个深渊，只因为被私欲阻塞，深渊的本来面目也就迷失了。如今心心念念都是致良知，将这些蒙蔽、阻塞都全部除去，那样本体才能恢复，就又是天和深渊了。”

先生指着天告诉他说：“比如现在面前的天，是光明晴朗的天。而四方之外的天，也会是光明晴朗的天，只是被许多房子和墙壁遮挡住了，就不能看到天的全部，如果撤去了房子和墙壁，总还是那一个天。不能说在我们面前的天就是光明晴朗的天，而外面的天就不是光明晴朗的。由此可见，部分的良知便是全体的良知，而全体的良知也就是部分的良知，都是同一个本体罢了。”

二

【原文】

先生曰：“圣贤非无功业气节，但其循着这天理，则便是道。不可以事功气节名矣。”

“‘发愤忘食’①是圣人之志如此，真无有已时；‘乐以忘忧’是圣人之道如此，真无有戚时。恐不必云得不得也②。”

【注释】

① 发愤忘食：语出《论语·述而》。② 恐不必云得不得也，语出朱熹《论语集注》。

王阳明认为，圣人只为了遵循天理而成就了功业和气节，圣人发愤忘食，乐以忘忧只因为是遵循天道，并不在意得失。

【译文】

先生说：“圣贤不是没有功业和气节，只是他们能够遵循这个天理，这就是道。圣贤不可凭着功业气节求名声。”

先生说：“‘发愤忘食’，因为圣人的志向本来就是这样，真的没有尽头；‘乐以忘忧’，也因为圣人的道本是这样，真的不会有悲伤的时候。不必说什么‘得’和‘不得’的。”

三

【原文】

先生曰：“我辈‘致知’，只是各随分限所及。今日良知见在如此，只随今日所知扩充到底；明日良知又有开悟，便从明日所知扩充到底。如此方是‘精一’功夫。与人论学，亦须随人分限所及。如树有这些萌芽，只把这些水去灌溉，萌芽再长，便又加水，自拱把以至合抱，灌溉之功皆是随其分限所及。若些小萌芽，有一桶水在，尽要倾上，

做致良知的功夫，要像给树木浇水，根据树木的成长情况而制宜。

便浸坏他了。”

【译文】

先生说：“我们这些人做致良知的功夫，也只是各自随自己的能力尽力而为。今天认识良知到了这个地步，便根据今天的认识延伸到底；等明日良知又有新的领悟，那么就根据明日的认识延伸到底。这样才是‘精一’的功夫。和别人探讨学问，也需要根据对方的能力所及。就像是树苗，萌芽的时候，只能用一点水去浇灌。等到再长一点，就再加大适当的水量，等树长到了两手合抱或者两臂合抱，浇的水量都需根据树的发育情况来定。如果只是些刚萌芽的小树苗，就把一桶水全都倒上去，就会把它们淹死了。”

四

【原文】

问知行合一。

先生曰：“此须识我立言宗旨。今人学问，只因知行分作两件，故有一念发动，虽是不善，然却未曾行，便不去禁止。我今说个知行合一，正要人晓得一念发动处便即是行了。发动处有不善，就将这不善的念克倒了，须要彻根彻底，不使那一念不善潜伏在胸中。此是我立言宗旨。”

【译文】

有人问知行合一。

先生说：“这必须知道我的立论的主旨。如今人们做学问，因为把知与行分而为二，所以虽然有不善的念头萌发，如果还没有不善的行动，便不去禁止。我如今提出‘知行合一’的论说，就是要让人们晓得只需有念头的萌发了，那就相当于做了。不善的念头萌动了，就把这个不善的念头克制住，必须要彻底地连根拔起，不让它潜留在心里。这就是我立论的主旨。”

王阳明强调，所谓知行合一，譬如心中即便是萌发了不善的念头，也就相当于做了，要把这个不善的念头克制住，要彻底地连根拔起。

五

【原文】

“圣人无所不知，只是知个天理；无所不能，只是能个天理。圣人本体明白，故事事知个天理所在，便去尽个天理。不是本体明后，却于天下事物都便知得，便做得来也。天下事物，如名物度数、草木鸟兽之类，不胜其烦，圣人须是本体明了，亦何缘能尽知得？但不必知的，圣人自不消求知；其所当知的，圣人自能问人，如‘子入太庙每事问’①之类。先儒谓‘虽知亦问，敬谨之至’②，此说不可通。圣人于礼乐名物不必尽知，然他知得一个天理，便自有许多节文度数出来。不知能问，亦即是天理节文所在。”

王阳明说，圣人对不需要知道的东西自然不会去刻意弄明白，应该知道的东西，也自然会向别人询问，就像“子入太庙每事问”一样。

【注释】

①子入太庙每事问：语出《论语·八佾》。②“虽知”二句：语出朱熹《论语集注》引伊和靖之语“礼者，敬而已矣。虽知亦问，谨之至也”。

【译文】

先生又说：“圣人无所不知，也只是知道一个天理；圣人无所不能，也只是能做到一个天理。圣人的本体清澈明白，所以事事都知道它的天理所在，只去尽一个天理就行了。而不是在本体变得清澈明白之后，才知道了天下的事物，才能做到。天下的事物，比如名物度数、草木鸟兽等等，不计其数，圣人即使是本体明澈了，也不可能什么都知道。但凡是那些不需要知道的，圣人自然不必去弄明白；而那些应当知道的，圣人自然就能够去向别人询问，就像‘子入太庙每事问’这种。先儒们说‘孔子虽然知道了还问，真是非常恭敬谨慎了’，此种说法不全对。圣人对于礼乐名物，不必全都懂得，然而他知道一个天理，就自然会明白许多规矩礼节。不知道便问，也是规矩法度的其中一个。”

王阳明说，天地万物，比如名物度数、草木鸟兽，不计其数，圣人只要知道一个天理就可以了。

八

【原文】

问：“先生尝谓‘善恶只是一物’。善恶两端，如冰炭相反，如何谓只一物？”

先生曰：“至善者，心之本体。本体上才过当些子，便是恶了。不是有一个善，却又有一个恶来相对也。故善恶只是一物。”

直因闻先生之说，则知程子所谓“善固性也，恶亦不可不谓之性”①。又曰：“善恶皆天理，谓之恶者本非恶，但于本性上过与不及之间耳。”②其说皆无可疑。

【注释】

①“善固性也”二句：程颢语，语出《河南程氏遗书》卷一。②“善恶皆天理”三句：程颢语，语出《河

南程氏遗书》卷二“天下善恶皆天理，谓之恶者本非恶，但或过或不及，便如此”。意为善与恶都是天理，所谓的恶，本身并不是恶，只是对于天理来说，表现得过分或不足罢了。

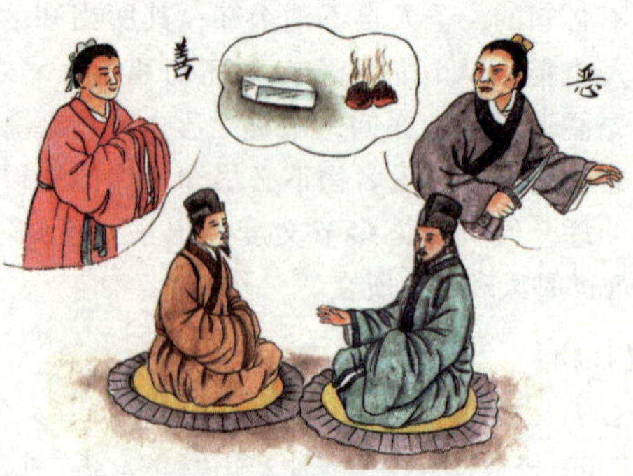

王阳明对弟子说，善、恶都是心的本体，是一件东西，本体上有一点过错，便成了恶了。

【译文】

黄直问：“先生曾说‘善恶只是一个事物’。善和恶，就像冰和炭一样互相对立，怎么能把它们一同说成是一个事物呢？”

先生说：“最高境界的善，就是心的本体。本体上刚有一点过错，便成了恶了。而并非有了一个善，又还有一个恶来和它相对应，所以善恶是一个事物。”

因为听了先生的学说，黄直终于明白了程颢先生所说：“善固性也，恶亦不可不谓之性。”“善恶皆天理，谓之恶者本非恶，但于本性上过与不及之间耳。”之后黄直对这些话就不再有疑惑了。

七

【原文】

先生尝谓：“人但得好善如好好色，恶恶如恶恶臭，便是圣人。”

直初时闻之，觉甚易，后体验得来，此个功夫着实是难。如一念虽知好善恶恶，然不知不觉，又夹杂去了。才有夹杂，便不是好善如好好色、恶恶如恶恶臭的心。善能实实的好，是无念不善矣；恶能实实的恶，是无念及恶矣。如何不是圣人？故圣人之学，只是一诚而已。

王阳明告诉弟子，人只要喜欢善良像喜爱美色、厌恶恶行像讨厌恶臭，那便称得上是圣人了。圣人的学问，只是一个诚罢了。

【译文】

先生曾说：“人但凡能够做到喜欢善良像喜爱美色、厌恶恶行像讨厌恶臭，那便称得上是圣人了。”

黄直最初听到的时候，觉得应该很容易，可是之后亲身体验，才发现这个功夫实在很难的。虽然念头里知道应该好善恶恶，但是不知不觉地，就会有私意掺杂进去。而一旦掺杂了私欲，就不再是那颗能够喜好善行像喜好美色那样、厌恶恶行像厌恶恶臭那样的心。对善行能够实实在在地喜好，那么不会有念头是不善的了；如果厌恶恶行能够实实在在地厌恶，也就没有什么念头会关系到恶了。这怎么不是圣人呢？所以圣人的学问，也只是一个诚罢了。

八

【原文】

问《修道说》言，“率性之谓道”属圣人分上事，“修道之谓教”属贤人分上事。

先生曰：“众人亦‘率性’也，但‘率性’在圣人分上较多，故‘率性之谓道’属圣人事。圣人亦‘修道’也，但‘修道’在贤人分上多，故‘修道之谓教’属贤人事。”

又曰：“《中庸》一书，大抵皆是说‘修道’的事，故后面凡说君子，说颜渊，说子路，皆是能‘修道’的；说小人，说贤、知、愚、不肖，说庶民，皆是不能‘修道’的；其他言舜、文、周公、仲尼至诚至圣之类，则又圣人之自能‘修道’者也。”

孔子、子路这些圣贤与愚者的区别，就在于他们能够“修道”，而愚者不能“修道”。

【译文】

有人问：“您的《修道说》说，‘率性之谓道’，是圣人分内的事，‘修道之谓教’，则是贤人分内的事。”

先生说：“一般人也是‘率性’的，只是‘率性’在圣人身上，表现得要多一些，所以说，‘率性之谓道’属于圣人的事。圣人也‘修道’，只是‘修道’在贤人身上，表现得要较多些，所以说，‘修道之谓教’是贤人的事。”

先生又说：“《中庸》这部经典，大多说的是‘修道’。所以之后凡是讲君子、颜回、子路等，都是能够‘修道’的；而讲到小人、贤者、智者、愚者、不肖者、庶民，都是不能够‘修道’的；而其他的比如舜、文王、周公、孔子等至诚至圣的人，则又是能够自然‘修道’的了。”

九

【原文】

问：“儒者到三更时分，扫荡胸中思虑，空空静静，与释氏之静只一般。两下皆不用，此时何所分别？”

先生曰：“动静只是一个。那三更时分空空静静的，只是存天理，即是如今应事接物的心；如今应事接物的心，亦是循此天理，便是那三更时分空空静静的心。故动静只是一个，分别不得。知得动静合一，释氏毫厘差处亦自莫掩矣。”

【译文】

有人问先生："儒生到了三更时分的时候，清除了心中的思虑，空灵虚静，就跟佛教的静一样。静时，儒佛两家的学说都不再应事接物，发挥作用，那这个时候他们两家有什么区别呢？"

先生说："动与静是一回事。三更时分时的空灵虚静，只要心同样在存养天理，也就是像现在这样应接事物；而现在正在应接事物的心，也只是遵循天理，也同样是三更时分那空空寂寂的心。因此，动静是一回事，不能分开。知晓了动静合一的道理，佛教同儒家的细微区别自然也会显现了。"

十

【原文】

门人在座，有动止甚矜持者。先生曰："人若矜持太过，终是有弊。"

曰："矜持太过，如何有弊？"

曰："人只有许多精神，若专在容貌上用功，则于中心照管不及者多矣。"

有太直率者。先生曰："如今讲此学，却外面全不检束，又分心与事为二矣。"

王阳明告诉弟子，人如果太过矜持，始终也是一个弊端。人只有这么多的精力，如果专注在外在上用功，就往往照管不到内心了。

【译文】

在座的众弟子们里，有一个举止行动都十分矜持的人。先生说："人如果太过矜持，始终也是一个弊端。"

黄直问："过于矜持，为什么会有弊端？"

先生说："人只有这么多的精力，如果专注在外在上用功，就往往照管不到内心了。"

门人中又有过于直率的人。先生说："现在在讲'致良知'的学说，而你在外形上全然不加检点，又是把心与事分而为二了。"

十一

【原文】

门人作文送友行，问先生曰："作文字不免费思，作了后又一二日常记在怀。"

曰："文字思索亦无害，但作了常记在怀，则为文所累，心中有一物矣。此则未可也。"

又作诗送人。先生看诗毕，谓曰："凡作文字要随我分限所及。若说得太过了，亦非'修辞立诚'① 矣。"

【注释】

① 修辞立诚：意为修饰言辞以诚信为本。语出《周易·乾卦·文言》："修辞立其诚，所以居业也。"

【译文】

王阳明与弟子谈论写文章的事情。

一个门生写了一篇文章给朋友送行，便问先生：“写文章不免要花费心思，而且写完之后的一两天还时常把它记在心上。”

先生说：“花费心思写文章并没有害处。但是你写完了之后还常记挂在心里，就被这文章牵累，在心里存了一件事情，这并不好。”

又有人写诗送人。先生看了诗之后评价说：“凡是作诗写文章，要根据自己的才智尽力而为，如果说得太过，也就不是‘修辞立诚’了。”

十二

【原文】

“文公‘格物’之说，只是少头脑。如所谓‘察之于念虑之微’，此一句不该与‘求之文字之中’‘验之于事为之著’‘索之讲论之际’混作一例看，① 是无轻重也。”

王阳明认为朱熹关于格物的理论缺乏一个主旨。

【注释】

①“所谓”四句：语出朱熹《大学或问》，这是朱熹格物学说包括的四个方面。

【译文】

先生说：“朱熹先生‘格物’的学说，只是缺乏一个主旨。正如他所说‘察之于念虑之微’，这句不应该与‘求之文字之中’‘验之于事为之著’‘索之讲论之际’混杂成一个例子来看待，这是不分轻重的表现！”

十三

【原文】

问“有所忿懥①”一条。

先生曰：“忿懥几件，人心怎能无得？只是不可‘有所’耳。凡人忿，着了一分意思，便怒得过当，非廓然大公之体了。故有所忿懥，便不得其正也。如今于凡忿懥等件，只是个物来顺应，不要着一分意思，便心体廓然大公，得其本体之正了。且如出外见人相斗，其不是的，我心亦怒；然虽怒，却此心廓然，不曾动些子气。如今怒人亦得如此，方才是正。”

【注释】

① 有所忿懥（zhì）：语出《大学》“身有所忿懥，则不得其正；有所恐惧，则不得其正；有所好乐，则不

得其正；有所忧患，则不得其正”。

【译文】

有人向先生请教《大学》里“有所忿懥”这一句话。

先生说：“忿懥的几种情绪，例如仇怒、恐惧、好乐、忧患，人心里怎么可能会没有呢？只是不应该有罢了。一个人觉得忿懥的时候，加上一份着意，就会忿懥得过度，这样就没有了心胸廓然大公的本体了。因此，当有忿懥的情绪的时候，心就不能达到中正。所以对于忿懥等几种情绪，只要顺其自然，不要过分在意，心体就自然能够廓然大公，从而达到中正平和。现在如果我外出看到别人在互相打斗，对于不对的那方，我心中也会很忿懥；然而我虽然感觉到忿懥，但我的心却是坦然的，不生过多的气。现在对别人生气时，也该这样，那才能中正平和。”

对于忿懥等几种情绪，只要顺其自然，不要过分在意，心体就自然能够廓然大公，从而达到中正平和。

十四

【原文】

先生尝言：“佛氏不着相[①]，其实着了相。吾儒着相，其实不着相。”

请问。

曰：“佛怕父子累，却逃了父子；怕君臣累，却逃了君臣；怕夫妇累，却逃了夫妇。都是为个君臣、父子、夫妇着了相，便须逃避。如吾儒，有个父子，还他以仁；有个君臣，还他以义；有个夫妇，还他以别。何曾着父子、君臣、夫妇的相？”

王阳明说，佛家执着于相，所以逃避父子、君臣、夫妻这些关系，怕受牵累，但是儒家则却不这样，而是以仁、义、夫妻之别与之和睦相处。

【注释】

①着相：执着于事物的外在形式。相，佛教名词，相对“性”而言。佛教把一切事物的外观、形象、状态称之为“相”。

【译文】

先生曾说：“佛家提倡不执着于‘相’，而实际上却是执着于‘相’的。而儒家虽然提倡执着于‘相’，但实际上是不执着于‘相’的。”

学生因此请教先生。

先生说："佛教恐怕为父子关系牵累，便逃离了父子亲情；害怕为君臣关系牵累，便逃脱了君臣道义；害怕为夫妻关系牵累，便逃脱了夫妻情分。这都是因为执着于君臣、父子、夫妻的'相'，才需要逃脱它们。而我们儒家学说，有正常的父子关系的，便顺势产生了仁爱之说；有正常的君臣关系的，就产生了忠义之说；有正常的夫妻关系的，便产生了礼节之说。像这样，又何曾执着过父子、君臣、夫妻的'相'呢？"

黄修易①录

一

【原文】

黄修易问："心无恶念时，此心空空荡荡，不知亦须存个善念否②？"

先生曰："既去恶念，便是善念，便复心之本体矣。譬如日光被云来遮蔽，云去光已复矣。若恶念既去，又要存个善念，即是日光之中添燃一灯。"

【注释】

①黄修易：字勉叔，王阳明弟子。其余不详。②不知句：黄修易认为善念的存在与"无善无恶是心之体"相违背，所以才提出此问。

去除恶念留存善念就如同拨云见日，朗日下又添上一盏明灯。

【译文】

黄修易问先生："心里没有恶念的时候，心里空荡荡的，不知道是否也需要存养一个善念呢？"

先生说："既然已经把恶念清除了，余下的便全是善念了，便恢复了心的本体了。就好比是太阳的光线被云遮蔽了，等云散去之后，太阳光便回来了。假若恶念已经去除了，又还要存一个善念在心里，那就是在太阳光下，又添了一盏灯。"

二

【原文】

问："近来用功，亦颇觉妄念不生，但腔子里黑窣窣的，不知如何打得光明？"

先生曰："初下手用功，如何腔子里便得光明？譬如奔流浊水，才贮在缸里，初然虽定，也只是昏浊的。须俟澄定既久，自然渣滓尽去，复得清来。汝只要在良知上用功。良知存久，黑窣窣自能光明矣。今便要责效，却是助长，不成功夫。"

【译文】

黄修易问先生："我近来用功，也还会感觉到不再有妄念产生，但内心深处还是一团漆黑，不知道要如何才能让它得到光明？”

先生回答说：“最初用功的时候，心里怎么可能立即得到光明？譬如奔腾的浊水，才刚刚存进水缸里，虽然已经开始了沉淀，但仍旧是浑浊的。必须等到沉淀的时间长了，渣滓才能自然清除，再次变得清澈。你只需在良知上用功。良知存养的时间久了，自然漆黑的心会得以光明。现在就要去立马让它变清澈，就是揠苗助长，不能当作功夫。”

王阳明强调良知如同沉淀浊水一般需要长时间的功夫。

三

【原文】

先生曰：“吾教人致良知在‘格物’上用功，却是有根本的学问。日长进一日，愈久愈觉精明。世儒教人事事物物上去寻讨，却是无根本的学问。方其壮时，虽暂能外面饰，不见有过，老则精神衰迈，终须放倒。譬如无根之树，移栽水边，虽暂时鲜好，终久要憔悴。”

【译文】

先生说：“我教学生致良知，是要在格物上用功，那才是有根基的学问。天天有所进步，时间越长就越会觉得精细聪明。后世儒生们则教别人在万事万物上去寻找，那就是没有根基的学问了。当他还少壮时，虽然能够暂时在外在上修饰一下，不让过失显现。到了老年，精力就会衰竭，最终支撑不住。就像是没有根的大树，把它移栽到水边，虽然暂时看起来生机勃勃，但最终会变得憔悴的。”

四

【原文】

问“志于道”①一章。

先生曰：“只‘志于道’一句，便含下面数句功夫，自住不得。譬如做此屋，‘志于道’是念念要去择地鸠②材，经营成个区宅。‘据德’却是经画已成，有可据矣。‘依仁’却是常常住在区宅内，更不离去。‘游艺’却是加些画采，美此区宅。艺者，理之所宜者也。如诵诗、读书、弹琴、习射之类，皆所以调习此心，使之熟于道也。苟不‘志道’而‘游艺’，却如无状小子，不先去置造区宅，只管要去买画挂，做门面，不知将挂在何处？”

【注释】

①志于道：见《论语·述而》“子曰：‘志于道，据于德，依于仁，游于艺’”。志于道就是说志在追求和践行大道。②鸠：鸠集，聚集。

【译文】

有人就《论语》里“志于道”一章向先生请教。

王阳明以建造、装饰、居住房屋为例来解释《论语》中的“志于道，据于德，依于仁，游于艺”。

先生说：“仅仅‘志于道’这一句话，就已经包括了以下很多句的功夫，不能仅仅停留在志道上。譬如要建房屋，‘志于道’仅仅是心心念念地去选择地基和材料，将房子建成；‘据于德’便是规划已成的房屋，让它可以居住；‘依于仁’就是常常住在房屋里，不再离开；‘游于艺’就是在房屋里添加一些彩饰，让它变美。‘艺’就是理最恰当的地方。比如诵诗、读书、弹琴、习射等等，都是为了调习自己的心，让它精熟‘道’。如果不先‘志于道’，就去‘游于艺’，就会像一个糊里糊涂的小伙子，不先建造起房屋，便只管去买画装饰、做门面。不知他究竟要把画挂在什么地方！”

五

【原文】

问：“读书所以调摄此心，不可缺的。但读之之时，一种科目意思牵引而来。不知何以免此？”

王阳明强调以纯然合乎天理的良知之心读书，就能避免各种妄心杂念。

先生曰：“只要良知真切，虽做举业，不为心累。纵有累，亦易觉克之而已。且如读书时，良知知得强记之心不是，即克去之；有欲速之心不是，即克去之；有夸多斗靡之心不是，即克去之。如此亦只是终日与圣贤印对，是个纯乎天理之心。任他读书，亦只是调摄此心而已，何累之有？”

曰：“虽蒙开示，奈资质庸下，实难免累。窃闻穷通有命，上智之人，恐不屑此。不屑为声利牵缠，甘心为此，徒自苦耳。欲屏弃之，又制于亲，不能舍去，奈何？”

先生曰：“此事归辞于亲者多矣。其实只是无志。志立得时，良知千事万事只是一事。读书作文，安能累人？人自累于得失耳！”因叹曰：“此学不明，不知此处担搁了几多英雄汉！”

【译文】

有人问先生：“读书是为了调习自己的心，它必不可缺。但是，读书的时候有一种科举的思虑会随之而来。不知道怎么才能避免它？”

先生说：“只要良知是真切的，即便是为了科举考试，也不会成为心的拖累。就是成了拖累，也容易发觉并且克服它。比如在读书的时候，良知知道有了强记之心是不对的，便会立刻把它克服；求速的心情也知道是不对的，也马上把它克服；有自夸争强好胜的心，也知道是不对的，也克服掉。这样的话，成天与圣贤们的心相互印证，就是一颗纯然合乎天理的心。任凭他读书，也都只不过在调习自己的心罢了，怎会有拖累呢？”

问：“承蒙您开导，但是无奈我天资平庸，实在很难避免这种拖累。我听说‘穷通有命’，聪明的人大概会对此表示不屑，但是我为名利所牵累，甘心情愿这样，也只能是独自苦恼罢了。如果想要抛弃科举，却又受制于父母，无能割舍。这到底该怎么办呢？”

先生说：“把这种事归咎到父母身上的人很多啊。而实际上只是因为自己没有志向。志向确立了的时候，千事万事，只是良知一件事。读书写文章，怎么会拖累人呢？只是人们为自己的得失所拖累罢了。”先生因此感叹道：“良知之学不昌明于天下，不知道还要耽误多少英雄在这里！”

六

【原文】

问：“‘生之谓性’①，告子亦说得是，孟子如何非之？”

先生曰：“固是性，但告子认得一边去了，不晓得头脑。若晓得头脑，如此说亦是。孟子亦曰：‘形色，天性也。’②这也是指气说。”

又曰：“凡人信口说，任意行，皆说‘此是依我心性出来’，此是所谓生之谓性。然却要有过差。若晓得头脑，依吾良知上说出来，行将去，便自是停当。然良知亦只是这口说，这身行。岂能外得气，别有个去行去说？故曰：‘论性不论气不备，论气不论性不明。’③气亦性也，性亦气也，但须认得头脑是当。”

王阳明认为，一般人认为信口雌黄、恣意行动是依据自己的心性来的是错误的。如果凭借着良知去说去做，自然就会正确。

【注释】

①“生之谓性”一句：事见《孟子·告子上》：“告子曰：‘生之谓性。’孟子曰：‘生之谓性也，犹白之谓白与？’曰：‘然。’‘白羽之白也，犹白雪之白，白雪之白犹白玉之白与？’曰：‘然。’‘然则犬之性犹牛之性，牛之性犹人之性与？’”这是孟子与告子关于“性”的著名论辩之一。②形色，天性也：语出《孟子·尽心上》。③“论性”二句：语出《河南程氏遗书》卷六。意为只讲性不讲气，不完整；只讲气不讲性，不明晰。

【译文】

有人问："'生之谓性'，告子说的这句话也算不得错了，为什么孟子却要否定呢？"

先生说："天性固然是与生俱来的，只是告子的认识有些偏颇，他只知道它看成性，却不明白这其中的主旨所在。如果明白了主旨，这样说也能算错。孟子也曾说'形色，天性也'。这也是针对气说的。"

先生又说："一般人信口雌黄，恣意行动，都说这是依据自已的心性来的，这就是所谓的'生之谓性'。但这样是会出差错的。如果懂得了主旨，凭借着良知去说去做，自然就会正确。但良知也只体现在自已用嘴说，自己身体力行。怎能离开气，另外再有一个东西去说去做呢？所以伊川先生说：'论性不论气不备，论气不论性不明。'气就是性，性也就是气。只是首先必须妥当地认清主旨。"

七

【原文】

又曰："诸君功夫，最不可助长。上智绝少，学者无超入圣人之理。一起一伏，一进一退，自是功夫节次。不可以我前日用得功夫了，今却不济，便要矫强做出一个没破绽的模样。这便是助长，连前些子功夫都坏了。此非小过。譬如行路的人遭一蹶跌，起来便走，不要欺人做那不曾跌倒的样子出来。诸君只要常常怀个'遁世无闷，不见是而无闷'之心，依此良知忍耐做去，不管人非笑，不管人毁谤，不管人荣辱，任他功夫有进有退，我只是这致良知的主宰不息，久久自然有得力处。一切外事亦自能不动。"

王阳明强调下功夫要遵从良知，不可以揠苗助长。

又曰："人若着实用功，随人毁谤，随人欺慢，处处得益，处处是进德之资。若不用功，只是魔也，终被累倒。"

王阳明说，人只要遵从自己的良知，坚持下去就行了，就像走路时摔了一跤，站起来继续走就行了，不用做出一副没有跌倒过的样子。

【译文】

先生又说："诸君下功夫，千万不可揠苗助长。有着上等智慧的人是很少的，一般的学者们没有道理能够直接进入圣人的境界。一起一伏，一进一退，都是下功夫的秩序。不能够因为我前些天用了功夫，而今天没有起到作用，便硬要逞强，装出一副没有破绽的模样。这就是'助长'，连前面下的功夫也都会被搞坏的。这并非小的过失。就好比人在走路，摔了一跤起来再走，也用不着骗人，做出一副没有跌倒过的样子来。各位只要常常怀着'遁世无闷，不见是而无闷'的心，遵从良知，坚持做下去，无论别人是非难还是讥笑，诽谤还是诋毁，不管别人荣耀或是受辱，任凭别人功夫的进退，我只需坚持不断地致良知，久而久之，自然会感觉到有力。任何外在的事物，也自然能够做到不为所动。"

又说："人如果切切实实地用功，任凭别人诋毁诽谤、欺负轻慢，处处都能得益，处处都是推进品德修养的动力。若不用功，别人的诽谤和侮辱就会有如魔鬼，最终会被它累垮。"

八

【原文】

先生一日出游禹穴[①]，顾田间禾曰："能几何时，又如此长了！"

范兆期[②]在旁曰："此只是有根。学问能自植根，亦不患无长。"

先生曰："人孰无根，良知即是天植灵根，自生生不息。但着了私累，把此根戕贼蔽塞，不得发生耳。"

【注释】

① 禹穴：即禹陵。在浙江绍兴稽山门外，传为夏禹的陵墓，为浙东著名胜迹。② 范兆期：即范引年，字兆期，号半野，王阳明学生。

【译文】

有一天先生到禹穴游览，望着田间的禾苗，说："才多长时间，又长了这许多。"

范兆期在旁边说："这是因为禾苗有根。做学问如果能自己种下根柢，也不会担心他们不成长。"

先生说："谁没有根呢？良知便是上天种下的灵根，自然能够生生不息。只是为私欲所牵累，将这个灵根破坏堵塞了，不能够生长出来罢了。"

九

【原文】

一友常易动气责人，先生警之曰："学须反己。若徒责人，只见得人不是，不见自己非。若能反己，方见自己有许多未尽处，奚暇责人？舜能化得象的傲，其机括只是不见象的不是。若舜只要正他的奸恶，就见得象的不是矣。象是傲人，必不肯相下，如何感化得他？"

是友感悔。

曰："你今后只不要去论人之是非。凡当责辩人时，就把做一件大己私，克去方可。"

王阳明见到禾苗生长而慨叹天地间事物的自然长进，强调良知便是上天种下的灵根，良知澄明，就能够生生不息。

【译文】

一个朋友常常容易生气、责备别人。先生警告他说："学习必须能够反省自己。如果光是责备别人，只能看见别人的不对，而看不到自己的错误。如果能反身自省，就能看到自己很多不完善的地方，哪还有空闲功夫来责怪其他人？舜能够化解象的傲慢，主要在于他没有去发现象不对的地方。如果舜仅仅去纠正象的奸恶，就发现他的不对之处了。象又是一个傲慢的人，肯定不愿听信他的。这样怎么可能感化他呢？"

这个朋友便感到了后悔。

先生说："你今后只别再去谈论别人的是非。但凡你正在责备别人的时候，就把它当作自己的一大私欲加以克治。"

十

【原文】

先生曰："凡朋友问难，纵有浅近粗疏，或露才扬己，皆是病发。当因其病而药之可也。不可便怀鄙薄之心。非君子与人为善之心矣。"

【译文】

先生说："朋友们在一起辩论时，难免有深有浅、有粗有细，或者有人急于露才、自我颂扬等，都是毛病发作。当时便顺势对症下药是可以的，只是不可怀有鄙薄的心。这不是君子'与人为善'的心了。"

王阳明警告弟子说，学习必须能够反省自己，不能只看见别人的不对，责怪别人，而看不到自己的错误。

十一

【原文】

问："《易》，朱子主卜筮，程《传》主理，何如？"

先生曰："卜筮是理，理亦是卜筮。天下之理孰有大于卜筮者乎？只为后世将卜筮专主在占卦上看了，所以看得卜筮似小艺。不知今之师友问答，博学、审问、慎思、明辨、笃行之类，皆是卜筮。卜筮者，不过求决狐疑，神明吾心而已。《易》是问诸天；人有疑，自信不及，故以《易》问天；谓人心尚有所涉，惟天不容伪耳。"

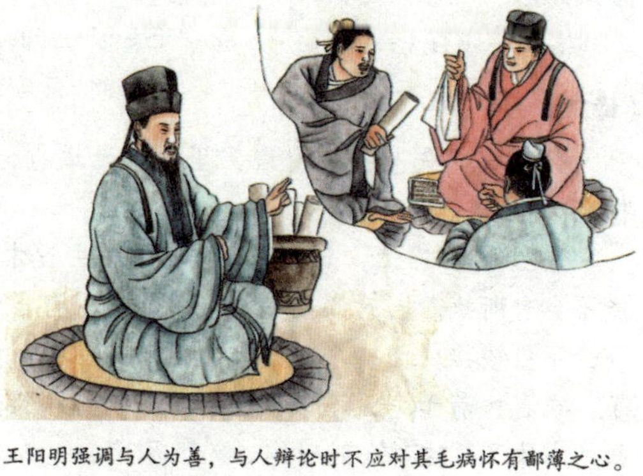

王阳明强调与人为善，与人辩论时不应对其毛病怀有鄙薄之心。

【译文】

有人问先生："《易经》一书，朱熹先生认为它重在卜筮，而伊川先生则认为它重在阐明天理。究竟该如何看待呢？"

先生回答说："卜筮就是理，理也就是卜筮。天下的理，哪会有比卜筮更大的呢？只是因为后代学者把卜筮算作了占卦，因此把卜筮当成了雕虫小技。他们却不知道，现在师生、朋友的问答，博学、审问、慎思、明辨、笃行等等，都是卜筮。卜筮，不过是解决疑问，使自己的心变得神明而已。《易经》是向上天请示，人们有了疑问，不足够自信，便用《易经》来问上天。人心依然还有偏私，只有上天容不得虚假。"

黄省曾①录

一

【原文】

黄勉之问："'无适也，无莫也，义之与比。'② 事事要如此否？"

先生曰："固是事事要如此，须是识得个头脑乃可。义即是良知，晓得良知是个头脑，方无执著。且如受人馈送，也有今日当受的，他日不当受的。也有今日不当受的，他日当受的。你若执著了今日当受的，便一切受去。执著了今日不当受的，便一切不受去。便是适莫。便不是良知的本体。如何唤得做义？"

王阳明认为"义"为良知天理，而"适"与"莫"都是执着，所以要去执着而遵循良知天理。

【注释】

①黄省曾：字勉之，号五岳，江苏苏州人，王阳明学生，著有《会稽问道录》。②"无适也"三句：语出《论语·里仁》。无适，无可；无莫，无不可。

【译文】

黄省曾问先生："《论语》里说'无适也，无莫也，义之与比'，是不是事事都要这样呢？"

先生说："当然，只是需要懂得它的主旨才行。义，就是良知。明白良知是个主旨，才能不会有所执着。就像接受别人的馈赠，有当天应该接受而换个时间却不应接受的；也有今天不应该接受而换个时间却又可以接受的。如果你执着于今天可以接受的便一切都接受了，或者执着于今天不该接受的便一切都不接受，就成了'适'，成了'莫'，就不再是良知的本体了。这怎么能叫作'义'呢？"

二

【原文】

问："'思无邪'[①]一言，如何便盖得三百篇之义？"

先生曰："岂特三百篇？六经只此一言，便可该贯，以至穷古今天下圣贤的话。'思无邪'一言，也可该贯。此外便有何说？此是一了百当的功夫。"

【注释】

① 思无邪：语出《论语·为政》："子曰：'《诗》三百，一言以蔽之，曰：思无邪。'"意为思想纯正无邪念。

【译文】

问："'思无邪'三个字，怎么就能够概括《诗经》三百篇的含义呢？"

先生说："岂止是这《诗经》三百篇？六经也只需这一句话，就能够概括贯穿了，甚至古今天下所有圣贤的话，这句话也能够穷尽。此外，还有什么可说的呢？这是个一了百当的功夫。"

三

【原文】

问"道心""人心"。

先生曰："'率性之为道'，便是'道心'。但着些人的意思在，便是'人心'。'道心'本是无声无臭，故曰'微'。依着'人心'行去，便有许多不安稳处，故曰'惟危'。"

王阳明认为道心就是遵从天理之心，人心则掺杂了私欲。

【译文】

有人向先生请教"道心"和"人心"。

先生说："'率性之谓道'，就是'道心'。但只要有些许私欲在其中，就是'人心'了。'道心'本来是无声无味的，所以说'微'；按照'人心'去行动，就有了许多不安稳的地方，因此说'惟危'。"

四

【原文】

问："'中人以下，不可以语上'[①]，愚人与之语上尚且不进，况不与之语可乎？"

先生曰："不是圣人终不与语，圣人的心忧不得人人都做圣人；只是人的资质不同，施教不可躐等，中人以下的人，便与他说性、说命，他也不省得，也须慢慢琢磨他起来。”

【注释】

①“中人”二句：语出《论语·雍也》：“子曰：‘中人以上，可以语上也；中人以下，不可以语上也。’”

【译文】

有人问先生：“孔子说‘中人以下，不可以语上’。愚笨的人，给他讲解高深的道理，尚且不会有所进步，更何况不给他说这些道理呢？”

先生说：“并非圣人们不愿给他们讲解。圣人只担心不能让人人都成为圣人。只是各人的资质会有所不同，不得不因材施教。天资在中等以下的人，即便是给他讲解‘性’‘命’的学说，他也未必能够明白。所以需要慢慢地开导启发他。”

五

【原文】

一友问：“读书不记得如何？”

先生曰：“只要晓得，如何要记得？要晓得已是落第二义了，只要明得自家本体。若徒要记得，便不晓得；若徒要晓得，便明不得自家的本体。”

王阳明认为天资不高的人要慢慢开导启发，不能上来就讲解性、命之学。这也就是孔子所说的孔子说的“中人以下，不可以语上”。

【译文】

一个朋友问先生：“书读完了之后都记不住，怎么办？”

先生说：“只需理解明白就可以了，为什么一定要记得呢？而理解明白都已经是落到第二要义上了，只要使自己的本体光明就可以了。如果光是记得，未必就能明白；如果只要求明白，未必就能使自己的本体光明。”

六

【原文】

问：“‘逝者如斯’①是说自家心性活泼泼地否？”

先生曰：“然。须要时时用致良知的功夫，方才活泼泼地，方才与他川水一般；若须臾间断，便与天地不相似。此是学问极至处，圣人也只如此。”

王阳明认为读书只要理解明白就可以了，不提倡死记硬背。

【注释】

①逝者如斯：语出《论语·子罕》：“子在川上，曰：‘逝者如斯夫！不舍昼夜。’”

【译文】

有人问："孔子说'逝者如斯'，是不是在指自己的心性，活泼泼的？"

先生说："是这样的。必须时时刻刻都在用致良知的功夫，才能让心性活泼泼的，才能让它和流水一般。如果有片刻的间断，就和天地不相符了。这是做学问最高的境界，圣人也只能做到这样。"

七

【原文】

问"志士仁人"①章。

先生曰："只为世上人都把生身命子看得来太重，不问当死不当死，定要宛转委曲保全，以此把天理却丢去了，忍心害理，何者不为？若违了天理，便与禽兽无异，便偷生在世上百千年，也不过做了千百年的禽兽。学者要于此等处看得明白；比干、龙逢，②只为也看得分明，所以能成就得他的仁。"

王阳明认为，志士仁人是因为遵从天理而舍弃了生命，比干、龙逢等人就是这样，所以成就了他们的仁。

【注释】

①志士仁人：语出《论语·卫灵公》："子曰：'志士仁人，无求生以害仁，有杀身以成仁。'"②比干：殷纣王叔父。因向纣王进谏，被剖心而死。龙逢，夏末大臣，因多次直谏，被桀囚禁杀死。

【译文】

有人向先生请教《论语》里"志士仁人"那一章。

先生说："就是因为世人都把自己的命看得太重了，不问当时是不是应当献出生命，只管委曲求全，为此，能把天理都丢弃了。忍心伤害天理，还有什么做不出来？如果违背了天理，那他就如同禽兽了，苟且偷生在世上千百年，也只不过是做了千百年的禽兽。学者们在这个地方要看得明白。比干、龙逢等，都只是因为他们看得分明了，才能够成就他们的仁。"

八

【原文】

问："叔孙武叔毁仲尼①，大圣人如何犹不免于毁谤？"

先生曰："毁谤自外来的虽圣人如何免得？人只贵于自修，若自己实实落落是个圣贤，纵然人都毁他，也说他不着；却若浮云掩日，如何损得日的光明？若自己是个象恭色庄、不坚不介的，纵然没一个人说他，他的恶慝②终须一日发露。所以孟子说'有求全之毁，有不虞之誉'[3]。毁誉在外的，安能避得，只要自修何如尔。"

王阳明认为，诋毁、诽谤是外来的东西，虽然是圣人，也不能够避免。人贵在自我修养，不必在乎毁誉。

【注释】

① 叔孙武叔毁仲尼：事见《论语·子张》："叔孙武叔语大夫于朝曰：'子贡贤于仲尼。'"叔孙武叔，名州仇，鲁大夫。② 慝：邪恶。③ 有求全之毁，有不虞之誉：语出《孟子·离娄上》"有不虞之誉，有求全之毁"。虞，预料。

【译文】

有人问先生："《论语》里有'叔孙武叔毁仲尼'的记载，为什么大圣人也避免不了被诽谤？"

先生说："诋毁、诽谤是外来的东西，虽然是圣人，也不能够避免。人贵在自我修养，假若自己确确实实是个圣贤之人，纵然别人都来诋毁他，也不会对他有影响。正如浮云遮蔽太阳，它们怎么可能对太阳的光明有所损害呢？假如他自己只是一个表面端庄，而内心却软弱的人，即使一个说他的人都没有，他的丑恶，总有一天也会表露出来的。所以孟子说'有求全之毁，有不虞之誉'。毁誉是外来的，怎么能避免？只要有自我修养，毁誉又能怎么样呢？"

九

【原文】

刘君亮[1]要在山中静坐。

先生曰："汝若以厌外物之心去求之静，是反养成一个骄惰之气了；汝若不厌外物，复于静处涵养，却好。"

王阳明认为只要回归良知来修养自己，在任何环境里都是一样的。

【注释】

① 刘君亮：字元道，王阳明学生。

【译文】

刘君亮想要到山里去静坐。

先生说他道："如果你是用厌烦外物的心，去山里求得宁静，反倒会养成一个骄纵懒惰的脾气；如果你不是因为厌烦外物，再到静处去修养自己，却是很好的。"

十

【原文】

王汝中[①]、省曾侍坐。

先生握扇命曰："你们用扇。"

省曾起对曰："不敢。"

先生曰："圣人之学不是这等捆缚苦楚的。不是装做道学的模样。"

汝中曰："观'仲尼与曾点言志'一章略见。"

先生曰："然。以此章观之，圣人何等宽洪，包含气象。且为师者问志于群弟子，三子皆整顿以对，至于曾点，飘飘然不看那三子在眼，自去鼓起瑟来，何等狂态！及至言志，又不对师之问目，都是狂言。设在伊川，或斥骂起来了。圣人乃复称许他，何等气象！圣人教人，不是个束缚他通做一般，只如狂者便从狂处成就他，狷者便从狷处成就他，人之才气如何同得。"

王阳明强调做学问不应该拘束，就像孔子向学生提问他们的志向时一样，曾点悠悠然独自弹瑟，回答问题时也口出狂言，孔子却还赞许他。

【注释】

① 王汝中：王畿（1498 ~ 1583），字汝中，别号龙溪，山阴（今浙江绍兴）人，王阳明学生。官至南京兵部郎中，讲学四十余年，传播王学，著作有《龙溪集》。

【译文】

王汝中与省曾在先生旁边侍坐。

先生手拿扇子递过来，说："你们用扇子吧。"

省曾连忙起身回答："不敢当。"

先生说道："圣人的学问，并不是像你这样拘束痛苦的，也不是装出一副道学的模样。"

王汝中说："我看《论语》'仲尼与曾点言志'一节，能够大致看得出这种礼节。"

先生说："是呢，从这一章可以看出来，圣人是何等宽宏大度！当老师的人向学生提问他们的志向，前三个人都恭敬地做出了回答，可是曾点，他却悠悠然不把那三位同学放在眼里，独自弹瑟，何等狂放！等到他们谈到自己的志向时，又不直接回答先生的问题，都口出狂言。如果换作是在伊川先生的身边，恐怕早就责骂起来了。孔子却居然还赞许了他，这又是怎样的风度啊！孔子教育学生，不是死守一个模式，而是对狂放的人，便从狂放这一点上来打造他；洒脱的人，便从洒脱这一点来造就他。人的才能气质，怎么会相同呢？"

十一

【原文】

先生语陆元静曰："元静少年亦要解《五经》，志亦好博。但圣人教人，只怕人不简易，他说的皆是简易之规，以今人好博之心观之，却似圣人教人差了。"

【译文】

先生对陆元静评价说："元静年轻时，也想注解《五经》，志向也在博学。但是，圣人教人，只怕人不简易。他说的也都是简易的办法。但是用现在的人喜好博学的心来看，好像圣人教育的方法错了。"

十二

【原文】

先生曰："孔子无不知而作；颜子有不善未尝不知：此是圣学真血脉路。"

【译文】

先生说："孔子不会写他不知道的事，颜回则对于过错没有不知道的，这就是圣学的真正脉络。"

钱德洪录

一

【原文】

何廷仁、黄正之、李侯璧、汝中、德洪侍坐。先生顾而言曰："汝辈学问不得长进，只是未立志。

侯璧起而对曰："珙亦愿立志。"

先生曰："难说不立，未是'必为圣人之志'耳。"

对曰："愿立'必为圣人之志'。"

先生曰："你真有圣人之志，良知上更无不尽。良知上留得些子别念挂带，便非'必为圣人之志'矣。"

洪初闻时心若未服，听说到不觉悚汗。

王阳明强调立志必须出自本心，而不能是存有私心杂念的执着追求。

【译文】

何廷仁、黄正之、李侯璧、王汝中和钱德洪在先生旁边侍坐。先生环顾他们说道："你们这些人，学问没能有所长进，原因只在于还没有立志。”

李侯璧站起来回答说：“我也愿意立下志向。”

先生说：“不敢说你没有立志，只是立的恐怕不是‘必为圣人之志’。”

李侯璧答：“那我愿意立下‘必为圣人之志’。”

先生说：“如果你真的有了成为圣人的志向，在良知上就会用尽全力。如果良知上还存留有别的私心欲念，就不再是‘必为圣人之志’了。”

钱德洪刚开始听这段话时，心里还有所不服，现在又听到这话，就已经不觉警醒流汗。

二

【原文】

先生曰：“良知是造化的精灵，这些精灵，生天生地，成鬼成帝，皆从此出，真是与物无对。人若复得他完完全全，无少亏欠，自不觉手舞足蹈，不知天地间更有何乐可代！”

【译文】

先生说：“良知是造化的精灵。这些精灵，缔造了天地，生出了鬼神，真是无与伦比！如果人能够完完全全地恢复它，没有一点亏欠，自然就会手舞足蹈，天地间找不到什么快乐能够代替它。”

三

【原文】

一友静坐有见，驰问先生。

答曰：“吾昔居滁[①]时，见诸生多务知解，口耳异同，无益于得，姑教之静坐；一时窥见光景，颇收近效。久之渐有喜静厌动，流入枯槁之病，或务为玄解妙觉，动人听闻。故迩来只说‘致良知’。良知明白，随你去静处体悟也好。随你去事上磨炼也好，良知本体原是无动无静的。此便是学问头脑。我这个话头，自滁州到今，亦较过几番，只是‘致良知’三字无病。医经折肱[②]，方能察人病理。”

【注释】

①滁：指滁州(今安徽滁县)。②医经折肱：语出《左传》“三折肱，知为良医”。意为久病可以成为良医。

王阳明强调良知的本体本来是没有动静的，才是做学问的核心。

【译文】

一个朋友，他在静坐的时候有了一些领悟，便马上跑过来向先生请教。

先生说：“我曾经住在滁州的时候，看到学生们注重在知识见闻上的辩论，对学问却没有帮助。因此，我便教他们静坐。刚开始的时候，他们在静坐中触及了良知的境界，短时间内很有效果。但是时间长了，有的人渐渐有了喜静厌动，陷入枯槁死灰的弊病；或者就致力于玄妙的见解，耸人听闻。因为这个原因，近来我都只说‘致良知’。良知明白了，无论你是到静处去体悟也好，或者在事情上磨炼也好，良知的本体本来就是没有动静的，这才是做学问的核心。我的这些话，从滁州到现在，我仔细琢磨过几番，只有‘致良知’三个字是没有弊病的。这就好比医生，要经历过多次折肱，才能了解人的病理。”

四

【原文】

一友问：“功夫欲得此知时时接续，一切应感处反觉照管不及，若去事上周旋，又觉不见了。如何则可？”

先生曰：“此只认良知未真，尚有内外之闲。我这里功夫不由人急心，认得良知头恼是当，去朴实用功，自会透彻。到此便是内外两忘，又何心事不合一？”

【译文】

一个朋友问先生：“我想让‘致良知’的功夫持续不间断，但一旦应对具体的事情，又觉得照管不过来。等到去事物上周旋的时候，又觉得看不见良知了。怎么办才好呢？”

先生说：“这只是你体认良知还不够真切，尚有个内外之分。我这致良知的功夫，不能心急。体认到了良知这个核心，然后在上面踏踏实实地用功，自然就能理解透彻。这样就会忘掉内外，又怎么会有心、事不统一的现象呢？”

王阳明强调如果一个人体认到了良知，然后在上面踏踏实实地用功，自然能理解透彻，就不会再有心、事不统一的现象。

五

【原文】

又曰：“功夫不是透得这个真机，如何得他充实光辉？若能透得时，不由你聪明知解接得来。须胸中渣滓浑化，不使有毫发沾带始得。”

【译文】

先生又说：“做功夫，如果没有透彻地理解良知的关键，怎么能使它充实光辉呢？如果想要透彻地了解，不能仅凭你自己的聪明，还须净化心中的渣滓，不让它有丝毫的污染才行。”

六

【原文】

先生曰："'天命之谓性'，命即是性。'率性之谓道'，性即是道。'修道之谓教'，道即是教。"

问："如何道即是教？"

曰："道即是良知。良知原是完完全全，是的还他是，非的还他非，是非只依着他，更无有不是处，这良知还是你的明师。"

王阳明强调良知如明镜，可以分辨是非善恶。

【译文】

先生说："'天命之谓性'，命即是性。'率性之谓道'，性即是道。'修道之谓教'，道即是教。"

有人问："为什么'道即是教'？"

先生回答说："道就是良知，良知本来就是完完全全的。就像镜子一样，对的就还他个对，错的就还他个错。是非只需依照良心，就不会有不恰当的地方。这良知还是你的明师。"

七

【原文】

问："'不睹不闻'是说本体，'戒慎恐惧'①是说功夫否？"

先生曰："此处须信得本体原是'不睹不闻'的，亦原是'戒慎恐惧'的，'戒慎恐惧'不曾在'不睹不闻'上加得些子。见得真时，便谓'戒慎恐惧'是本体，'不睹不闻'是功夫亦得。"

【注释】

①"不睹"二句：语出《中庸》"道也者，不可须臾离也，可离非道也。是故君子戒慎乎其所不睹，恐惧乎其所不闻"。

王阳明认为戒慎戒惧是本体，不睹不闻是功夫。

【译文】

有人问先生："《中庸》里的'不睹不闻'，是指本体而言的吗？而'戒慎恐惧'，是指功夫而言的吗？"

先生说："这里首先应当明白本体原来就是'不睹不闻'的，同样原来就是'戒慎恐惧'的。'戒慎恐惧'，它并没有在'不睹不闻'上还添加了一些什么。看得真切的时候，那也可以说‘戒慎戒惧’是本体，‘不睹不闻’是功夫。”

八

【原文】

问：“通乎昼夜之道而知。”

先生曰：“良知原是知昼知夜的。”

又问：“人睡熟时，良知亦不知了。”

曰：“不知，何以一叫便应？”

曰：“良知常知，如何有睡熟时？”

曰：“向晦宴息，此亦造化常理。夜来天地混沌，形色俱泯，人亦耳目无所睹闻，众窍俱翕，此即良知收敛凝一时。天地既开，庶物露生，人亦耳目有所睹闻，众窍俱辟，此即良知妙用发生时。可见人心与天地一体。故‘上下与天地同流’①。今人不会宴息，夜来不是昏睡，即是妄思魇寐。”

曰：“睡时功夫如何用？”

先生曰：“知昼即知夜矣。日间良知是顺应无滞的，夜间良知即是收敛凝一的，有梦即先兆。”

王阳明对弟子说，良知是知道白天和夜晚的。白天，良知是顺应通畅的，夜间，良知则是收敛凝聚的。

又曰：“良知在夜气发的方是本体，以其无物欲之杂也。学者要使事物纷扰之时，常如夜气一般，就是‘通乎昼夜之道而知’。”

【注释】

① 上下与天地同流：语出《孟子·尽心上》。意为君子之心与天地同为一体。

【译文】

有人问先生《易经》里的“通乎昼夜之道而知”该如何理解。

先生说：“良知本来就是知道白天和黑夜的。”

那人又问：“但是人睡熟了的时候，良知不也就不知道了吗？”

先生说：“如果不知道了，那怎么一叫就会有反应呢？”

问：“如果良知是一直知道的，又怎么会有睡熟的时候呢？”

先生说：“到了夜晚便休息，这也是造化的规律。到了晚上，天地成为一片混沌，形体、颜色都消失了，人的眼睛和耳朵也没什么可以去看、去听，七窍都关闭了，这就是良知收敛凝聚的时候。天地一旦开启，万物显露，人的眼睛耳朵能够有所见闻了，感官再恢复正常，这就是良知发生作用的时候了。由此可见，人心与天地是一体的。所以，孟子才会说‘上下与天地同流’。今天的人到了夜晚不懂得休息，不是昏睡，就是噩梦连连。”

问："睡觉的时候应该怎么用功呢？"

先生说："白天知道如何用功，晚上也就知道如何用功了。白天，良知是顺应通畅的，夜间，良知则是收敛凝聚的。有梦就是先兆。"

先生又说："良知在夜晚生发出来的时候，才是它真正的本体，因为它没有物欲混杂其中。学者如果在事物纷扰的时候，像'夜气'生发时一样，就是'通乎昼夜之道而知'了。"

九

【原文】

先生曰："仙家说到虚，圣人岂能虚上加得一毫实？佛氏说到无，圣人岂能无上加得一毫有？但仙家说虚从养生上来，佛氏说无从出离生死苦海上来，却于本体上加却这些子意思在，便不是他虚无的本色了，便于本体有障碍。圣人只是还他良知的本色，更不着些子意在。良知之虚，便是天之太虚。良知之无，便是太虚之无形。日、月、风、雷、山、川、民、物，凡有貌象形色，皆在太虚无形中发用流行。未尝作得天的障碍。圣人只是顺其良知之发用，天地万物俱在我良知的发用流行中，何尝又有一物超于良知之外能作得障碍？"

王阳明说，道家说的虚是从养生方面说的；佛家说的无，是脱离生死轮回的苦海上来说的；圣人说的虚无，则仅仅是还原良知的本色。

【译文】

先生说："道家讲'虚'，圣人岂能在'虚'上再添加丝毫的'实'？佛家讲'无'，圣人又岂能在'无'上再增添丝毫的'有'？但是，道教说虚，是从养生的方面来说的；佛教说无，又是从脱离生死轮回的苦海上来说的。他们在本体上又着了一些养生或脱离苦海的私意，便就不再是'虚'和'无'的本来面目了，在本体上有了阻碍。圣人则仅仅是还原良知的本色，不会夹带一丝一毫的私意。良知的'虚'，就是上天的太虚；良知的'无'，就是太虚的无。日、月、风、雷、山、川、百姓、物件等，凡是有形貌颜色的事物，都是在太虚无形中发生运动的。从未成为过天的障碍。圣人仅仅是顺应良知的作用，这样，天地万物都在自己良知的范围之内，何曾有一物是超乎良知之外，而成为障碍的呢？"

十

【原文】

或问："释氏亦务养心，然要之不可以治天下，何也？"

先生曰："吾儒养心未尝离却事物，只顺其天则自然就是功夫。释氏却要尽绝事物，把心看作幻相，渐入虚寂去了，与世间若无些子交涉，所以不可治天下。"

【译文】

有人问："佛家也务求养心，但它不能用来治理天下，为什么呢？"

先生说："我们儒家提倡养心，但从来都没有脱离过具体的事物，只是顺应天理自然，那就是功夫。而佛教却要全部断绝人间事物，把心看作幻象，慢慢地便进入虚无空寂中去了，他们与世间再没有什么联系，因此不能治理天下。"

王阳明说，佛家养心在于断绝人间事物，而儒家养心则只是顺应天理自然罢了。

十一

【原文】

或问异端。

先生曰："与愚夫愚妇同的，是谓同德；与愚夫愚妇异的，是谓异端。"

【译文】

有人问异端。

先生说："与愚夫愚妇相同的，便叫同德；与愚夫愚妇不同的，就称之为异端。"

十二

【原文】

先生曰："孟子不动心与告子不动心，所异只在毫厘间。告子只在不动心上着功，孟子便直从此心原不动处分晓。心之本体，原是不动的。只为所行有不合义，便动了。孟子不论心之动与不动，只是'集义'。所行无不是义，此心自然无可动处。若告子只要此心不动，便是把捉此心，将他生生不息之根反阻挠了，此非徒无益，而又害之。孟子'集义'工夫，自是养得充满，并无馁歉，自是纵横自在，活泼泼地。此便是浩然之气。"

王阳明说，告子的不动心是紧紧扣住自己的心不让它动，而孟子的不动心则只是"集义"，心的本体原本就是不动的。

又曰："告子病源，从性无善无不善上见来。性无善无不善，虽如此说，亦无大差。但告子执定看了，便有个无善无不善的性在内。有善有恶，又在物感上看，便有个物在外。

却做两边看了，便会差。无善无不善，性原是如此。悟得及时，只此一句便尽了，更无有内外之间。告子见一个性在内，见一个物在外，便见他于性有未透彻处。”

【译文】

先生说：“孟子的不动心与告子的不动心，差别只在毫厘之间。告子是在不动心上用功夫，而孟子却直接从自己的心原本不动的地方去用功。心的本体，原来就是不动的，只是因为行为有不合义理的地方，便动了。孟子不去管心动或者不动，只是‘集义’。如果自己的行为无一不合乎道义，自己的心自然没有可动之处。如果像告子那样，只要求自己的心不动，就是紧扣住了自己的心，也反倒会把它生生不息的根源阻挠了，这不仅仅是徒然无用了，而且又对它有所损害。孟子‘集义’的功夫，自然可以将心修养得充沛，没有缺欠，让它自然能够纵横自在，活泼泼的。这就是所谓的‘浩然之气’。”

先生又说：“告子的病根，在于他认为性无善无不善。性无善无不善，虽然这种观点也没有大的差错，但告子偏执地把他看成呆板的了，就会有个无善无不善的性夹在其间。有善有恶，又是从外物的感受上来看，就有个物在心外了，这样就是分成两边看了，就会有差错出现。无善无不善，性本就是如此。等领悟到了这里，这一句便能说尽了，再不会有内外之分。告子看到了一个性在心里，又看到了一个物在心外，可见他对性，还有了解不透彻的地方。”

十三

【原文】

朱本思[①]问：“人有虚灵，方有良知。若草、木、瓦、石之类，亦有良知否？”

先生曰：“人的良知，就是草木瓦石的良知。若草木瓦石无人的良知，不可以为草木瓦石矣。岂惟草木瓦石为然？天地无人的良知，亦不可为天地矣。盖天地万物与人原是一体，其发窍之最精处，是人心一点灵明，风雨露雷，日月星辰，禽兽草木，山川土石，与人原是一体，故五谷禽兽之类皆可以养人，药石之类皆可以疗疾。只为同此一气，故能相通耳。”

王阳明告诉弟子，草木瓦石的良知，就是人的良知，两者同属一气。

【注释】

① 朱本思：朱得之，字本思，号近斋，靖江（今属江苏）人，曾入仕，学主道家。

【译文】

朱本思问：“人有虚空的灵魂，才有良知。但是像草木瓦石等等，是不是也会有良知呢？”

先生说："人的良知，就是草木瓦石的良知。如果草木瓦石没有人的良知，就不是草木瓦石了。岂只是草木瓦石是这样，天地间如果没有人的良知，也不会是天地了。天地万物和人原本就是一体的。它最精妙的发窍的地方，就是人心的一点灵明。风雨露雷、日月星辰、禽兽草木、山川土石，和人原来都是一体的，因此五谷禽兽可以供养人类，而药物石针，则可以治疗疾病。只因为他们同属一气，所以能够相通。"

十四

【原文】

先生游南镇，一友指岩中花树问曰："天下无心外之物。如此花树，在深山中自开自落，于我心亦何相关？"

先生曰："你未看此花时，此花与汝心同归于寂。你来看此花时，则此花颜色一时明白起来。便知此花不在你的心外。"

王阳明对朋友说，天下没有心外的事物，万物都与我们的本心一同显现，一同归于寂静。

【译文】

先生游览南镇的时候，一个朋友指着岩石里的花树问先生："天下没有心外之物，那么，就像这棵花树，它在深山中自己盛开自己凋零，跟我们的心又有什么关系呢？"

先生说："你没有看到这树花的时候，它是与你的心一同归于寂静的。而你来看这树花的时候，这花的颜色一下子就明白起来了。由此可知，这树花并非存在在你的心外。"

十五

【原文】

问："大人与物同体，如何《大学》又说个厚薄[①]？"

先生曰："惟是道理自有厚薄。比如身是一体，把手足捍头目，岂是偏要薄手足？其道理合如此。禽兽与草木同是爱的，把草木去养禽兽，心又忍得？人与禽兽同是爱的，宰禽兽以养亲，与供祭祀，燕[②]宾客，心又忍得？至亲与路人同是爱的，如箪食豆羹，得则生，不得则死，不能两全，宁救至亲，不救路人，心又忍得？这是道理合该如此。及至吾身与至亲，更不得分别彼此厚薄。盖以仁民爱物皆从此出，此处可忍，更无所不忍矣。《大学》所

王阳明告诉弟子，道理本身就是分厚薄的，就像动物吃草木，人吃动物，都是道理本该如此，并不是对草木或动物的鄙薄。

谓厚薄，是良知上自然的条理，不可越，此便谓之义；顺这个条理，便谓之礼；知此条理，便谓之智；终始是这个条理，便谓之信。”

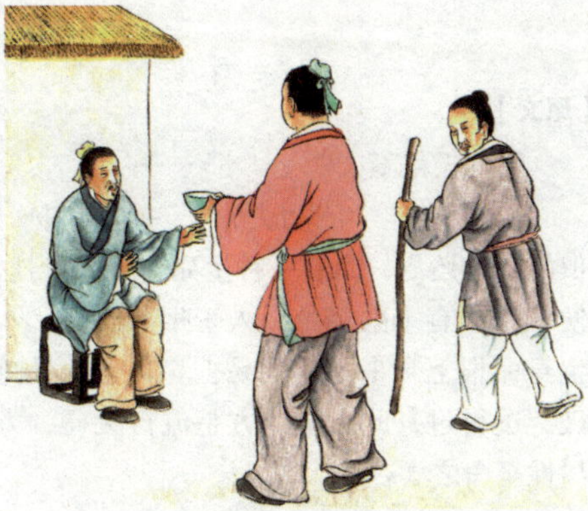
王阳明说，如果只有一箪食一豆羹，只能救一个人，我们就会救亲人而不会救路人，这也是道理本该如此，而不是对路人的鄙薄。

【注释】

①厚薄：语出《大学》“其所厚者薄，而其所薄者厚，未之有也”。②燕：同“宴”。

【译文】

有人问道：“您认为人与物同为一体，那为何《大学》又说‘所厚者薄，所薄者厚’呢？”

先生说：“只因为道理本身就分厚薄，比如人的身体，它是一体的，用手脚去保护头和眼睛，难道是非要薄待手脚？理当如此而已。同样喜爱动物与草木，拿草木去饲养禽兽，于心何忍？同样热爱的人与禽兽，却宰杀了禽兽去供养父母、祭祀和招待宾客，又怎么忍心呢？至亲的人与路人也同样对他们心满仁爱，但是如果只有一箪食一豆羹，吃了便能活命，不吃便会死，无法保全两个人，就会救至亲的人而不是过路的人，这又怎么可能忍心？道理本该如此而已。说到我们自身和至亲的人，更不能分清楚彼此厚薄，大概‘仁民爱物’都出自于心，从心里生发出来。这里都能忍心，就没有什么不能忍的了。《大学》里说的厚薄，是良知上自然而有顺序的，不能够逾越，这就称为‘义’；而顺应了这个秩序，就叫作‘礼’；懂得这个顺序，就叫作‘智’；始终保持这个顺序，就叫作‘信’。”

十六

【原文】

又曰：“目无体，以万物之色为体；耳无体，以万物之声为体；鼻无体，以万物之臭为体；口无体，以万物之味为体；心无体，以天地万物感应之是非为体。”

王阳明认为，人的眼、耳、鼻、口和心都是没有本体的，它们都以对事物的感觉为本体。

【译文】

先生又说：“眼睛没有本体，它以万物的颜色作为本体；耳朵也没有本体，它以万物的声音作为本体；鼻子也没有本体，它以万物的气味作为本体；嘴巴也没有本体，它以万物的味道作为本体；心也没有本体，它以天地万物感应到的是非作为本体。”

十七

【原文】

问“夭寿不贰”。

先生曰：“学问功夫，于一切声利嗜好，俱能脱落殆尽，尚有一种生死念头毫发挂带，便于全体有未融释处。人于生死念头，本从生身命根上带来，故不易去。若于此处见得破、透得过，此心全体方是流行无碍，方是尽性至命之学。”

王阳明认为，在意生死的念头和一切声色、利益、嗜好一样，都是私欲，都应该摆脱干净。

【译文】

有人向先生请教“夭寿不贰”。

先生说：“做学问的功夫，对于一切声色、利益、嗜好，都能摆脱干净。但是只要还有一丝一毫在意生死的念头牵累着，便会有和本体不能结合在一起的地方。人有在意生死的念头，是生命本身带来的，所以不容易去掉。如果在这里都能看破、想透彻，心的全部本体才能自由没有阻碍，这才是尽性至命的学问。”

十八

【原文】

一友问：“欲于静坐时，将好名、好色、好货等根逐一搜寻，扫除廓清，恐是剜肉做疮否？”

先生正色曰：“这是我医人的方子，真是去得人病根。更有大本事人，过了十数年，亦还用得着。你如不用，且放起，不要作坏我的方子。”

是友愧谢。

少间曰：“此量非你事，必吾门稍知意思者为此说以误汝。”

在坐者皆悚然。

王阳明跟人说，医治人心的方子，就在于把好名、好色、好财的病根一一搜寻出来，清除干净。

【译文】

一个朋友问先生：“想在静坐的时候，把好名、好色、好财的病根一一搜寻出来，清除干净，只怕也是剜肉补疮吧？”

先生严肃地说：“这是我医人的方子，真的可以清除病根的，还是有大作用的。即使过了十几年了，也还能产生效用。如果你不用，就暂且把它存起来，别随便糟蹋了我的方子。”

于是朋友满怀愧疚地道了歉。

过了一会儿，先生又说：“想来也不能怪你，一定是我的门人里那些略微懂一些意思的人告诉你的，反倒耽误了你的理解。”

于是，在座的人都觉得汗颜。

十九

【原文】

一友问功夫不切。

先生曰：“学问功夫，我已曾一句道尽，如何今日转说转远，都不着根？”

对曰：“致良知盖闻教矣，然亦须讲明。”

先生曰：“既知致良知，又何可讲明？良知本是明白，实落用功便是。不肯用功，只在语言上转说转糊涂。”

曰：“正求讲明致之之功。”

先生曰：“此亦须你自家求，我亦无别法可道。昔有禅师，人来问法，只把尘尾[1]提起。一日，其徒将其尘尾藏过，试他如何设法。禅师寻尘尾不见，又只空手提起。我这个良知就是设法的尘尾，舍了这个，又何可提得？”

王阳明跟弟子说，致良知要切实用功，只在语言上讲，而不切实用功，就会越说越糊涂。

少间，又一友请问功夫切要。

先生旁顾曰：“我尘尾安在？”

一时在坐者皆跃然。

【注释】

① 尘尾：拂尘。古人用动物的尾毛或麻等制作拂尘。

【译文】

王阳明告诉弟子，他教学的基础就在于人的良知，就像解释问题的尘尾一样，没有尘尾，就什么也提不起来了。

一个朋友向先生请教功夫不真切该怎么办。

先生说：“做学问的功夫，我已经用一句话包括尽了。现在怎么越说越远，全都不着根基了呢？”

朋友说：“您的致良知的学说，我们大概都已经听明白了，然而也还需要您再讲明一些。”

先生说：“既然你已经知道了致良知，又还有什么可以再说明的呢？良知本来就是清楚明白的，只需切实用功就行了。如果不愿切实地用功，只会在语言上越说越糊涂。”

朋友说："正是要麻烦您把致良知的功夫说明白。"

先生说："这也需要你自己去探寻，因为我也没有别的办法能够告诉你的。从前有一个禅师，当别人前来问法，他只会把尘尾提起来。有一天，他的学生把他的尘尾藏了，想试试他没有尘尾怎么办。禅师找不到尘尾了，便只空着手把手抬起来。我的这个良知，就是用来解释问题的尘尾，没有这个，我有什么能提起来的呢？"

不一会儿，又有一个朋友来请教功夫的要点。

先生四顾旁边的学生们说："我的尘尾在哪儿？"

于是，在座的人都哄然而笑。

二十

【原文】

或问"至诚前知"①。

先生曰："诚是实理，只是一个良知，实理之妙用流行就是神，其萌动处就是几，诚神几曰圣人。圣人不贵前知。祸福之来，虽圣人有所不免。圣人只是知几，遇变而通耳。良知无前后，只知得见在的几，便是一了百了。若有个前知的心，就是私心，就有趋避利害的意。邵子②必于前知，终是利害心未尽处。"

王阳明跟弟子谈论至诚前知，说诚就是良知，它并不是先知先觉的，只是遇事能够变通罢了。

【注释】

①至诚前知：语出《中庸》"至诚之道，可以前知。国家将兴，必有祯祥；国家将亡，必有妖孽；见乎蓍龟，动乎四体。祸福将至，善，必先知之；不善，必先知之。故至诚如神"。②邵子：邵雍(1011～1077)，字尧夫，谥康节，北宋哲学家，幼随父迁共城（今河南辉县），隐居苏门山，屡授官不赴，后居洛阳，与司马光从游甚密，著有《皇极经世》等。

【译文】

有人就《中庸》里的"至诚之道可以前知"一句请教先生。

先生说："诚，就是实理，也只是良知。实理的奇妙作用就是神；而实理萌发的地方，就是'几'；具备了诚、神、几，就可以称为圣人。圣人并不重视预知未来。当祸福来临时，虽然他们是圣人，也难以避免。圣人只是明白'几'，遇事能够变通罢了。良知没有前后之分，只要明白现在的'几'，就能以一当百了。如果一定说要有'前知'的心，那就成了私心，有趋利避害的意思。邵雍先生执着于'前知'，恐怕还是他趋利避害的私心没有尽除的原因。"

二十一

【原文】

先生曰："无知无不知，本体原是如此。譬如日未尝有心照物，而自无物不照，无照无不照，原是日的本体，良知本无知，今却要有知，本无不知，今却疑有不知。只是信不及耳。"

【译文】

先生说："什么都知道但又什么都知道，本体本来就是这样的。这就好像是太阳，它未曾有意去照耀万物，但又很自然地没有什么东西是不被太阳照射到的。无照无不照，就是太阳的本体。良知本来什么都不知道，如今却要让它有知；本来良知是无所不知的，但现在却又怀疑它会有所不知。只是因为还不够信任良知罢了。"

王阳明说，人心的本体本是无所谓知道不知道的，就像太阳并没有存心照耀万物，它照耀万物，只是自己本身如此而已。

二十二

【原文】

先生曰："'惟天下至圣为能聪明睿知'，旧看何等玄妙，今看来原是人人自有的。耳原是聪，目原是明，心思原是睿知。圣人只是一能之尔。能处正是良知。众人不能，只是个不致知。何等明白简易。"

【译文】

先生说："《中庸》里说'惟天下至圣为能聪明睿知'，以前看的时候觉得特别玄妙，如今再看才知道聪明睿智，原本就是每个人都具备的。耳朵原本就聪敏，眼睛原本就明亮，心思原来就睿智。圣人只是能做到一件事而已，那件能做到的事就是致良知。一般人做不到，也只是这个致良知。多么简单明了啊！"

二十三

【原文】

问："孔子所谓'远虑'①，周公'夜以继日'②，与将迎不同，何如？"

先生曰："远虑不是茫茫荡荡去思虑，只是要存这天理，天理在人心，亘古亘今，无有终始。天理即是良知，千思万虑，只是要致良知。良知愈思愈精明，若不精思，漫然随事应去，良知便粗了。若只着在事上茫茫荡荡去思，教做远虑，便不免有毁誉、得丧、人欲搀入其中，就是将迎了。周公终夜以思，只是'戒慎不睹，恐惧不闻'的功夫。见得时，其气象与将迎自别。"

【注释】

①远虑：语出《论语·卫灵公》：“子曰：‘人无远虑，必有近忧。’”②夜以继日：语出《孟子·离娄下》：“周公思兼三王，以施四事；其有不合者，仰而思之，夜以继日；幸而得之，坐以待旦。”

王阳明对弟子说，孔子的远虑和周公的夜以继日，都只是存养天理，并不是不着边际地思考。

【译文】

有人问先生孔子所说的“远虑”和周公说的“夜以继日”与刻意逢迎有何不同之处。

先生说：“‘远虑’并非指的是茫茫然地去思虑，只是要存养天理。天理在人们的心里，贯穿古今，无始无终。天理就是良知，千思万虑，只是为了致良知。良知越想就越精明，如果不精深地思考，而只是随意地去应付，良知便会变得粗浅。如果以为远虑就是在事情上不着边际地思考，就难免会有毁誉、得失、人欲等掺杂其中，就成了着意逢迎了。周公夜以继日地思考，只是‘戒慎不睹，恐惧不闻’的功夫。明白了这一点，境界就自然与刻意地逢迎有区别了。”

二十四

【原文】

问：“‘一日克己复礼，天下归仁’[①]，朱子作效验说[②]，如何？”

先生曰：“圣贤只是为己之学，重功夫不重效验。仁者以万物为体。不能一体，只是己私未忘。全得仁体，则天下皆归于吾仁，就是‘八荒皆在我闼’[③]意。天下皆与，其仁亦在其中。如‘在邦无怨，在家无怨’[④]，亦只是自家不怨，如‘不怨天，不尤人’之意。然家邦无怨，于我亦在其中。但所重不在此。”

王阳明教导弟子，说“一日克己复礼，天下归仁”，说的是要注重个人学问的功夫，而朱熹却把这当作做学问的效验了。

【注释】

①一日克己复礼，天下归仁：语出《论语·颜渊》。②“朱子”句：朱熹《论语集注·颜渊》“极言其效之甚远而至大也”。③八荒皆在我闼：宋人吕大临语，见《宋元学案》卷三十一。闼（tà），门楼上的小屋。④在邦无怨，在家无怨：语出《论语·颜渊》。

【译文】

有人问：“‘一日克己复礼，天下归仁’一句，朱熹先生认为它是从效验上说的。是这样的吗？”

先生说："圣贤只是一个克己的学问。重视自己所下的工夫而不会这么重视效验。仁者与万物同为一体。如果不能做到与万物同体，只因为自己的私欲没有完全忘记。获得了全部的仁的本体，天下便全都归入到我的仁里面了，也就是'八荒皆在我闼'的意思。天下能做到仁，那自己的仁也就在其中了。'在邦无怨，在家无怨'，仅仅是自己没有怨恨，就像'不怨天，不尤人'的意思。家庭、国家都没有怨恨，自己当然也就在其中了。然而，这并不是我们该重视的地方。"

二十五

【原文】

问："孟子'巧力圣智'①之说，朱子云：'三子力有余而巧不足。'②何如？"

先生曰："三子固有力，亦有巧。巧、力实非两事，巧亦只在用力处，力而不巧，亦是徒力。三子譬如射，一能步箭，一能马箭，一能远箭。他射得到俱谓之力，中处俱可谓之巧。但步不能马，马不能远，各有所长，便是才力分限有不同处。孔子则三者皆长。然孔子之和只到得柳下惠③而极，清只到得伯夷而极，任只到得伊尹而极，何曾加得些子？若谓'三子力有余而巧不足'，则其力反过孔子了。巧、力只是发明圣、知之义，若识得圣，知本体是何物，便自了然。"

王阳明与弟子讨论孟子"功力圣智"之说，说力和巧是一回事，就像射箭，不管怎么射，只管能不能射到靶子那里，能不能射中靶心。

【注释】

①巧力圣智：语出《孟子·万章下》："孟子曰：'伯夷，圣之清者也；伊尹，圣之任者也；柳下惠，圣之和者也；孔子，圣之时者也。孔子之谓集大成。集大成也者，金声而玉振之也。金声也者，始条理也；玉振之也者，终条理也。始条理者，智之事也；终条理者，圣之事也。智，譬则巧也；圣，譬则力也。由射于百步之外也，其至，尔力也；其中，非尔力也。'"②"三子"句：语出朱熹《孟子集注·万章下》："三子则力有余而巧不足，是以一节虽至于圣，而智不足以及乎时中也。"三子，指伯夷、伊尹、柳下惠。③柳下惠：即展禽，名获，字禽，春秋时鲁国大夫，食邑在柳下，以善于讲究贵族礼节著称。

王阳明对弟子说，伯夷、伊尹、柳下惠三人各有所长，才力不同，而孔子则身兼三长，但这并不影响他们三人与孔子同为圣人。

【译文】

有人问："孟子主张'巧力圣智'的说法，朱熹先生说：'三子力有余而巧不足。'这样说对吗？"

先生说："伯夷、伊尹、柳下惠三个人不仅有力，而且也还有巧，巧与力实际上并非两回事。巧也只在用力的地方，有力却不巧，也只不过是徒然，白费力气。用射箭作比喻的话，他们三个人里，一个能够步行射箭，一个能够骑马射箭，一个能够远程射箭。只要他们都能射到靶子那里，便都能叫作有力；只要能正中靶心，便都能叫作巧。但是，步行射箭的不能够骑马射箭，骑马射箭的又不能远程射箭，他们三个各有所长，才力各有不同的地方。而孔子则是身兼三长，然而，孔子的'和'最多也只能达到柳下惠的水平，而'清'最多能够达到伯夷的水平，'任'也最多只能达到伊尹的水平，未曾再添加什么了。如果说'三子力有余而巧不足'，那他们的力加在一起反倒能超过孔子了。巧、力只是为了阐明圣、智的含义。如果认识到了圣、智的本体，自然就能够明了了。"

二十六

【原文】

先生曰："'先天而天弗违'①，天即良知也。'后天而奉天时'②，良知即天也。"

"良知只是个是非之心，是非只是个好恶。只好恶就尽了是非，只是非就尽了万事万变。"

又曰："是非两字是个大规矩，巧处则存乎其人。"

"圣人之知如青天之日，贤人如浮云天日，愚人如阴霾天日。虽有昏明不同，其能辨黑白则一，虽昏黑夜里，亦影影见得黑白，就是日之余光未尽处。困学功夫，亦是从这点明处精察去耳。"

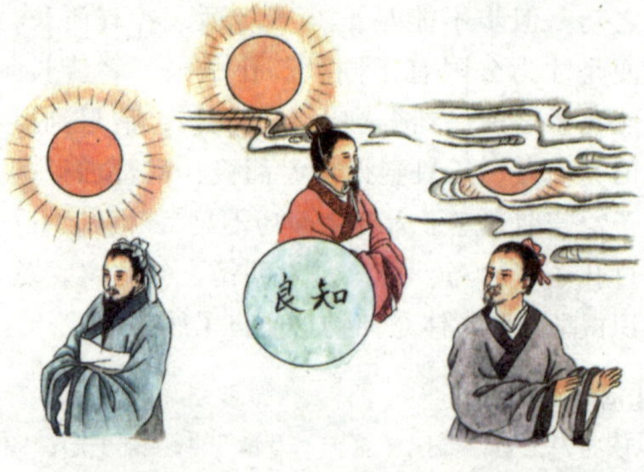

王阳明说，圣人的良知就像青天里的白日；贤人的良知就像有浮云的天空里的太阳；愚人的良知则像阴霾天气里的太阳。

【注释】

①"先天"句：语出《周易·乾卦·文言》"夫大人者，与天地合其德，与日月合其明，与四时合其序，与鬼神合其吉凶，先天而天弗违，后天而奉天时"。②"后天"句：同上。

王阳明认为，良知就是是非之心，明白了是非，就穷尽了万事万物的变化。

【译文】

先生说："'先天而天弗违'，天就是良知；'后天而奉天时'，良知就是天。"

"良知仅是辨别是非的心，而是非仅是

个好恶。明白了好恶，也就是穷尽了是非；而明白了是非，也就穷尽了万事万物的变化。”

又说：“‘是非’两个字是大规矩，而灵巧的地方就在乎于个人了。”

“圣人的良知，就像青天里的白日；而贤人的良知就像有浮云的天空里的太阳；愚人的良知则像阴霾天气里的太阳。虽然他们的明亮度不尽相同，但他们都是一样能够分辨黑白的，即使在昏暗的夜里，也能够影影绰绰地辨别出黑白来，因为太阳的余光仍旧没有完全消失。在困境中学习的功夫，也只是从这一点光明的地方去精细鉴察罢了。”

二十七

【原文】

问：“知譬日，欲譬云。云虽能蔽日，亦是天之一气合有的，欲亦莫非人心合有否？”

先生曰：“喜、怒、哀、惧、爱、恶、欲，谓之七情，七情俱是人心合有的。但要认得良知明白。比如日光，亦不可指着方所。一隙通明，皆是日光所在。虽云雾四塞，太虚中色象可辨，亦是日光不灭处。不可以云能蔽日，教天不要生云。七情顺其自然之流行，皆是良知之用，不可分别善恶，但不可有所着。七情有着，俱谓之欲，俱为良知之蔽。然才有着时，良知亦自会觉。觉即蔽去，复其体矣。此处能勘得破，方是简易透彻功夫。”

王阳明对弟子说，人的私欲遮蔽良知，就像浮云遮蔽太阳一样。

【译文】

有人问先生：“良知就像太阳，而人的私欲就像是浮云。浮云虽然能够遮蔽太阳，然而也是气候里本就具有的。莫非人的私欲也是人心本就具有的吗？”

先生说：“喜、怒、哀、惧、爱、恶、欲，就是所谓的‘七情’。这七种感情都是人心本来就具有的，但我们需要把良知体认清楚。就比如是太阳光，也不能指定一个方向照射。只要有一丝空隙，都会是太阳光的所在之处，即使布满了乌云，只要天地间还能依稀辨别形色，也是阳光不会磨灭的表现。不能因为浮云遮蔽了太阳，就强求天空不再产生浮云。上面所说的七种情感顺其自然地运行，都是良知在发生作用，不能认为它们有善、恶的区别，更不能对它们不能太执着。如果执着于这七情，就成了‘欲’，都是良知的阻碍。然而刚开始执着的时候，良知自然能够发觉出来，发觉后便会马上清除这一阻碍，恢复它的本体。如果在这一点上能够看透，才是简易透彻的功夫。”

二十八

【原文】

问："圣人生知安行是自然的，如何？有甚功夫？"

先生曰："知行二字，即是功夫，但有浅深难易之殊耳。良知原是精精明明的。如欲孝亲，生知安行的，只是依此良知实落尽孝而已；学知利行的，只是时时省觉，务要依此良知尽孝而已；至于困知勉行者，蔽锢已深，虽要依此良知去孝，又为私欲所阻，是以不能，必须加人一己百、人十己千之功，方能依此良知以尽其孝。圣人虽是生知安行，然其心不敢自是，肯做困知勉行的功夫。困知勉行的却要思量做生知安行的事，怎生成得？"

王阳明对弟子说，那些生知安行的人，只不过是依照自己的良知，切切实实地去尽孝而已。

【译文】

有人问："圣人生知安行是天生就有的，这话对吗？是否还需要别的什么功夫呢？"

先生说："'知''行'二字，就是功夫，只是这功夫有深浅难易的区别罢了。良知本来就是精明的，比如说孝敬父母，那些生知安行的人，只不过是依照自己的良知，切切实实地去尽孝而已；而那些学知利行的人，则需要时时反省察觉，努力地去依照良知去尽孝而已；至于那些困知勉行的人，他们受到的蒙蔽禁锢已经非常深，虽然需要依照良知去尽孝，但是又被私欲阻碍，因此不能够做到尽孝。这就需要他们用别人一百倍、一千倍的功夫，才能够做到依照良知去尽孝。圣人虽然是生知安行的，但他们在内心里也不敢肯定自己，所以愿意去做困知勉行的功夫。那些困知勉行的人，却时刻想着去做生知安行的事，这怎么可能成功呢？"

二十九

【原文】

问："乐是心之本体，不知遇大故，于哀哭时，此乐还在否？"

先生曰："须是大哭一番了方乐，不哭便不乐矣。虽哭，此心安处即是乐也。本体未尝有动。"

问："良知一而已。文王作彖[①]，周公系爻[②]，孔子赞《易》[③]，何以各自看理不同？"

先生曰："圣人何能拘得死格？大要出于良知同，便各为说何害？且如一园竹，只要同此枝节，便是大同。若拘定枝枝节节，都要高下大小一样，便非造化妙手矣。汝辈只要去培养良知。良知同，更不妨有异处。汝辈若不肯用功，连笋也不曾抽得，何处去论枝节？"

【注释】

王阳明认为，快乐是心的本体，就是在遇到大的变故的时候大哭一番，人的心里却得到了安慰，所以还是快乐的。

① 彖 (tuàn)：《易传》中说明各卦基本观念的篇名。分《上彖》《下彖》两篇。② 爻 (yáo)：指爻辞。说明《周易》六十四卦中各爻要义的文辞。每卦六爻，每爻有爻题和爻辞。爻题都是两个字：一个字表示爻的性质，阳爻用“九”，阴爻用“六”；另一个字表示爻的次序，自下而上，为初、二、三、四、五上。如乾卦初爻：“初九，潜龙勿用。”“初九”是爻题，“潜龙勿用”是爻辞。③《易》：指《易传》。是对《易经》所作的各种解释。包括《彖》上下、《象》上下、《系辞》上下、《文言》《序卦》《说卦》《杂卦》十篇，亦称《十翼》。相传孔子作。据近人研究，大抵系战国或秦汉之际的作品。

【译文】

王阳明对弟子说，只要存有相同的良知，各自的学说不一样也是无妨的，就像园中的竹子，只要枝节相差不大就行了。

有人问先生道：“快乐才是心的本体，但是遭遇到了大的变故的时候，痛心哭泣，不知道这时本体的快乐是不是还存在？”

先生说：“必须是痛哭一番之后才会感觉快乐，如果没有哭，也就不会觉得快乐了。虽然是在哭，自己的内心却得到了安慰，这也是快乐啊。快乐的本体未曾有什么变化的。”

又问：“良知唯有一个而已。但是文王作彖辞，周公作爻辞，孔子写《十翼》，为何他们看到的理都分别有所不同呢？”

先生说：“圣人岂会拘泥于死旧的模式呢？只要都同样是出自于良知，即便他们各自立说又何妨呢？就以一园翠竹打比，只要枝节相差不大，就是大同。如果一定要拘泥于每一根的枝节都一模一样，那就并非是自然的神妙造化了。你们这些人只要去培养良知。良知相同，就不妨各自间有些差异存在了。你们这些人如果不愿意用功，就连竹笋都还没有生长出来，到哪里去谈论枝节呢？”

三十

【原文】

乡人有父子讼狱，请诉于先生。侍者欲阻之，先生听之，言不终辞，其父子相抱恸哭而去。

柴鸣治入问曰：“先生何言，致伊感悔之速？”

先生曰：“我言舜是世间大不孝的子，瞽瞍是世间大慈的父。”

鸣治愕然请问。

先生曰："舜常自以为大不孝，所以能孝；瞽瞍常自以为大慈，所以不能慈。瞽瞍只记得舜是我提孩长的，今何不曾豫悦我？不知自心已为后妻所移了，尚谓自家能慈，所以愈不能慈。舜只思父提孩我时如何爱我，今日不爱，只是我不能尽孝。日思所以不能尽孝处，所以愈能孝。及至瞽瞍底豫时，又不过复得此心原慈的本体。所以后世称舜是个古今大孝的子，瞽瞍亦做成个慈父。"

王阳明对弟子说，人之间本是父慈子孝的，只是有些人的心被蒙蔽了，所以不再父慈子孝了。

【译文】

乡下有两父子要打官司，请先生裁决。侍从们想要阻止他们，先生听说了之后，开导的话还没有说完呢，父子两个就已经就抱头恸哭，然后相拥着离开了。

柴鸣治便进来问道："先生的什么话让他们这么快速地感动悔悟了？"

先生说："我跟他们说舜是世界上大不孝的儿子，而瞽瞍则是世上最慈爱的父亲。"

鸣治惊讶地问先生为什么。

先生说："舜常常觉得自己大不孝，所以他才能尽孝；而瞽瞍常常自以为自己是很慈爱，所以他不能做到慈爱。瞽瞍只记得舜是自己从小抚养长大的，可是为什么他现在就不曾取悦过自己呢？他不明白自己的心已经被后妻改变了，仍然觉得自己是慈爱的，因此就越发不能做到对舜慈爱。而舜则只想着从小开始，父亲照顾自己的时候是如何如何地疼爱自己，可是现在却不疼爱了，恐怕是因为自己没有尽孝，所以每天都在想自己没有做到尽孝的地方，所以他就越发能尽孝了。等到瞽瞍高兴的时候，也不过是恢复了心里慈爱的本体。所以，后人都把舜当成是古今的大孝子，而认为瞽瞍则是个慈爱的父亲。"

三十一

【原文】

先生曰："孔子有鄙夫来问，未尝先有知识以应之。其心只空空而已①。但叩他自知的是非两端，与之一剖决，鄙夫之心便已了然。鄙夫自知的是非，便是他本来天则。虽圣人聪明，如何可与增减得一毫？他只不能自信。夫子与之一剖决，便已竭尽无余了。若夫子与鄙夫言时，留得些子知识在，便是不能竭他的良知，道体即有二了。"

王阳明以孔子答农夫问为例阐明良知自在人心的道理。

【注释】

①“孔子”之句：语出《论语·子罕》：“子曰：‘吾有知乎哉？无知也。有鄙夫问于我，空空如也。我叩其两端而竭焉。’”

【译文】

先生说：“有农夫前来找先生请教，孔子也不会事先准备好了知识来回答他。孔子的内心也是空无一物的。但是他可以帮助农夫分析他心里明白的是非，替他做出一个决策，这样农夫的心便比较开朗了。农夫知道自己的是非，便是他原本就有的天然准则。虽然圣人聪明，但对这种准则也无法有丝毫的增减。只是他们不够自信，所以孔子给他们进行了剖析之后，他们心里的是非曲直就会显现无余了。如果孔子和他们说话时，还保留有一些知识在他们心里，就不能够尽显他们的良知了，而道体也就分为两处了。”

三十二

【原文】

先生曰：“‘烝烝乂，不格奸’[①]，本注说象已进于义，不至大为奸恶[②]。舜征庸后，象犹日以杀舜为事，何大奸恶如之！舜只是自进于乂，以乂薰烝，不去正他奸恶。凡文过掩慝，此是恶人常态；若要指摘他是非，反去激他恶性。舜初时致得象要杀己，亦是要象好的心太急，此就是舜之过处。经过来，乃知功夫只在自己，不去责人，所以致得‘克谐’；此是舜动心忍性、增益不能处。古人言语，俱是自家经历过来，所以说得亲切，遗之后世，曲当人情。若非自家经过，如何得他许多苦心处？”

王阳明认为，“烝烝乂，不格奸”是说舜只是学习自己修养、自我克制，不直接去纠正象的奸恶，而是用自己的克制来感化他。

【注释】

①烝烝乂，不格奸：语出《尚书·尧典》“瞽子，父顽、母嚚、象傲，克谐以孝，烝烝乂，不格奸”。瞽子，指舜。象，舜之弟。烝，进。乂（yì），治理，安定。格，至。②“本注”二句：汉代孔安国传注说：“谐，和。烝，进也。言能以至孝和谐顽象昏傲，使进进以善自治，不至于奸恶。”

【译文】

先生说：“《尚书》中的‘烝烝乂，不格奸’，孔安国的本注认为，象已经慢慢上进到了道义的境界，而不至于去做大奸大恶的事。舜被尧征召之后，象仍然整天想要把舜杀死，这是何等奸邪的事？而舜则只是学习自己修养、自我克治，不直接去纠正他的奸恶，而是用自己的克制来感化他。文过饰非，用以掩盖自己的奸恶，这是恶人们的常态；如果去指责他的是非，反倒会激发他的恶性。舜最初让象起念杀害自己，也是因为想让象变好的心意太过急切，这就是舜的过错。等事情过了之后，才明白原来功夫只在自己，不能责备别人，因此最后能有‘克谐’的结局。这就是舜‘动心忍性，增益不能’的地方。古人的言论，都是自己经历过的，所以说得特别确切。而流传到了后代，歪曲变通，仍然合乎人情。如果不是自己曾经经历过，又怎能体会到古人的苦心呢？”

三十三

【原文】

先生曰：“古乐不作久矣。今之戏子，尚与古乐意思相近。”

未达，请问。先生曰：“‘韶’之九成[①]，便是舜的一本戏子；‘武’之九变，便是武王的一本戏子。圣人一生实事，俱播在乐中，所以有德者闻之，便知他尽善、尽美与尽美未尽善处。若后世作乐，只是做些词调，于民俗风化绝无关涉，何以化民善俗！今要民俗反朴还淳，取今之戏子，将妖淫词调俱去了，只取忠臣、孝子故事，使愚俗百姓人人易晓，无意中感激他良知起来，却于风化有益；然后古乐渐次可复矣。”

王阳明与弟子谈论古代的音乐。

曰：“洪要求元声[②]不可得，恐于古乐亦难复。”

先生曰：“你说元声在何处求？”

对曰：“古人制管候气，恐是求元声之法。”

先生曰：“若要去葭灰黍粒中求元声，却如水底捞月，如何可得？元声只在你心上求。”

王阳明说，《韶》《武》这样的音乐，记录了圣人一生的事迹。

曰：“心如何求？”

先生曰：“古人为治，先养得人心和平，然后作乐。比如在此歌诗，你的心气和平，听者自然悦怿兴起，只此便是元声之始。《书》云‘诗言志’，志便是乐的本。‘歌永言’，歌便是作乐的本。‘声依永，律和声’，律只要和声，和声便是制律的本。何尝求之于外？”

曰：“古人制候气法，是意何取？”

先生曰：“古人具中和之体以作乐，我的中和原与天地之气相应，候天地之气，协凤凰之音，不过去验我的气果和否。此是成律已后事，非必待此以成律也。今要候灰管，必须定至日。然至日子时恐又不准，又何处取得准来？”

【注释】

①九成：九乐章。下文“九变”即九成。“韶”为舜的乐，“武”为武王的乐。②元声：古代律制，以黄钟管发出的音为十二律所依据的基准音。故称元声。

王阳明说，元声应该在心内寻找，人们心气平和，奏出的音乐才能激发起听者的兴趣，这就是元声的开始。

【译文】

先生说：“古乐不流行已经很久了。现在戏曲倒有些与古乐能意思相近。”

德洪不懂，便向先生请教。先生说：“《韶》乐里的九章，都是舜的一个戏本；而《武》乐的九变，是武王的一个戏本。圣人一辈子的事迹，都被记录在戏曲当中了。所以，德行高尚的人听了，就明白他是尽善尽美的还是尽美而未尽善的。后代人写作乐曲，只作一些陈词滥调，跟教化民风全然没有关系，这怎么能用来感化百姓呢，怎么能让风俗淳善呢？现在要让民俗返璞归真，把当今的剧本里的妖淫词调都去删除掉，只利用起当中忠臣孝子的故事，让愚昧无知的百姓们都懂得其中的道理。在不知不觉中感化他们的良知，这样对风化才会有好处。同时，古乐也就逐渐恢复本来面貌了。”

古人具备了中和的本体之后，才去作乐。

德洪又说：“我连找基准音都找不到，只怕古代的音乐也很难得以复兴吧。”

先生问：“你觉得基准音应该到哪里去寻找？”

德洪回答说：“古人制测管来测量气候的变化，这应该是寻找元声的办法。”

先生说：“假若要从葭灰黍粒中寻找元声，好比就是水底捞月，这怎么能成功呢？元声只能去内心寻找。”

德洪问：“在心上如何寻找呢？”

先生说：“古人大治天下，首先需要培养人们心平气和，然后才是作礼乐教化。就像你吟诵诗歌的时候，心里很平和，听的人才会自然愉快，激发起兴趣。这里只是元声的开始罢了。《尚书》说‘诗言志’，‘志’，就是音乐的根本；‘歌永言’，‘歌’便是作乐的根本；‘声依永，律和声’，律只要求声音和谐，声音和谐就是制作音律的根本。又何苦要到心外去寻求呢？”

德洪又问问：“那么，古人用律管测量气候的方法，根据又在哪里呢？”

先生说：“古人具备了中和的本体之后，才去作乐。而心体的中和，原本就是与天地间的气相相符合的。候天地之气，与凤凰的鸣叫相谐，不过是为了验证我的气是不是真的中和，这是制定了音律之后的事情了，不一定要依据这个才能制定音律。如今通过律管来候气，必须确定在冬至这天，但是，当到了冬至子时，只恐又不准确，又到哪里去找标准呢？”

三十四

【原文】

先生曰：“学问也要点化，但不如自家解化者，自一了百当。不然，亦点化许多不得。”

【译文】

先生说：“学问也需要别人的点化，但总不像自己理解觉悟的那样一了百当，否则的话，即使别人点化再多，也没有作用。”

三十五

【原文】

“孔子气魄极大，凡帝王事业，无不一一理会，也只从那心上来。譬如大树有多少枝叶，也只是根本上用得培养功夫，故自然能如此，非是从枝叶上用功做得根本也。学者学孔子，不在心上用功，汲汲然去学那气魄，却倒做了。”

孔子的大气魄，是从他自己的心上生发出来的，就像大树的枝叶很多，也是从根上长出来的。

【译文】

“孔子的气魄很大，凡是帝王的伟业，他无一不会领悟到，但也都只是从他自已的心上生发来的。就像大树，它有许多的枝叶，但也都只是从根本上培养功夫，所以能长成这样，而不是从枝叶上做的功夫。学者们向孔子学习，却不学着在心上用功，只是心急火燎地去学习他的大气魄，这是把功夫做反了嘛。”

三十六

【原文】

“人有过，多于过上用功，就是补甑[①]，其流必归于文过。”

【注释】

① 甑（zēng）：古代炊具。

【译文】

“人犯了过错，大多会在那个过错上用功。这就像是补破了的饭甑，必然会有文过饰非的弊病。”

三十七

【原文】

“今人于吃饭时，虽无一事在前，其心常役役不宁，只缘此心忙惯了，所以收摄不住。”

【译文】

“现在的人即使在吃饭的时候，没有其他事情摆在眼前，他们的心仍然忧虑不止，只因为自己的心忙碌惯了，所以收都收不住。”

三十八

【原文】

“琴瑟简编，学者不可无，盖有业以居之，心就不放。”

【译文】

“琴瑟与书籍，这两者学者们缺一不可，因为有了事情做，心就不得放纵了。”

三十九

【原文】

先生叹曰：“世间知学的人，只有这些病痛打不破，就不是善与人同。”

崇一曰：“这病痛只是个好高不能忘己尔。”

【译文】

先生感叹说：“世间懂得学问的人，就只有一个毛病，那就是做不到‘善与人同’。”

崇一说：“这个毛病实际上只是个好高骛远，不能舍己从人罢了。”

四十

【原文】

问：“良知原是中和的，如何却有过、不及？”

先生曰：“知得过、不及处，就是中和。”

【译文】

问：“良知原本是中和的，却怎么会有过和不及的现象呢？”

先生说：“知道了过和不及的地方，就是中和了。”

四十一

【原文】

“‘所恶于上’是良知，‘毋以使下’即是致知。”①

【注释】

① 所恶于上，毋以使下：语出《大学》。意为上级的无礼让我讨厌，将心比心，我对下级不要无礼。

【译文】

先生说："《大学》里说的'所恶于上'，就是良知；'毋以使下'，就是致知。"

四十二

【原文】

先生曰："苏秦、张仪之智，也是圣人之资。后世事业文章，许多豪杰名家，只是学得仪、秦故智。仪、秦学术善揣摸人情，无一些不中人肯綮①，故其说不能穷。仪、秦亦是窥见得良知妙用处，但用之于不善尔。"

【注释】

① 肯綮(qìng)：筋骨结合的地方，比喻要害处。

【译文】

先生说："苏秦、张仪的智谋，也是圣人的资质。后代的许多事业文章和豪杰名家，都只学到了张仪、苏秦的旧智慧。而苏秦、张仪的学术里，善于揣测人情，没有哪点不是说中了别人的要害，所以说他们的学问真是难以穷尽。张仪、苏秦也能看到良知的妙用处，只是没有把它们用在善上面。"

四十三

【原文】

或问"未发""已发"。

先生曰："只缘后儒将未发已发分说了。只得劈头说个无'未发''已发'，使人自思得之。若说有个'已发''未发'，听者依旧落在后儒见解。若真见得无未发已发，说个有未发已发，原不妨。原有个未发已发在。"

问曰："'未发'未尝不和。'已发'未尝不中。譬如钟声，未扣不付谓无，即扣不付谓有。毕竟有个扣与不扣，何如？"

先生曰："未扣时原是惊天动地。即扣时也只是寂天默地。"

【译文】

有人请教"未发"和"已发"的问题。

先生说："只因为后世儒生们已经把'未发'和

王阳明以敲钟为例向弟子讲解"未发"和"已发"。

'已发'分开来说了，所以，我只能说个没有未发、已发，让人们自己思考明白。因为如果我说有已发、未发，听的人就还是会沦落到后世儒生们的见解当中去。如果真的明白了根本没有什么未发、已发，再说有未发、已发，那也无妨。因为原本就是有未发和已发存在的。”

又问：“未发，未尝不平和；已发，也未尝不中正。好比敲钟的声音，没有敲击的时候不能说它就不存在，而敲击了之后也不能说就有了。毕竟还是有个敲和没敲的区别。是这样的吗？”

先生说：“没有敲的时候原来也是惊天动地的，敲打了之后，也同样是寂静的天地。”

四十四

【原文】

问：“古人论性，各有异同，何者乃为定论？”

先生曰：“性无定体，论亦无定体，有自本体上说者，有自发用上说者，有自源头上说者，有自流弊处说者。总而言之，只是一个性，但所见有浅深尔。若执定一边，便不是了。性之本体，原是无善、无恶的，发用上也原是可以为善、可以为不善的，其流弊也原是一定善、一定恶的。譬如眼，有喜时的眼，有怒时的眼，直视就是看的眼，微视就是觑的眼。总而言之，只是这个眼。若见得怒时眼，就说未尝有喜的眼，见得看时眼，就说未尝有觑的眼，皆是执定，就知是错。孟子说性，直从源头上说来，亦是说个大概如此。荀子性恶之说[①]，是从流弊上来，也未可尽说他不是。只是见得未精耳。众人则失了心之本体。”

王阳明认为，人的本体是恒常的，就好像眼睛，有喜悦时的眼睛，有发怒时的眼睛，但本质都是眼睛。

问：“孟子从源头上说性，要人用功在源头上明彻。荀子从流弊说性，功夫只在末流上救正，便费力了。”

先生曰：“然。”

【注释】

① 荀子性恶之说：荀子主张性恶论，与孟子性善论相对立。《荀子·性恶》：“人之性恶，其善者伪也。”

【译文】

有人问先生：“古人谈论人性时，各有不同的说法，应该把哪种当成定论呢？”

先生说：“人性没有固定的体，因此关于它的论述也没有定论。有从它的本体上谈论的，有从它的作用上说的，有从它的源头上谈论的，有从它的流弊上说的。总而言之，人性唯有一个，只是人们对它的见识有浅有深罢了。如果你执着在哪一个方面，就会出错。人性的本体，原来就是无善无恶的。而它的运用与流弊，也是有善有恶的。就好比眼睛，有喜悦时的眼睛；有发怒时的眼睛；直视的时候，就是在看的眼睛；偷看时，就是窥视的眼睛，等等。总而言之，还只是这一双眼睛。如果人们看见了发怒时的眼睛，就说从没有过喜悦的眼睛；看到直视时的眼睛，就说没有看到过偷窥的眼睛。这都是执著的表现，是错误的。孟子说人性，是直接从源头上来说的，也只不是说了个大概；荀子'性恶'之说，则是从它的流弊上说的，也不能完全说他不对，只是不够精全罢了。但是普通人却失去了心的本体。"

问的人说道："孟子从源头上说性，要求人们在源头要弄明白；而荀子则是从流弊上说性，功夫都用在末流上，以求费力补救。"

先生说："是这样的。"

四十五

【原文】

先生曰："用功到精处，愈著不得言语，说理愈难。若著意在精微上，全体功夫反蔽泥了。"

"杨慈湖①不为无见，又著在无声无臭上见了。"

【注释】

①杨慈湖：杨简（1140 ~ 1226），字敬仲，号慈湖，浙江慈溪人。陆九渊弟子，南宋哲学家，官至宝漠阁学士。

【译文】

先生说："功夫越到了精妙的地方，越不能用语言表达，说理就越困难。如果执意于在精妙的地方，全体的功夫反倒会被拘泥了。"

又说："杨慈湖并非没有自己的见解，只是他又执意于无声无臭上罢了。"

王阳明说："杨慈湖并非没有自己的见解，只是他又执意于无声无臭上罢了。"

四十六

【原文】

"人一日间，古今世界都经过一番，只是人不见耳。夜气清明时，无视无听，无思无作，淡然平怀，就是羲皇世界。平旦时，神清气朗，雍雍穆穆，就是尧、舜世界；日中以前，礼岩交会，气象秩然，就是三代世界。日中以后，神气渐昏，往来杂扰，就是春秋、战国世界；渐渐昏夜，万物寝息，景象寂寥，就是人消物尽世界。学者信得良知过，不为气所乱，便常做个羲皇已上人。"

【译文】

"人在一天当中，就把古今的世界都经历了一遍，只是人们没有察觉。当夜气清明的时候，没有视觉和听觉，也没有思虑与行动，心怀平定淡然，这就是羲皇的世界；而清晨的时候，神清气朗，气息明朗，庄严肃穆，就是尧、舜时代的样子；到了中午之前，人们用礼仪交往，气度井然，就是夏、商、周三代时的状况；而到了正午之后，神气渐昏，人事往来繁乱，那就是春秋战国时的世界。待到渐渐进入了昏夜，万物都安息，景象寂寥，就是人消物灭的世界了。学者只要信得过良知，不被气扰乱，就能时时都做个羲皇时代的人。”

王阳明以历史朝代的特点评说人一天的生存和精神状态。

四十七

【原文】

薛尚谦、邹谦之、马子莘、王汝止侍坐，因叹先生自征宁藩已来，天下谤议益众，请各言其故。有言先生功业势位日隆，天下忌之者日众；有言先生之学日明，故为宋儒争是非者亦日博；有言先生自南都以后，同志信从者日众，而四方排阻者日益力。

先生曰：“诸君之言，信皆有之。但吾一段自知处，诸君俱未道及耳。”

诸友请问。

先生曰：“我在南都以前，尚有些子乡愿的意思在。我今信得这良知真是真非。信手行去。更不着些覆藏。我方才做得个狂者的胸次。使天下之人都说我行不掩言也罢。”

尚谦出曰：“信得此过，方是圣人的真血脉。”

薛尚谦、邹谦之、马子莘、王汝止侍坐。

【译文】

薛侃、邹守益、马子莘、王汝止在先生身边侍坐，众人慨叹先生自征伐平定藩王以后，天下的诋毁和非议也与日俱增，于是先生让他们各自谈一下当中的缘故。有的说，先生的功业权势日益显赫，因此天下人嫉妒的一天天变多了；也有的说先生的学说日益昌明于天下，所以替宋儒争是非对错的人也就日益变多了；有的说自打正德九年（1514）以后，志同道合的人当中相信先生学说的人越来越多，所以四方来的排阻的人也更加卖力了。

先生说：“你们各位所说的原因，当然也很有可能是这样的，但我自己知道的一个方面，大家还没有提到。”

各位都向先生询问。

先生说："我在来南京以前，尚有一些当老好人的想法。但是现在，我确切地明白了良知的是非，只管去行动，再不用有什么隐藏。现在我才真正终于有了敢作敢为的胸襟。即便天下人全都说我言行不符，那也毫无关系了。"

薛侃站出来说："有这样的信念，才是圣人真正的血脉！"

四十八

【原文】

先生锻炼人处，一言之下，感人最深。

一日，王汝止出游归，先生问曰："游何见？"对曰："见满街人都是圣人。"先生曰："你看满街人是圣人，满街人倒看你是圣人在。"

又一日，董萝石出游而归，见先生曰："今日见一异事。"先生曰："何异？"对曰："见满街人都是圣人。"先生曰："此亦常事耳，何足为异？"盖汝止圭角未融，萝石恍见有悟，故问同答异，皆反其言而进之。

学生赞扬王阳明是高山，不知道敬仰的人是有眼无珠。王阳明的一句"但是泰山又比不上平地广阔，平地却难于被人敬仰"却警醒众人。

洪与黄正之、张叔谦、汝中丙戌会试归，为先生道涂中讲学，有信有不信。先生曰："你们拿一个圣人去与人讲学，人见圣人来，都怕走了，如何讲得行！须做得个愚夫、愚妇，方可与人讲学。"洪又言今日要见人品高下最易。先生曰："何以见之？"对曰："先生譬如泰山在前，有不知仰者，须是无目人。"先生曰："泰山不如平地大，平地有何可见？"先生一言翦裁，剖破终年为外好高之病，在座者莫不悚惧。

【译文】

先生点化学生的时候，往往一句话，便能感人至深。

有一天，王汝止出游回来。先生问他说："你在外面游玩的时候看到了什么呢？"王汝止回答道："我看到满街的人都是圣人。"先生说："你看到满街人都是圣人的话，满街的人反过来看你也是圣人。"

又有一天，董萝石也出游回来。他见到先生便说："我今天看到一件奇怪的事。"先生说："什么奇怪的事？"他回答说："我看见满街人都是圣人。"先生说："这也只是寻常事情而已，有什么值得奇怪的？"大概王汝止的棱角还没有磨去，而董萝石却早有省悟。所以虽然他们的问题相同，先生的回答却是不同的，先生是依照他们的话来启发他们。

钱德洪、黄正之、张叔谦、王汝中丙戌年（1526）的时候参加会试回来的路上，谈到先生的学说，有人相信，有人不相信。先生说："你们扛着一个圣人去给别人讲学，别人看到圣人来了，早就吓跑了，这还怎么讲？必须做个愚夫愚妇，才能够去给别人讲学。"

钱德洪又说，现在要看出人品的高低是很容易的。先生说："何以见得？"

钱洪答道："先生您就像是泰山，摆在眼前，只有那些有眼无珠的人才会不知道敬仰。"

先生说："但是泰山又比不上平地广阔，平地怎么发现呢？"先生这一句话，说破了我们终年好高骛远的毛病，在座的人无不有所警惧。

四十九

【原文】

癸未春，邹谦之来越问学，居数日，先生送别于浮峰。是夕与希渊诸友移舟宿延寿寺，秉烛夜坐，先生慨怅不已，曰："江涛烟柳，故人倏在百里外矣！"

一友问曰："先生何念谦之之深也？"先生曰："曾子所谓'以能问于不能，以多问于寡，有若无，实若虚，犯而不校'，若谦之者良近之矣。"

王阳明赞扬邹谦之有"以能问于不能，以多问于寡，有若无，实若虚，犯而不校"的美德。

【译文】

明嘉靖二年（1523）春天，邹谦之到浙江来求学。住了几天，先生到浮峰为他送行。晚上的时候，先生与希渊等几位朋友，留宿在延寿寺，众人秉烛夜坐，先生感叹惆怅不已，说："江水滔滔，烟柳蒙蒙，谦之瞬间就到了百里之外的地方了。"

一位朋友便问："为什么先生对谦之的思念这么深切呢？"先生说："曾子说'以能问于不能，以多问于寡，有若无，实若虚，犯而不校'，这样的人，和谦之非常接近啊！"

五十

【原文】

丁亥年九月，先生起复，征思田，将命行时，德洪与汝中论学；汝中举先生教言："无善无恶是心之体，有善有恶是意之动，知善知恶是良知，为善去恶是格物。"

德洪曰："此意如何？"

汝中曰："此恐未是究竟话头。若说心体是无善、无恶，意亦是无善、无恶的意，知亦是无善、无恶的知，物亦是无善、无恶的物矣。若说意有善、恶，毕竟心体还有善、恶在。"

德洪曰："心体是'天命之性'，原是无善、无恶的。但人有习心，意念上见有善恶在，格、致、诚、正、修，此正是复那性体功夫，若原无善恶，功夫亦不消说矣。"

是夕侍坐天泉桥，各举，请正。

先生曰："我今将行，正要你们来讲破此意。二君之见，正好相资为用，不可各执一边。我这里接人，原有此二种。利根之人，直从本原上悟入，人心本体原是明莹无滞的，原是个未发之中。利根之人一悟本体即是功夫，人己内外一齐俱透了。其次不免有习心在，本体受蔽，故且教在意念上实落为善、去恶，功夫熟后，渣滓去得尽时，本体亦明尽了。汝中之见，是我这里接利根人的。德洪之见，是我这里为其次立法的。二君相取为用，则中人上下皆可引入于道。若各执一边，跟前便有失人，便于道体各有未尽。”

既而曰：“已后与朋友讲学，切不可失了我的宗旨：‘无善无恶是心之体，有善有恶是意之动，知善知恶是良知，为善去恶是格物。’只依我这话头随人指点，自没病痛，此原是彻上彻下功夫。利根之人，世亦难遇。本体功夫一悟尽透，此颜子、明道所不敢承当，岂可轻易望人。人有习心，不教他在良知上实用为善、去恶功夫，只去悬空想个本体，一切事为俱不著实，不过养成一个虚寂；此个病痛不是小小，不可不早说破。”

是日德洪、汝中俱有省。

钱德洪和王汝中讨论王阳明的四句教。

德洪和汝中与王阳明探讨学问。

【译文】

明嘉靖六年（1527）九月，先生重新被起用，再次奉命讨伐思恩（今广西武鸣县北）和田州（今广西田阳县北）。出征前，钱德洪和王汝中讨论先生的学问。汝中便引用先生的教诲说：“无善无恶才是心之体，而有善有恶则是意的作用，知道善恶是良知，而为善去恶则叫格物。”

德洪说：“你觉得这句话怎么样？”

汝中说：“这句话恐怕还只是个引子，没有说全。如果说心的本体是无善无恶的，那么，意也应当是无善无恶的，知也应该是无善无恶的知，物也应该是无善无恶的物。如果说意有善恶之分，那还是因为心体终究是有善恶之分存在的。”

德洪说：“心的本体是天生的性，本来就是无分善恶的。但是，人有受习性沾染的心，所以意念就有了善和恶。格物、致知、诚心、正意、修身，正是恢复心体的功夫。若果意本来就没有善恶，那么，谈功夫还有什么用呢？”

当晚，德洪和汝中在天泉桥坐在先生旁边侍坐，各人说了自己的看法，请先生来评判一下。

先生说：“现在我将要走了，正要给你们来讲明白这一点。你们两位的见解，恰好能够相互补充利用，不能够偏执于一方。我这里引导人，原本就只有两种：资质高的人，便直接让他们从本源上去体悟，而人的本体原本就是晶莹无滞的，原本就是未发之中的。所以资质高的人，只要稍稍去体悟本心就是功夫了。人和已、内与外一齐都悟透了。而资质较差的另一种人，他们的心难免受到了沾染，本体便被蒙蔽了，因此便暂且教他们在意念上去踏实地用功。等行善去恶的功夫纯熟之后，渣滓清除干净之后，人的本体也就自然明亮清洁了。汝中的见解，是我用来开导聪慧的人的说法；而德洪的见解，则是用来教导资质较差的人的说法。如果你们两位能够互相补充借用，那么，资质中等的人就都能够被引入正途了。而如果你们两位都偏执一个方面，那么眼下就会误导别人，对圣道也不能够穷尽。”

知善知恶是良知，为善去恶是格物。

先生接着说：“以后与朋友们一起讲学，万万不能抛弃了我的宗旨。‘无善无恶是心之体，有善有恶是意之动，知善知恶是良知，为善去恶是格物。’只要根据我这句话，因人而教，自然会没有问题的，这本来就是贯通上下的工夫。资质高的人，世上很难遇到了。能将本体功夫全都参透，这是连颜回、程颢也不敢自认的，又怎么敢随便对别人寄予这样的期望？人心受到了习性的沾染，如果不教导他在良知上切实地去下为善去恶的功夫，只去凭空想一个本体，对所有的事都不去切实地应对，只会养成虚空静寂的毛病。这个毛病可不是一件小事，所以，我不能不早跟你们说清楚。”

这一天，钱德洪和王汝中又有所省悟。

钱德洪附记

【原文】

先生初归越时，朋友踪迹尚寥落。既后四方来游者日进。癸未年已后，环先生而居者比屋。如天妃、光相诸刹，每当一室，常合食者数十人，夜无卧处，更相就席，歌声彻昏旦。南镇、禹穴、阳明洞诸山远近寺刹，徒足所到，无非同志游寓所在。先生每临讲座，前后左右环坐而听者，常不下数百人。送往迎来，月无虚日。至有在侍更岁，不能遍记其姓名者。每临别，先生常叹曰：“君等虽别，不出天地间，苟同此志，吾亦可以忘形似矣。”诸生每听讲出门，未尝不跳跃称快。尝闻之同门先辈曰：“南都以前，朋友众游者虽众，未有如在越

王阳明回到绍兴讲学以后，从四面八方来求学的人与日俱增。学生赞叹他的学说与日精进，感化学生的时机和开导学生的方法，都能够应用自如。

之盛者。此虽讲学日久，信孚渐博。要亦先生之学日进。感召之机，申变无方，亦自有不同也。”

【译文】

先生刚开始回到绍兴的时候，来拜访的朋友还寥寥无几。后来，从四面八方来求学的人与日俱增。嘉靖二年（1523），与先生比邻而居的人也变多了。比如天妃、光相等古寺里，每间屋子里一起吃饭的都是几十个人，晚上都没有睡觉的地方，大家只能轮流睡觉，歌声通宵达旦。南镇、禹穴、阳明洞等等，远近的寺庙里面，只要能够走到的地方，都是志同道合的求学者们在居住。先生每次来讲学，前后左右围坐的听众常常不下几百人。迎来送往，一个月当中没有一个是空闲的。甚至有人来这里听讲，就听了一年多，先生都不能完全记清楚他们的姓名。每次告别的时候，先生常常感叹地说：“你们虽然与我分开了，但也在这个天地之间。如果我们有着共同的志向，我就算忘掉了你们的容貌也没有关系。”学生们每每听完讲出去的时候，没有不欢呼雀跃的。我曾听同门的长辈们说：“来南京之前，虽然问学的朋友很多，但还是没有在绍兴的时候多。这固然是因为先生讲学的时间长了，获得的信任也就更多了，但主要还是在于先生的学说与日俱进，感化学生的时机和开导学生的方法，都能够应用自如，所以效果也自然有所不同了。”

黄以方录

一

【原文】

黄以方问：“‘博学于文’为随事学存此天理，然则谓‘行有馀力，则以学文’，其说似不相合。”

先生曰：“《诗》《书》六艺皆是天理之发见，文字都包在其中。考之《诗》《书》六艺，皆所以学存此天理也，不特发见于事为者方为文耳。‘馀力学文’亦只‘博学于文’中事。”

王阳明认为“馀力学文”与“博学于文”并无二致。

【译文】

黄以方（黄直）问先生：“您认为‘博学于文’是要在遇上的事情上面去学习存养天理，但是这与孔子所说的‘行有馀力，则以学文’，似乎并不一致。”

先生说：“《诗》《书》等六经都是天理的表现，文字都包含在里面。仔细考究《诗》《书》等六经，它们都是为了存此天理，不仅仅表现在具体的事情上，便是文。孔子说的

‘馀力学文’，也是‘博学于文’里的一部分。”

二

【原文】

或问“学而不思”①二句。

曰：“此亦有为而言，其实思即学也。学有所疑，便须思之。‘思而不学’者，盖有此等人，只悬空去思，要想出一个道理，却不在身心上实用其力，以学存此天理。思学作两事做，故有‘罔’与‘殆’之病。其实思只是思其所学，原非两事也。”

王阳明认为，所谓“学而不思则罔，思而不学则殆”是说学习与思考不可分割，分开便会出现“罔”和“殆”的弊端。

【注释】

①学而不思：语出《论语·为政》：“子曰：‘学而不思则罔，思而不学则殆。’”

【译文】

有人就“学而不思则罔，思而不学则殆”两句向先生请教。

先生说：“这两句话是有所指的。其实，思考就是学习，学习时有了疑问就需要思考。‘思而不学’的人也有，他们只是凭空去想，想要得出一个道理，却不在身心上切实地用功，学习存此天理。把思考和学习分而为二，所以就有‘罔’和‘殆’的弊端。其实，思也只是思考他学到的东西，原本就不是两回事。”

三

【原文】

先生曰：“先儒解‘格物’为格天下之物，天下之物如何格得？且谓‘一草一木亦皆有理’，今如何去格？纵格得草木来，如何反来诚得自家意？我解‘格’作‘正’字义，‘物’作‘事’字义。《大学》之所谓身，即耳、目、口、鼻、四肢是也。欲修身便是要目非礼勿视，耳非礼勿听，口非礼勿言，四肢非礼勿动。要修这个身，身上如何用得功夫？心者身之主宰，目虽视，而所以视者心也；耳虽听，而所以听者心也；口与四肢虽言、动，而所以言、动者，心也。故欲‘修身’在于体当自家心体，常令廓然大公，无有些子不正处。主宰一正，则发窍于目，自无非礼之视；发窍于耳，自无非礼之听；发窍于口与四肢，自无非礼之言、动。此便是‘修身’在正其心。”

“然至善者，心之本体也。心之本体那有不善？如今要正心，本体上何处用得功？必就心之发动处才可着力也。心之发动不能无不善，故须就此处着力，便是在‘诚意’。如一念发在好善上，便实实落落去好善；一念发在恶恶上，便实实落落去恶恶。意之所发，既无不诚，则其本体如何有不正的？故欲正其心在‘诚意’。功夫到，‘诚意’始有着处。”

“然‘诚意’之本，又在于‘致知’也。所谓‘人虽不知而己所独知’者，此正是吾心良知处。然知得善，却不依这个良知便做去，知得不善，却不依这个良知便不去做，则这个良知更遮蔽了，是不能致知也。吾心良知既不得扩充到底，则善虽知好，不能着实好了，恶虽知恶，不能着实恶了，如何得意诚？故致知者，意诚之本也。”

王阳明认为，想要修身，主要在于自己的心体，让它常常廓然大公，没有不中正的地方。心一旦中正了，自然就能分辨善恶了。眼睛就自然能够非礼勿视，耳朵就能非礼勿听，口和四肢就不会有不合于礼的言行。这就是《大学》中的“修身在于正心”。

“然亦不是悬空的‘致知’，‘致知’在实事上格。如意在于为善，便就这件事上去为，意在于去恶，便就这件事上去不为。去恶，固是格不正以归于正。为善，则不善正了，亦是格不正归于正也。如此，则吾心良知无私欲蔽了，得以致其极，而意之所发，好善去恶，无有不诚矣。‘诚意’功夫实下手处在‘格物’也。若如此‘格物’，人人便做得。‘人皆可以为尧舜’，正在此也。”

【译文】

先生说：“程颐先生说，格物就是穷尽天下的物。天下万物怎么可能完全穷尽？只说‘一草一木亦皆有理’，现在你怎么去草木上一一地去‘格’？而且纵使格尽了草木，又怎么让它反过来‘诚’自己的意呢？我觉得‘格’就是‘正’的意思，‘物’就是‘事’的意思。《大学》里所说的‘身’，就是耳、目、口、鼻及四肢。想要‘修身’，就是要做到非礼勿视，非礼勿听，非礼勿说，非礼勿动。想要‘修身’，身上怎么能用到功夫呢？心，是身的主宰。虽然是眼睛在看，但让它看的是心；虽然是耳朵在听，但让耳朵听的是心；口与四肢虽然能说能动，但让口与四肢说和动的是心。所以，想要修身，主要在于自己的心体，让它常常廓然大公，没有不中正的地方。心一旦中正了，眼睛就自然能够非礼勿视；耳朵就能非礼勿听；口和四肢就不会有不合于礼的言行。这就是《大学》中的‘修身在于正心’。

王阳明说，至善是心的本体。意在行善，就要在善事上做，意在除恶上，就要不去做恶事，这样就是格去不正以归于正了。

“然而，至善就是心的本体，心的本体怎会有不善的？如今要‘正心’，本体上哪个地方能用功呢？所以必须在心发动的地方用功。心的发动不可能没有不善的，所以，必须在这里用功，就是诚意。如果念头都发动在喜好善上，就切切实实地去好善；如果念头都发动在讨厌恶上，就实实在在地去除恶。意念的发生处既然是诚的，那么本体又怎么会有不中正的？所以，想要正心主要在于诚意。这样诚意才会有着落。

“然而，诚意的根本又在于致知。所谓‘人虽不知而己所独知’，这就是我的良知的所在。然而，如果知善，但不遵循良知去做，知道不善，也不遵循良知去做，那么，良知就是被蒙蔽了，就不能致知了。本心的良知既然不能扩充到底，虽然知道善是好的，但也不能切实地去做，即便知道恶是不好的，也不能切实地去除恶，这怎么去诚意呢？所以，致知，是诚意的根本。

“但是也不是凭空去致知，致知还是要在实事上格的。例如，意在行善，就要在善事上做，意在除恶上，就要不去做恶事。除恶，本就是格去不正以归于正。从善，就是不善的得到纠正了，也是格去不正以归于正。这样，本心的良知就不会被私欲蒙蔽了，就可以发挥到极致，而意的发动就是好善除恶，没有不诚的了。所以，格物就是诚意工夫着手的地方。像这样格物，人人都能够做到。《孟子》里说‘人皆可以为尧舜’，就是这个原因。”

四

【原文】

先生曰：“众人只说格物要依晦翁，何曾把他的说去用？我着实曾用来。初年与钱友同论做圣贤要格天下之物，如今安得这等大的力量？因指亭前竹子，令去格看。钱子早夜去穷格竹子的道理，竭其心思至于三日，便致劳神成疾。当初说他这是精力不足，某因自去穷格，早夜不得其理。到七日，亦以劳思致疾。遂相与叹圣贤是做不得的，无他大力量去格物了。及在夷中三年，颇见得此意思，乃知天下之物本无可格者。其格物之功，只在身心上做。决然以圣人为人人可到，便自有提当了。这里意思，却要说与诸公知道。”

王阳明追述自己曾经格竹子的事情，以此来阐明天下之物本来就没有什么可格的，格物的功夫只能在自己的身心上下的道理。

【译文】

先生说：“世人总以为‘格物’就要按照朱熹的观点，他们又何曾切实去拿朱熹的观点去实践过？我倒是真正地实践过的。以前我和朋友一同探讨，成为圣贤首先就要格天下之物，现在哪会有那么大的能力呢？于是我指着亭前的竹子，让他去格。朋友从早到晚去妄图穷尽竹子的道理，费尽了心思，等到第三天的时候，就因过度劳神病倒了。开始我还以为原因在于他精力不足，便亲自去穷格，从早到晚，但仍旧全然不理解竹子的理。到第七天的时候，我也卧床不起。因而我们互相慨叹道，圣贤真是做不成了，没有那么大的力量去格物。等到后来，我在贵州龙场住了三年，很有些体会，这才知道，天下之物本来就没有什么可格的。格物的功夫，只能在自己的身心上下。所以我觉得人人都能够成为圣人，这样就有了一种圣人的使命。这些道理，都应该说得大家知道。”

五

【原文】

门人有言邵端峰论童子不能“格物”，只教以洒扫应对之说。

先生曰：“洒扫应对，就是一件物。童子良知只到此。便教去洒扫应对，就是致他这一点良知了，又如童子知畏先生长者，此亦是他良知处。故虽嬉戏中见了先生长者，便去作揖恭敬，是他能格物以致敬师长这良知了。童子自有童子的格物致知。”

又曰：“我这里言格物，自童子以至圣人，皆是此等功夫。但圣人格物，便更熟得些子，不消费力。如此格物，虽卖柴人亦是做得，虽公卿大夫以至天子，皆是如此做。”

王阳明认为，小孩子也有其年龄阶段应下的格物致知的功夫。

王阳明认为，从天子到小孩子要下的格物致良知的功夫是没有分别的。

【译文】

学生里有人说，邵端峰主张儿童不能格物，只应该教他们洒扫应对的功夫。

先生说：“洒扫应对就是一件事，孩子的良知只有这个水平，所以教他们洒扫应对，也是致他的良知。又比如，小孩知道敬畏教师和长者，这也是他的良知的表现。所以，虽然是在嬉闹，看到了教师和长者，也会去作揖表示恭敬，这就是他的格物，致他尊敬师长的良知。小孩子自然有小孩子的格物致知。”

先生又说：“我在这里说的格物，从小孩子到圣人，都是这样的功夫。但是，圣人格物就会更加纯熟些，不用费力。这样的格物，即卖柴的人也能做到，公卿大夫与天子，也都只能像这样做罢了。”

六

【原文】

或疑知行不合一，以“知之匪艰”[①]二句为问。

先生曰：“良知自知，原是容易的。只是不能致那良知，便是‘知之匪艰，行之惟艰’。”

门人问曰：“知行如何得合一？且如《中庸》言‘博学之’，又说个‘笃行之’，分明知行是两件。”

先生曰：“博学只是事事学存此天理，笃行只是学之不已之意。”

又问：“《易》‘学以聚之’，又言‘仁以行之’，此是如何？”

先生曰：“也是如此。事事去学存此天理，则此心更无放失时，故曰：‘学以聚之。’然常常学存此天理，更无私欲间断，此即是此心不息处，故曰：‘仁以行之。’”

又问：“孔子言‘知及之，仁不能守之’，知行却是两个了。”

先生曰：“说‘及之’，已是行了。但不能常常行，已为私欲间断，便是‘仁不能守’。”

王阳明讲，知行合一的关键在于要明白所有事情中所存在的天理是时刻学习存养这个天理。

【注释】

① 知之匪艰：语出《尚书·说命中》“知之匪艰，行之惟艰”。意为懂得道理不难，难的是去实践它。

【译文】

有弟子疑心自己知行无法合一，因此向先生求问“知之匪艰，行之惟艰”两句话。

先生说：“良知自然能知，这本来是很容易的。只是因为不能致这个良知，才会有‘知之匪艰，行之惟艰’的情况。”

有弟子问先生：“知行怎样才能合一？而且就像《中庸》里，说了一个‘博学之’，又说了一个‘笃行之’，很明显，是把知行当两件事情的。”

先生说：“博学是指事事都要学会存此天理，而笃行则仅仅是指学而不辍。”

弟子又问：“《易》里说‘学以聚之’，又说‘仁以行之’，这又是为什么呢？”

先生说：“同样的。如果事事都学习存养天理，那么这颗心就再没有放纵的时候了，所以说‘学以聚之’。但是，时刻学习存养这个天理，又没有私欲把它间断，这就是本心的生生不息，所以说‘仁以行之’。”

又问：“孔子说：‘知及之，仁不能守之’，不就把知和行分而为二了吗？”

先生说："说'及之'，意思就是已经行了。但如果不能做到常行不止，那就是被私欲间断了，就成了'仁不能守'。"

七

【原文】

又问："心即理之说，程子云'在物为理'，如何谓心即理？"

先生曰："'在物为理'，'在'字上当添一'心'字。此心在物则为理。如此心在事父则为孝，在事君则为忠之类。"

先生因谓之曰："诸君要识得我立言宗旨。我如今说个心即理是如何？只为世人分心与理为二，故便有许多病痛。如五伯攘夷狄，尊周室，都是一个私心，便不当理。人却说他做得当理。只心有未纯，往往悦慕其所为，要来外面做得好看，却与心全不相干。分心与理为二，其流至于伯道之伪而不自知。故我说个心即理，要使知心理是一个，便来心上做功夫，不去袭义于外，便是王道之真。此我立言宗旨。"

王阳明向弟子讲述心即是理的道理。

【译文】

弟子又问："心就是理，程颐说'在物为理'，为什么要说心就是理呢？"

先生说："'在物为理'，'在'的上面应该添加一个'心'字。此心在物则为理。例如，心在侍奉双亲上就是孝的理，在辅佐君王身上就是忠等。"

先生又说："大家应当明白我立论的宗旨，我现在说心就是理，用意何在呢？只是因为世人将心和理分而为二，所以出现了很多弊病。比如五霸攻击夷狄，尊崇周王室，都是私心，因此就不合乎理。人们却说他们的行为很合理，只是世人的心不纯净，往往艳羡他们的所作所为，只求外表做得漂亮，与心却完全不相干。把心和理分而为二，只会让自己陷入霸道虚伪而无法觉察。所以我说心就是理，就在心上下工夫，不要袭义于外，就是王道的真谛，也是我立论的宗旨。"

八

【原文】

又问："圣贤言语许多，如何却要打做一个？"

曰："我不是要打做一个，如曰'夫道，一而已矣'①。又曰'其为物不二，则其生物不测'②。天地圣人皆是一个，如何二得？"

【注释】

①夫道，一而已矣：语出《孟子·滕文公上》："孟子云：'世子疑吾言乎？夫道，一而已矣。'"②其为物不二，则其生物不测：意为天地的法则是至诚纯一的，所以它化育的万物无法测量。语出《中庸》："天地之道，可一言而尽也。其为物不二，则其生物不测。"

王阳明认为，圣人的学问实际上是一个完整的道理，是不可以断章取义、分拆开来讲的。

【译文】

弟子问："圣人的言论有很多，为什么要把它们概括成一句话呢？"

先生说："我并不是要把它们概括起来，只是像《孟子》所说的'夫道，一而已矣'，《中庸》里说的'其为物不二，则其生物不测'。天地圣人都是一个整本，怎么可以把它们分开呢？"

九

【原文】

"心不是一块血肉，凡知觉处便是心。如耳目之知视听，手足之知痛痒。此知便是心也。"

【译文】

"心并非指那一块血肉，凡是有知觉的地方都是心。比如耳朵眼睛懂得听或者看，而手脚懂得痛和痒。这个感觉就是心了。"

十

【原文】

以方问曰："先生之说'格物'，凡《中庸》之'慎独'及'集义''博约'等说，皆为格物之事。"

先生曰："非也。'格物'即'慎独'，即'戒惧'。至于'集义''博约'，工夫只一般。不是以那数件都做格物底事。"

【译文】

黄以方问先生："您的格物学说，是否是把《中庸》里的'慎独'、《孟子》里的'集义'、《论语》里的'集义''博约'等学说，都概括成了格物呢？"

先生说："不是的。'格物'就是'慎独'、就是'戒惧'。而'集义'和'博约'，仅仅是一般的功夫，不应该把它们都当作格物。"

十一

【原文】

以方问“尊德性”①一条。

先生曰：“‘道问学’即所以‘尊德性’也。晦翁言‘子静②以尊德性诲人，某教人岂不是道问学处多了些子’，是分‘尊德性’‘道问学’作两件。且如今讲习讨论，下许多功夫，无非只是存此心，不失其德性而已。岂有尊德性只空空去尊，更不去问学？问学只是空空去问学，更与德性无关涉？如此，则不知今之所以讲习讨论者，更学何事？”

【注释】

①尊德性：语出《中庸》“故君子尊德性而道问学，致广大而尽精微，极高明而道中庸”。②子静：陆九渊的字。

王阳明讲，“道问学”就是所谓的“尊德性”。

【译文】

黄以方就《中庸》里的“尊德性”请教于先生。

先生说：“‘道问学’，就是所谓的‘尊德性’。朱熹说：‘子静以尊德性诲人，某教人岂不是道问学处多了些子？’他是把‘尊德性’与‘道问学’分而为二，当作两件事了。现在讲习讨论，下了许多的功夫，只非就是要存养本心，让它不会丧失自己德性罢了。哪会有尊德性却只是空洞洞地尊，不再去问学了呢？问学怎么能只是空洞地去问，而与德性再没有别的什么关涉呢？这样，不知道我们现在的讲习讨论的人，究竟学的是什么东西。”

十二

【原文】

问“至广大”二句。

曰：“‘尽精微’即所以‘致广大’也，‘道中庸’即所以‘极高明’也。盖心之本体自是广大底，人不能‘尽精微’，则便为私欲所蔽，有不胜其小者矣。故能细微曲折，无所不尽，则私意不足以蔽之，自无许多障碍遮隔处，如何广大不致？”

又问：“精微还是念虑之精微，事理之精微？”

曰：“念虑之精微，即事理之精微也。”

【译文】

又向先生请教“致广大而尽精微，极高明而道中庸”两句话。

先生说：“‘尽精微’就是为了‘致广大’，‘道中庸’就是为了‘极高明’。因为心的本体原本就是广大的，如果人不能够‘尽精微’，就会连细小的地方也战胜不了私欲，被私欲所蒙蔽。因此在细微曲折的地方也全都能做到精微穷尽，那私欲就不足以蒙蔽心的本体了，自然不会有许多障碍和隔断的地方，这样心体又怎么会不广大呢？”

又问：“精微是指思虑的精微，还是指事理的精微呢？”

先生说：“思虑的精微也是事理的精微。”

十三

【原文】

先生曰：“今之论性者，纷纷异同。皆是说性，非见性也。见性者无异同之可言矣。”

【译文】

先生说：“现在讨论人性的人，都纷扰着争论异同。全都是嘴里谈性，而实际上从未见过性。见性的人根本无异同可争。”

十四

【原文】

问：“声色货利，恐良知亦不能无。”

先生曰：“固然。但初学用功，却须扫除荡涤，勿使留积，则适然来遇，始不为累，自然顺而应之。良知只在声色货利上用功。能致得良知精精明明，毫发无蔽，则声色货利之交，无非天则流行矣。”

王阳明强调，初学者用功致良知的时候，勿必要把声色货利之事荡涤干净，不要让它们存留在心里。

【译文】

又问：“声色货利，恐怕良知里也不会没有。”

先生说：“当然是这样！但是，初学者用功的时候，就勿必要把这些荡涤干净，不要让它们存留在心里。这样的话，偶尔碰到也不会成为牵累，自然而然能够依循良知来应对。良知仅仅在声色货利上用功。如果能够精明地致良知，没有丝毫蒙蔽，那么，即便与声色货利交往，也都是天理的自然运行了。”

十五

【原文】

先生曰：“吾与诸公讲‘致知’‘格物’，日日是此。讲一二十年，俱是如此。诸君听吾言，实去用功。见吾讲一番，自觉长进一番。否则只作一场话说，虽听之亦何用？”

【译文】

先生说："我给各位讲致知格物的学说，天天如此。讲了十年二十年，也是如此。你们各位听了我的话之后，切切实实地去用功。然后再听我讲一次，自然会感觉有了一番长进。否则的话，只把我说的当作一次泛泛之谈，即使听了，又有什么用处呢？"

十六

【原文】

先生曰："人之本体，常常是寂然不动的，常常是感而遂通的。'未应不是先，已应不是后。'①"

【注释】

① 未应不是先，已应不是后：程颐语，语出《河南程氏遗书》卷十五。

【译文】

先生说："人的本体，一直是寂静不动的，又常常是感应相通的。正如程颐先生所说'未应不是先，已应不是后'。"

十七

【原文】

一友举佛家以手指显出问曰："众曾见否？"众曰："见之。"复以手指人袖，问曰："众还见否？"众曰："不见。"佛说还不见性。此义未明。

先生曰："手指有见有不见，尔之见性常在。人之心神只在有睹有闻上驰骋，不在不睹不闻上着实用功。盖不睹不闻是良知本体，戒慎恐惧是致良知的工夫。学者时时刻刻学睹其所不睹，常闻其所不闻，工夫方有个实落处。久久成熟后，则不须着力，不待防检，而真性自不息矣。岂以在外者之闻见为累哉？"

学生就一位禅师的禅机到底为何向王阳明提问。

【译文】

有位朋友举出了一个例子，说一位禅师把手指伸出来问："你们大家看见了吗？"众人都说看到了。然后禅师又把手指缩到袖子里去，又问："你们还能够看见吗？"众人都说："看不见了。"禅师便说众人还没有见到性。这位朋友不懂得这段话的意思。

先生说："手指有时能看到，有时看不到，但是，你悟到的性是一直都在的。人的心神只在所见所闻上驰骋，而不在看不到或听不到的东西上切实用功。但是，不见不闻才是良知的本体，戒慎恐惧则是致良知的功夫。学者时时刻刻都去寻找他看不见或听不到的本体，功夫才会有一个着落。待时间长了，功夫变得纯熟，那就不用再费力了，不用再提防检点，而真性自然也会生生不息了。岂能因为外在的见闻，而被它们牵累呢？”

十八

【原文】

问：“先儒谓‘鸢飞鱼跃’，与‘必有事焉’，同一活泼泼地。”①

先生曰：“亦是。天地间活泼泼地，无非此理，便是吾良知的流行不息。致良知便是‘必有事’的工夫。此理非惟不可离，实亦不得而离也。无往而非道，无往而非功夫。”

【注释】

①“先儒谓”句：程颢语，语出《河南程氏遗书》卷三：“‘鸢飞戾天，鱼跃于渊’，言其上下察也。此一段子思吃紧为人处，与‘必有事焉，而无心正’之意同一活泼泼地。”程颢认为鹰飞蓝天、鱼跃深渊所体现的天地阴阳之道和人致良知的“必有事焉”一样是生动活泼的。鸢飞戾天，鱼跃于渊：语出《诗经·大雅·旱麓》。

【译文】

有人问：“程颢先生说‘鸢飞鱼跃’和‘必有事焉’，都是生机勃勃的。”

先生说：“是这样的。天地间生机勃勃，无非是这个天理，也就是我们良知的不停歇的运动变化。致良知就是‘必有事’的功夫。这个天理不仅不能够脱离，实际也脱离不了。一切皆是天理，一切都是功夫。”

十九

【原文】

先生曰：“诸公在此，务要立个必为圣人之心。时时刻刻须是‘一棒一条痕，一掴一掌血’①，方能听吾说话句句得力。若茫茫荡荡度日，譬如一块死肉，打也不知得痛痒，恐终不济事，回家只寻得旧时伎俩而已。岂不惜哉？”

【注释】

①一棒一条痕，一掴一掌血：语出《朱子语类》，比喻做事要痛下决心，功夫扎实。

【译文】

先生说：“大家在这里求学，务必要先确立一个做圣人的志向。时时刻刻都要有‘一棒一条痕，一掴一拳血’的精神，这样在听我讲学的时候，才能觉得句句铿锵有力。如果只是浑浑噩噩地度日，像一块死肉一样，打也不知道痛痒，最终恐怕无济于事。回家之后还只是以往的老伎俩，那岂不是太可惜了？”

王阳明教导学生要踏踏实实用功，不必急切追求效果。

二十

【原文】

问："近来妄念也觉少，亦觉不曾着想定要如何用功，不知此是功夫否？"

先生曰："汝且去着实用功，便多这些着想也不妨。久久自会妥贴。若才下得些功，便说效验，何足为恃？"

【译文】

有人问："近来我感觉虚妄的念头少了，也不去想一定要怎么怎么用功，不知这是否也是功夫？"

先生说："你只管去实实在在地用功，即便有了这些想法也无妨。等时间长了，自然就会变得妥当。如果才刚刚用了一点功夫，就想要效果，怎么可能靠得住呢？"

二十一

【原文】

一友自叹："私意萌时，分明自心知得，只是不能使他即去。"

先生曰："你萌时，这一知便是你的命根，当下即去消磨，便是立命功夫。"

【译文】

有位朋友感叹道："内心萌发了私意的时候，心里明明很清楚，只是不能够马上把它剔除掉。"

先生说："私欲萌发的时候，你能感觉到，就是你立命的功夫，而当下就能立刻把私欲消磨掉，这就是致良知的功夫。"

二十二

【原文】

"夫子说'性相近'[①]，即孟子说'性善'，不可专在气质上说。若说气质，如刚与柔对，如何相近得？惟性善则同耳。人生初时，善原是同的。但刚的习于善则为刚善，习于恶则为刚恶。柔的习于善则为柔善，习于恶则为柔恶，便日相远了。[②]"

【注释】

① 性相近：语出《论语·阳货》："子曰：'性相近也，习相远也。'" ② 刚善、刚恶、柔善、柔恶：此为周敦颐对善恶的分类。周氏《通书》云："刚善，为义，为直，为断，为严毅，为干固；恶，为猛，为隘，为强梁。柔善，为顺，为巽；恶，为懦弱，为无断，为邪佞。

【译文】

"孔子主张'性相近'，也就是孟子所说的'性善'，这不可以仅仅专门在气质上来谈。如果说气质，刚和柔相对，又怎会是相近的？只有性善是相同的吧。人初生的时候，善原本是一样的。但是气质刚的人在善上面容易成为刚善，而在恶上面容易成为刚恶。同样，气质柔的人受善的影响会变为柔善，受恶的影响便成为柔恶，这样，差距就越来越大了。”

二十三

【原文】

先生尝语学者曰：“心体上着不得一念留滞，就如眼着不得些子尘沙。些子能得几多？满眼便昏天黑地了。”

又曰：“这一念不但是私念，便好的念头亦着不得些子。如眼中放些金玉屑，眼亦开不得了。”

【译文】

先生曾经对学者说：“心体上不能有一丝私念存留，就像眼里不能有一点灰尘存在。沙子能有多大多少呢？但是它能让人满眼都昏天黑地了。”

先生又说：“这个念头不只是指私念，就算是好的念头也不能存留一点。就像眼里放了一些金玉屑，眼睛也睁不开了。”

王阳明强调心体上如有念头（不论好念头坏念头）就如同人眯了眼。

二十四

【原文】

问：“人心与物同体。如吾身原是血气流通的，所以谓之同体。若于人便异体了，禽兽草木益远矣。而何谓之同体？”

先生曰：“你只在感应之几[①]上看，岂但禽兽草木，虽天地也与我同体的，鬼神也与我同体的。”

请问。

先生曰：“你看这个天地中间，甚么是天地的心？”

对曰：“尝闻人是天地的心。”[②]

曰：“人又甚么叫作心？”

对曰：“只是一个灵明。”

“可知充天塞地中间，只有这个灵明。人只为形体自间隔了。我的灵明，便是天地鬼神的主宰。天没有我的灵明，谁去仰他高？地没有我的灵明，谁去俯他深？鬼神没有我的灵明，谁去辩他吉凶灾祥？天地鬼神万物，离却我的灵明，便没有天地鬼神万物了。我的灵明，离却天地鬼神万物，亦没有我的灵明。如此，便是一气流通的，如何与他间隔得？”

又问：“天地鬼神万物，千古见在，何没了我的灵明，便俱无了？”

曰：“今看死的人，他这些精灵游散了，他的天地鬼神万物尚在何处？”

【注释】

①感应之几：意为主体与客体之间微妙的感应。②人是天地的心：语出《礼记·礼运》“故人者，天地之

心也，五行之端也，食味、别声、被色而生者也”。

【译文】

有人跟先生说：“先生说人心与物是同为一体的。就像我的身体，原本就血气流通，所以说它是同体。但是对于别人，我就是异体了，和禽兽草木，差得就更远了。可是为什么还说是同为一体的呢？”

先生说：“你只要从感应的征光上看，就会明白，岂止是禽兽草木，天地我也是同为一体的，鬼神也是和我一体的。”

那人又问该如何解释。

先生说：“你看看，天地之间，什么东西才是天地的心呢？”

那人回答说：“我曾听说人是天地的心。”

先生说：“那人又把什么东西当作心？”

说：“只有一个灵魂。”

先生说：“由此可见，充盈天地间的，唯有这个灵魂。人为了自己的形体，把自己跟其他一切都隔离开了。我的灵魂就是天地鬼神的主宰。如果天没有我的灵魂，谁去仰望它的高大？如果地没有我的灵魂，谁去俯视它的深厚？鬼神如果没有我的灵魂，谁去分辨它的吉凶福祸？天地鬼神万物，如果离开了我的灵魂，也就没有天地鬼神万物的存在了。我的灵魂，离开了天地鬼神万物，也同样会不存在了。这些都是一气贯通的，怎么能把它们间隔开来呢？”

又问：“天地鬼神万物，千古长在，为什么没有我的灵魂，它们就不存在了？”

先生说：“现在你去看那些死了的人，他们的灵魂都已经游散了，他们的天地鬼神万物还在哪里呢？”

二十五

【原文】

先生起行征思、田，德洪与汝中追送严滩[①]。汝中举佛家实相幻相之说[②]。

先生曰：“有心俱是实，无心俱是幻。无心俱是实，有心俱是幻。”

汝中曰：“有心俱是实，无心俱是幻，是本体上说功夫；无心俱是实，有心俱是幻，是功夫上说本体。”

先生然其言。

洪于是时尚未了达。数年用功，始信本体功夫合一。但先生是时因问偶谈。若吾儒指点人处，不必借此立言耳。

学生向王阳明请问有关佛家实相和幻相的问题。

【注释】

① 严滩：西汉末年严光（子陵）隐居于浙江桐庐县富春江边的富春山，后人称此处为严子陵钓台、严滩、子陵滩。② 实相、幻相：佛教名词。实相，指宇宙间万物的实体，又名佛性、法性、真如、法身、真谛等，相当于哲学上的本质。幻相，指宇宙间万物的现象。佛教认为所有的相即万事万物的现象都是虚幻的，不真实的，只有佛性才是不变不坏、永恒不灭的真实。

【译文】

先生启程去征讨思恩、田州，钱德洪和王汝中送行送到严滩（今浙江桐庐县西）。汝中向先生请教佛教的实相和幻相的问题。

先生说："有心都是实相，无心都是幻相。无心都是实相，有心都是幻相。"

王汝中说："有心都是实相，无心都是幻相，是从本体上来谈功夫；无心都是实相，有心都是幻相，是从功夫上来说本体。"

先生对汝中的说法表示赞同。

当时，钱德洪还不是很明白，经过了多年用功，他才相信本体和功夫是一体的。但是，先生当时是因为王汝中问话而偶然论到的。若我们儒家要开导别人，也不必一定要引用它。

二十六

【原文】

尝见先生送二三耆宿门，退坐于中轩，若有忧色。

德洪趋进请问。

先生曰："顷与诸老论及此学，真圆凿方枘。此道坦如道路，世儒往往自加荒塞，终身陷荆棘之场而不悔，吾不知其何说也！"

德洪退谓朋友曰："先生诲人，不择衰朽，仁人悯物之心也。"

王阳明慨叹圣道像大路一样平坦，世俗儒生往往自己让它荒芜阻塞了，最终陷入荆棘丛中也不懂得悔改。

【译文】

曾经有一次，德洪看到先生送两三位老先生出门后，回来坐在长廊里，似乎面有忧色。

德洪便上前去询问怎么情况。

先生说："刚才我和几位老人谈至我的良知学说，真是像圆孔和方榫一样，彼此间格格不入。圣道像大路一样平坦，世俗儒生往往自己让它荒芜阻塞了，最终陷入荆棘丛中也不懂得悔改，我不知道该说些什么了！"

德洪后来对朋友们说："先生教诲他人，不管对象是否老朽，真是有一颗仁人悯物的心啊！"

二十七

【原文】

先生曰："人生大病，只是一'傲'字。为子而傲必不孝，为臣而傲必不忠，为父而傲必不慈，为友而傲必不信。故象与丹朱俱不肖[1]，亦只一'傲'字，便结果了此生。诸君常要体此。人心本是天然之理，精精明明，无纤介染着，只是一'无我'而已。胸中切不可'有'，'有'即傲也。古先圣人许多好处，也只是'无我'而已。'无我'自能谦，谦者众善之基，傲者众恶之魁。"

王阳明强调傲慢是人生的大敌，要想不傲慢，就要做到无我，无我自然能做到谦谨，谦谨就是众善的基础，傲慢则是众恶的源泉。

【注释】

① 象：舜的弟弟，为人狂傲，常怀杀舜之心。丹朱，尧的儿子，傲慢荒淫，尧将王位禅让于舜而不传丹朱。

【译文】

先生说："人生最大的毛病就是这个傲慢。子女傲慢就必然会不孝；臣子们傲慢就必然会不忠诚；父母傲慢就必然不会慈爱；朋友傲慢就必然不守信。所以，象与丹朱都不贤明，也只是因为这个傲慢，而让他们了结了自己的一生。你们各位要常常体会这个，人心原本就是天然的理，精明纯净的，没有纤毫沾染，只是有一个'无我'罢了。心里万万不能'有我'，有了便是傲慢了。古代圣贤有许多长处，也只是'无我'罢了。'无我'自然能做到谦谨。谦谨就是众善的基础，傲慢则是众恶的源泉。"

二十八

【原文】

又曰："此道至简至易的，亦至精至微的。孔子曰：'其如示诸掌乎。'[1]且人于掌何日不见？及至问他掌中多少文理，却便不知。即如我良知二字，一讲便明，谁不知得？若欲的见良知，却谁能见得？"

问曰："此知恐是无方体[2]的，最难捉摸。"

先生曰："良知即是《易》，'其为道也屡迁，变动不居，周流六虚，上下无常，刚柔相易，不可为典要，惟变所适。'[3]此知如何捉摸得？见得透时便是圣人。"

王阳明说，圣道好比手掌一样容易见到，但真正理解却不容易。

【注释】

王阳明认为，良知无处不在，它在万事万物中，在我们的日常生活中而难以捉摸，只要把良知理解透了，就可以变为圣贤。

①其如示诸掌乎：语出《中庸》："明乎效社之礼、禘尝之义，治国其如示诸掌乎！"②方体：语出《周易·系辞传上》"故神无方而易无体"。方，方位。体，形体。③"其为道也"七句：语出《周易·系辞下》。意为易的法则常常变迁不止，在六个爻位之间流动，或变在上，或变在下，阴变为阳，阳变为阴，没有一定的模式，不可拘泥，只有顺应它的变化才能恰当应用。

【译文】

先生说："圣道其实极其简单易行，也极其精细微妙。孔子曾说：'其如示诸掌乎'。人的手掌，哪一天不曾看到呢？但是问他手掌上有多少纹理的时候，他就不知道了。就如同我说的这良知二字，讲了就能够明白，谁不晓得呢？但如果要他真正理解，又有谁能做到呢？"

有人便问："良知恐怕是没有方向、没有形体的，因此最难捉摸。"

先生说："良知就如《易》理：'其为道也屡迁，变动不居，周流六虚，上下无常，刚柔相易，不可为典要，惟变所适。'这良知怎么可能捉摸得到呢？只要把良知理解透了，就变成圣人了。"

二十九

【原文】

问："孔子曰：'回也，非助我者也。'①是圣人果以相助望门弟子否？"

先生曰："亦是实话。此道本无穷尽，问难愈多，则精微愈显。圣人之言本自周遍，但有问难的人胸中窒碍，圣人被他一难，发挥得愈加精神。若颜子闻一知十②，胸中了然，如何得问难？故圣人亦寂然不动，无所发挥，故曰'非助'。"

王阳明说颜回并非仅仅是孔子的助手，是因为他闻一知十，对圣道了然于胸。

【注释】

①回也，非助我者也：语出《论语·先进》："子曰：'回也，非助我者也，于吾言无所不说。'"意为"孔子说：颜回不是对我有帮助的人，我的话他都欣然接受"。孔子认为颜回对于自己的学说能够悉心领会，得其主旨，所以视颜回为同道中人，而非仅仅是自己的助手和学生。②颜子闻一知十：语出《论语·公冶长》"回也，闻一以知十；赐也，闻一以知二"。孔子十分强调举一反三的能力，所以十分赞赏颜回。

【译文】

有人问先生："孔子曾说：'回也，非助我者也。'圣人是真的期望他的门徒们来帮助他吗？"

先生说："这也是实话。圣道本来就是没有穷尽的，疑难质问越多，就越能显现出它的精妙来。圣人的言论原本很周全，而有问题的人则心里堆满了疑虑，圣人被他一问，就能发挥得更加精确神妙了。但是，像颜回那样，闻一知十，心里对什么都了然于胸的人，怎么会发问呢？所以圣人也只能寂然不动，没有什么发挥，因此孔子说'非助'。"

三十

【原文】

邹谦之尝语德洪曰："舒国裳曾持一张纸，请先生写'拱把之桐梓'一章①。先生悬笔为书到'至于身而不知所以养之者'，顾而笑曰：'国裳读书，中过状元来，岂诚不知身之所以当养？还须诵此以求警。'一时在侍诸友皆惕然。"

王阳明说舒国裳并非不知道怎样修身，但仍旧自警不辍。

【注释】

①"拱把之桐梓"一章：语出《孟子·告子上》："孟子曰：'拱把之桐梓，人苟欲生之，皆知所以养之者。至于身，而不知所以养之者，岂爱身不若桐梓哉？弗思甚也！'"拱，两手合握。把，一只手握。身，指人自身。

【译文】

邹谦之曾对钱德洪说："舒国裳曾经拿一张纸，请先生帮他写《孟子》里'拱把之桐梓'一章。先生写到了'至于身而不知所以养之者'的时候，回过头来笑着说：'国裳读书，还中过状元，难道他是真的不明白怎么修身吗？只是他仍需要背诵这一章来警戒自己。'一时间，在座的各位朋友都警醒起来。"

辗转刊行钱德洪跋

【原文】

嘉靖戊子①冬，德洪与王汝中奔师丧至广信，讣告同门，约三年收录遗言。

继后同门各以所记见遗。洪择其切于问正者，合所私录，得若干条。居吴时②，将与《文录》③并刻矣。适以忧去，未遂。当是时也，四方讲学日众，师门宗旨既明，若无事于赘刻者，故不复萦念。

去年，同门曾子才汉④得洪手抄，复傍为采辑，名曰《遗言》，以刻行于荆。洪读之，觉当时采录未精，乃为删其重复，削去芜蔓，存其三分之一，名曰《传习续录》，复刻于宁国之水西精舍。

今年夏，洪来游蕲，沈君思畏[5]曰："师门之教久行于四方，而独未及于蕲。蕲之士得读《遗言》，若亲炙夫子之教。指见良知，若重睹日月之光。惟恐传习之不博，而未以重复之为繁也。请裒其所逸者增刻之。若何？"洪曰："然。"师门致知格物之旨，开示来学，学者躬修默悟，不敢以知解承，而惟以实体得。故吾师终日言是而不惮其烦。学者终日听是而不厌其数。盖指示专一，则体悟日精，几迎于言前，神发于言外，感遇之诚也。

先生的学说在天下传播广泛，学生们读了先生的著作，就像亲自得到了先生的教诲。

今吾师之没未及三纪，而格言微旨渐觉沦晦，岂非吾党身践之不力，多言有以病之耶？学者之趋不一，师门之教不宣也。乃复取逸稿，采其语之不背者，得一卷。其余影响不真，与《文录》既载者，皆削之。并易中卷为问答语，以付黄梅尹张君[6]增刻之。庶几读者不以知解承而惟以实体得，则无疑于是录矣。

嘉靖丙辰[7]夏四月，门人钱德洪拜书于蕲之崇正书院。

《传习续录》比较精准地收辑记录了先生的学说。

【注释】

①嘉靖戊子：嘉靖七年（1528）。②居吴时：指钱德洪嘉靖十一年（1532）在苏州府学任教授时。③《文录》：指《王文成公全书》卷四至卷八。④曾子才汉：曾才汉，王阳明弟子，身世不详。曾于嘉靖三十四年（1555）在江陵刻印王阳明语录《遗言》。⑤沈君思畏：名宠，号古林，字思畏，安徽宣城人。欧阳德与王畿的弟子，与谷钟秀共同创建蕲州崇正书院。⑥黄梅尹张君：黄梅，今湖北黄梅县。张君，黄梅县令，身世不详。⑦嘉靖丙辰：嘉靖三十五年（1556）。

【译文】

明嘉靖七年（1528）冬天，我和王汝中到广信（今江西省上饶市），去处理先生的丧事，向同门师友们发送讣告，约定三年之内收录齐全先生的遗言。

随后，同学们都把他们各自做的记录陆续寄来了过来。我挑选了其中比较合乎先生思想的，加上我自己的记录，一共有若干条。在吴（今江苏省苏州市）时，我曾想把这些和《文录》一起刻印出来。但是正逢我回家守丧，所以没有成功。当时，天下讲授先生学说的人与日俱增，宗旨好像已经在天下得以昌明了，所以没有必要再作刻印，所以我也不再去考虑这件事了。

去年，曾才汉先生得到了我的手抄本，又从别的地方四处收辑，取名《遗言》，在荆州刊刻发行了。我读了《遗言》，觉得他的采录不够精准，所以就删掉了其中重复繁杂的部分，只存留了三分之一，并且命名《传习续录》，在安徽宁国的水西书院刻印了。

今年夏天，我到湖北蕲春游历，沈思畏说："先生的学说已经在天下传播很久了，只是还没有流传到这里。蕲春的学子们读了《遗言》，就像亲自得到了先生的教诲。明白了良知，就像是重新看到了日月的光辉。他们倒并不因为其中的重复而感到累赘，只是担心《遗言》收录得不够广泛，所以要麻烦您把散失的部分都增加进去，怎么样？"我便答应了。先生致知格物的主张，开导了学者们，让学者亲自修习，默默领悟，不敢只从知识上去理解继承先生的学说，以求获得它的实体。所以，先生终日不厌其烦地强调格物致知，而学生们也整天不厌其烦地听着。因为先生指点得专一，学生们领悟得也就更加精微了。先生还没说到呢，弟子就已经明白要讲什么了，也就是说，早就已经心领神会了，充分感觉到了教学双方的诚心。

钱德洪在《遗言》的基础上增加了一些散失的内容，删掉了一些真伪难辨的和《文录》已经刊刻过的内容，便形成了《传习录》一书。

现在先生逝世还没三纪（一纪为十二年），但他的格言和宗旨就已经慢慢暗淡了下去，这难道不是因为弟子们身体力行得不够，太多空谈造成的结果吗？弟子们不统一目标，所以先生的学说不能得以宣扬。所以我又收集了一些不完备的内容，编成一卷。而其余真伪难辨的内容和《文录》已刊刻过的，就删掉了。并且我把中卷改成了问答的形式，再交给黄梅县令张先生，让他增刻发行。希望读者不仅仅从知识的解释上来理解这本书，并且要注重在切身实践中体悟先生的学说。这样，就不会再怀疑这本书的价值了。

嘉靖三十五年（1556）夏四月，弟子钱德洪谨跋于蕲春崇正书院。